次のライフステージをプロデュース

この一冊で人生丸わかり！

10年後に失敗しない

未来予想図

監修

経済アナリスト
森永卓郎

公認会計士・税理士
御旅屋尚文

神宮館

はじめに

この世に生まれてから小学生、中学生とスクスク育ってきた、あなた。15歳になると、目の前には大きな二つの分かれ道が広がります。
親や先生は「大学へ進む道を選びなさい」と言うけれど、「就職」の道も、なんだか少し気になるな、とも思う。
そう思いながらも「大学」への道を進んでいくと卒業後には、さらにたくさんの分かれ道が目の前に広がります。
「自分はこの先、どの道に進みたいのか？ いや、どの道に進むべきか？」
と、思い悩むことになるかもしれません。
そうなのです。人生とは選択の連続。生きる、というのは「何か」を選んで、「何か」を捨てることの連続なのです。
では、その「何か」を選ぶためには、きちんとした情報と知識と、どの「道」を選べばいいのかを見極める「選択眼」が必要になります。

本書は、皆さんによりよい選択と、よりよい未来を歩いて欲しい、という思いが込められています。1章では、わたしの人生で経験したことを踏まえて、
●これからの世の中、仕事の仕組みがどのように変わっていくのか？
●仕事の3つのポジショニングについて
●幸せになっている人、成功している人の共通の条件とは？
これらのテーマに沿って、どのように人生を歩んでいけばいいのかの指針をお話しています。
正直、これからの現実については少し厳しいお話もしています。ですが、これから待ち受ける未来を知ることは、逆に自分を守ることにもつながります。
自分の軸足がブレずに、しっかり構えができている人は、大きな嵐にも立ち向かうことができるからです。
2章の「高校・大学生活」については、自分に合った学校選びや学生生活、就活について紹介しています。
大学受験は今後、センター試験が変わり、新学期が春から秋に変わる大学も増えてきます。自ずと受験体制やキャンパスライフも変わってくるでしょう。

そして3章は、「職業」についてたっぷり紹介しています。
今後は仕事のポジションが、お金儲け主義の「ハゲタカ」と、センスで勝負の「アーティスト」、指示待ち人間の「従僕」と大きく3つに分かれます。
これはこれまで常識だった「業界選び」が意味をなさず、どの業界、職業でも、この3つのポジションで分かれる、という未来が待っています。そのことを踏まえて、この章では「職業」のポジショニングを「森卓ウォッチ」で示しています。
4章では、「社会人に必要な基礎知識」を紹介しています。会社からもらう給与やそれにかかる税金、保険のことからビジネスマナーまで、知っておきたい基本を紹介しています。なお、この章の監修は、公認会計士・税理士の御旅屋尚文先生にお願いしました。
5章は「家庭生活」について。ここでは、結婚式の段取りや結婚後のお金の管理、妊娠・出産や子育てについての基礎知識を紹介しています。
最後に6章は「定年後のシニアライフ」について。年金の基礎知識から介護のこと、老後のマネープランについて今のうちから考えておくのは、充実した人生において大切なことです。

このように、本書では大多数の人が通るであろう人生の過程をテーマごとに取り上げて、自分なりの「ライフプランニング」ができるようになっています。わたしは別に失敗が悪いことだとは思っていませんが、転んでばかりの人生よりは、先を見通して人生のアクシデントを回避しながら、できるだけ早く自分の欲しいポジションをとって成功するのが一番だと思っています。
皆さんにとって本書が「明るい未来の道しるべ」になれるとしたら、わたしにとって、このうえない喜びです。

さあ、さっそくページをめくって、
あなた自身の「未来予想図」を描いてみましょう！

平成28年5月　吉日

森永　卓郎

10年後に失敗しない 未来予想図 CONTENTS

はじめに	2
人生年表	10
column1 マイナンバーって、どういうものなの？	12

Chapter 1　森永卓郎流ライフプランニング

TAKUROU MORINAGA × INTERVIEW

今後は「業界」ではなく、職種選びが大切！	14
どのポジションを選ぶかでライフスタイルが変わる	16
ビジネスエリートを狙うなら高学歴は必須条件	19
好きな仕事なら貧乏でも耐えられる覚悟はあるか	21
会社の雰囲気と自分の価値観が合っていることも大事な要素	22
一概に「お金持ち＝幸せ」とは言い切れない	26
仕事の本質は、何も知らない子どものほうが理解できる	28
どこにも売っていない商品を提供できるアイデアが勝負	31
まずは正社員になって仕事のスキルを学ぶこと	35
子どもの数が減っても、受験競争はなくならない	37
「結婚の価値観」が多様化して未婚者も増える	38

森卓式『幸せに生きる7つの法則』 …… 42

『森卓ウォッチ』各アイコンのキャラクターについて
　　　ハゲタカ／アーティスト／従僕 …… 46

フローチャート　あなたに合った職種は？ …… 54

column1　失敗しない仕事選び 4つのポイント …… 56

4

Chapter 2 将来を見据えた学校の選び方

高校・大学・専門学校 編

- 01 中学校卒業後の進路を考えよう …… 58
- 02 公立・私立・国立の違いを知ろう …… 60
- 03 年々増えている単位制高校とは？ …… 65
- 04 普通科・専門学科・総合学科について …… 66
- 05 注目が高まっている総合学科について …… 68
- column1 高校生の留学＆ホームステイについて …… 69
- 06 定時制・通信制での学び方について …… 70
- column2 海外でなくてもOK「国内留学」の魅力とは …… 71
- 07 将来を見据えた大学の選び方について …… 72
- 08 大学入試の基礎知識（一般入試・推薦入試・AO入試） …… 74
- 09 多様化している大学の学部・学科 …… 80
- 10 失敗しない志望校の選び方 …… 82
- 11 専攻分野の知識を深く研究する大学院 …… 85
- 12 専門学校の特徴と学科や専攻について …… 86
- 13 ダブルスクールと併修制度について …… 99
- 14 自動車運転免許を取得するには？ …… 100
- column3 子どもと大人の境界線！ 成人式について …… 102
- 15 就職活動 憧れの職業と目指す職種を絞ろう！ …… 104
- 16 働く大人100人に聞きました！ 過去と現在の「職業アンケート」 …… 106
- 17 就活で勝つために！ 基本マナーをマスターしよう …… 110
- column4 就活生の生の声 …… 112
- 18 損をしないための今どきの就活事情 …… 114
- 19 高校生が就職するための就活の流れとポイント …… 116
- column5 人事担当者 生の声 …… 117
- 20 専門学校生の就活スケジュール …… 118
- 21 大学生・短大生の就活スケジュール …… 120
- 22 インターンシップの流れとポイント …… 122
- 23 エントリーシートの書き方と注意点 …… 124
- 24 OB・OG訪問のポイント …… 128

Chapter 3 好きなことを仕事にするための職業選び
職業 編

ファッション&美容	ファッション〈デザイナー／モデル／スタイリスト／他〉	132
	美容〈美容師／メイクアップアーティスト／他〉	135
料理&食生活サポート	料理〈シェフ／パティシエ／ソムリエ／他〉	138
	食生活のサポート〈栄養士／料理研究家／他〉	141
建築&住宅	建築・施工〈建築士／CADオペレーター／他〉	144
	住まい〈宅地建物取引士／インテリアデザイナー／他〉	147
動植物&農林水産	動物・生物〈獣医師／飼育員／トリマー／他〉	150
	植物・自然〈ビオトープ管理士／ネイチャーガイド／他〉	153
	農・林・水産業〈農業／養殖業／他〉	155
旅・観光&航空・運輸	旅・観光〈ツアーコンダクター／コンシェルジュ／他〉	158
	航空・運輸〈パイロット／ディスパッチャー／他〉	161
医療&健康	医療〈看護師／救急救命士／臨床心理士／薬剤師／他〉	164
	身体ケアサポート〈あん摩マッサージ指圧師／他〉	169
介護&福祉	介護・福祉〈介護福祉士／ケアマネージャー／他〉	172
教育	教育（学校）〈小学校教諭／高校教諭／他〉	176
	子ども〈幼稚園教諭／保育士／他〉	180
公務員	国家公務員〈国家公務員総合職／自衛官／他〉	184
	地方公務員〈地方公務員行政職／警察官／消防官／他〉	189
政治&法律	政治〈国会議員／地方議会議員／議員秘書／他〉	194
	法律〈裁判官／弁護士／他〉	197
金融&ビジネス&保険	お金・ビジネス〈公認会計士／銀行員／他〉	200
	保険〈ファイナンシャルプランナー／社会保険労務士／他〉	203
エンジニア&IT&開発	エンジニア〈ロボット開発技術者／自動車整備士／他〉	206
	IT・Web〈SE／アプリ開発者／他〉	208
	宇宙開発〈宇宙飛行士／宇宙開発技術者／他〉	213
マスコミ	テレビ・ラジオ〈アナウンサー／TVプロデューサー／他〉	216
	新聞・出版・広告〈新聞記者／編集者／他〉	220
芸能界	芸能〈俳優・女優／芸能マネージャー／声優／他〉	224
	映画・舞台〈映画監督／スタントマン／他〉	227
音楽	音楽の表現〈指揮者／クラシック演奏家／クラブDJ／他〉	230
	音楽のサポート〈音楽プロデューサー／ピアノ調律師／他〉	233

スポーツ	プロスポーツ選手〈プロサッカー選手／プロゴルファー／他〉	……	236
	スポーツ〈スポーツインストラクター／他〉	……	239
美術&伝統文化	美術・クリエイティブ〈漫画家／他〉	……	242
	伝統芸能〈落語家／他〉	……	244
	伝統工芸〈花火師／他〉	……	245
その他	その他〈気象予報士／神職・巫女／他〉	……	248

Chapter 4 仕事ができる社会人になるための基礎知識

社会 編

01	1人暮らしを始めるための基礎知識	252
column1	今どきの「1人暮らし」体験談	255
02	雇用形態の種類や働き方の違いについて	256
03	日本の雇用条件の推移と労働環境について	258
column2	今どきの「転職」体験談	259
04	株式会社の組織と役割について	260
05	知っておきたい税金の知識	262
06	地域を支える住民税について	263
07	所得税について正しく理解する	264
08	知らないと損する様々な税金控除	265
09	初任給で支払う税金額を把握	270
10	損をしないための給与明細書の見かた	271
11	年末調整と確定申告の違いについて	272
12	健康診断と人間ドックの違いについて	273
13	最低限度の生活を維持する社会保障制度	274
14	生命保険の保障や種類・特徴について	276
15	不測の事態のための損害保険について	278
16	スムーズな退職で新たなステージへ	280
17	起業する場合の手順&費用について	284
18	知らないと恥をかくビジネスマナー	286

Chapter 5 マネーで損をしないための家庭生活の常識

結婚・出産 編

- 01 知っておきたい今どきの結婚事情 …… 294
- 02 日本のおひとりさま事情について …… 296
- column1 今どきの「おひとりさま」体験談 …… 297
- 03 多様化する婚活・結婚事情 …… 298
- column2 今どきの「街コン」体験談 …… 299
- 04 結婚生活を始める前にやっておくべきこと …… 310
- 05 結婚後のお金の管理 家計のやりくりについて …… 312
- 06 結婚したら考えるマイホームについて …… 314
- 07 知っておきたい今どきの出産事情 …… 316
- 08 妊娠から出産までの注意事項と手続き …… 318
- 09 妊娠・出産のお金と赤ちゃんの成長過程について …… 326
- 10 子どものケガや病気の応急処置について知りたい …… 336
- 11 よくみられる子どもの病気・症状について …… 340
- 12 健やかな成長を祝う行事について …… 344
- 13 子ども・子育て支援新制度について …… 354
- 14 子育てにかかる教育費について …… 356
- column3 今どきの「ママ友問題」体験談 …… 357
- 15 なかなか人には聞けない最近の離婚事情について …… 358
- 16 シングルマザー（シングルファザー）に対する公的補助 …… 362
- column4 今どきの「シングルマザー」体験談 …… 364

Chapter 6 定年後も安心な第二の人生の送り方

シニアライフ 編

- 01 定年退職の現実と準備・心構え …… 366
- 02 定年退職後のタイプ別過ごし方 …… 368
- 03 知らないと損をする年金の基礎知識 …… 370
- 04 年金の現実と老後のマネープラン …… 372

column1	これだけは知っておこう　相続＆贈与	374
05	今どきの介護事情と介護保険制度	376
06	介護サービスと介護にかかる費用	378
07	人生をより良く締めくくるための終活	380
08	自分らしい最期を迎えるためのエンディングノート	383
09	葬儀の意味と一般的な流れについて	386
10	今どきの葬儀事情について	390
11	葬儀にかかる費用について	394
column2	お墓について知っておこう	395

参考文献 …… 396

人生年表

誕生〜幼稚園	小学生	中学生	高校生	大学生	20代後半〜社会人	30代
				19歳 厄年	25歳 厄年	33歳 厄年 / 37歳 厄年
誕生 / 初節句 / 幼稚園入園 / 3歳と5歳で七五三	7歳で七五三 / 小学校入学	高校受験 / 中学校入学	大学受験 / 高校入学	成人式 / 自動車免許取得 / 大学入学	マイカー購入 / 一人暮らしを始める / 就職	昇進 / 結婚 / 第1子誕生 / マイホーム購入 / 第2子誕生 / 第1子幼稚園入園

厄年（男性）
厄年（女性）

40代	50代	60代	70代	80代	90代	100歳
厄年 42歳		厄年 61歳				
第1子小学校入学 / 第1子中学校入学 / 第1子高校入学 / 第2子幼稚園入園 / 第2子小学校入学 / 第2子中学校入学	第1子大学入学 / 第1子成人式 / 結婚25周年 銀婚式 / 第2子高校入学 / 第2子大学入学 / 第2子成人式	第1子就職 / 61歳 還暦 / 定年退職＆再就職 / マイホームローン完済 / 夫婦で旅行 / 親の葬儀 / マイホームのリフォーム / 年金受給 / 孫誕生 / 第1子結婚 / 第2子就職 / 第2子結婚	70歳 古稀 / 77歳 喜寿	80歳 傘寿 / 88歳 米寿 / 結婚50周年 金婚式	90歳 卒寿 / 99歳 白寿 / ひ孫誕生	100歳 百寿

※この人生年表は一例になります。
※厄年と長寿の祝いは数え年の表記となります。

column 1 マイナンバーって、どういうものなの？

マイナンバー制度とは、住民票を持つ人たち一人一人に配布される12ケタの番号のこと。納税や社会保険などを一体的に管理するために設けられた制度ですが、意外と知られていないのも事実。ここでは、マイナンバー制度について詳しく紹介します。

マイナンバーとは？

マイナンバーとは一人に一つずつ配布される12ケタの番号を利用し、行政のいろいろな部門で保管している国民一人一人の情報を「これは同じ人のものだ」という確認をして、しっかり管理して、よりスムーズに活用できるというもの。
今までは、医療保険や年金の手続き、あるいは住民票や所得証明書など様々な書類を添えることが必要でしたが、マイナンバーがあれば、各種書類の手続きをする時は提出をしなくてもよくなり、手続きが簡単になります。

マイナンバー導入により期待される効果

1	行政手続が簡素化されることにより、国民の負担が軽減されます。また、行政機関が持っている自分の情報を確認したり、行政機関から様々なサービスのお知らせを受け取ったりできるようになります。
2	複数の業務間の連携が期待でき、地方公共団体や行政機関などで、入力や照合、転記する時間が削減され、作業の重複などの問題を削減することが期待できます。
3	行政サービスや所得などの受給状況が把握できるので、不正を免がれ、公正な各種の給付が実現されることが期待できるので、困っている方に対しての細かい支援が可能となります。

Chapter 1

森永卓郎流
ライフプランニング

TAKUROU MORINAGA × INTERVIEW

さあ、明るい未来を準備しよう

森永卓郎 1957年生まれ、東京都出身。東京大学経済学部経済学科卒業。経済アナリスト。獨協大学経済学部教授。テレビ「がっちりマンデー!!」、「情報ライブ ミヤネ屋」などに出演。講演、執筆、博物館経営など幅広く活躍中。

今後は「業界」ではなく、職種選びが大切！

働く人たちは3種類に分けられ所得格差がますます広がる時代へ

　これからの「未来」を担っていく若い世代の人たちに、ぜひ伝えたいことがあります。それはこの10年以内に、日本の雇用形態が革命的に変わるということです。

　世の中には、数え切れないほどの職業があります。これまでは「金融業界」「IT業界」「マスコミ業界」などと「業界」という枠組みで、くくられていました。

　わたしは長年、大学で進路指導をするなかで、「業界研究」を優先にしてきましたが、最近「業界ごとの枠組みで考えるのは意味がないのでは？」と思い始めました。

　なぜなら、かつては「終身雇用」「年功序列」が社会の常識でした。しかも会社に入るとジョブローテーションを導入している会社も多く、営業から製造、経理から企画などいくつかの部署を経て、そこから出世していくというのが、日本社会の現状だったのです。

　ところが、それを壊そうという動きが始まりました。経団連（日本経済団体連合会）が「働く人を3種類に分けましょう」という『新時代の日本的経営』というレポートを1995年に発表しました。

　それから約20年間、内容を試行錯誤してやっと法案として決定することになりました。具体的に3種類とは、以下になります。

- ●「長期蓄積能力活用型グループ」　→　かつての終身雇用の社員
- ●「高度専門能力活用型グループ」　→　今でいう派遣社員
- ●「雇用柔軟型グループ」　　　　　→　パート、アルバイト

「雇用破壊の3本の矢」は、ノウハウの蓄積ができない

長期能力型社員をトップに、派遣、パートが従う仕組みが一般化する

　経団連では各ジャンルごとに何％を占めるのかは示していませんが、派遣やアルバイト、パートが占める割合のほうが多くなる可能性が大きくなっています。

　というのも経団連は、以下のように述べています。「長期蓄積能力活用型社員を全社員の1割程度に絞って採用し、会社の出世の階段を駆け上がっていく人達をさらに絞り込む形で配置した後は、派遣とアルバイトを使う社会に変えていきましょう」と構想。『新時代の「日本的経営」――挑戦すべき方向とその具体策』（日本経営者団体連盟・当時）

　まさに現在、その形態に向かって進んできています。

　安倍政権は、労働市場を根底から覆す3つの大きな政策を採ろうとしています。①派遣労働法の改正、②高度プロフェッショナル制度の導入、③金銭解雇の導入です。私は、これらを「雇用破壊の3本の矢」と呼んでいますが、すでに法律が成立して、制度が動き出しているのが、派遣法の改正です。

　改正派遣法が2015年10月から施行されました。これまでは「専門26業務」（旧労働者派遣法施行令で定められた『派遣期間制限のない26種類の業務』のこと）の派遣労働者は無期限で働くことができました。専門26業務のうち、事務用機器操作業務が全体の4割を占めていました。

　また、財務処理業務、取引文書作成業務、ファイリング業務の順で続き、この4つの業務で全体の3分の2を占めていました。専門26業務のなかには、「放送番組等の演出」も入っています。

　例えば、テレビやラジオのディレクターをずっとやっていると、自然とノウハウが身につくことで、数は多くありませんが、正社員に登用されるケースもけっこうありました。

　しかし派遣法の改正によって、派遣労働者は一律に3年までしか同じ職場にいられなくなりました。たった3年で雇用を切られるので、技術やノウハウが蓄積されなくなります。しかも人を入れ替えれば同じ業務をずっと派遣でまかなうことも解禁されました。

INTERVIEW
TAKUROU MORINAGA ×

どのポジションを選ぶかでライフスタイルが変わる

今後は「この仕事は派遣が担当」というのが固定化されるので、職務自体をずっと派遣社員が行うことになるのです。

派遣はその中でスキルアップが一切できない業務を行っていきます。その需要は今後、爆発的に増えます。これが1本目の矢です。

どの職種のサラリーマンもほとんどが成果報酬型になる

次に2本目の矢ですが、これまでもパートやアルバイトは、何かあれば切り捨てられる不安定な雇用形態で、時給もほとんど上がらない存在でしたが、正社員は入社すると定期昇給があり、毎年、少しずつ給料が上がっていきました。

しかしこれからは、『高度プロフェッショナル制度』が導入されるので、労働時間ではなく成果で管理されるサラリーマンが増えていきます。

逆に言うと、成果を出さなければ給料も払わない、仕事が終わらなければ終わるまでやる、と地獄の底まで働かされることになるのです。

この制度は導入当初、国民の平均給与の3倍以上もらっている人、今の基準だと年収1,075万円以上の人に適用することになっていました。

ですが、経団連は「400万円に下げよう」と言っています。アメリカではすでに導入されていて、およそ年収280万円以上が対象者です。これが日本でも導入されると、ほとんどのサラリーマンに適用されることになります。

つまり、正社員は過労死寸前まで、タダ働きさせられることになるのです。

手切れ金を払えば、リストラが簡単に行える雇用改革を導入

3つ目の矢は『金銭解雇の導入』です。日本では整理解雇の4要件という厳しい条件を満たさないと、労働者のクビを切れませ

日本の雇用スタイルはアメリカ型になっていく！

んでした。

それが産業競争力会議で、企業がクビを切って「不当解雇だ」と言われても、手切れ金を払えば、いつでもクビにできるという制度を創設しようということになったのです。

これは現在、政府が行っている成長戦略の一環で、アメリカと同様の雇用システムにしましょう、ということです。

新入社員の給料のまま、新入社員の時にやっていた仕事をクビにならないかぎりやる、というのがアメリカの労働システムです。

アメリカでは、会社に一つのポジションで入ったら、基本的にそこから異動になることはありません。つまり自動的に出世することはないのです。

すでに日本でも外資系企業はそのような制度になっています。

もし社内で昇進したいと思ったら、社外から同じポジションを狙う人たちと競争しなければなりません。例えば課長になりたいと思ったら、課長の募集に応募して合格しなくてはなりません。

格差が拡大！ 業務選びが今後の人生の分かれ道に

もう一つは、どの業務を担うかで、働く人たちの格差がケタ違いに大きくなること。

例えば、アメリカの銀行ではテラーという窓口に立ち、お客さんと顔を合わせる仕事をしている人の正社員の年収は、日本円にすると150万円くらいです。

一方、経営陣のほうは年収15億円くらいあり1,000倍違います。

かつての日本では社長になっても年収は2,000万～3,000万円くらいで、平社員でも1,000万円を超えることもあり、「会社選び」「業界選び」というのは、非常に重要でした。それはどこの会社に入るかによって、その人の運命が決まったからです。

ところが、これからは「会社選び」「業界選び」は意味がなくなり、「どのポジションを取るか」で、その人のライフスタイルが決まります。

これまでは一流企業に入れば安泰でした。でも、今後は安定した「業界」を選ぶというのは意味がなく、「司令塔」なのか「アイデアマン」なのか「指示待ち人間」なのかで人生が決まるのです。

TAKUROU MORINAGA × INTERVIEW

どの雇用パターンを選ぶのかがもっとも重要

億万長者、正社員と非正規社員、どのコースを選びますか？

処遇に関しても同じです。これまでは同じ業界内はどこも横並びでしたが、すでにガラリと変わっている業界もあります。

例えば、大手の航空会社2社でキャビンアテンダントになった場合、およそ年収800万円は保障されていました。

しかし現在は、格安料金を売り物にする航空会社になると、およそ年収は200万円台。パートで稼いだくらいの給料しかもらえない、というのが実態です。

その時に考えなければならないのが「自分はどのコースを選ぶか」ということ。これがもっとも重要です。

一生、非正規社員（平均年収およそ170万円）で最後までいく、というのも一つの道です。

また一生、正社員（平均年収およそ300万円）で最後までいく、というのが、もう一つの道になります。

それから年収数億円、数十億円をめざす道があります。

どこを狙っていくかで人生がすごく変わると言うと、皆さんは「そんなバカなこと、ないだろう」と思うかもしれません。

ですが、これが現実であり、これからの日本の世の中なのです。

ビジネスエリートになるために「学歴社会」が再燃化する！

もし、あなたがビジネスエリートを目指すのであれば、アメリカの『学歴社会』にならい、銘柄大学を出る必要があります。

これからの日本社会は、例えば東大、京大、最低でも早慶のごく一部がエリートコースを歩むことになります。

これはわたし個人の意見ですが、だからといってエリートの道を無理に勧めようとは思いません。

なぜなら、一部のエリートの中には非常に偏った価値観を持ち、物質的には恵まれているものの、精神的には幸せだと思えない人が多いと感じるからです。

ビジネスエリートを狙うなら高学歴は必須条件

模試を徹底研究し、あまり勉強せずに東大に合格！

　ここで少し、わたし自身の話をします。わたしは東大を出ていますが、あまり勉強はしていませんでした。

　東大受験直前の模擬試験でも、世界史の偏差値33、日本史は28でした。これでは受からない、ということで、あわてて試験の前日、受験科目を政治経済と地理に変えて、両方合わせて2時間ほど勉強しただけでした。

　しかし、本番の試験では自己採点で、地理はおそらく全問正解でした。なぜかというと当時から模擬試験を受けていてもまったくわからない問題でも、70％以上の正解率を取っていたからです。

　勉強していない分野で何をしたかというと、模擬試験を片っ端から受けて、自動的に答えを導き出す方法を見つけたのです。

　その方法とは、試験の出題者が正解以外の選択肢をどう作っているかを考えたのです。

　例えば正解が『馬』だったら、まず『ロバ』など正解と似ている選択肢を作り、今度は反対のものを選択肢として作ると考えました。この場合は、十二支だと『午』の反対は『子』にあたります。

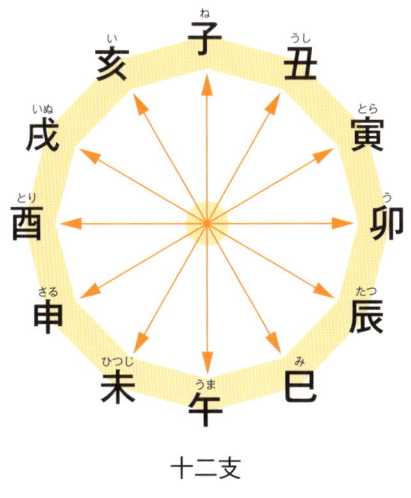

十二支

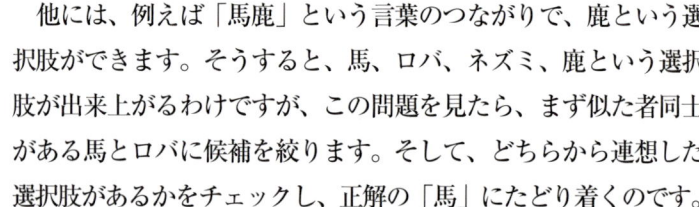

いろいろな仕事をしながらも、一つのスキルを磨くのが理想的

他には、例えば「馬鹿」という言葉のつながりで、鹿という選択肢ができます。そうすると、馬、ロバ、ネズミ、鹿という選択肢が出来上がるわけですが、この問題を見たら、まず似た者同士がある馬とロバに候補を絞ります。そして、どちらから連想した選択肢があるかをチェックし、正解の「馬」にたどり着くのです。

少し話はそれましたが、とにかくエリートコースを目指すのであれば、少なくとも早慶以上の学歴は必要だと思います。

しかし、そこからエリートコースに乗って本当に幸せになれるのか？ ということはよくわかりません。

もちろん地頭の良さは大事ですが、勉強したことが、自分の仕事に活かせるかどうかは、別の話です。

仕事によっては知識よりも、先ほどお話したような、答えを導くための方法を考えるヒラメキや、正解よりも問題解決能力を重視する職業もあるからです。

会社選びで人生が変わる森永式ステップアップ術

わたしは、現在の「経済アナリスト」として活動するまで数多くの職業を経験してきました。大学卒業してすぐ『日本専売公社』（現日本たばこ産業）に入社。そこは終身雇用そのままの世界でした。『日本専売公社』にはとてもよくしてもらい、いろいろな仕事を経験しましたが、転機は日本経済研究センターという日経新聞のシンクタンクに1年間予測研究員として出向したことです。

そこでの仕事がすごくおもしろく、経済アナリストとしての現在の基盤が築かれたきっかけとなりました。専売公社に戻って、1年間営業所でたばこの営業員を務めたのち、経済企画庁（現内閣府経済社会総合研究所）という役所で2年間役人も経験。

そこでの仕事がまたとてもおもしろくて、転職させてほしいと専売公社に頼みましたが辞めさせてもらえず、結局、三井情報開発というシンクタンクに出向後、その会社に転職しました。

職場は数多く変わりましたが、どの職場でも、経済や労働分野の調査、分析、予測をする仕事でしたので、仕事はほぼ一種類しかしていません。

好きな仕事なら貧乏でも耐えられる覚悟はあるか

経営者が変われば、天国から地獄へ 真っ逆さまの厳しい現実とは

　これから世の中に出て仕事をする皆さんは、業界を選ぶのではなく、仕事内容と、そこでどんなポジションを選ぶか？　が重要だ、というお話をしてきました。

　ただ、どんな貧乏をしても、この仕事をしているのなら幸せだ、というのなら雇用形態に関わらず、ずっとやっていくというのも一つの手段です。ただ、そこは弱肉強食の世界です。

　その一つの例として、わたしの知人の例をお話します。
　わたしは横浜ベイスターズのファンです。よく一緒にテレビ番組を作っていたわたしの知人は、ベイスターズが好きすぎて、ベイスターズの球団に転職しました。

　そこで映像やイベントなどを仕切っていたのですが、経営者が変わったことで、とてつもない粛清が行われました。
　結局、その彼は、今は2軍選手のユニフォームの洗濯係になってしまいました。それでも彼は仕事を続けています。ベイスターズを愛しているからです。
　業界や会社で就職先を選ぶと、このような配置転換は、充分ありえます。
　それで本人が納得すればよいのですが、「こんな仕事をやるために、この会社に入ったわけじゃない」というのであれば、転職するしかありません。

合併後に社風が激変！ 英雄から一気にリストラ要員へ

　じつはわたしも同じような経験をしました。できたばかりの三和総合研究所というところで働き、30年から40年間は会社がつぶれないような仕組みを作り、経営は順風満帆でした。
　しかし、その後、親会社のUFJ銀行が三菱東京銀行に事実上吸収合併されたことで、社内の勢力図が一気に変わったのです。

Chapter1　森永卓郎流ライフプランニング

TAKUROU MORINAGA × INTERVIEW

会社の雰囲気と自分の価値観が合っていることも大事な要素

　三菱からきた経営陣にとっては、自由気ままに振る舞うわたしの存在は、おもしろくなかったのでしょう。

　当時、わたしは、会社以外からの収入がたくさんあったので、会社から給料を1円ももらっていませんでした。それどころか、社内のデスクの使用料として月10万円を支払っていたのです。それでも、わたしは、ある日、突然リストラされてしまったのです。

会社が一流ブランドでも自分と社風と合っているかどうかが大事

　会社を選ぶ時には、社風が自分に合っているかどうか、というのも非常に重要なことです。

　結果を出していれば、創意工夫をして自由に仕事ができる会社もあれば、石橋を叩いても渡らない、という堅実な会社もあります。

　わたしが勤めていたＵＦＪ総合研究所は、ある程度、個人の采配に任せてくれていたのですが、三菱との合併後はすべて「**報告連絡相談**」いわゆる「ほうれんそう」が必要な社風に激変しました。

　当時、メディアの取材だけで1日10件以上担当していたわたしも、事前に稟議書（りんぎしょ）を書いて、何を話すのか上司と相談し、許可を得た内容で、許可を得た相手に話さなくてはならなくなったのです。

　もちろんミスなく堅実に業務をこなすことは大事なことですが、わたしが担当していたメディア対応は、スピード勝負な上、臨機応変さが求められる仕事でもあります。

　社内の事前チェックに時間がかかればかかるほど、情報の新鮮度は薄れます。結局、わたしは自分自身の事情からも、会社に居続けることができなくなりました。

　このように、現在は会社が合併したり買収されることも珍しくない世の中です。だからこそ、この業界は安泰、この会社は大丈夫、と言い切れないのが、これからの現実です。

　会社のブランドで選んでも、自分のやりたいことができないのであれば、意味がありません。

仕事をプチ体験すると、相性も見極められる

職業選びに迷ったら、まずはいろいろな仕事を体験せよ

さて、ここまでお話した内容を振り返ると、皆さんはこんな感想をお持ちだと思います。

「では、どんな仕事に就けばいいの？ よけいに迷ってしまった」と。わたしは別に、皆さんの明るい未来を否定するつもりは毛頭ありません。

むしろ、「こんなはずじゃなかった」と、世の中に出て落胆してほしくないと願っています。

では、どうすればよいのか？ その答えは、とりあえずなんでもやってみることです。実際にやってみると、ただ見聞きするよりも自分が何に向いているのか、適性がよくわかるからです。

例えば、キッザニアでいろいろな職業をプチ体験してみるとか、実際にアルバイトをしてみて、適性を見極めるのもよいでしょう。

念願だった役者の仕事を通じて実感した本物のプロの真髄

わたしもつい最近まで「役者とはどういう仕事なのか？」と思い、何度もドラマに出演しました。

最初こそ「自分にも役者の仕事はできるのでは？」と、野次馬根性でやってみたのですが、「流星ワゴン」というドラマで共演させていただいた俳優の香川照之さんと向かい合って演技をし、彼が役者の仕事に命を懸けていることを目の当たりにしました。

もちろん、監督も同じです。スタッフ全員がとてつもなく真剣で、しかもレベルが圧倒的に高いのです。わたしは完全に場違いな存在でした。でも、それも実際にドラマの現場に身を置いたことで、知ることができた事実です。

もし、実際にドラマの現場に立たずに、誰かから「役者なんて無理だよ、やめておいたほうがよい」と言われても、実践主義者のわたしにとって、それは意味のないアドバイスです。自分で体験したことこそ、宝です。それが失敗だとしても、経験という財産が残るだけでなく、それが新たな挑戦への力になるからです。

TAKUROU MORINAGA × INTERVIEW

憧れの職業ほど、才能やセンスが大事

才能で勝負する仕事は、努力ややる気だけではどうにもならない

わたしがこれまで仕事をしてきたなかで、一番勘違いをしていたのはカメラマンの仕事でした。

取材で接するなか、カメラマンがアーティスト扱いであることを知りました。たくさんポケットのついたジャケットを着て、渋いカメラでシャカシャカとシャッターを切り、「お先に」と帰る。

そしてギャラは一緒にくるライターと同じだと知り、ある時、カメラマンになろうと思い立ちました。

取材にきた編集者を片っ端から説得して、ついに日経BPの専属カメラマンになったのです。そして『日経ビジネスアソシエ』の創刊以来、1年ほど巻頭グラビアを撮りました。

しかし、写真というのはでっち上げができません。カメラマンとしての才能がある人とない人では、撮る作品のレベルが決定的に違う、ということが身にしみてわかりました。

例えば、本物のプロカメラマンは野球の試合でピッチャーが投げるボールをバットでミートした瞬間を撮ることができるのです。

当然、わたしはそんなすごい写真を撮ることはできません。結局わたしは巻末に左遷され、最終的にリストラされました。

この仕事をしていれば幸せ！と言いきれますか？

思えばバブル時代、カメラマンは爆発的に増えましたが、バブルの崩壊とともに激減しました。その後に残った人は、どんな人だと思いますか？

それは「どんなに貧乏でもシャッターを押していれば幸せ」という人です。

要するに「この仕事に関わっていれば、たとえどんなに貧乏でもかまわない」とか「どうしてもキャビンアテンダント、パティシエになりたい」という人は、自分がやりたい仕事をやればよいと思います。

スターを夢見る世界は当たれば天国、売れなければ地獄

ただし、とてつもない所得格差の世界で、もしかすると超貧乏になる可能性がかなり高くなることは覚悟しなければなりません。

当たれば億万長者、売れなければ年収10万円。芸人たちの実態

昨今、みんながやりたがる職業といえば、ミュージシャンや役者、お笑い芸人でしょう。

これらの職業は、当たればもちろん年収十数億円以上になりますが、そこにも厳しい格差が待ち受けています。お笑いの世界で言えば、吉本興業に所属するおよそ5,000人の中で年収が10億円を超えているのはおよそ10人くらいです。9割は年収10万円もいかず、家族などに寄生したりして生活しています。

それでも明日のお笑いスターを夢見て頑張っている人たちや、それこそギャラはなしでも舞台に立ち続けている人たちもいます。

わたしも一度、職業体験として、売れっ子芸人のTKOさんと一緒に舞台に立ったことがあるのですが、その時のギャラは交通費込みで1万円でした。それに対してスタッフに文句を言ったら、「何言ってるんですか！ お笑いのライブで1万円のギャラがいかに破格か、知らないでしょ？」って言われました。

とにかく舞台に立ち続けて、お客さんに顔と名前を覚えてもらう。SNSなどで「あの芸人、おもしろいよ」と書き込まれるようなことになれば、一気に人気に火がつくこともあるからです。

ミュージシャンや作家の超弱肉強食の世界

ミュージシャンや作家も同じ。ミリオンセラーで大当たりするのも一握りで、売れたとしても、あっという間に消える人たちがほとんどです。例えば自動車のデザイナーの世界では、一番高いデザイナーがアイデアスケッチを描くと1枚2,000万円ですが、ランクの低い人はタダでも描きます。これからは普通の会社でも、そのような自由市場になり、一瞬で転落する世の中になります。このような弱肉強食の世界がいろいろな職業に広がっていくのです。

TAKUROU MORINAGA × INTERVIEW

一概に「お金持ち＝幸せ」とは言い切れない

お金を右から左に流すだけで巨万の富を得る投資家たち

一方、大金持ちの人たちは、どのような現状でしょうか？

じつは今、大金持ちのすべてに近い割合が働いていません。

では、どうやって稼いでいるのかというと、右から左へお金を動かし、巨万の富を得ているのです。

例えば「市町村別課税状況調べ」で、2014年度に最も平均所得の高かった東京都港区は、区民1人当たりの株式譲渡益が平均で383万円でした。

株を持っている人は国民の1割だといわれています。その中で株を売った人は、その1割だとすると、実際に株を売った人は1％ということになります。そうすると、実際に株を売った人の平均譲渡益は、3億8,300万円ということになります。

この例からもわかるように、ただ真面目に働いているだけだと、巨万の富を稼ぐことはできないのです。

億万長者の投資家たちはお金が少なくなると不安になるお金中毒

わたしの友人には年収300万円、もしくはそれ以下の人もいます。それとは逆に仕事上、年収数億、数十億の人と付き合わざるを得ないこともあります。

その人たちはプール付きの豪邸に住んでいて、フェラーリに乗っています。

これはあくまでわたしの個人的な見解ですが、数多くの大金持ちたちと付き合ってきた中で、「この人は幸せそうだな」と思った人は一人もいませんでした。

彼らはいわば、お金中毒なのです。ですので、お金が減るのが怖くて怖くて仕方がないようです。お金が増えている時は機嫌がよいのですが、少しでも減ると、とたんに不機嫌になります。

そんな状況の時は、話をしていても不安で目が泳いでいます。お金が減るのが怖いので、24時間お金のために走り回るのです。

例えば、5億円あれば一生遊んで暮らせます。10億円あれば

いち早くセカンドベストを見つけることが幸せの近道

子どもの代まで、100億あれば孫の代まで遊んで暮らせます。

しかしお金中毒の彼らは、たとえ100億円貯めても安堵感や達成感はなく、お金儲けをやめられないのです。わたしはそんな暮らしを羨ましいとは思いません。

なにごとも経験だと思って、フェラーリに乗せてもらったり、六本木ヒルズの自宅に潜入したり、クルーザーや小型飛行機も乗ってみましたが、1回経験すれば充分だと感じました。

もちろん、それらを目標に頑張ること自体は悪いことではありません。100億円稼ぎたい、と思う人はチャレンジすればよいと思います。

やりがい、楽しい、お金の三拍子そろった仕事はまずない、と思え

幸せの価値観や、職業に関する意識は人それぞれです。何が正解というのはありません。

ただ、わたしの経験からいうと「やりがいがあって、楽しくて、お金になる」という三拍子そろった仕事は絶対にありません。

どのような仕事でもつらいことはあるし、嫌な人はいるし、確実に儲かるという保証はありません。

適職、天職を見つけるのは、一生かけてもなかなか難しい、というのが現実だと思います。

だからこそ『早く自分のセカンドベストを見つけること』が大切になってくるわけです。ベストは難しくても、「AとBの仕事なら、どちらのほうがよりマシか？」というのは、人それぞれの適性によって選択が可能だからです。

もちろんまったく興味のない仕事、自分に向いていない仕事よりは、少しでもやりがいのある仕事、自分のセンスを発揮できる仕事、その仕事を通じてお客さんに喜んでもらえる仕事など、仕事の楽しさはいくらでも見つけることはできます。

逆に「仕事はお金を得る手段」と割り切って、少しでも給料が高い仕事を最優先して選んでいく、という手もあります。

要するに、自分は「仕事を通じて何を得たいか？」がきちんとわかっていればよいのです。

Chapter1　森永卓郎流ライフプランニング

TAKUROU MORINAGA × INTERVIEW

仕事の本質は、何も知らない子どものほうが理解できる

セカンドベストを見つけるために仕事をしている人に話を聞こう

　一番良いのは、先ほども申し上げましたが、まずは自分で実際にやってみて、セカンドベストの仕事を見つけることです。

　学生時代にいろいろなバイトをやってみるのもよいですし、最近では就職してからでも、会社によっては副業を許可しているところもあります。

　ただ、数多くのバイトをするのも限りがあります。そのような場合は、実際に働いている人たちにとにかく話を聞くことです。

「どんな仕事をしているのですか？」
「仕事をしていて何が楽しいですか？」
「逆に何がつらいですか？」
「職場に嫌な人はいますか？」
「給料やボーナスいくらですか？」
「有休はとれますか？」

と、どんどん聞いてみてください。

　とくにあなたが未成年の場合は、あえて子どもの特権を使うのです。大人は子どもが質問してくると、ついつい本当のことを話してしまいます。いわゆる「濡れた子犬作戦」を使うのです。

　そこでいろいろなデータを自分で集めて、その中から自分が一番やってみたい職業から順番に優先順位をつけていくのです。

　その中でやってみたい職業があれば、まずはチャレンジしてみてください。

業界で選ぶのではなく、職種で選べば失敗しない

　それでもやりたい仕事を絞り込めない場合は、こんな風に考えてみましょう。

　例えば「印刷業界」という選び方をするのではなく、営業職、事務職、総務、研究開発などの中から「自分は何が好きか？　やってみたいか？」と考えながら『職種』で選んでみるのです。

今後は生身の人間にしかできない仕事の需要が高まる

例えば、自動車メーカーでトップセールスをしている人は、生命保険会社に転職してもトップセールスができるものです。それが業界で選ぶよりも職種で選ぶことが大事な理由の一つです。

勤めている会社で何かあっても、営業力を磨いていれば、まったく違う「業界」へ転職しても、充分やっていけます。

近未来、人工知能やロボットとの共存で、なくなる仕事とは

本書の第3章では、様々な職業について紹介しています。何度もお話していますが、今後は業界がどうなっていくかではもう意味はないので、どのような仕事が伸びていくかという見解でお話します。

今ドイツが中心になって『第四の産業革命』というのを提唱しています。

第一の産業革命は蒸気機関の発明です。第二は電力による大量生産。第三はコンピューターの導入革命です。

そして第四は『人工知能とロボット』です。この人工知能とロボットの登場によって、単純な仕事やシステム化できる仕事は、ほぼ機械に置き換えられるでしょう。

例えば、なくなる仕事の一つとして、通訳の仕事がなくなると思います。通訳ロボットや、通訳機能を搭載したPCやモバイルが普及するためです。

さらには機械を操作している人、ドライバーなども、すべて自動運転の発達で必要がなくなるでしょう。

人工知能が増え続けることで、10年、20年先はコンピューターやロボットができない仕事しか残らないと思います。

要するに、1ミリもはみ出してはいけないような正確さが求められる仕事、同じ作業の繰り返しのような仕事は、ほとんどロボットが代わって行うようになります。

ということは、生身の人間は、「いかに枠からはみ出すようなアイデアが出せるか」「未知な分野にも臨機応変に、かつ果敢にチャレンジできるか」ということが求められるようになるでしょう。

Chapter1 森永卓郎流ライフプランニング ★ 29

TAKUROU MORINAGA × INTERVIEW

億万長者から年収100万円まで。アーティストの世界は厳しい

　そう遠くない近未来は、ロボットの力を上手に利用しながら、より生産性を高めたり、新事業を起こせる人が、世の中を仕切っていくことになります。

　まさにアニメや映画で描かれた世界が、現実の生活でも展開していくことになるでしょう。

今後も残っていく仕事の一つは、アーティスト系の仕事！

　また、将来残っていく仕事を挙げるなら『アーティスト』だと思います。アーティストといっても音楽や芸術系だけを指しているわけではありません。例えば、医薬品を開発する、農業で新しい育成法を考えるなど業種は問わずアーティストは存在します。

　ただし、アーティストのポジションも超弱肉強食の世界であり、すでに格差が生まれています。

　わたしの知人の放送作家の中には、年収が数億円を軽く超えていて、「この間、六本木にビル買っちゃった」という放送作家がいる一方で、わたしのレギュラーのラジオ番組で一緒にやってる放送作家は、食うや食わずの年収100万円みたいな人もいます。同じ業界でもそういう格差が出てきてしまっています。

　また、ある知り合いの芥川賞作家は、受賞して数年は印税なども含め年収が1億円以上もあったのに、今では豪邸も売り払い、ひどい時は電気も止められてしまうような生活をしているとか。

　だからアーティスト性の高い仕事は、芸能界と一緒で、資格もとくに必要ないし、ずっとやってはいけるけれども、本当の弱肉強食市場なので、底辺にいると年収100万とか200万でやっていかなければなりません。

　売れれば天国、そうでなければ地獄に簡単に落ちてしまうのが実態なんです。

　ある広告代理店の人も言っていました。

「世の中が不景気になると、まず削減されるのが広告・宣伝費。それに関わる代理店、制作会社、フリーランスのコピーライター、デザイナー、カメラマンなどは仕事が激減するか、仕事の単価の下落で、年収はガタンと下がることになります」

どこにも売っていない商品を提供できるアイデアが勝負

こだわりの製法で優れた農作物を作る。農業も一種のアーティスト

　アートという意味では、わたしは農業もアートだと思っています。TPPの影響で、他の国の農家と同じ品質のお米や小麦を作ったりしたら、競争に負けますが、なかには、育て方や品質にとてつもなくこだわって、素晴らしい農産物を作っている人がたくさんいます。

　わたしの友人で、大分に移住してお米を作っている人がいます。彼女は完全有機で、少しだけ農薬を使ってるんですけど、ほとんど無農薬で米を作るんですよ。

　春の段階で彼女は何をやっているかというと、まず、レンゲを植えて、それを地面にすき込むんです。

　そうすると、そこから出る窒素酸化物が肥料の代わりになるのです。最初に田植えをしたあとにも水を抜いて、また入れて、という作業を繰り返します。

　水を抜くと稲が苦しいから、根を地面に張るんですよ。それで稲が丈夫になって台風とかがきても倒れなくなる。

　さらに堆肥を与えて、あらゆる害虫やイノシシ、シカとの戦いを経て実った米は、魚沼産のコシヒカリとかのおいしさとはまた違った種類のおいしさがあるんです。

　彼女の作ったお米をずっと食べていますが、いわゆる大地の味がするんですね。絶対に人工的じゃない、大地が生み出した味がするお米を、初めて食べました。

　最初こそ、彼女の移住を支えるために半分ボランティア気分でお米を買ってたんですけど、今では口コミで評判が広まり、ある時、彼女から、

「すみません、今年はちょっと量を制限していいですか？」

　というので、理由を聞いたら、あちこちから欲しいという注文が殺到して、森永さんにたくさん売る量がなくなった、と。

　10キロ8,000円くらいするので、正直、高いです。でも、彼女の米作りのこだわりを見てるから、全然高いとは思わないです。そういうのはグローバル競争には絶対に巻き込まれません。ある意味、食のアーティストだといえます。

TAKUROU MORINAGA × INTERVIEW

やりたい仕事を早めに決めて最短ルートを探る

終身雇用が残るのは公務員だけだが、組織が民営化される危惧も

　唯一、最後まで終身雇用が残るのは公務員だと思います。ただし社会保険庁が日本年金機構に改組されてしまったように、公務員がいつ公務員でなくなるかわかりません。私自身も専売公社という準公務員の会社にいたのですが、会社自体が民営化されてしまいました。

　今後、公務員でも組織がなくなったり、民営化されるということが多くなると思います。

　それでも他の職種より安定しているので、公務員を目指す人はこれからもっと多くなると思われます。

　ということは、採用試験の倍率が上がります。今以上に勉強しないと、公務員への道も厳しくなります。子どもの数が少なくなるので、教員の採用数も減る傾向になるでしょう。

どのポジションが欲しいのか決めているなら、早く現場に出ること

　学生たちに、将来の日本の社会の展望を話すと、こんな質問を多く受けます。
「これからは幸せの価値観は変わっていくのですか？」
　たしかに将来、多くの選択肢を増やしたいのであれば、よい大学に入る必要はありますが、自分がどのポジションを取りたいのか明確な場合は、よけいな努力は必要ありません。
　例えば、パティシエになりたい、プロゴルファーになりたい、という場合は、絶対に大学へ行かなければならない理由はありません。
　むしろ、早く現場に出て実践を積んだほうがいい。このように実績を積むことが稼ぎにつながる仕事は、始めるのは早いほうがよいと思います。
　つまり、ゴールを定めて、そこから逆算して、いつまでに何をすべきか計画していくとよいでしょう。
　それでも迷ってしまうなら、まずは「自分が何を幸せに思うか？」と考えてみることです。

自分にとって幸せとは？ その答えが行動を決める！

　お金を幸せに思うのであれば、お金を右から左に動かす投機家を目指すべきです（その道を私は絶対にお勧めしませんが）。

　また、「人と接するのが好きだ」「コツコツ物を作るのが好きだ」というのであれば、そういった仕事をするべきです。

　仮にその仕事がプラスにならないのであれば、お金を稼ぐための手段を考えればよいのです。

　ちなみに、わたしはずっと博物館がやりたいと思っていて、14年に開館にこぎつけました。でも年間800万円の赤字を出しているので、その分を今、ほかの仕事で稼いでいます。博物館はあと20年はやっていきたいと思っていますので、そうやって複数の仕事のかけもちで、バランスを取るというやり方もあります。

天職にこだわるなかれ。人生は一番マシが見つけられた人の勝ち

　ここで大事なのは、赤字を穴埋めするのが大変だ、ではなく、自分がやりたいことを実現したのだから、そのくらいのことは、知恵と努力でなんとかしよう、と前向きにとらえることです。

　わたしの場合は、博物館をあと20年間はキープすること。

　このように自分のなかで優先順位がハッキリしているので、何が起きても対処できるし、ブレずにやっていけます。

　わたしはマスコミ関係にたくさんの知人がいますが、ここ数年の出版不況にもめげず、出版社の編集者も営業マンも、もちろん著者自身も、売れる本を作るために必死になっています。

　徹夜が多くても、修正対応に追われても、ギャラが作業量に見合わないことがあっても、不思議と「ブラック企業だ、不当賃金だ」などと声を挙げない人が多いのです。

　それは、自分たちの携わっている作品や仕事が、世のため人のために役立っている、という自負があるからです。ですので、何度も言うように、迷いが出た時に「何があなたにとって幸せですか？　大事ですか？」と、心の声を聴いてみてください。

　そうやって自分の本当の気持ちに従いながら、自分の天職というか、これが一番マシだという仕事に早くたどり着いた人の勝ちです。あなたには、その「答え」が見えていますか？

TAKUROU MORINAGA × INTERVIEW

リスクマネジメントとして得意分野を増やしておく

夢ではなく、できる仕事を複数持ってさらに同時に走らせるのが秘訣

わたしは大学で学生たちに「夢は持ってはいけない」と口を酸っぱくして言っています。

いつかできたらいいね、というのは絶対に実現しません。だから、「夢ではなく、自分ができる課題（タスク）をたくさん持て」と、言っています。

そこに向かって1日1ミリでも前進し、ダメだったらすぐに別の道や可能性を探すことです。

さらに、「タスクは複数同時に走らせる」というのも大事です。この道一筋ではなく、たくさん走らせておけば、ダメになった時、すぐに引き返すことができます。

わたしはいまだに、多くのタスクを持っています。大学教員、テレビのコメンテーター、ラジオのパーソナリティ、博物館の館長、そして笑福亭鶴光師匠の弟子でもあります。古物商のライセンスも取って、博物館のなかで、ショップも始めました。

自分に向いているかどうかもポイントですが、若いうちはその判断が難しいので、自分のアンテナに引っかかったもの、人に向いていると勧められたもの……。

こういった基準で、どんどんやってみることです。

いつか起業したいなら、まずは会社に入り、いろいろなノウハウを学ぼう

仕事というのは、別に会社勤めすることだけではありません。今後は、自分で会社を起業するケースも増えると思います。

しかしながら、会社を運営するのはとても難しい。様々な幅広い知識や、トラブルに対応できるような多くの経験が必要です。

したがって会社を作るつもりなら、まずは正社員で会社に入るのが最良です。

そこであちこちに興味を持って首を突っ込んでいくと、職を探すのも、独立して会社をやる時も、いろいろな経験値が上がることで、すごく役に立つからです。

まずは正社員になって仕事のスキルを学ぶこと

社内の仕事を通じて身につけたスキルが独立後の自分を支える

　わたしは会社のなかで向かい合った様々なトラブルが、自分自身の会社を起こしたあとに、とても役に立ちました。

　実際の会社の運営では、教科書に書いていないトラブルがたくさん起きるからです。

　会社を運営するのはけっこう難しく、経理の仕組みとか社会保険の仕組みとか、クレームがきた時の対処法とか、キャッシュフローをどう管理すればよいかなど、幅広い知識が必要になります。

　そういうこともあって若いうちは、とりあえず正社員で会社に入ったほうがよいと思います。

　企業というのはビジネススクールと違って、常に最先端の機能をフルセットで持ちながら、最先端の世界で生きています。だから、学ぶことは多いのです。

　しかも、授業料がいらない。だから会社に入ることは、無料のビジネススクールに入ることだと思えばよいのです。

　その経験は、自分が独立して会社をやる時には、すごく役に立つはずです。活きた知恵と経験を学びながら、自分の強みと人脈を広げていくのです。若いうちは、いきなりフリーになるより、会社の看板を上手に利用しながら力をつけることは必要です。

仕事で身につけた法的スキルは、弁護士のお墨付き！

　わたしが会社を作った当初、ちょっとしたトラブルに遭ってしまい、裁判直前までいってしまったことがありました。

　その時、自分でいろいろと証拠を集め、論点を整理し、資料を作っていったら、弁護士に、

「森永さん、これなら弁護士できますよ」

　とほめられたんです。もちろん資格がないので、私は弁護士をできませんが、会社でトラブルを経験してきたので、法的な戦いがどういうものかが、わたしにはおおよそわかっていました。会社を運営するにはそうした知識も不可欠なのです。

Chapter1　森永卓郎流ライフプランニング　★　35

TAKUROU MORINAGA × INTERVIEW

起業を目指すなら仕事で実践力を磨くこと

教科書では教えてくれないことはすべて現場で学んだ

父が亡くなった時の相続関係の申告する時も、すべて自分でやったあと、最後に税理士にもう一回ちゃんと見てもらったら、
「森永さん、税理士レベルできちんとできてます」
と、太鼓判を押されました。
なぜ、ここまでできるかというと、会社員時代に経理や税務の知識を身につけていたからです。
別に勉強したということではありません。仕事のなかで覚えていったのです。経理や税制を知らない人が経営をやろうとすると、いろいろ痛い目にあいます。
ですので、わかっていたほうが絶対に有利です。
しかも、「会社設立のための本」みたいな教科書には書いていないことがたくさんあるのです。

仕事の第一歩は、習うより慣れよ。失敗から学ぶのが本物のプロ

例えば、トラブルを起こした時に、どう収束させればよいのかなんて、実際に経験してみないとわからないものです。
でも、会社で実際の総務の仕事は、いろいろなことを対処していかなければならず、ある意味、すごく勉強になっておもしろい。
もし、将来は起業を目指しているなら、会社での仕事は将来のためと割り切って、いろいろな部署で経験を積むべきです。
先日、わたしが教える大学の卒業生から、こんな話を聞きました。
「プロダクションで宣伝部に配属されました。実際に現場に出てみると、会社の新人研修では教えてもらえない状況やトラブルが起き、毎日、冷や汗をかいています。わからないことがあると、すぐ上司に確認するのですが、上司からは『自分の頭で考えろ』と怒られます。でも、仕事のできる上司からのアドバイスはとてもタメになります。理屈じゃなく、実践力を鍛える。仕事のスキルを上げるとは、そういうことだと実感しました」
"習うより慣れよ"結局、仕事の第一歩とはそういうことなのです。

子どもの数が減っても、受験競争はなくならない

子どもたちの未来は、教育現場での手を抜かない真剣さで決まる

次に、「未来の教育」について、少し話をします。

じつはわたしは大学時代、予備校の中学生向けの夏期講習や春期講習で勉強を教えていて、とてもおもしろいと感じていました。

その他、家庭教師のアルバイトなどで教えた年代は、下は幼稚園から上は大学浪人生まで様々です。わたしの教育のモットーは、教える相手が小学生でも手を抜かない。レベルを下げないこと。

お金の話や日本の経済の状況も、こちらが真剣に伝えれば、幼稚園児でも、ついてきます。

教育現場も、昔と違って「体罰禁止」「いじめ」「モンスターペアレンツ」など、問題が多いように思いますが、教える立場の教師が、情熱を持って手を抜かずに教える姿勢は、もっとも大切なことだと思っています。

家庭と学校の連携がうまくいけば、優秀な子どもたちは増えていく

また、教育と家庭環境は密接な関係にあります。以前、週刊誌で東大合格者の個人別のデータを見せてもらったことがあります。そこで一番驚いたのは東大の文Ⅰと文Ⅱ、すなわち法学部と経済学部へ進学する学生の合格者は、母親の8割近くが専業主婦でした。今は専業主婦というのは半数もいないのですが、やはり母親が横にべったりついて、いろんな雑用を全部やってくれるから、子どもは勉強に集中できるのだと思います。

東大や早慶に合格しようと思ったら、勉強時間の平均は1日10時間が必要だといいます。わたしは要領が良かったので1日2時間くらいしか勉強しませんでしたが、それは、わたしが理系だったというのも大きな理由です。やはり文系の場合は、勉強時間をきちんと取れる環境がないと、早慶レベル以上は難しいようです。

これから子どもの数が少なくなる分、単にどこでも大学に入れればよいというのであれば簡単になりますが、そうした時代でも、一流大学に入るための競争は一向になくならないのです。

TAKUROU MORINAGA × INTERVIEW

「結婚の価値観」が多様化して未婚者も増える

年収によって結婚率に格差あり。経済的不安が結婚にブレーキを

次に「結婚」について、お話します。結婚については、もうすでにかなり変わってきています。

2010年の国勢調査では30歳代前半男性の過半数が未婚となりました。労働政策研究研修機構の調査によると、年収1,000万円以上の20代後半男性の7割以上が結婚しているのに対して、年収200万円未満は16%で、6人に1人しか結婚していません。つまり低賃金、一生独身、仕事も定型業務という人が大量に出る一方で、年収の高いお金持ちは、何度も結婚、離婚を繰り返し、子どもを何人か持つというケースが増えるということです（もちろん、この例に当てはまらないケースもたくさんあります）。

平成26年度の内閣府の調査では、結婚適齢期の20代から30代の男女の7割は、「将来、結婚したい」と思っていますが、男性の場合、正規雇用者の78.5%が結婚したいと思っているのに対して、非正規雇用者は62.1%と10ポイント以上低くなっています。

また、年収が400万円未満の男性の約6割は「結婚しても経済的にやっていけるか不安」とも思っています。

結婚は基本的に「男女」でするものなので（最近は同性婚もありますが）、未婚の男性が増えるということは、結婚できない女性も増える、ということにつながってきます。

結婚できない男性は二次元や恋人ロボットに頼る時代に

結婚できない人は、ロボットと人工知能とフィギュアの造形技術を融合させた恋人ロボットに頼ることになるかもしれません。

すでに二次元（アニメ系ゲーム）に陥る男性が続出しています。二次元のバーチャルな彼女たちはどうにでも改造でき、裏切ることもなく、飽きたらリセットボタンを押す、という手段がとれる。

何か映画や漫画に出てきそうな話ですが、今後10年は、実際に「恋愛や結婚しなくても幸せ」という価値観の男女が増える可能性は大きいとわたしは考えています。

これからは、お金持ちの子だくさんが一般化する

教育にかかる費用が出せるかで子どもの出生率に広がりが出る

　未婚率が上がるということは、ますます少子高齢化が進むということです。必然的に人口は少なくなっていきます。ただ、昭和初期の日本の人口は約6,000万人で、今の人口の半分でした。江戸時代は、さらにその半分の人口です。

　日本がなくなることはないけれど、人口は6,000万人前後でもよいのではないか、と個人的には思っています。

　平成26年度の内閣府の調査によると、20代、30代の未婚の男女の7割は「いつか子どもが欲しい」と思っていますが、6割以上の人が「経済的にやっていけるか不安」、5割強の人が「仕事と子育ての両立が大変そう」と感じています。

　ある調査では、子ども1人大学卒業までにかかる教育費は「公立中・高校、国立の大学コース」で2,985万円、「私立中・高校、私立の大学コース」で3,700万円。医学部になると、一気に2倍以上になり、6,000万円以上となります。

　実際、結婚して子どもが欲しいとは思いつつ、経済的な面で「子どもを作らない」というケースが増えてくるでしょう。

　昔は「貧乏人の子だくさん」ということがいわれましたが、これからの世の中は「お金持ちの子だくさん」というのが一般的になるのかもしれません。

　これは知人の女医さんの話です。

「わたしは大学病院の勤務医ですが、女医で結婚するのは意外と難しいのです。研修医からやっと一人前になって医療の現場でバリバリ仕事をする頃には、30代半ばを過ぎています。出産のタイムリミットの40代直前ギリギリで結婚・出産に駆け込まなければならず、仕事の忙しさもあって婚期を逃してしまう女医も多いのです」

　このように収入や仕事のステータスを持っていても、出産適齢期に出産するチャンスに恵まれないケースもあります。一概に「収入が多いから子どもを持てる」というわけではないのです。

TAKUROU MORINAGA × INTERVIEW

リタイア後は「生活の安定」と「生きがい」をプラスした計画を

老後の生活は、健康寿命を延ばすことが何より一番大事

次に、これからの老後についてお話します。厚生労働省はこのままだと年金がもたないので、70歳まで働いてもらって、70歳からの給付にしようと考えています。

2015年の調査では、日本人男性の平均寿命は80歳、女性が86歳でした。ただ「健康寿命」となると話は別です。

平均寿命から病気で寝たきりの期間（自立した生活ができない期間）を引いたものが「健康寿命」になります。

例えば80歳まで生きたとしても、介護に3年、入院に3年を要した場合、健康寿命は74歳です。

リタイアしたあとの人生設計は、平均寿命がいくら延びても、健康寿命が延びなければ満足のいく生活を送ることはできません。

有意義なリタイア人生は「いかに健康寿命を延ばすか」にかかっています。

定年後も自分なりに仕事ができるようになれば老後は安泰

実際に定年後には、どのくらいお金がかかるかといえば、夫婦二人で毎月平均25万円前後、といわれています。ただ、これには家のローンや家賃は含まれていません。これに家賃などがプラスすると30万円は超えます。定年までに2,000万円ほどの貯蓄が必要になり、それが難しい場合はかなり過酷な老後になります。

定年後、無職でいるよりは何か新たなビジネスを考える人も増えました。実際には、退職金を利用して新たにシルバービジネスを立ち上げたり、手に職を持っている人は、これまで勤めていた会社の関連企業で若手を育てるアドバイザーとして働いているケースもあります。

また趣味を活かして自宅で書道教室や詩吟教室などを開く人もいます。どれも小遣い程度にしか稼げませんが、稼ぐ目的以外に、自分の生きがいを見い出す老後を選ぶことも大切かと思います。

夢物語は失敗しがち。地に足つけたプランニングを

リタイア後の海外移住や農園作りなど夢物語を実現するには

　老後をどこで過ごすかも問題になってきます。最近では、老後を海外で暮らす人も増えています。気候が良くて物価の安い東南アジアや、自然の多いハワイやカナダに移住するケースもあるようです。

　わたしもこれまでアメリカとオーストラリア、スイスに住んだことがあります。これはわたしの個人的な見解ですが、日本と比べるとどこの国も一長一短があり、やはり老後を過ごす場所は日本が一番いいな、と思います。

　ただわたしの知人のなかには、長いこと仕事でドイツに海外赴任したことから、ドイツ知人も多くいて土地勘もあるので、リタイア後はドイツ移住を計画している人もいます。このように、海外でも充分暮らしていける語学力や人脈、土地勘などがあれば問題ないケースもあるでしょう。

　同じように、国内でも老後に沖縄や北海道などに移住するケースもあります。わたしも一時期、かなり真剣に沖縄に移住する計画を立てて、毎年数回ずつ沖縄へ行き、住む場所など下見をしていたのですが、行けば行くほど「ここは住むよりも観光で行ったほうがいい」と思うようになり、移住計画を白紙にしたことがあります。

　また郊外の土地を買って、農業をやろうと思ったこともあります。今、きゅうりとナスだけは自分で作ってるのですが、仕事でなかなか畑の世話ができないで放置していたら、苗が育たずまったく収穫できませんでした。

　このようにリタイア後のプランは、「夢物語」のように安易なことを考えてしまいがちなのです。でも実際にやってみると、そうはうまくいきません。

　だからこそ、自分のライフプランをきちんと考えることは、幸せな老後を送るためにもとても重要になります。皆さんのような若い世代こそ、次の10年だけでなく、一生を通じてのプランニングをしっかり立てて欲しいと思います。

TAKUROU MORINAGA × MESSAGE

森卓式『幸せに生きる７つの法則』

今いる境遇など関係なし！幸せをつかんで成功する人の条件

ここまで読んだ皆さんは「なんだか自分の未来は明るくないのでは⁉」と心配になったかもしれません。

しかし、現実をしっかり見据えるからこそ、次の手を打てるのです。ここでは「未来を明るく生き抜くための条件」についてお教えします。

1 運命は変えられる！　愚痴らずに可能性を信じよ！

もし将来、自分が思い描いた通りにうまくいかなった場合、だいたい２つのパターンに分かれます。

一つは、うまくいかないのは環境が悪い、チャンスがない、会社が悪いと愚痴ばかりで責任転嫁する人。逆に、今が悪くて失敗しても、自分次第で運命は変わる！　と信じている人は未来をどんどん切り開いていけます。

運命は変わる、変えられる！　と信じている人は、幸運をつかめる人です。

たとえば、こんな人
ウォルト・ディズニー

ウォルト・ディズニーは以前、勤めていた新聞社では編集長から「発想力がない」と解雇され、その後、何度も破産。さらにテーマパークを建てる前には、市から建設を拒否されました。何度も苦境を味わいながらも、愚痴らずに自分の夢を信じて貫いたからこそ、最後には世界中から愛される存在になりました。

2　成功したかったら、運のいい人の近くにいけ！

　わたしは勝ち残る人、成功する人は、運がいい人だと思います。そして運は変えられます。どうしたら変えられるかというと、運のいい人の近くにいることです。
　じつは、まったく同じセリフを、ビートたけしさんと久米宏さんから聞いたのです。だから、成功している人は運がいいということ、運は変えられる、そして、運のいい人の近くにいると、自分も運が良くなる。これは本当です。
　あなたの周囲に「運のいい人」はいますか？

たとえば、こんな人
松下幸之助

パナソニックを一代で築き上げた松下幸之助は、「ツイてる人」を何よりも優先したといいます。**社員を採用する時「あなたは運がいいですか？」と質問していた**そうです。それは松下幸之助が**「優秀＜ツキ」と考えていたから**。運の良さは人に伝染する。そのようにして松下幸之助自身も強運を手にしたのでしょう。

3　運のいい人に近づくには明るいキャラクターが一番！

　どうしたら運のいい人の近くにいられるのかというと、明るい人です。運のいい人はもともと「運が良くなること」に敏感です。
　そうなると、やはり自分の運を下げるような暗い人は側に置きたいとは思いません。
　たとえ今が絶好調ではなくても、つとめて「明るく」振る舞いましょう。不満ばかりで暗い顔をしていれば、幸運の女神は逃げていきます。明るく、笑顔で！　これなら今すぐにでも実行できるはずです。

たとえば、こんな人
坂本龍馬

幕末の風雲児と称された**坂本龍馬**は、**イキイキとした明るい性格で関わる人を惹きつけずにはおかない**魅力あふれる人物でした。坂本龍馬に明るさがあったからこそ、**勝海舟や西郷隆盛ら実力者から認められ、多くの協力を得ることができました**。幕末の動乱の時代には、坂本龍馬の明るさは必要不可欠だったのでしょう。

TAKUROU MORINAGA × MESSAGE

4 成功へのスピードアップはコバンザメ大作戦で！

　とりあえず売れていて波に乗っている人の近くにいくには、コバンザメになるのが一つの方法です。

　私の知っているカメラマンは篠山紀信さんの弟子になって成功しました。経済財政政策担当大臣を歴任した大田弘子氏も竹中平蔵氏など、大御所の使いパシリを得て大臣になった一人です。どんなに面倒な仕事を依頼されても彼女は笑顔で引き受け、有能さを発揮。認めてもらうべき相手にアピールして成功したのです。

たとえば、こんな人
前田利家

若い頃は、**織田信長に仕えて**、堅実な仕事ぶりが認められて順調に出世した前田利家。そのあとは、**豊臣秀吉につき**、加賀国・越中国を与えられ加賀藩百万石の礎を築き、豊臣政権五大老に任命されました。**権力者のナンバー２**になることで、実力をいかんなく発揮してスピード出世した良い例です。

5 ダメなら潔く撤退、セカンドベストを狙え！

　わたしはこの年齢になってようやくわかってきたのですが、この人が運命の人だ、この仕事が天職だ、と思ってもダメなものはいくら努力してもダメなんです。

　それよりも、うまくいけそうなことは最初からうまくいく予感があるので、いけそうなところにいく。それがセカンドベストです。

　間違った努力は時間の無駄。時は金なり、時間は命と同じです。たとえ２番目の夢でも叶えたもの勝ちなのです。

たとえば、こんな人
山中伸弥

iPS細胞研究でノーベル生理学・医学賞を受賞した京都大学iPS細胞研究所所長の**山中伸弥氏**は、整形外科医時代は、手術が下手で医師仲間からは「ジャマナカ」といわれていたそうです。そこでの挫折から**セカンドベストとして選んだ研究者の道**で大偉業を成し遂げました。自分らしさを発揮できる選択がノーベル賞受賞に結びついたのです。

6 グローバル競争で勝つには誰もマネできない特性を！

地方にいるから、稼げる仕事じゃないから、と成功することをあきらめている人がいます。でもそこに新たな独自性を入れることで、他者に勝つ方法はいくらでもあります。

たとえば、わたしの知人にヨーロッパから種を持ってきて普通の野菜とは違う野菜を育てている人がいます。TPPの影響で同じ品質の野菜や米を作ったのでは負けますが、自分にしか作れないものを生み出せる人は、グローバル競争に巻き込まれず、勝てる人だと思います。

たとえば、こんな人
スティーブ・ジョブズ

Apple社の創設者・スティーブ・ジョブズはテクノロジーに革命をもたらし、デジタルデバイスの世界で**「iPod・iPhone・iPad」を次々と発表**。機能と同じくらいスタイルが大切であることを訴えました。スティーブ・ジョブズの徹底した**イノベーティブな製品作りのこだわり**がデジタル業界での激烈な競争に勝ち残る要因だったのでしょう。

7 絶対売れる保証は誰にもない。だから行動あるのみ！

価格競争に巻き込まれないものや、サービスを作ろうと供給側がいくら努力しても、需要がついてこなかったら勝ち組にはなれません。例えば、有名なアーティストが音楽を作ったからといって必ずヒットする保証はありません。本でも同じです。

わたしが1年かけて努力して作った本は5,000部しか売れなかったのに、2時間程度で書いた本は10万部売れました。運が支配することも多いので、とりあえずやってみることが大事です。

たとえば、こんな人
カーネル・サンダース

ケンタッキーフライドチキンの創業者、カーネル・サンダースはガソリンスタンドにカフェを併設。メニューのフライドチキンの美味しさが評判になりましたが、店の火災や大恐慌が重なり倒産。当時、**70歳近いカーネルはフライドチキンのノウハウを伝えるため車で全米を走り**、600店舗以上のFC契約を結ぶ大企業になりました。

TAKUROU MORINAGA × WATCH

『森卓ウォッチ』各アイコンキャラクターについて

ハゲタカ

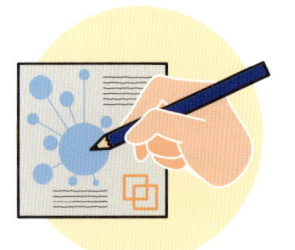

アーティスト

従僕

「ハゲタカ」「アーティスト」「従僕」あなたはどのポジションをとる?

　本書の3章の職業紹介で、各仕事のポジションや将来の展望について解説しています。

　その際、仕事でのポジションを「ハゲタカ」「アーティスト」「従僕(じゅうぼく)」の3要素でチェックしました。ここでは、各アイコンについて、説明します。

　前のページでも述べてきたように、今後は「業界ごとの仕事の分類」が意味のないものとなります。そのことで将来、どんな仕事に就きたいか迷ってしまうのを避けるため、社会における仕事の立ち位置を明快にする3要素を設定しました。成功するかどうかは本人次第ですが、仕事選びの参考にはなるでしょう。

職業の3大ポジション「ハゲタカ」「アーティスト」「従僕」について

　ここ10年で業界ではなく職種、仕事内容で今後、生き残るか、廃れてしまうかが分かれます。その目安として「ハゲタカ」＝金儲けが生きがい。「アーティスト」＝感性で勝負。「従僕」＝指示待ち人間。以上のキャラを設定しました。

　少し極端と思われるかもしれませんが、今後、仕事のポジションは大きく分けて、この3つに絞られてくるのです。

　例えば、「カメラマン」は、「ハゲタカ度★」「アーティスト度★★★」「従僕度★★」になります。この場合の解釈は、金の亡者ではありませんが、仕事自体はまさにセンスが問われる内容で、クライアントの要望に応えることから従僕度もやや高めになります。このように仕事の内容を3要素の観点から見ていくと、それぞれ特色が見えて、わかりやすいと思います。

今後10年以内に社会全体でさらに弱肉強食の世界が繰り広げられる

そもそも、なぜこの3つのアイコンになったのかをお話します。今後は、派遣法の改正や雇用破壊が起こることで、エリートコースの限られた人が実権を握り、その下には正社員の部下たち、さらにその下には非正規社員の派遣とパートが定型作業を行うことになります。

そのようなピラミッド型の雇用パターンが基本となりますが、職種に関しては、とにかく金儲けが一番、という「ハゲタカ」人間と、アイデアや感性勝負で新たな商品、サービス、プランを作り上げていく「アーティスト」人間と、派遣やパートも含め、上層部の指示にひたすら従い、単純労働していく「従僕」人間の3パターンに分かれます。

そして、今後10年はその3パターンがこなせない隙間の業務を、人工知能やロボットが担うことになります。

どのパターンにもメリットとデメリットがあり、各パターンの中でも「弱肉強食」の世界が繰り広げられます。

年収1億円以上稼ぐ人もいれば、年収200万円以下もゴロゴロ出てきます。例えば、「ハゲタカ度」が高い職業には、「株のトレーダー」や「投資家」がいますが、彼らはうまくいけば年収1億円も可能ですが、失敗すれば大借金を抱えて破産する可能性もあります。

また、「アーティスト度」の高い職業には「作家」や「職人」がいますが、本や商品が売れれば儲かりますが、売れなければ極貧生活になることも。しかし、文章を書く技術や発想力、ものを丁寧に作り上げる技術を、どこかの会社に所属して発揮し、安定した給料をもらう選択もあります。

その場合は、必然的に「従僕度」は高くなります。「従僕度」が高い「派遣やパート」は、そこのポジションにいれば、仕事は安定的にあり、賃金は低めながらも暮らしが安定するメリットはあります。

もしもっと稼ぎたいというのであれば、派遣先で得た技術から資格を取ったり、起業して稼げるポジションにシフトすることも可能です。

「森卓ウォッチ」キャラクターについて

ハゲタカ

アーティスト

従僕(じゅうぼく)

Chapter1 森永卓郎流ライフプランニング ★ 47

TAKUROU MORINAGA × WATCH

とにかく稼ぐことにこだわる
ハゲタカタイプ

基本データ

◆ **特徴**／「お金が大好物。つねに「金」のニオイに敏感で、「金」のためならなんでもやる。

◆ **出没場所**／六本木・麻布界隈。年取ったハゲタカのみ銀座でウロウロ。若いハゲタカは港区在住。

◆ **弱点**／「金」が少しでも減ると禁断症状。機嫌も体調も「金」次第で上がったり、下がったり。

好物の「お金」が減る不安と戦いながら金儲け第一に生きる人たち

　市町村別課税状況調べという統計があるのですが、平成26年度に日本で最も所得が高かった市町村は東京都の港区です。麻布、赤坂、六本木、青山など港区に住んでいる人の平均所得が1,276万円でした。

　これは所得なので全部控除したあとの収入です。これをサラリーマンのケースで考えると年収1,800万円くらいになります。

　社長の平均年収が2,000万円くらいなので、つまり港区区民は平均すると社長並みの給料はもらっているんです。

　さらに、六本木のタワーマンションに住んでる人たちは年収数億円とか、数十億円という人たちがたくさんいるということです。

　前のページでも話したように「ハゲタカ」人間は、お金中毒なのでお金が減

るのが怖くて仕方がありません。すべての優先順位が「カネ」なので、人間関係のトラブルも多く、お金が減る不安にいつも追いかけられる生活になります。

そもそも金銭感覚がマヒしているので、一気に地獄に落ちる可能性も。「ハゲタカ」人間になりたければ、勝負に出る勇気と撤退する勇気、このどちらも必要になります。

「ハゲタカ」のトップを目指すなら、銀行や証券会社を経てトレーダーや投機家を目指す

仕事を選ぶ基準が「お金儲け第一」なら、「ハゲタカ度」の高い職業に就く必要があります。お金を扱う仕事ならいいのかといえばそうではなく、「銀行」や「証券会社」を選んでも、そこでは上司や会社の命令に従う立場なので、「ハゲタカ」にはなれません。「ハゲタカ」となって儲けたいなら、株やFX、不動産で短期の利益を目指す投機家になるか、アメリカ系の投資銀行に就職してインベストメントバンカーへの道を選ぶしかありません。

ここに挙げたのはほんの一例ですが、共通していえるのは、在庫を抱えずコストがかからないことが大事です。例えば店を持って営業して月収100万円でも、店の家賃や材料代、人件費が80万円かかってしまうと、儲けは20万円にしかならないからです。

稼ぎに関しては「医者」「弁護士」を挙げる人もいますが、病院も経営難になれば潰れる時代。またクライアントからの依頼がなければ「弁護士」になっても収入はゼロです。ならば、ハイリスクにはなりますが、右から左に大金を動かすトレーダーや投資家が、「ハゲタカ」の王道になります。

あなたがもし「ハゲタカ」のトップを目指すなら、まずは証券会社や銀行で金融全般の知識や実績を身につけ、その後、そこでの人脈を引っ張る形でトレーダーとして独立。あるいは、投資銀行への転職を考えましょう。ただ、私はその道をお勧めしません。

投機の世界で行われていることの本質は、バクチと詐欺と泥棒だと、私は考えているからです。

「森卓ウォッチ」キャラクターについて

ハゲタカ

アーティスト

従僕（じゅうぼく）

TAKUROU MORINAGA × WATCH

感性で勝負！　モノづくりの職人

アーティストタイプ

基本データ

◆**特徴**／感性が鋭く、センスで勝負。新しいことを生み出す力で世の中にアピールする。

◆**出没場所**／関わる仕事によって世界中に出没。基本はネット環境があればやっていける。

◆**弱点**／才能とニーズがマッチしないと貧乏人生。弱肉強食の世界なのでピンキリの格差大。

どんな職業でもセンスを活かしてイノベーションを起こせる人たち

　「アーティスト」人間は、無から有を創り出せる人。自分の感性やアイデアで時代を切り開いていきます。業種でいうと、マスコミ、広告デザイン、テレビ関連などがメインと思われがちですが、農業や製造業、サービス業にも自分独自のヒラメキで勝負している人はいます。イノベーションを起こしていける人は、この「アーティスト」人間に属されます。

　基本はヒラメキや感性などの創造力で勝負していくので、前例のないこと、リスクが伴うことにチャレンジしていく度胸も必要になります。

　ただ、当たれば大きいですが、大きくコケる危険性もはらんでいます。才能は十分あっても「チャンスに恵まれない」「時代のニーズにマッチしない」「強力なライバルに蹴落される」など、行く手には様々な困難が待ち受けています。

当然ながら「成功する人」「しない人」の格差が激しくなります。まさに弱肉強食の世界です。

　「アーティスト」人間が成功するためには、いかに「ハゲタカ」や「従僕」とうまくコミュニケーションしてビジネスをしていけるかがカギとなるでしょう。

才能やセンスがあること以上に、売れる商品や作品を生み出せるかが稼げるかどうかの分かれ目

　あなたが「アーティスト度」の高い仕事に就きたいなら、以下の条件のどれかが必要になります。

① イラストや文章を書く、写真を撮ることがプロ級である。
② アイデアや企画力がある。
③ 既存の商品に、新たな技術やアイデアをプラスする発想力がある。
④ 直感力が優れていて前例のないことができる。
⑤ どんな状況でも決して暗くならない。

　上記の内容は「アーティスト」以外の仕事でも必要なことはありますが、どれも自分やチームで協力して何もないところから仕事を立ち上げていく企画力や発想力、センスが必要不可欠です。

　だからといって、芸術性があればどんなものでもよいわけではありません。一般ユーザーが欲しいと思う、売れる商品を作ることが大前提になります。

　その点で「アーティスト度」の高い仕事になればなるほど、「売れる商品、作品作り」ができるかどうかで、次のオファーがくるかどうか決まります。

　売れっ子クリエーターや、アーティスト、芸人、作家になれれば、必然的に仕事の単価が上がっていきます。

　逆に、チャンスに恵まれなかったり、世間のニーズに合わなければ鳴かず飛ばずで終わってしまうことも日常茶飯事です。才能があっても成功する保証のない厳しさがあるのです。

「森卓ウォッチ」キャラクターについて

ハゲタカ

アーティスト

従僕（じゅうぼく）

Chapter1　森永卓郎流ライフプランニング　★　51

TAKUROU MORINAGA × WATCH

上司には絶対服従！　指示待ち人間

従僕（じゅうぼく）タイプ

基本データ

◆ **特徴**／上司の指示通りにしか動けない。ただし指示されたことに関しては完璧にこなす。

◆ **出没場所**／会社、工場、倉庫と全国どこにでも生息するが、なぜか港区では見ない。

◆ **弱点**／リーダーがいないと右往左往してしまう。「責任」を取らされるのは大の苦手。

優秀なリーダーの指示通りに仕事をこなすのが生きがいの人たち

　派遣やパート、アルバイトなど非正規社員や決定権を持たない人が該当します。

　すでに述べたように、これからの派遣は3年ごとに職場が変わります。やっと仕事に慣れてきた頃には、契約終了となるのです。

　当然、次のリーダーの下で働くことになります。

　そこでも新たなリーダーの指示を仰ぎながら仕事をするので、必然的に指示待ち人間化していきます。同じ作業の繰り返しなので、仕事を覚えてしまえば、なかには「超プロ級」も出てきて職場で重宝されます。

　しかし、それも期間限定でのこと。いくら仕事ができて量をこなしても賃金は変わりません。そのため「従僕」の生きがいは、リーダーに「よくやった、君のおかげだよ」と、おほめの言葉をもらうことくらいです。

リーダーから気に入られるために、ひたすら指示を待ちながら必死に業務をこなしていきます。

一方で、「自由に考えてやって」と言われると、とたんにどうしてよいのかわからなくなります。そんな時は「早く指示をください」と、逆ギレする人もいます。やはり優秀なリーダーの下で働くのが、なにより幸せなのです。

「従僕度」の高い仕事は賃金が低めでも安定した職場で働きたい人には向いている

「従僕度」の高い仕事は、考えようによっては、安定したポジションともいえます。派遣会社やパートという立場なので、賃金は保証されています。

仕事内容も派遣元やパート先で研修もあり、基本はマニュアルに沿って決められた仕事をこなすことです。稼ぎは低くても安定した職場で仕事をしたい、という場合は、「従僕度」の高い仕事を選ぶとよいでしょう。

ただ、仕事をこなすスピードに差が出てくると、結果的に仕事ができる人が多くの量をこなすことになります。それでも賃金は同じ、という不平等が出てくるケースもあります。

また、前のページでも話したように、派遣法が変わったので労働者は3年以上は同じ職場にいられません。自分がその仕事内容や職場を気に入っていても、変わらなければならないデメリットがあるのです。

例えば、派遣で食品メーカーのデータ入力の仕事している場合でも、3年経てば移動になるので、今度は派遣先がアパレルメーカーになることもあります。さらに派遣先やパート先の上司がリーダーシップのあるタイプであればよいですが、指導力のないタイプだと仕事に支障をきたす場合もあります。

基本は上司やクライアントの指示に対して従わなければなりません。職場によっては、過酷な労働のわりに賃金が安いということもあります。

いずれにせよ「従僕度」はクライアントがいるかぎりあるものですが、安定した仕事と稼ぎのバランスは考えて職探しをしたいものです。

「森永卓ウォッチ」キャラクターについて

- ハゲタカ
- アーティスト
- 従僕（じゅうぼく）

FLOW CHART
あなたに合った職種は？

あなたの性格から
あなたに合った職種を導きます。

START

どちらかといえば家で過ごすより出かけることが好き

YES →
NO →

幅広くやるよりも一つのことを極めるほうが好き

みんなと同じでないと不安になる

機能よりもデザインを重視することが多い

初対面の人でも気軽に話せる

流行に敏感である

建設→p.144
金融→p.200

教育→p.176
公務員→p.184

飲食→p.138
旅行→p.158

IT→p.206
マスコミ→p.216

政治・法曹→p.194

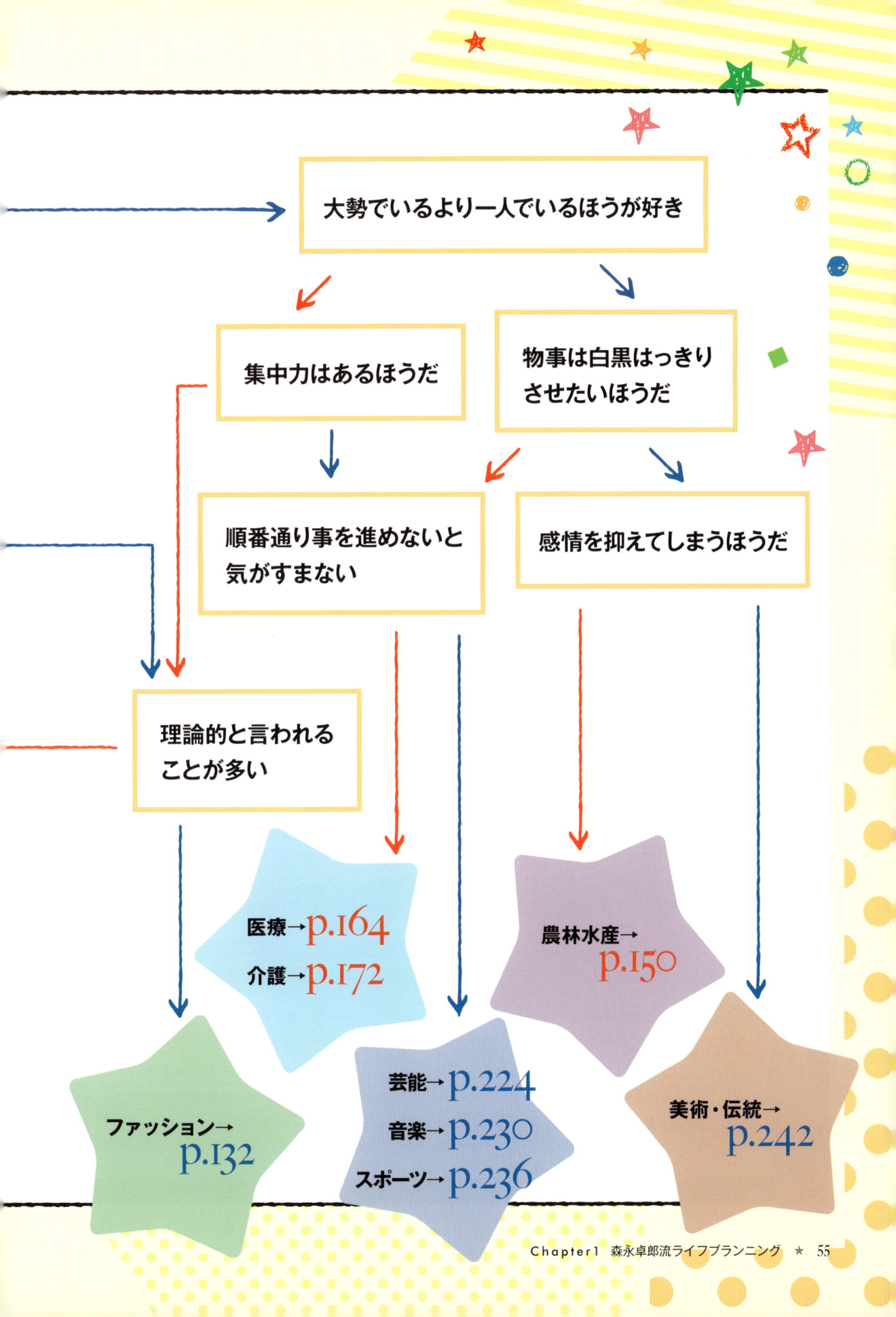

```
                    ┌─────────────────────────┐
          ────────→ │ 大勢でいるより一人でいるほうが好き │
                    └─────────────────────────┘
                         ↓              ↓
         ┌──────────────────┐   ┌──────────────────┐
         │ 集中力はあるほうだ │   │ 物事は白黒はっきり │
         │                  │   │ させたいほうだ     │
         └──────────────────┘   └──────────────────┘
                  ↓                  ↓         ↓
         ┌──────────────────┐   ┌──────────────────┐
         │ 順番通り事を進めないと│   │ 感情を抑えてしまうほうだ │
         │ 気がすまない       │   │                  │
         └──────────────────┘   └──────────────────┘
                  ↓
         ┌──────────────────┐
         │ 理論的と言われる   │
         │ ことが多い        │
         └──────────────────┘
```

- 医療 → p.164
- 介護 → p.172
- 農林水産 → p.150
- ファッション → p.132
- 芸能 → p.224
- 音楽 → p.230
- スポーツ → p.236
- 美術・伝統 → p.242

Chapter1　森永卓郎流ライフプランニング　★　55

column 1 失敗しない仕事選び 4つのポイント

社会人になると大半の時間を仕事に費やすことになります。誰しもが良い環境や条件のもとで働きたいと思っています。たとえ同じ職種でも会社によって仕事内容などは大きく違ってきます。ここでは自分に合った仕事（会社）選びができるポイントをご紹介します。

1 その仕事に就いて、自分が楽しいと思えるか
「好きこそものの上手なれ」ということわざがあるように、まずは仕事をしていて「楽しい」「好きだ」と思える仕事を選ぶことが大切です。

2 納得した金額のお給料がもらえるか
「仕事」は生活するための手段です。ある程度の給料がもらえる、福利厚生や権利が保障された職場であること、が大前提になります。いくら「楽しい」と思っても、それだけでは長く働くことはできません。

3 自分が成長できるか
自分が納得した仕事であれば、それは必ず自分の成長につながります。会社の規模や業績、開発力や営業力などだけで決めるのではなく、自分がどういったことで会社に貢献できるか、自分のスキルを高めることができるか、ということを想像して、会社を選んでみましょう。

4 勤務時間・勤務場所など
プライベートの時間もきちんと取れるような勤務時間でなければいい仕事はできませんし、長続きもしません。とくに女性は、産休や育休などが充実している職場を選ぶこともポイントになります。また、通勤にかかる時間や交通の便も考慮して職場を探しましょう。

4つのポイントを上げてみましたが、実際にその仕事に就いてみないとわからないこともたくさんあります。仕事をするうえで、自分の条件がすべて満たされるということはおそらくありません。したがって、仕事選びをする際に何を一番重要視するかを明確にしておきましょう。それ以外の条件に対しては、どの程度許容できるかを考えるようにしましょう。

Chapter
2

将来を見据えた学校の選び方

高校・大学・専門学校編

High school Selection 01
中学校卒業後の進路を考えよう

進路を決めるのは子どもたち自身

ご周知の通り、小学校と中学校の9年間は義務教育であり、法律によって、子どもに普通教育を受けさせなければならないという義務が保護者に課せられています。しかし、中学校卒業後は自由。現代ではほとんどの人が高等学校に進学していますが、どこの学校で何を学ぶのかなどは自分自身で決めなければなりません。もちろん保護者や教師との相談は必須ですが、意見やアドバイスを踏まえた上で、最後に決めるのは子どもたち自身です。

☆ 進学希望者は高校や専修学校へ

中学校を卒業すると、現代ではほとんどの人が高校（高等学校）へ進学をします。小学・中学受験をしてエスカレーター式に高校へ進学する人もいますが、大半の人は志望校を決めて受験に臨むことになります。ひと口に高校といっても、その種類は様々。全体の割合からすると少数ですが、専修学校に進学する人もいます。

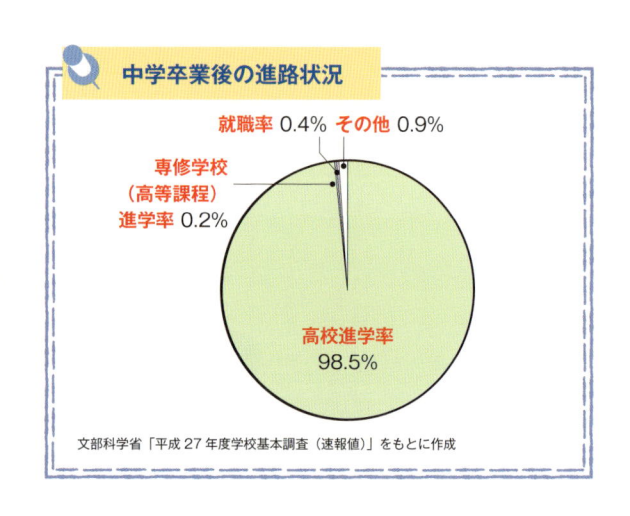

中学卒業後の進路状況

- 就職率 0.4%
- その他 0.9%
- 専修学校（高等課程）進学率 0.2%
- 高校進学率 98.5%

文部科学省「平成27年度学校基本調査（速報値）」をもとに作成

☆ 情報収集して自分に合った高校を探そう

偏差値のみで志望校を決めるのではなく、まずは高校の情報をチェックすること。教育方針や校風、授業や課外活動の内容、施設・設備、通学時間など、ポイントはいくつもあります。また、高校は勉強だけをする場所ではありません。新しい友達や教師との出会いがあり、部活やクラブ、修学旅行などの学校行事もいろいろあります。

情報収集して、その学校が自分に合っているか、3年間充実した学校生活を送れそうか、想像してみてください。オープンスクールや学校説明会に積極的に参加し、もしも体育祭や文化祭を見学できる高校なら、在校生の姿を見ることでより雰囲気がつかめるでしょう。進学先を選ぶことは、将来、社会に出て生きていくための大切な一歩。将来どんな職業に就きたいのか、自分はどんな勉強をしたいのか、など自分自身と向き合い、じっくりと考えて選びましょう。

⭐ 自分に合う高校を探す10のチェックポイント

中学生の時点で、「将来、○○になりたい！」「目標はまだないけれど、大学に進学したい」「高校を卒業したら就職したい」「将来、家業を継ぐために○○をしっかり勉強したい」など、人それぞれに様々な思いがあるはずです。どんな高校・学科・課程で学ぶのがよいかは、次ページ以降の紹介記事を読んで考えてみてください。まだ高校進学について一度も考えたことがない人は、参考までに下記の項目をチェックしてみましょう！

● あなたにはどんな高校が向いているか

チェック項目	該当する高校
□ 学費はなるべく安く抑えたい	公立高校・国立高校
□ 設備や施設がそろっている高校に通いたい	私立高校
□ 目標はまだないけれど、大学に進学したい	普通科
□ 大学に進学したいけれど、大学受験はイヤ	大学付属高校
□ 農業・工業・商業・水産・家庭・看護など、専門的に学んで高校卒業後は就職を考えている	職業系専門学科
□ 理数・体育・音楽・美術・外国語など、深く学びたい科目がある	普通科系専門学科
□ 高校入学後にやりたいことを見つけたい	総合学科
□ 自分が興味のある科目を選んで学びたい	総合学科・単位制
□ 働きながら高校を卒業したい	定時制・通信制
□ 学校に通わず、高校卒業資格を得たい	通信制

アルバイトや大人への質問で将来のビジョンを描きましょう

気になっている職業のある人は、高校生や大学生の時にその業界でアルバイトをしてみることが一番。どんな仕事なのか、自分に向いているのかがわかります。中学生の時や高校の校則でアルバイトが禁じられている場合は、思い切って周囲の大人に質問してみましょう。
「どんな仕事をしているのですか？」「何が楽しいですか？」「何がツライですか？」「給料はどのくらいですか？」など。
子どもに質問されると、大人はついつい本当のことを話してしまうという、"濡れた子犬作戦"を使うのです。

High school Selection 02

公立・私立・国立の違いを知ろう

高校にはいろいろな分け方がある

高等学校は設置者（設置・運営している主体）によって公立・私立・国立に分けられ、公立と国立を合わせて「国公立」と呼ぶこともあります。
また、設置者のほか、学科（普通科・専門学科・総合学科）や課程（全日制・定時制・通信制）、方式（学年制・単位制）による区分もあります。

★ 国・地方自治体・学校法人が管理

公立高校は都立、県立、府立、市立など、地方自治体によって設置された学校です。大半が単独で設置されていますが、近年は中高一貫校も増えて人気が定着しています。一方、私立高校は、主に学校法人が設置。中高一貫校や大学付属校が多くあります。国立高校は国立大学の付属校で、東京都など一部の都府県のみに設置されています。

中高一貫校とは？

6年間、一貫した教育課程や学習環境の下で学ぶ「中高一貫教育」を導入している学校。中等教育学校、併設型、連携型の3つの実施形態があり、併設型の中高一貫校が増えています。

① 中等教育学校
1つの学校として、一体的に中高一貫教育を行う学校。前期課程（3年）と後期課程（3年）に区分されますが、高校段階での外部募集はありません。

② 併設型
高校進学の際に入学者選抜を行わず、同じ設置者による中学校と高校を接続して中高一貫教育を行う学校。高校段階で外部募集を行うため、高校からの新規入学者もいます。

③ 連携型
市町村立中学校と都道府県立高等学校など、異なる設置者でも実施可能な形態。中学校と高校が教育過程の編成や教員・生徒間の交流を深める形で中高一貫教育を行います。

中高一貫校のメリットとデメリット

メリット	デメリット
● 高校受験がない分、時間に余裕があるため、6年間継続して部活や習い事などに打ち込める	● 中学時代に発生したトラブル（いじめなど）を高校生になっても引きずる可能性がある
● 6年間かけてじっくりと進路を考えられる	● 校風が合わなかった場合、6年間の学校生活が苦痛になる
● 6年間で授業のカリキュラムが組まれるため、効率よく学べる	● 交友関係にあまり変化がないため、卒業後の友人作りに苦労することもある
● 多感な時期をともに過ごすことで、友人や先輩・後輩と一生の人間関係を築きやすい	● 多感な時期に一つの環境に身を置くことで、狭い世界しかわからず、偏った考えの持ち主になることもある
● 私立の場合は教師の転勤がないため、教師との絆も強まりやすい	

★ 学費は私立が一番高いが、施設・設備が充実

私立高校は生徒の授業料や寄付金によって運営され、学費は学校によって差があります。しかし、公立・国立高校の運営資金は税金でまかなわれているため、学費は私立高校がもっとも高くなります。

平成24年度「子供の学習費調査」によると、公立高校の学校教育費は私立高校の1/3弱。平成22年度から実施された「公立高等学校授業料無償制・高等学校等就学支援制度」の見直しによって、平成27年現在では公立高校も授業料11万8,800円が必要ですが、それでも私立高校に比べてはるかに少ないといえるでしょう。しかし、私立高校は一般的に国公立よりも優れた施設・設備が充実しています。国立高校の場合、公立高校よりも受験料・入学料は高いものの、授業料は大差ありません。また、平成26年度から新たにスタートした「高等学校等就学支援制度」では、世帯年収によって国から支援金が支給されます。

公立・私立・国立の比較

	公立	国立	私立
入学時にかかる費用	入学料……… 5,650円 授業料…11万8,800円 **合計　12万4,450円**	入学料… 5万6,400円 授業料…11万5,200円 **合計　17万1,600円** ※文部科学省「国立大学等の授業料その他の費用に関する省令」より　平成28年2月現在	入学料……… 16万1,580円 授業料……… 38万3,598円 施設整備費等… 17万466円 **合計　71万5,644円** ※平成26年度の全日制の平均額
授業内容	原則的に学習指導要領に沿ったカリキュラムだが、特色ある授業を行う高校が増加	レポート提出・発表を重視。公立・私立と比べて教育実習生による授業が多い	各校の教育方針によって、カリキュラムに独自の工夫が見られる。宗教教育を行う高校もある
大学受験対策	2、3年次に進路別のクラス編成・授業選択を行う高校が多い。大学進学に重点を置く高校もあるが、基本的には生徒の自主性に任せられる	先取り学習や講習・補習などはなく、予備校に通う生徒も多い	1、2年生からコース制を導入、特別な講習会を開くなど、予備校並みのサポートをしている高校が多い
付属校の内部進学		系列の大学への優先入学は基本的にない	学校によって条件は様々だが、系列の大学や短大に優先的に入学できる
生活指導	厳しい学校もあるが、基本的に生徒の自主性を尊重	基本的に生徒の自主性を尊重	しつけ重視の学校が多く、一般的には厳しい。制服のほか靴・鞄を指定している高校が多い
男女共学or別学	ほとんどが男女共学	どちらもある	どちらもある。男女別学から共学に移行している高校も多い

Chapter2　将来を見据えた学校の選び方　★　61

★ 学区撤廃によって公立高校受験者の選択肢が増えている

公立高校の全日制普通科の場合、かつては学区制度により、住んでいる地域によって受験できる高校が限られていました。しかし、平成15年度から全国的に学区の撤廃、または学区の範囲を広げる動きが高まっています。例えば学区を撤廃して県を一つの学区とみなしているところでは（全県一区）、同県にある高校ならどこでも受験できます。現在では東京都を始めとする約半数の都道府県が学区の撤廃（または緩和）を実施しており、さらに千葉県、埼玉県などでは隣接県の高校を受験できる場合もあります。数十年前と異なり、公立高校の受験者にとって選択肢が増えているのです。

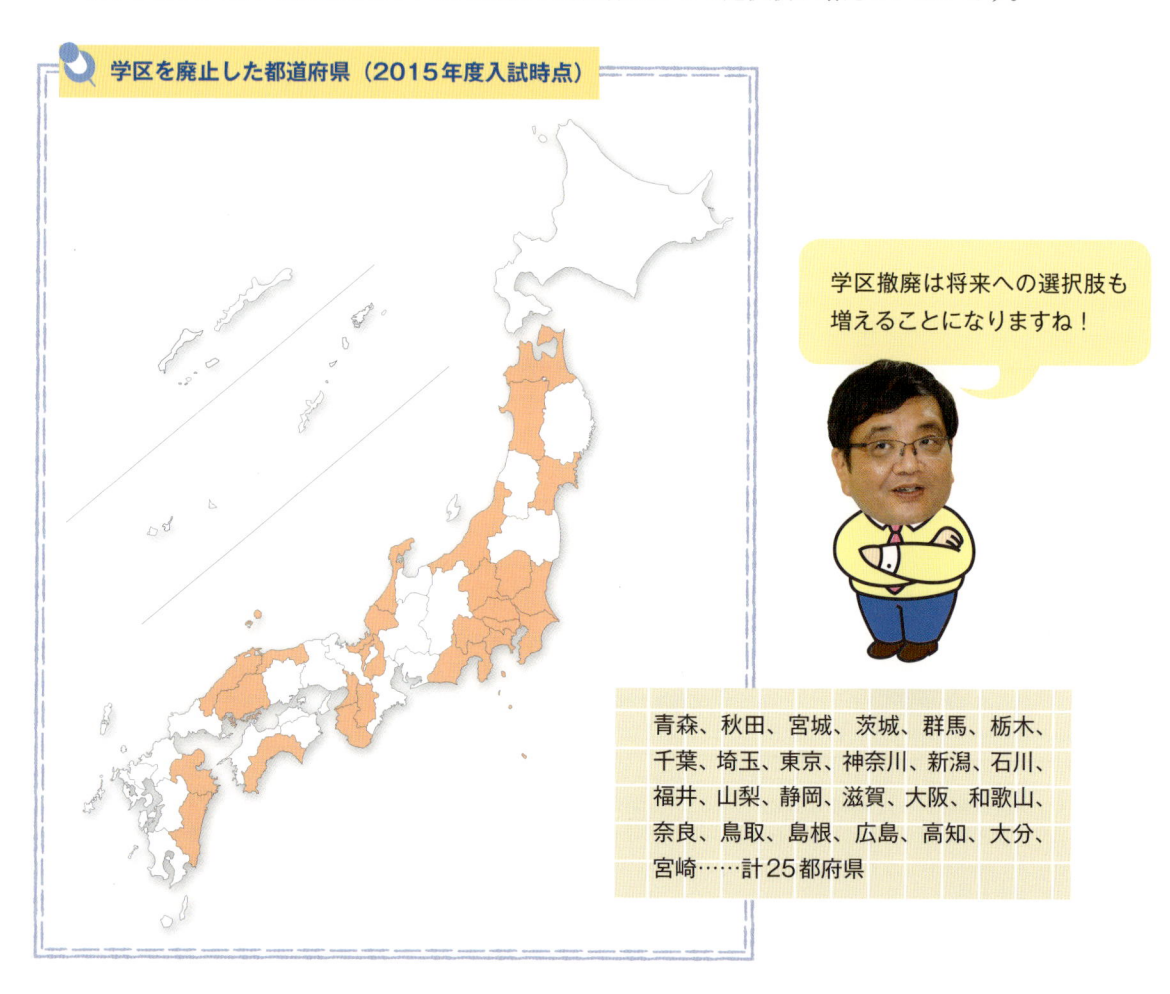

学区を廃止した都道府県（2015年度入試時点）

学区撤廃は将来への選択肢も増えることになりますね！

青森、秋田、宮城、茨城、群馬、栃木、千葉、埼玉、東京、神奈川、新潟、石川、福井、山梨、静岡、滋賀、大阪、和歌山、奈良、鳥取、島根、広島、高知、大分、宮崎……計25都府県

★ 現代の公立高校は多様化・個性化している

学区撤廃のほか、公立高校において数十年前と大きく異なる点がもう一つあります。それは、公立高校が多様化・個性化しているということ。例えば、各都道府県の教育委員会が実践校を指定している「大学進学実績の向上に重点を置く高校」や、文部科学省指定の「スーパー・サイエンス・ハイスクール（SSH）」「スーパー・グローバル・ハイスクール（SGH）」「スーパー・プロフェッショナル・ハイスクール（SPH）」です。ひと口に公立高校といっても、同じ学習内容で偏差値が異なるだけというわけではありません。各校で進路指導の工夫が見られ、特色ある取り組みを行っている高校が増えています。

教育委員会や文部科学省が指定する様々な制度

● 大学進学実績の向上に重点を置く高校

教育委員会の指定により、大学進学のための学習指導や進路指導を重点的に行う高校のことです。都道府県によって正式名称は異なり、東京都は「進学指導重点校」、神奈川県は「学力向上進学重点校」、茨城県は「大学進学ジャンプアップスクール」、大阪府は「進学指導特色校」など。指定校は年度ごとに変更する場合があります。

● スーパー・サイエンス・ハイスクール（SSH）

平成14年度から実施。国際的に活躍できる科学技術関連の人材を育成するために、理数系教育を重点的に行う高校を文部科学省が指定しています。大学で最先端技術に触れられる体験授業、科学オリンピックや国際的なコンテストへの挑戦、海外の理数系教育重点高校と連携して海外研修や共同研究を行うなど、各校によって様々な取り組みが行われています。平成27年度の新規指定校は全25校（公立21校、私立1校、国立3校）。

● スーパー・グローバル・ハイスクール（SGH）

コミュニケーション能力や国際的素養を身につけて将来、国際的に活躍できるグローバル・リーダーを育成することが目的。平成26年度から文部科学省が指定しています。各校が目指すべき人物像を設定し、大学、企業、国際機関などと連携して海外フィールドワークやグローバルな社会課題などをテーマに学習を行います。平成27年度の新規指定校は全56校（公立31校、私立18校、国立7校）。

● スーパー・プロフェッショナル・ハイスクール（SPH）

日本の産業発展のために、将来、社会の第一線で活躍できる専門的職業人の育成を目的とし、先進的かつ卓越した取り組みを行う専門高校を文部科学省が指定しています。大学や研究機関、企業などと連携して、研究・技術指導や就業実習などを行い、高度な知識と技能の修得を目指します。平成26年度から実施し、平成27年度の新規指定校は10校（公立9校、私立1校）。

☆ 独自の教育方針の下、個性豊かな私立高校

私立高校では、学校創立者の理念や精神に基づき、独自の教育方針を採用しています。各学校が個性豊かな教育を行い、校風も様々。国公立と異なり、宗教教育や宗教活動の制約がないため、仏教やキリスト教など各宗教系の学校も存在します。

そのほか、部活動に力を入れて優秀なスポーツ選手を多数輩出している高校や、徹底した大学進学指導を行っている高校なども多数あります。大学進学に向けて1、2年生からコース制を導入する、特別なカリキュラムを組む、予備校講師を招いて講習会を開くなど、公立以上や予備校並みのバックアップを期待できる学校も多くあります。

また、大学付属校の場合、系列の大学や短大に優先的に入学できます（優先入学制度）。ただし、優先条件はそれぞれの学校によって設けられています。どのくらいの割合で系列の大学や短大に入学できるかの目安を知るには、内部進学率を調べてみるといいでしょう。

☆ 教育研究・教育実習に協力する使命を持つ国立高校

国立大学の付属高校である国立高校は、教育に関する研究・実証の場として設置されています。この点が公立・私立との大きな違いです。一般の高校よりも教育実習生による授業が多く行われます。また、教科研究に熱心な教師が多く在籍しており、教師が教育理論を試す場としても活用しています。

国立高校の授業ではレポートの提出・発表が重視され、生徒同士で議論させる機会を多く作り、人間力を育てています。私立大学の付属高校と異なり、エスカレーター式に系列大学に進学できるような優先制度は基本的に設けられていません。

公立・私立の進学校のような先取り学習や、受験対策の講習・補習などもないため、予備校に通っている生徒も大勢います。

また、全国に15校しかない国立高校は入試レベルが高く、その地域の超難関校となっていることがほとんどです。意欲的で学力の高い生徒がそろっているため、大学進学率が高い実績につながっています。このように国立高校は高い教育水準ながらも学費が安いことから人気となっています。

High school Selection 03

年々増えている単位制高校とは？

興味・関心に応じた科目をマイペースで学習できる

高校には学年制と単位制があります。学年制は小・中学校と同じように学年ごとに定められている教育課程の修了を繰り返し、積み重ねていくことで学習する方式。それに対して単位制は、学年による教育課程の区分を設けず、3年間で決められた単位数の必修科目や選択科目を学んで単位を取得すれば卒業が認められます。単位制は全日制でも設置可能になっています。文部科学省のねらいは、自分の興味・関心や進路などに基づく主体的な学習を促し、生徒の個性を最大限に伸ばすこと。単位制高校は年々増えています。

単位制高校のメリットとデメリット

メリット	デメリット
● 学年の区分がないため、マイペースで学習に取り組むことができる ● 自分の進路や興味・関心に応じて、好きな科目を選択して学習できる ● 留年がない ● 人間関係の摩擦が生じにくい	● 自分の時間割に沿って授業を受けるため、友だち作りに苦労しがち ● クラス全員がそろう機会が少なく、クラスの団結が生まれにくい ● 遅刻や欠席の回数によって単位を取得できなくなるため、自己管理が必要

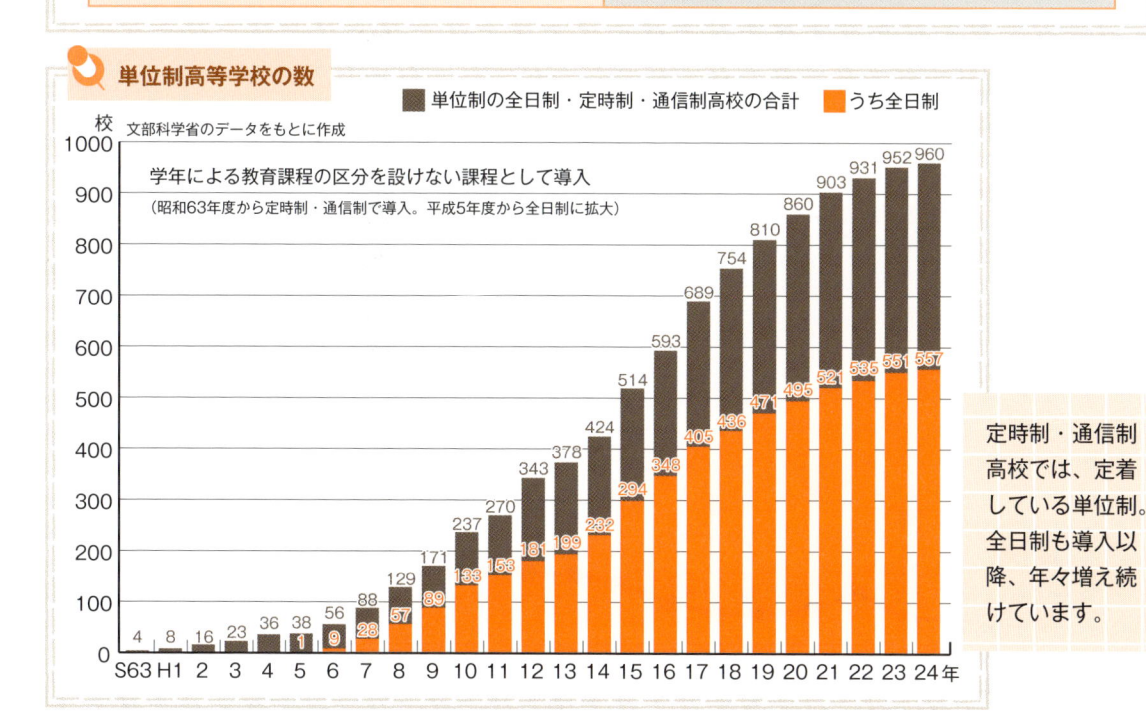

単位制高等学校の数

文部科学省のデータをもとに作成

学年による教育課程の区分を設けない課程として導入
（昭和63年度から定時制・通信制で導入。平成5年度から全日制に拡大）

単位制の全日制・定時制・通信制高校の合計 / うち全日制

年	合計	全日制
S63	4	—
H1	8	—
2	16	—
3	23	—
4	36	—
5	38	1
6	56	9
7	88	28
8	129	57
9	171	89
10	237	133
11	270	158
12	343	161
13	378	199
14	424	232
15	514	294
16	593	348
17	689	405
18	754	436
19	810	471
20	860	495
21	903	521
22	931	535
23	952	551
24	960	557

定時制・通信制高校では、定着している単位制。全日制も導入以降、年々増え続けています。

Chapter2 将来を見据えた学校の選び方 ★ 65

普通科・専門学科・総合学科について

普通科の生徒が約7割を占める

高校には普通科・専門学科・総合学科の3つの学科があります。文部科学省の平成27年度「学校基本調査」によると、高校在学生徒数は約332万人（男子：約167万人、女子：約165万人）。
全日制の生徒数（約331万人）を学科別に見ると、普通科がもっとも多く、72.8％を占めています。
続いて工業科、商業科、総合学科などです。

★ 高校卒業後、進学したい人におすすめの普通科

普通科では、国語、地理歴史、公民、数学、理科、保健体育、芸術、外国語、家庭、情報などの教科を中心とするカリキュラムで、幅広く基本的な学習ができます。普通科から大学・短期大学・専門学校への進学率は63.2％（平成26年度）。大学などへの進学希望者に適した学科で、生徒の希望する進路に合わせて、入学後、文系・理系のコースに分けている高校も少なくありません。受験対策に力を入れている多くの私立高校では、進学に特化したコース（特進コース、選抜コース、進学コースなど）を設けるなどしてバックアップしています。将来、やりたいことはまだ決まっていないけれど、大学に進学したい人は普通科がいいでしょう。進学先を考える時にも幅広い選択肢の中で検討できます。
また、近年は普通科の中に外国語、情報、文科系、理数系などの専門コースを設置しているコース制高校もあります。コース制高校では普通科の科目に加えて、希望する専門科目も多く学習できます。

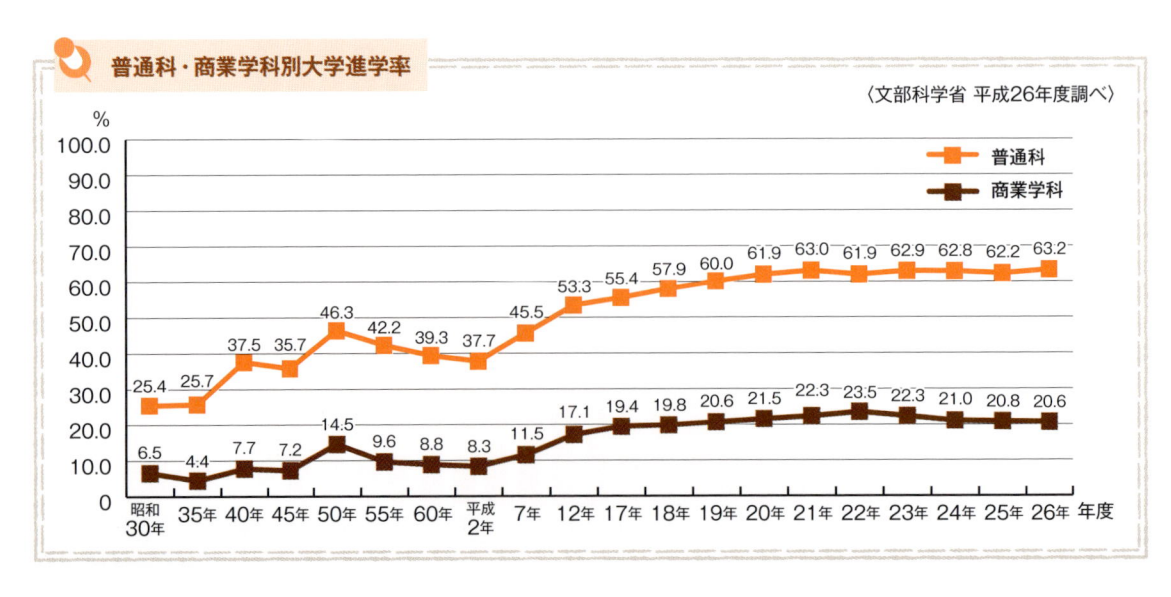

普通科・商業学科別大学進学率　〈文部科学省 平成26年度調べ〉

年度	普通科	商業学科
昭和30年	25.4	6.5
35年	25.7	4.4
40年	37.5	7.7
45年	35.7	7.2
50年	46.3	14.5
55年	42.2	9.6
60年	39.3	8.8
平成2年	37.7	8.3
7年	45.5	11.5
12年	53.3	17.1
17年	55.4	19.4
18年	57.9	19.8
19年	60.0	20.6
20年	61.9	21.5
21年	63.0	22.3
22年	61.9	23.5
23年	62.9	22.3
24年	62.8	21.0
25年	62.2	20.8
26年	63.2	20.6

⭐ 専門学科は職業系・普通科系に分けられる

専門学科の正式名称は「専門教育を主とする学科」。農業・工業・商業・水産・家庭・看護などの職業系専門学科と、理数・体育・音楽・美術・外国語など普通科系専門学科の2つに分けられます。

普通科系専門学科では、それぞれの専門的な科目を普通教育以上に深く学習できます。幅広い教養と知識を身につけながら、就職や進学といったそれぞれの目標に向かって主体的に学べる学科です。

⭐ 職業に直結した学習ができる専門高校

職業系専門学科では、将来就きたい職業に直結する専門的な知識や技術を学び、様々な資格を取得することもできます。高校卒業後の就職率は51.9％（平成26年度）。職業教育は農業高等学校、工業高等学校などの専門高校を中心に行われています。また、近年は専門高校が充実し、総合技術高等学校、総合産業高等学校、総合ビジネス高等学校、海洋科学高等学校なども増えています。

⭐ 様々なタイプの専門高校・高校がある

複数の職業系専門学科を設置している「総合選択制専門高校」や、職業系専門学科とその他の専門学科を併置している「集合型専門高校」、職業系専門学科と普通科を併置している「総合選択制高校」もあります。例えば、総合選択制専門高校の職業系専門学科では、自分の興味や関心、進路希望に合わせて2・3年次に普通系の科目を選択履修することも可能です。大学などへの進学を視野に入れて学べるケースもあります。

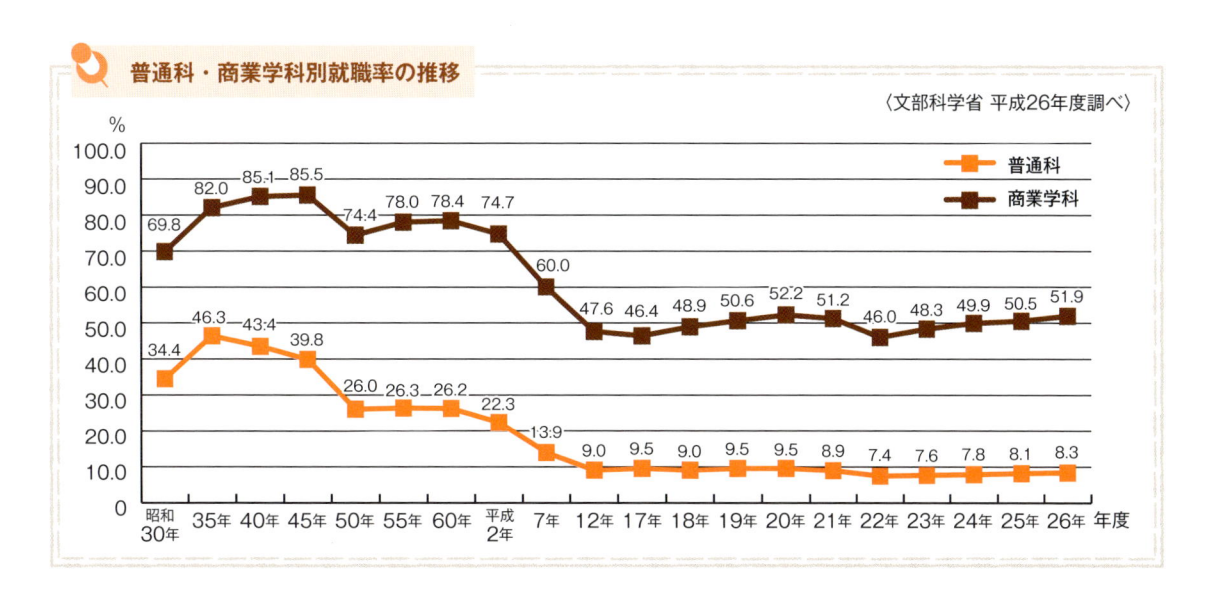

普通科・商業学科別就職率の推移

〈文部科学省 平成26年度調べ〉

年度	普通科	商業学科
昭和30年	34.4	69.8
35年	46.3	82.0
40年	43.4	85.1
45年	39.8	85.5
50年	26.0	74.4
55年	26.3	78.0
60年	26.2	78.4
平成2年	22.3	74.7
7年	13.9	60.0
12年	9.0	47.6
17年	9.5	46.4
18年	9.0	48.9
19年	9.5	50.6
20年	9.5	52.2
21年	8.9	51.2
22年	7.4	46.0
23年	7.6	48.3
24年	7.8	49.9
25年	8.1	50.5
26年	8.3	51.9

注目が高まっている総合学科について

High school Selection 05

平成6年度に誕生した総合学科

総合学科は普通科・専門学科よりも歴史が浅く、平成6年に誕生しました。したがって平成27年現在、保護者世代にとっては馴染みが薄く、耳慣れない人も少なくないでしょう。総合学科は、普通科や専門学科と比べてどんな学科なのか。保護者との進路相談の際、自分の思いをきちんと告げられるように、その特徴を知っておきましょう。

★ 生徒の個性や主体性を尊重する

総合学科は、普通科と専門学科で学ぶ内容を実践的に活かせるように併せた学科です。普通科・専門学科という枠組みをなくし、多種多様な教科・科目から、生徒自身が興味や関心、進路に応じて選択・履修します。したがって普通科目と専門科目のどちらも学ぶことが可能。単位制を取り入れており、自由に時間割を作れる点は大学に似ているといえるでしょう。総合学科は平成6年度に7校設置されて以降、着実に増え続け、平成27年には371校になりました。年々、人気と注目が高まっています。

★ 総合学科ではどんな授業を受けられるのか

総合学科では全ての授業を自由に選べるわけではありません。学科に関係なく高校生全員が学ぶ必須科目や、「産業と人間」などの原則履修科目もあります。「産業と人間」は原則として入学年次に履修。生徒が進路や生き方を探求するきっかけとなるように設置された科目で、産業や社会、将来の職業生活に必要とされる能力・態度などを学びます。

総合選択科目や自由選択科目は、地域性や生徒の実態を考慮して、設置者または学校が定めた科目。高校を選ぶ時には、どんな科目が開設されているかをチェックしましょう。ただし、入学して希望の科目を選択しても、必ず履修できるとは限りません。人気のある科目は定員オーバーとなり、抽選で決められることもあります。学校見学などの際に、人気のある科目について質問してみましょう。

総合学科の授業内容

必須科目	国語や数学など、学科を問わず高校生が学ぶもの。
原則履修科目	「産業社会と人間」、情報に関する基礎的科目、「課題研究」など。
総合選択科目	情報系列、伝統技術系列、工業管理系列、流通管理系列、福祉サービス系列、芸術系列、生活文化系列、環境科学系列、体育・健康系列など、設置者や学校が定めた科目群。
自由選択科目	総合選択科目群とは性格の異なる科目群。設置者や学校が定めている。

column 1 高校生の留学&ホームステイについて

文部科学省の平成25年度のデータによると、3ヵ月以上留学した生徒数は3,897人。そのうち約9割の人が6ヵ月以上12ヵ月未満の期間、海外に滞在していました。「英語を話せるようになりたい！」「外国人の友だちがほしい！」など動機は様々です。国際化社会の現代、留学に興味のある人は参考にしてください。

留学には4つのタイプがある

留学には期間によって大きく4つのタイプに分けられます。外国の学校に進学して卒業を目指す「卒業留学」、1年間留学する「1年留学」「交換留学」、長期休暇を利用する「短期留学」。留学することによって得られる成果や費用などが異なり、「交換留学」以外は私費となります。各タイプの特徴をチェックして、興味のある人は保護者や教師に相談してみましょう。

	卒業を目的とした留学	1年留学	交換留学	短期留学
期間	一般的に2年以上	1年間	1年間	1～6週間程度
対象	特定の対象はなく、誰でも参加できる。国によって教育課程が異なる	中学1年生～（出願時）高校2年生	日本の高校に在学中の高校生または同等の教育機関に在籍する学生のみ	主に中学生と高校生が対象でプログラムによって異なる
費用	学費と滞在費を合わせて年間300～350万円	300～350万円	90～150万円	春休みや夏休みを利用して35～50万円
メリット	●留学先の学校を卒業することで学歴として認められる ●長期間、海外生活をすることで高い語学力の習得とより深い異文化交流ができ、国際感覚が養われる	●留学先の国や学校を自由に選ぶことができる ●日本の良さを再発見できる ●滞在期間を延長して留学先の高校を卒業することもできる	●お互いの文化を交換し、異国との社会交流を目的としているため、私費留学より費用が安い	●参加資格や選考試験がなく、長期の海外旅行気分で気軽に参加できる
デメリット	●長期間の滞在なので、最初のうちはホームシックにかかる人もいる ●帰国後、日本の価値観とのズレを感じてしまうこともある	●留学する国や学校によっては留学費用がかなり高額になる可能性もある ●休学して留学する場合は日本の高校の卒業が1年遅れる	●留学・国際交流機関の選考試験を合格しなければ参加不可 ●交換先の高校が決まっているので、希望する学校とは限らない	●日本人同士で固まってしまうことも多い ●海外旅行気分だと英語力の向上は期待できない

Chapter2 将来を見据えた学校の選び方 ★ 69

定時制・通信制での学び方について

High school Selection 06

昭和23年から続く、定時制・通信制過程の制度

全日制は小・中学校のように朝、登校し、午前中から午後にかけて勉強する課程ですが、様々な事情によって全日制の高校に通えない人もいます。
そのような人のために、学校教育法が制定された昭和23年から定時制・通信制課程の制度が設けられました。
定時制・通信制ともに普通科のほか専門学科、総合学科もあります。

★「多部制の定時制課程」が増えている

生徒が個々の生活パターンに合わせて履修できるように、午前から夜間にいたるまで2～3部制で区分して常時開設している定時制高校が増加しています。これを「多部制の定時制課程」といいます。多くは1日4時間の授業を4年間受けて卒業しますが（4修制）、1日6時間の授業を3年間受けて卒業できる制度（3修制）を設けている高校もあります。なお、定時制は全日制と同様、クラブ活動や学校行事などもあります。

定時制：3部制の例

午前4時間の定時制課程	午後4時間の定時制課程	夜間4時間の定時制課程
Ⅰ部	Ⅱ部	Ⅲ部

※Ⅰ部に在籍している生徒がⅡ部またはⅢ部で開設されている科目も履修（他部履修）できるようにし、3年間での卒業を可能とする。
（文部科学省ホームページより）

★ 通信制過程は目的や通いやすさで選ぶ

1週間のうち決められた日数のみ登校して面接指導（スクーリング）を受け、そのほかの日は自宅で自己学習し、レポートを提出して添削指導を受けます。通信制高校の多くは単位制ですが、面接・添削指導と一定範囲終了後の試験に合格することで単位を修得でき、卒業要件を満たせば高校卒業資格を取得できます。

修業年限は3年以上のため、最短3年で卒業可能。大学進学を目指す高校や、同時に美容師などの資格取得も目指す高校など様々あり、生徒の募集範囲も高校によって異なります（狭域通信制・広域通信制）。目的や通いやすさなどを考慮して選びましょう。

通信制のココも check
狭域通信制高校は、高校の所在地に加えて1つの都道府県から生徒を募集。広域通信制高校は、全国または3つ以上の都道府県から生徒を募集し、各地区に分校や協力校、学習センターなどを開設している。

Column 2 海外でなくてもOK「国内留学」の魅力とは

「留学したいけれど、治安面でも不安があるし、費用もかかりそう」と二の足を踏む人はいるかもしれません。そもそも海外に行かなければ「留学」できないと思っていませんか？ じつは日本にいながら、郊外の山村や島に「留学」することは可能です。どんなケースがあるのか、ここでは紹介します。

命や食の大切さを大自然の中で学べるのが最大の魅力

山村留学として有名なのは、新聞記事などでも紹介されましたが、漫画『銀の匙』のモデルにもなった、北海道の帯広農業高校の取り組みです。作者の荒川弘さんは同校・畜産科のOG。『銀の匙』で描かれた命に対する教育や食の大切さ、生産者育成への真剣な取り組みは、広大な大自然と共存できる山村留学ならではの利点があります。山村留学できる学校は北海道から沖縄まであります。

地域の人たちと接しながら活きた学習ができる

地域の活性化もかねて島留学を奨励している学校もあります。島根県の隠岐島前高等学校は、島すべてが学校とも呼べる環境で、地域の人が授業をしたり生徒が地域に出向いて島の歴史や産業について学ぶ、活きた授業が特徴です。このように島留学の良い面は、自然と共存しながらそこに暮らす人々とコミュニケーションを通じて学ぶことができることです。自分が学びたいことが海外ではなく国内にある可能性もあります。ぜひ、山村留学、島留学も候補のひとつとして考えてみてはいかがでしょうか。

> 注目を集めている「山村留学」ですが、いきなり長期間の留学をするのは失敗のもと。まずはサマーキャンプなどに参加して、山村や島での暮らしが自分に合っているかどうか検討してみましょう。

「山村」Or「島」留学を失敗させないために

「こんなはずじゃなかった」とならないために、以下の条件にあてはまるかどうか確認してみましょう。

① 親の都合で無理やり行くことになっていないか？
② 自然や動物、学校での取り組みに興味があるか？
③ 学校の環境や寮生活に馴染めるかどうか？
④ 自分の性格や生活環境などが、山村留学制度に合っているかどうか？

University Selection 07

将来を見据えた大学の選び方について

何が学べて、どんな職業を目指せるのか知っておこう

高校生活に慣れてくる頃には、卒業後の進路について、早い時期からカリキュラムを導入する高校が増えてきました。それはここ数年、新しい学部を増設する大学が増えたことと、時代のニーズとともに職業により結びつく大学選びを重要視されているからです。この章では大学選びの基礎として、国公立と私立の違い、学費のこと、奨学金制度のこと、様々な入試の違いについて説明していきます。

☆ 国公立と私立大学では、どこがどう違うのか

● 国公立大学

国立大学とは、かつては国によって設置された大学であり、現在は国立大学法人が設置者となり運営しています。各都道府県に一つ以上の国立大学が設置されており、統廃合を重ねて平成27年度時点で86校あります。

公立大学については、地方自治体によって設立され、大学数、学生数ともに増加傾向にあります。平成16年度の公立大学法人制度の導入により、法人化する大学が平成27年度時点で70大学と、自主自立的な環境の下、魅力ある教育研究を積極的に展開しています（平成27年度文部科学省調べ）。

● 私立大学

私立大学とは、個人や企業などの団体によって設立された大学です。国公立大学と比べると、私立大学に在学する学生の割合は、大学・短大で約8割を占めています。また、近年ますます国際化・高度情報化する時代に対応するため、特色ある教育研究の推進を積極的に展開しています。一般的に国公立大学と比べて理系では学費がやや高く、医科歯科系では国公立の10倍になる場合もあります。

私立大学の割合

平成22年　文部科学省調べ

区分	学校数				
	国立	公立	私立（A）	計（B）	私立の割合（A/B）
大学	86校	95校	597校	778校	76.7%
短期大学	―	26校	369校	395校	93.4%
高等専門学校	51校	4校	3校	58校	5.2%
計	137校	125校	969校	1,231校	78.7%

私立大学は特色のある学部が多いのも事実。自分がどんな環境で何を学びたいのかを念頭に、国公立か、私立大学がいいのか考えてみましょう。

☆ 入学時にかかる費用、在学中にかかる費用を知っておこう

「見事大学に合格！」となったらすぐに入学準備に取りかからなければなりません。入学時や在学中の費用はどのくらい用意すればいいのでしょうか。

● 入学時にかかる費用

自宅から通うのか、家を出て一人暮らし、または大学の寮で生活するのかで、入学時にかかる費用は大きく違います。また、進路先が国公立か、私立か、4年制なのか短大なのかによっても費用は変わってきます。

例えば、国公立大学入学費用は約81.7万円、私立大の文系に進学すると約114.9万円、理系に進学すると約149.6万円かかります。さらに私立大の理系の場合は入学金や授業料のほかに実習費や施設の利用料がかかるので、文系に比べると入学時に収める費用は高くなります。

国公立・私立大学別、入学時にかかる費用比べ

単位：円

区分	授業料	入学料	施設設備費	合計
国立大※1	535,800	282,000	※4	817,800
公立大※2	537,857	397,721	※4	935,578
私立大文系※3	742,478	246,749	160,019	1,149,246
私立大理系※3	1,043,212	265,595	187,236	1,496,044
私立大医歯系※3	2,764,631	1,036,391	863,538	4,664,560

※1 文部科学省令による標準額。ただし国立大の法人化により、学費も大学間で差が出ている
※2 文部科学省「平成26年度学生納付金調査」。公立大昼間部の平均額
※3 文部科学省「平成25年度私立大入学者に係る初年度学生納付金平均額調査」
※4 施設費、実習費、諸会費などを徴収される場合がある

ベネッセマナビジョン保護者版を引用

● 在学中にかかる費用

在学中の授業料は、一般的に年度ごと前期と後期に分けて支払います。国公立と私立大学別以外にも、大学や学部別でも学費は大きく異なります。

例えば、医学部は6年制なので、在学中にかかる学費は当然高くなります。ただ同じ医学部でも国公立と私立大では学費にかなりの差があります。このように同じ学部でも学費に違いがあるので、目指す大学や学部での学費について事前に調べておきましょう。

国公立・私立大学別、在学中にかかる費用比べ

単位：円

区分	授業料	施設設備費	年間合計	年	合計
国立大※1	535,800	※4	535,800	×4 ※5	2,143,200
公立大※2	537,857	※4	537,857		2,151,428
私立大文系※3	742,478	160,019	902,497		3,609,988
私立大理系※3	1,043,212	187,236	1,230,448		4,921,792
私立大医歯系※3	2,764,631	863,538	3,628,169	×6 ※6	21,769,014

※1 文部科学省令による標準額。ただし国立大の法人化により、学位も大学間で差がある
※2 文部科学省「平成26年度学生納付金調査」
※3 文部科学省「平成25年度私立大入学者に係る初年度学生納付金平均額調査」
※4 施設費、実習費、諸会費などを徴収される場合がある
※5 基本的に4年間通うことで4倍にしているが、大学や学部によっては学年が上がるごとに授業料、施設設備費などが増額される場合がある
※6 医学部・歯学部系統は6年制と4年制の場合がある。ここでは6年制として算出

ベネッセマナビジョン保護者版を引用

● 大学生活をサポートしてくれる、奨学金制度

学ぶ意欲はあるものの、経済的事情で大学進学を断念しなくてもいいように学生をフォローするのが「奨学金」制度です。国や大学、地方自治体、民間の団体など様々な機関が行っています。奨学金は返済義務のない「給付型」と、卒業後に期間を設けて返済する「貸付型」があります。さらに「貸付型」には、利子の有無があるので、奨学金制度を利用する場合は、いろいろと比較検討して自分にはどのタイプが適しているのか、考えることをおすすめします。

● 団体別に見る奨学金の内訳

日本学生支援機構（JASSO）	無利息の第一種奨学金と、最大で年3％の利息がつく第二種奨学金がある
地方自治体	本人や保護者の居住地、本人の出身地、学校の所在地など地域に関する条件がある
民間団体	採用枠は少なめだが返還義務のない給付型が多い
大学	月や年ごとに給付、貸与されるものや、授業料や入学金が減免されるなど多種多様ある

Chapter2 将来を見据えた学校の選び方 ★ 73

大学入試の基礎知識
（一般入試・推薦入試・AO入試）

University Selection 08

1 大学入学者選抜の仕組みを知ろう

大学進学をする場合、入試の方法を知って、その対策を考えることが大切です。
自分が国公立を目指すのか、私立を目指すのかによって入試方法も違ってきます。
また、今後新しい入試の形が導入される動きもあるようです。
ここでは、入試方法のパターンの違いと、その内容についてご紹介します。

国公立の入試の基本は学力試験になりますが、ここ数年は人物評価も重要視され、面接や論文などを重視する大学も増えました。現在の大学入試は大きく分けて「一般入試」「推薦入試」「AO（アドミッション・オフィス）入試」の3パターンに分けられます。以下、それぞれの入試方法を説明します。

- **一般入試**……調査書の内容と、学力検査、面接、小論文など、大学側が決めた方法により判定する方法。
- **推薦入試**……出身高校の校長の推薦に基づいて原則として学力検査を免除して調査書や面接、小論文により判定する方法。
- **AO入試**……学力試験に偏らず、書類審査と数回の面接、受験者同士のディスカッション、プレゼンテーションなどを組み合わせ、受験生の能力や適性、学習に対する意欲を総合的に判定する方法。

それぞれの入試は実施する時期も違います。「AO試験」は、何度か面接を重ねるので、早い大学では8月から出願がスタートします。
「推薦入試」は、11月以降に出願が始まり、12月にかけて選抜が行われています。
「一般入試」は、1月にセンター試験が行われ、2月から各大学が個別に試験を行います。
以下は、国公立大学、私立大学の入学者がどの入試方法を選んだかの分布図です。

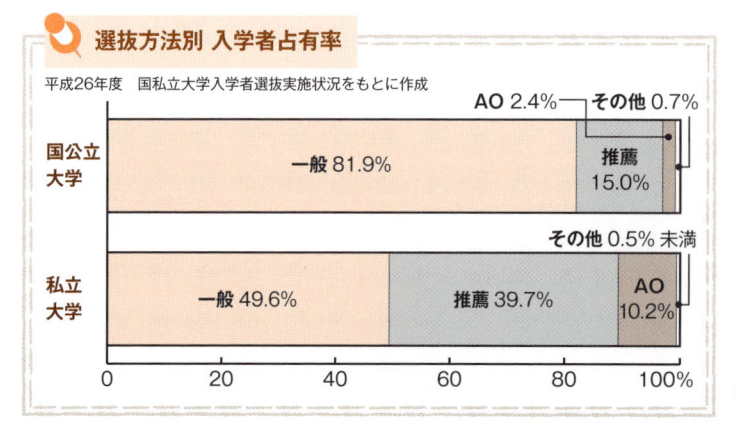

選抜方法別 入学者占有率
平成26年度　国私立大学入学者選抜実施状況をもとに作成

	一般	推薦	AO	その他
国公立大学	81.9%	15.0%	2.4%	0.7%
私立大学	49.6%	39.7%	10.2%	0.5%未満

図表にもあるように、国公立大学の8割は「一般入試」で入学しています。私立大学は5割近くが「一般入試」、4割が「推薦入試」、1割が「AO入試」を選んでいます。今後は、推薦枠を増やす大学が増えるともいわれ、実際に東大は2016年度入学者選抜から「推薦入試」を導入しました。

2 センター試験について理解しよう

センター試験は、毎年1月中旬の土日の2日間に全国で一斉に実施される最大規模の試験です。国公立大学の受験者はセンター試験を受験しなければなりません。また私立大学の受験者も「センター試験利用方式」を選択すると、センター試験での成績を利用できる方法もあります。そういった意味でも大学受験をする際、一番利用度の高い試験だといえます。

2016年度のセンター試験は6教科30科目あります。国語、地理歴史、公民、数学、理科、外国語の6教科から30科目が出題されます。受験生は自分が行きたい大学が指定する科目を選択して受験をします。

具体的な出題教科は右記のようになっています。出題は全教科とも「マークシート方式」で実施。問題は、高校の授業の内容を身につけていれば解答できるレベルです。ただし、科目によっては問題数が多く、スピードが必要になることもあります。「英語」は必須科目のリスニングを万全にしなければなりません。本番で実力が発揮されるように、模擬試験を受けたり、過去問を解いたりして、しっかりと準備をしておきましょう。

2016年度センター試験 出題教科・配点・試験時間一覧

教科	科目	試験時間	配点	選抜方法
国語	「国語」	80分	200点	
地理歴史	「世界史A」「世界史B」「日本史A」「日本史B」「地理A」「地理B」	1科目選択 60分 2科目選択 130分	1科目 100点 2科目 200点	10科目から最大2科目を選択解答する。受験科目数は出願時に申請
公民	「現代社会」「倫理」「政治・経済」「倫理、政治・経済」			
数学①	「数学Ⅰ」「数学Ⅰ・数学A」	60分	100点	2科目から1科目を選択解答
数学②	「数学Ⅱ」「数学Ⅱ・数学B」「簿記・会計」「情報関係基礎」	60分	100点	4科目から1科目を選択解答
理科①	「物理基礎」「化学基礎」「生物基礎」「地学基礎」	2科目選択 60分	2科目 100点	8科目から下記のいずれかの選択方法により科目を選択解答する A 理科①から2科目 B 理科②から1科目 C 理科①から2科目及び 理科②から1科目 D 理科②から2科目 選択方法は出願時に申請
理科②	「物理」「化学」「生物」「地学」	1科目選択 60分 2科目選択 130分	1科目 100点 2科目 200点	
外国語	「英語」「ドイツ語」「フランス語」「中国語」「韓国語」	80分	200点	5科目から1科目を選択解答
	「英語リスニング」	60分	50点	英語受験者のみ

※ 2016年度から「工業数理基礎」は廃止。2016年度に限り旧課程履修のみ出題

2020年度から新テストが導入されます！

今後はセンター試験をやめて、新テストを行う話が進んでいます。
2019年度から「高等学校基礎学力テスト（仮）」が実施、さらに2020年度から「大学入学希望者学力評価テスト（仮）」が実施される予定です。
「高等学校基礎学力テスト（仮）」は、学習到達度の把握を目的とした試験。高校で学習する必履修科目の習得の確認だけでなく、生徒の学習意欲や学習の改善に利用されます。
「大学入学希望者学力評価テスト（仮）」は、センター試験の後継とされるテストのこと。現在の入試でも行われている「教科型」に加えて、問題を組み合わせて出題する「総合型」のテストが想定されています。このテストでは、判断力や思考力、表現能力がメインの評価に変わります。

3 国公立大学の「一般入試」は、このように行われる！

ここ数年、ＡＯ入試、推薦入試を導入する大学も増えていますが、
国公立大学は定員の8割は「一般入試」で募集しています。
国公立大学を志望する場合は「一般入試」での受験を考えて準備をするべきでしょう。
では、どのような内容とスケジュールで実施されるのか詳しく紹介していきましょう。

☆ 国公立大学はセンター試験と大学別の2次試験で決まる

国公立大学の「一般入試」は、1次試験にあたる「センター試験」と、大学別に行われる2次試験（個別学力検査）の合計点で合否が決まります。

「センター試験」は、1月中旬に実施され、試験翌日には新聞などで解答と配点が公表されます。そこで自己採点を行ったあと、志望する大学を最終的に決めて願書を提出します。センター試験の約1週間後から、国公立大学の出願期間が始まります。約10日間受付しますので、「センター試験」の得点次第では、出願校を変更するケースも出てきます。このような場合でもあわてないように、候補の大学を複数校、挙げておくほうがいいでしょう。

☆ 2次試験の「分離・分割方式」を理解する

各大学で行われる2次試験（個別学力検査）は、2月下旬からスタートし、「前期日程」「後期日程」の2つの日程に分けて選抜します。
受験生は、「前期」「後期」の日程でそれぞれ1校ずつ出願できます。もちろん同じ大学を2回受験することも可能です。
また、公立大学の中では「中期日程」を設定する大学もあります。これらのことから、国公立大学の受験は最大3校まで可能となります。

☆ 国公立大学の入試は「前期」でほとんど決まる

一見、最大3校出願できる制度は合格のチャンスが多いように思われますが、実際には、募集人数の割合は「前期」8割、「後期」2割です。実質的には「前期日程」をメインとした受験の仕組みになっています。また、「前期日程」の合格者は「中期」「後期」の合否を確認せずに「前期日程」で受験した大学へ入学しなければなりません。そのため必然的に、「前期日程」で受験する大学が第一志望校となっています。また近年、「後期日程」を廃止する動きがみられ、複数の大学（学部）で後期日程を実施していません。受験生にとっては、「後期」での選択の範囲が狭くなってきていることから、「分離・分割方式」自体の見直しも検討されています。

4 私立大学の「一般入試」は多様化している！

国公立大学が1次試験として「センター試験」を受験するのが必須なのと違い、
私立大学はその大学ごとの選抜方式が多種多様あります。
最近では約9割の私立大学がセンター試験利用方式を導入しています。
私立大学を受験する際の内容やスケジュール、心構えについて、ここでは紹介します。

★ 私立大学の「一般入試」は文系、理系ともに3教科受験がメイン

私立大学の「一般入試」は統一した入試日程がないので、試験日が重ならなければ、いくつもの大学を受験することが可能です。選抜方法は、各私立大学で試験を実施する「一般方式」と、センター試験の成績を利用する「センター試験利用方式」、「一般方式」と「センター試験利用方式」の併用に分けられます。

「一般方式」は、主に1月下旬～2月中旬に行われ、大学によって入試科目は様々です。文系学部は国語・英語・地歴公民または数学から3教科、理系学部は数学・英語・理科の3教科が一般的です。
また、大学によって入試科目を1～2科目としたり、特定科目の配点比率を高くする方式や、学科試験を課さずに小論文や論述試験で選抜する方式、英検やTOEFULなどのスコアを加点する方式など、多種多様の方式があります。

★ 私立大学の約9割が「センター試験利用方式」を導入

センター試験の成績を活用するのが「センター試験利用方式」で、多くの大学で導入されています。2015年度には私立大学は523大学で、その約9割で実施されることから、「センター試験利用方式」の活用は私立大学受験には欠かせないものとなっています。

センター試験利用方式でのメリットは、大学独自の試験をせずに、センター試験の結果だけで合否を決定します。センター試験を受験さえすれば、私立大学の試験をせずとも私立大学の併願が可能となります。

特に国公立大学を第1志望としている受験生は、私立大学の受験対策が必要なくなるので負担が減ります。もちろん、私立大学が第1志望の受験者にとっても、チャンスが広がるメリットがあります。センター試験の必要科目数は一部の難関校で4教科以上となっていますが、多くは3教科以下となっています。

受験科目のパターン	オーソドックスな3教科型入試
	センター試験利用入試
	少数科目型の入試、特定科目重視型の入試
	小論文入試

入試日や試験会場の複数パターン	試験日自由選択制
	地方試験会場の設置
	後期入試

「センター試験利用方式」は、受験勉強を進める上でもかなり合理的。得意科目に絞って勝つための受験対策を！

5 「推薦入試」の実態を理解しよう！

ここでは、国公立大学、私立大学でどのように「推薦入試」が行われているのか紹介します。
「推薦入試」は9割以上の大学が実施し、国公立大学では「推薦入試」の入学者は約1割ほどですが、私立大学では約4割となっています。
大学によって「推薦入試」の条件や制度が異なるので、以下より詳しく紹介します。

☆ 出身校の推薦状、調査書に一定の学力基準を満たすことが条件

「推薦入試」は、出身高校の校長の推薦に基づき、原則として学力検査を免除し、調査書を主な資料として判定する入試が定義となっています。誰でも出願できるわけではなく、「調査書の評定平均値3以上」など一定の基準の成績がないと受験資格は得られません。また私立大学が指定した高校の生徒を対象に行う「指定校推薦」もあります。

☆ 厳しい条件が並ぶ国公立大学の「推薦入試」条件

国公立大学の場合、「推薦入試」の条件は「評定平均値4.0以上」など成績基準が厳しく、センター試験も課す大学もあります。最近の傾向では学力試験がない代わりに口頭試問を含んだ面接を行ったり、小論文で専門的な知識を書かせることも増えました。募集人数が少ないので、事前にしっかり対策をとっておきましょう。

☆ 様々なタイプがある私立大学の「推薦入試」

私立大学の「推薦入試」は、大学によって様々なタイプがあり、なかには成績基準を設けない大学もあります。基本的な選抜方法は、小論文や適性検査、面接、基礎学力試験、調査書などの書類審査を組み合わせて選考されています。多様な選抜方法も私立大学の特徴で、「自己推薦」は受験生自身が自分の能力や技能をアピールして評価してもらうシステム。出身高校長の推薦がいらない代わりに「自己推薦書」の作成・提出が必要です。「スポーツ推薦」は、スポーツに秀でた学生の獲得を目的とした入試。出願の基準は高校時代の競技での成績となります。

ほかにも、資格や技能を持つ受験生を優遇する「有資格者推薦」や、生徒会や地域奉仕活動、芸術・文化活動で活躍した人を対象にした「課外活動推薦」などがあります。

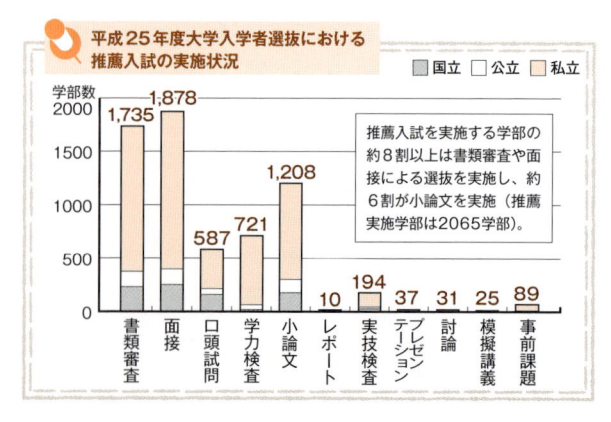

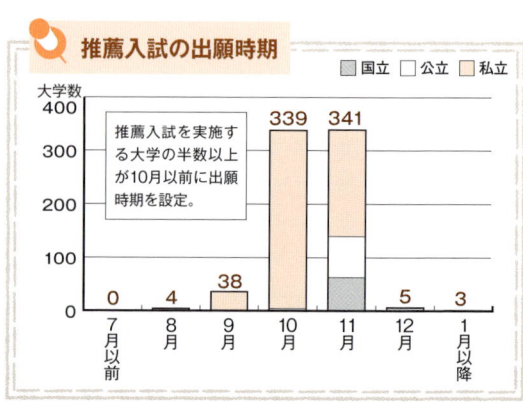

平成25年度大学入学者選抜における推薦入試の実施状況（学部数／国立・公立・私立）

区分	書類審査	面接	口頭試問	学力検査	小論文	レポート	実技検査	プレゼンテーション	討論	模擬講義	事前課題
計	1,735	1,878	587	721	1,208	10	194	37	31	25	89

推薦入試を実施する学部の約8割以上は書類審査や面接による選抜を実施し、約6割が小論文を実施（推薦実施学部は2065学部）。

推薦入試の出願時期（大学数／国立・公立・私立）

時期	7月以前	8月	9月	10月	11月	12月	1月以降
大学数	0	4	38	339	341	5	3

推薦入試を実施する大学の半数以上が10月以前に出願時期を設定。

6 第3の選抜方法として定着する「AO入試」

「AO入試」(アドミッション・オフィス入試)は、アメリカではポピュラーな入試ですが、日本で実施され始めたのは2000年頃。現在では「一般入試」、「推薦入試」に続く3番目の選抜方法として定着しています。大学ごとに選抜方法が多様化され、受験者側も対策が立てにくいのも現状。ここでは、実際にどのような手順を踏んで行われるのか紹介します。

★ 志望大学への適性や学習意欲が合否の決め手

「AO入試」は、受験者から提出されたエントリーシートや書類をもとに、面接を数回実施し、時間をかけて受験者の意欲、適性を判断します。さらに論文やプレゼンテーションを行い、適性や学習意欲などを総合的に評価する大学もあります。「一般入試」や「推薦入試」と比べると、「高い学習意欲や明確な目的意識」が選抜の基準となります。

● 国公立大学の「AO入試」は基準が厳しい

国公立大学の「AO入試」の出願条件は成績の基準がない反面、全国レベルのコンテストで上位に入賞したり、英検なら2級以上などの条件を課す大学もあります。選考スケジュールは9～10月に出願し、11～12月上旬には合格発表が行われます。選考方法は1次で書類審査を行い、2次がプレゼンテーションを含む面接と小論文を行います。また、大学によってはスクーリングに出席して課題についてレポートを提出させたり、基礎学力を見るため「センター試験」を課す大学もあります。このように選考期間が長いことと、提出書類や事前準備が多いことも「AO入試」の大きな特徴です。その分、受験生自身が「この大学のこの学部に絶対に入りたい」という明確な志望理由がとても重要になります。

● 私立大学の「AO入試」はプレゼン&ディスカッションを重視

ここ数年の私立大学の「AO入試」は年間を通じて選考期間を設ける大学も増え、3月まで募集を行うなどスケジュールは様々です。通常は、9月～11月初旬までには合否が出る日程となっています。

選考方法は、1次に書類審査、2次にスクーリングやプレゼンテーション、グループディスカッションを含めた面接や小論文を取り入れている大学が多いようです。難関大学では学力を重視する場合も多いので事前によく調べてみましょう。

一般的には、複数回の面接を行い、出願許可をもらうと合格内定が出ます。この場合は、大学や学部の学ぶ意欲を具体的にアピールできるかがカギになります。何を学びたいのかビジョンを明確にしておきましょう。

> 「AO入試」を利用する場合、第一志望校を早くから決める必要があります。合否が決まるまでは複数受験できないため、安易な受験は禁物。自分の進路をしっかり考えたうえで受験しましょう。

Chapter2 将来を見据えた学校の選び方 ★ 79

多様化している大学の学部・学科

University Selection 09

文系・理系だけではなく、学部が多様化

大学進学を希望する高校生の多くは、1年生のうちに文系・理系のどちらかを選択して2年生に進級します。文系の大学・学部に進学するのか、または理系の大学・学部に進学するのか。受験に備えて、必要な科目を重点的に学習するためです。しかし近年、大学の学部は多様化し、文系や理系の枠にとらわれない学部やユニークな学部などもあります。自分の将来にふさわしい大学・学部・学科を選ぶために、まずは大学の学部について知っておきましょう。

☆ 新しい学問ジャンル、教養・総合学際系統とは

大学の学部は主に11の系統に分けられます（右ページの図参照）。なかでも近年増加傾向にあるのが、教養・総合学際系統。多くの大学では1、2年次に教養教育を、3〜4年次に専門教育を行っていますが、4年間を通して教養のみを学ぶ学部が増えています。

一方、文系・理系の枠にとらわれない学際系や融合系の学部も次々と誕生しています。学際系は、一つの学問の分野にとらわれずに人文科学・社会科学・自然科学の複数の分野を広く柔軟に学ぶ学部で、「情報」「環境」「国際」「人間」「現代」「総合」などが名称につきます。また、融合系には、文系と理系の両方の知識を学ぶ文理融合系（文理学部など）と、同じ文系や理系の中でも複数の学問分野を融合した法文学部、法政経学部などもあります。

☆ ユニークな学部・学科を設置している大学もある

文学部、法学部、医学部などはおなじみの学部ですが、近年は珍しい学部や学科を設置している大学も増加傾向にあります。大学の学部や学科が多様化することにより、受験生の選択や興味の幅は広がるといえるでしょう。しかし、学部や学科の名称のみでは、どんなことを学ぶのかがわかりにくいところもあります。名前に惑わされず、学部や学科を選ぶ際にはきちんと調べましょう。

ユニークな学部・学科（コース）例

名称	設置先	名称	設置先	名称	設置先
感性デザイン学部	八戸工業大学	マンガ学科	京都精華大学	ゲーム学科	東京工芸大学
危機管理学部	千葉科学大学	音響設計学科	九州大学	密教学科	高野山大学
事業構想学部	宮城大学	未来創造学部	北陸大学	美術史・文化財保存修復学科	東北芸術工科大学
知的財産学部	大阪工業大学	醸造科学科	東京農業大学	リベラルアーツ学科	玉川大学
不動産学部	明海大学	書道学科	大東文化大学	ワイン科学特別コース	山梨大学

文系・理系・その他で学問分野

☆ 11の系統に分けて、学問の分野をチェック！

1 人文科学
（文学関係、史学関係、哲学関係など）

文学、文芸学、外国語学、言語学、史学、地理学、文化財学、哲学、宗教学、心理学、国際学など

2 社会科学
（法学・政治学関係、商学・経済学関係、社会学関係など）

法律学、政治学、国際政治学、商学、経済学、経営学、会計・情報学、マネージメント学、社会学、社会福祉学、コミュニケーション学、社会心理学など

3 理学
（数学関係、物理学関係、化学関係、生物学関係、地学関係など）

数学、計算科学、情報数理学、物理学、天文学、化学、応用化学、生物学、バイオ工学、地質学、地学、理学、海洋学、自然科学など

4 工学
（機械工学、電気通信工学、土木建築工学、経営工学など）

機械工学、エネルギー機械工学、電気学、電子工学、コンピューター応用学、土木工学、建築学、工業化学、原子工学、航空宇宙学など

5 農学
（農業学関係、林業学関係、獣医学畜産学関係、水産学関係など）

農学、農業経営学、醸造学、森林学、林産学、獣医学（課程）、畜産学、水産学、漁業学、環境保護学など

6 保健
（医学、歯学、薬学関係、看護学関係など）

医学、歯学、薬学、製造薬学、看護学、衛生看護学、保健学、医療福祉学、放射線学、言語聴覚学など

7 商船
（商船学関係）

航海学、機関学、運送工学、輸送科学、海洋機械管理学、舶用制御工学など

8 家政
（家政学関係、食物学関係、被服学関係、住居学関係、児童学関係）

家政学、生活学、食物学、栄養学、健康科学、被服学、服飾学、住居学、住環境学、児童学など

9 教育
（教育学関係、体育学関係、障害児教育課程など）

教育学、教育心理学、教員養成課程、幼稚園教員養成課程、養護教員養成課程、体育学、初等教育学、幼児教育学など

10 芸術
（美術関係、デザイン関係、音楽関係など）

絵画学、彫刻学、美術史・文化財保存修復学、基礎デザイン学、産業デザイン、演奏学、声楽学など

11 その他
（教養学関係、国際関係学、人間関係科学関係など）

教養課程、総合科学、国際関係学、国際文化学、人間基礎科学、不動産学など

参考：文部科学省　学科系統分類表

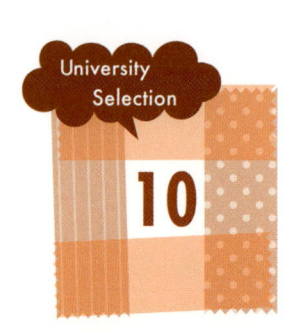

失敗しない志望校の選び方

University Selection 10

後悔のないように志望校を選ぼう

大学受験に向けて志望校を選ぶ際、偏差値は一つの目安になります。しかし、「とにかく現役合格したい！」などとあせって偏差値のみで選ぶと、ゆくゆく後悔することになりかねません。大学は、学問を深く追究する場。せっかく合格できても、その学部・学科で学ぶ内容に興味や関心がなければ、4年間通うことが苦になってしまうおそれもあります。現在の自分自身としっかり向き合い、後悔のないように志望校を選びましょう。

☆ 学部・学科の選び方は2パターンある

学部・学科を選ぶ際は、「何を学びたいか」または「何を学ぶべきか」を考えることが一番大切です。そこで学部や学科を絞ることができれば、設置されている大学から志望校を選べるようになります。高校生の時点で、将来就きたい職業ややりたいことが決まっている人もいれば、そうでない人もいるはず。まだ決まっていなくても、無理に夢を作る必要はありません。好きな科目や興味・関心のあることから探してみましょう。

また、同じ学部・学科名でも学べる内容が異なる場合があります。必ず資料やホームページ、オープンキャンパスなどで授業内容をチェックしましょう。

大学を選ぶ8つのpoint

1. 何を学びたいか、学ぶべきか
2. 授業内容
3. 国立or公立or私立
4. 学費・奨学金制度
5. 自宅通学or自宅外通学
6. 大学の立地・周辺環境
7. 大学の施設・設備
8. 偏差値と入試科目

CASE 1 将来、就きたい職業ややりたいことが決まっている人→P83へ

CASE 2 好きな科目や興味・関心のあることから探す人→P84へ

みんながそろって偏差値の高い大学に行く必要はナシ！

明るい未来のために選択肢を増やすには、いい大学に入るべきというのは間違いありません。エリートコースを目指すなら、早慶以上の学歴が必要になるでしょう。しかし、やりたい仕事や目指すポジションが決まっている場合、よけいな努力をする必要はありません。やりたいことや学びたいことを優先して学部選びをしましょう！

CASE 1　将来、就きたい職業ややりたいことから探す

☆ 目指している職業と学部のつながりをチェック！

　大学は、将来の自分に役立つ知識や技能を学ぶ場でもあります。職業によっては学部と深いつながりがあり、その職業に就くためには特定の学部・学科に進学しなければなりません。例えば医師になりたい人は、医学部で学んだあと、国家試験に合格する必要があります。まずは、目指している職業に就くためのルートや、必須の資格・免許があるかを調べてみましょう。弁護士や公認会計士など、特定の学部に進学する必要はなくとも、進学したほうが就職に有利な職業もあります。

☆ 学部を問わない職業の場合は？

　一方、職業の中には、サービス業やマスコミなど、学部は特に問わないものもあります。その場合は、仕事の内容を調べて、どんな知識・技能が必要になるか、大学でどんなことを学んでおくとよいかを考え、学部を絞っていくといいでしょう。教師に相談したり、その職業に就いている人に接する機会があれば、意見をもらうと参考になります。

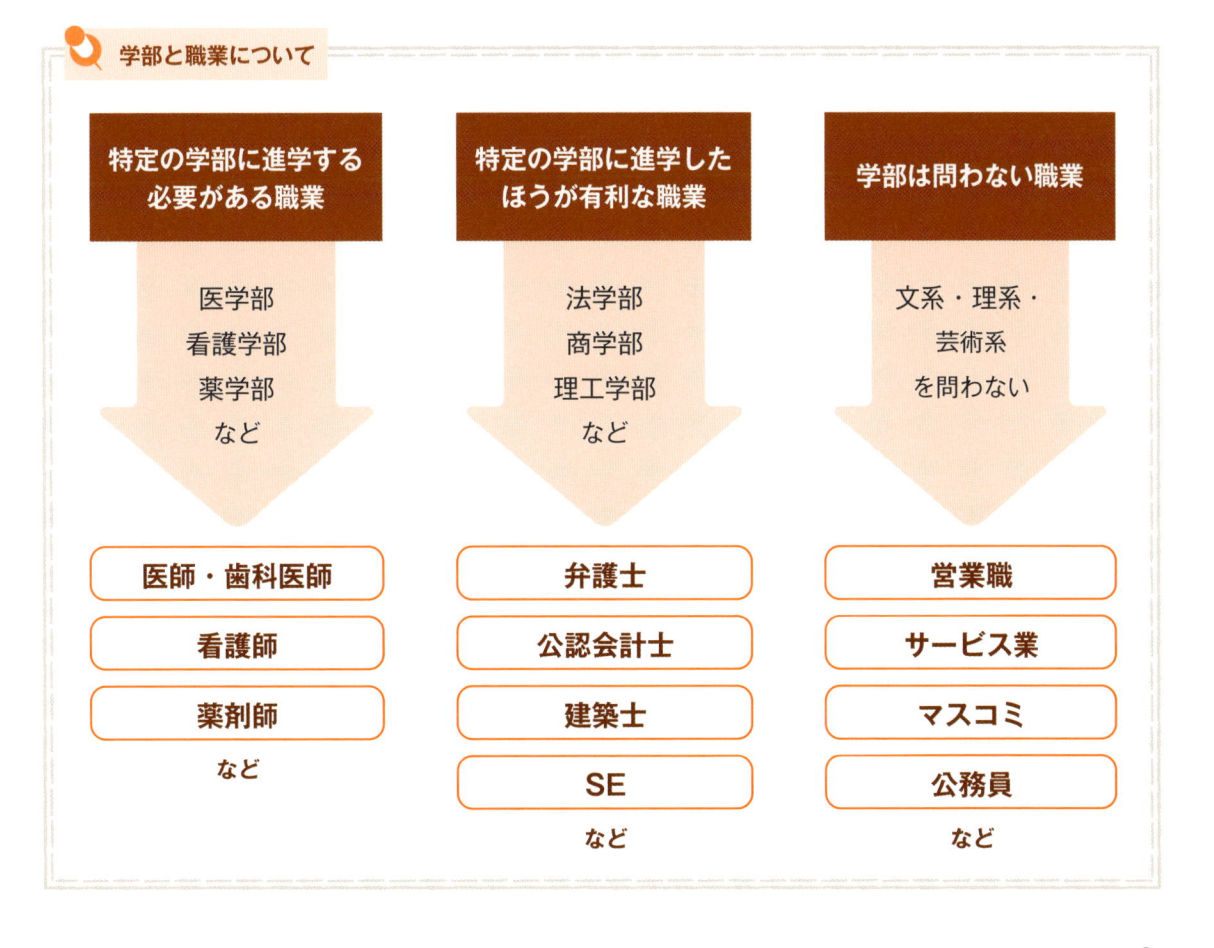

学部と職業について

特定の学部に進学する必要がある職業	特定の学部に進学したほうが有利な職業	学部は問わない職業
医学部 看護学部 薬学部 など	法学部 商学部 理工学部 など	文系・理系・芸術系 を問わない
医師・歯科医師 看護師 薬剤師 など	弁護士 公認会計士 建築士 SE など	営業職 サービス業 マスコミ 公務員 など

CASE 2　好きな科目や興味・関心のあることから探す

★ 自分自身に向き合って学部・学科を探そう

　将来、就きたい職業がまだ決まっていない人は、これまでの学校生活を振り返ってみてください。どんな科目が好きですか？　何をしている時が楽しいですか？　どんなことに興味や関心がありますか？　好きな科目などは、複数あってもかまいません。関連した学部や学科を一つずつ調べてみましょう。また、興味のある分野の職業を調べて、それに関連する学部や学科を見つけるのも一つの方法です。その場合は前ページの「職業ややりたいことから探す」も参考にしてください。

★ 科目は得手不得手よりも好きかどうかを重視

　科目については、現時点で得意か不得意かだけで選ぶのではなく、好きかどうか、興味や関心があるかがポイントになります。たとえ得意であっても興味や関心がゼロなら、大学で学んだことを将来につなげられず、まったく役に立たなくなる可能性があります。もしも好きな気持ちや興味があれば、授業に臨む姿勢や勉強の取り組み方がよくなり、困難なことがあっても乗り越えようとする力が湧くはず。そうすれば在学中に将来の夢も描きやすくなるでしょう。

好きな科目や興味・関心のあることと学部・学科をつなげる例

● 歴史が好き ⇒ 文学部歴史学科 など

● 小説が好き ⇒ 文学部 など

● 人の気持ちや心の動きに興味がある ⇒ 心理学部 など

● 英語が好きだから話せるようになりたい ⇒ 外国語学部、国際学部 など

● 車や飛行機など乗り物に興味がある ⇒ 工学部 など

● ファッションが好き ⇒ 家政学部（被服科、服飾科）など

● スポーツに関わることを学びたい ⇒ 体育学部、健康学部 など

専攻分野の知識を深く研究する大学院

University Selection 11

学生生活の延長とは考えず、大学院進学の目的を明確にしよう

現在、大学まで進学する人はこれまでと比較して大幅に増加しています。そのため、大卒イコール高学歴というイメージは薄くなり、より専門性を高めるために大学院を卒業してから就職を目指す人が増加傾向にあります。ただ、大学院は大学とは違う面も多々あるため、単純に学生生活の延長として大学院進学を希望することはおすすめできません。大学と大学院の違いを把握し、将来の夢に近づくためなどの目的に沿った選択をしましょう。

☆ 大学と大学院の違い

大学時代は学部における幅広い知識を学びますが、大学院ではより専門性の高い分野に的を絞って知識を深く掘り下げていく研究が中心となります。講義は大学と比較してゼミ形式で行われる割合が高くなり、研究テーマの発表や討論など、多くの知識と準備が必要となる場におかれます。知識力のほかにも個人の積極性やコミュニケーション能力が求められることになり、決して楽ではありません。しかし、少人数制のため教授から直に指導を受けることができるなど、意欲的に研究に取り組む人にとっては大変興味深く、恵まれた環境だといえるでしょう。したがって大学院は知名度や偏差値ではなく、自分の進みたい方向性に合うところを志望するのがベストです。

☆ 大学の修士課程・博士課程の違いについて

大学院には通常、修士課程と博士課程がおかれています。修士課程は一般に2年制となり、4年制大学を卒業すると授与される「学士」を得た者が入試を経て進みます。専攻分野における高い研究能力を培うことなどを目的とし、その2年間の課程を修了して論文審査と試験に合格すると「修士」号が得られます。さらに研究を続けて知識を深めたい場合は、博士課程に進みます。

博士課程は一般に3年制で、専攻分野の研究者として自立した研究活動を行う能力と学識を養うことなどを目的とし、その課程を修了して論文審査と試験に合格すると「博士」号が得られます。

政府関係の大型研究所などで研究者として仕事をしたり、大学・大学院で教官になるためにはこの「博士」号がほとんどの場合必要になります。ただ、民間企業への就職を希望する場合には、専門色が強い「博士」は振り幅が狭く雇用しづらいと考えられ、避けられる傾向にあるともいわれています。

一方、「博士」を中心に採用する企業も存在し、民間企業でも「修士」と「博士」は優遇措置を得られることもあるため一概に不利とは言えませんが、卒業後の進路選択の幅などを考慮して何をどこまで研究するのか慎重に決めましょう。

Chapter2 将来を見据えた学校の選び方 ★ 85

専門学校の特徴と学科や専攻について

Vocational school 12

専門学校の設置数は大学の約4倍！

専門学校は、専門課程を持つ専修学校のこと。入学資格は高校卒業者または同程度以上と定められています。
全国に設置されている専門学校の数は、大学の約4倍あります。
少人数制や学科の設置数が少ないなど、専門学校には小規模な学校が多いのも特徴です。
ここでは様々な学科や専攻のある専門学校について紹介します。

★ 大学と短大・専門学校の違いとは

授業内容や学費など、大学・短期大学と専門学校の違いはいろいろあります。高校卒業後、大学、短期大学、専門学校のいずれかに進学することで悩む人は少なくありませんが、それぞれの違いや特徴を知って、自分に合った進路を選ぶことが大切です。

大学・短大と専門学校の比較

	大学	短大	専門学校
目的・授業内容	実践より理論を重視。学問の研究を中心に行い、幅広い教育を身につける	幅広い教養を身につけながら、職業また実生活に役立つ能力を育む	実技や実習の授業が多く、各分野の即戦力となるスペシャリストを育成する
学校数	779校（国立86校、公立89校、私立604校）	346校（公立18校、私立328校）	2,814校
修業年数	4～6年	2～3年	1～4年
取得できる資格	高等学校教師、医師・歯科医師・薬剤師は受験資格など	小学校教師、中学校教師、図書館司書など（大学でも取得可能）	P89～98参照
卒業者に授与される学位・称号	学士（大学院の場合、博士、修士）	短期大学士	2、3年制は専門士 4年以上修業は高度専門士
卒業後に編入学・進学できる教育機関	大学院	大学	専門士は大学、高度専門士は大学院
学費（初年度納入金平均額）	国立：81万7,800円 私立（文系）：114万9,246円 （理系）：149万6,044円	私立：111万7,191円	121万8,000円

学校数は文部科学省「平成27年度学校基本調査（速報値）」より。学費は文部科学省「平成26年度学生納付金調査結果」「平成25年度入学者に係る学生納付金等調査結果」、公益社団法人東京都専修学校各種学校協会「平成26年度学生・生徒納付金調査」より。大学の学費の詳細はP73参照。

★ 高卒の17%が専門学校に進学している

文部科学省「平成27年度学校基本調査（速報値）」によると、専門学校の生徒数は約58万人。新規高校卒業者の進路状況を見ると、約17万人が専門学校に進学しています。また、大学や短大、高等専門学校の卒業後に資格取得を目指して入学する人や、大学や短大に通いながら勉強している人、社会に出て働きながら学んでいる人もいます。

★ 専門学校は2年制がもっとも多い

専門学校の修業年限は1年制から4年制まで様々ありますが、2年制がもっとも多く、全体の約半数を占めています。看護などの医療分野や福祉系などでは、国家資格の取得を目指すために3年制が主流です。一方、短期で資格を取得できる調理師や医療秘書などの学科は1年制に多く設置されています。

また、1～3年制を終了したあと、さらに高レベルなコースを設置している専門学校もあります。

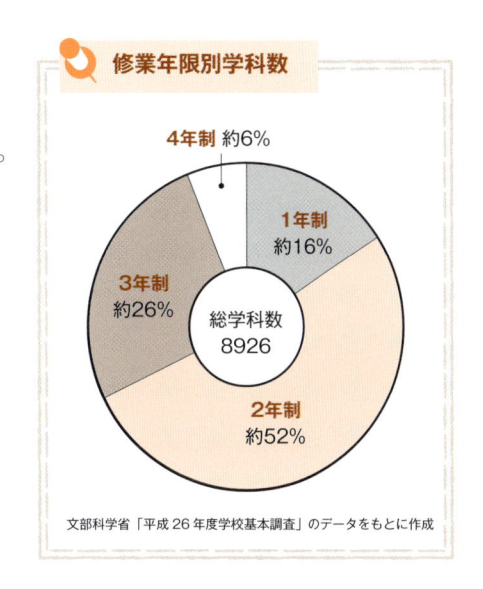

修業年限別学科数
- 4年制 約6%
- 1年制 約16%
- 3年制 約26%
- 2年制 約52%
- 総学科数 8926

文部科学省「平成26年度学校基本調査」のデータをもとに作成

★ 認可校と無認可校の違い

専門学校の設置には都道府県知事の認可が必要です。様々な基準をクリアして認可を受けた専門学校を「認可校」、認可を受けていない教育施設を「無認可校」といいます。

無認可校には授業時間数など法的な規制がないため、独自のスタイルでユニークな教育を行うことも可能。そのため、あえて認可申請をしていない学校もあるようです。ただし、無認可校を卒業しても公的には学歴として認められず、学割など認可校の学生に与えられる様々な特典を受けられません。学校選びの際には、認可校なのか無認可校なのかをきちんと確認し、納得したうえで決めましょう。

● 認可校の特典
- ☐ 交通機関などの学割が適用される
- ☐ 公的な奨学金や教育ローンを利用できる
- ☐ 申請によって国民年金保険料の納付猶予を認められる
- ☐ 勤労による所得があり、一定の条件を満たしている場合は、勤労学生控除を受けられる
- ☐ 専門学校卒業の学歴が認められる　　　など

★ 自分に合った専門学校の選び方

数多くある専門学校から志望校を選ぶ際、カギとなるのは情報収集です。まずは専門学校のパンフレットやホームページをチェックしましょう。学校にもよりますが、設置されている学科や目指せる資格、就職率などが掲載されています。また、定期的にオープンキャンパスや体験授業を開催している学校も多くあります。積極的に参加して、気になることはどんどん質問してみましょう。

● 学校選びのポイント

① 認可校・無認可校
その学校が認可校か無認可校かは、学歴や金銭面にも影響します。「〇〇〇〇専門学校」と学校名に「専門学校」がついていれば認可校。しかし認可校でも名前に「専門学校」をつけていない学校もあるため、わからない時は確認をしましょう。

② 授業内容
同じ学科名でも、学校によって授業内容は異なります。カリキュラムの内容や実習時間の割合、将来の職業に役立つ資格を取得できるか、資格取得のサポート体制もチェック。講師陣の略歴は、授業の質を判断する参考になります。

③ 施設・設備
教室の数や広さ、実習で使う機材やパソコンの数が学生の人数に対して十分用意されているかどうかは非常に重要です。機材があまりに古いと、就職した際、学んだことが役に立たないおそれがあるため注意しましょう。

④ 学校の雰囲気
実際に足を運び、パンフレットなどからは伝えきれない雰囲気を体感しましょう。自分に合った学校かどうか、在校生の姿も判断材料の一つに。オープンキャンパスだけでなく、可能なら平日の授業も見学すると、普段の様子がわかります。

⑤ 就職指導
入学から卒業までの就職指導のスケジュール、就職のためのカリキュラムの有無、就職担当スタッフの人数などを確認。就職率と就職先企業、専門分野に就職した人の割合もチェックしましょう。データの年度確認も忘れずに。

⑥ 学費
学費は学校や学科によって様々です。教材費、実習費、資格試験の受験料など、授業料以外にもいくらかかるか。卒業までに必要な総額と、それに見合った教育内容かどうかを確認しましょう。公的な奨学金制度（P73参照）や学校独自の制度もチェック。

● **専門学校の教育内容別学科紹介**

専門学校の学科は、教育内容によって①工業分野、②農業分野、③医療分野、④衛生分野、⑤教育・社会福祉分野、⑥商業実務分野、⑦服飾・家政分野、⑧文化・教養分野の8つの分野に分けられています。ここでは各分野の主な学科と、専門学校卒業後に目指せる職業の一例を紹介します。

まだ将来就きたい職業がはっきり決まっていない人も、専門学校を選ぶ際には、どんな分野の勉強をしたいか、何を学びたいかをじっくりと考えてみましょう。

また、卒業と同時に取得できる国家資格・国家試験の受験資格もチェックしましょう。なお卒業後、一定の実務経験を経たあとに取得できる国家資格や国家試験の受験資格もあります。

1 工業分野

近年、めざましく発展しているコンピューター・IT関連、ゲームなどから、機械・自動車・電気・建築・土木など日本の基幹産業まで、学科の種類は様々です。モノづくりの現場で活躍できる知識と技術を併せ持ったスペシャリストを育成します。

● **卒業と同時に取得できる国家資格・国家試験の受験資格**

資格／測量士補、第2種電気工事士など
受験資格／建築士（2級・木造）、自動車整備士（1・2級）、航空整備士（2等）、消防設備士（甲種）、危険物取扱者（甲種）、技能検定（2級）など

コンピューター・IT

情報処理科、システムエンジニア科、Webシステム科、ITネットワーク科、組込みシステム科など

↓ 卒業後

- ◆ プログラマー
- ◆ システムエンジニア
- ◆ ネットワークエンジニア
- ◆ カスタマーエンジニア　など

ゲーム・CG・Web

ゲームクリエイター科、コンピューターグラフィックス科、Webデザイン科、モバイル・アプリケーション科など

↓ 卒業後

- ◆ ゲームクリエイター
- ◆ Webデザイナー
- ◆ CGデザイナー
- ◆ サウンドクリエイター　など

電気・電子・通信

電気工学科、電気工事科、電子工学科、音響技術科、放送技術科など

卒業後

- 電気工事士
- 音響技術士
- 電気・電子技術者
- 通信技術者　など

メカ・自動車整備

自動車整備科、自動車デザイン科、機械学科、航空整備科、電子機械科、ロボット科、CAD設計科など

卒業後

- 自動車整備士
- メカニカルエンジニア
- セールスエンジニア
- 航空整備士
- CADオペレーター　など

建築・土木・インテリア

建築科、建築設計科、建築工学科、土木科、土木建築科、測量科、インテリアデザイナー科など

卒業後

- 建築士
- 測量士
- 土木施工管理技士
- 建築整備士
- インテリアプランナー　など

2 農業分野

農業分野は、人々の食生活を支える「農業」、人々の生活に役立つ「バイオ技術」、人々の暮らしに潤いを与える「園芸」の3つに分けられます。なかでも近年は驚異的な進歩を続けているバイオ技術の学科やフラワー産業関連の学科が充実しています。

農業

農学科、畜産学科、林業学科、水田経営科、果樹経営科、酪農経営科など

卒業後

- 農業経営者
- 農場スタッフ
- 農協職員
- 酪農家
- 林業技士　など

環境・バイオ

バイオテクノロジー科、自然環境学科、野生動物保護専攻科など

↓ 卒業後

- バイオ技術者
- 食品衛生指導員
- 環境コンサルタント
- ビオトープ管理士　など

園芸・フラワー

園芸学科、フラワービジネス科、フラワーデザイン科、造園環境学科、造園デザイン科など

↓ 卒業後

- 樹木医　　・造園施工管理技士
- ガーデンデザイナー　・園芸技術者
- フラワーコーディネーター
- フラワーショップスタッフ
- 園芸福祉士　など

3 医療分野

医療分野の専門学校では、医師と歯科医師を除く、様々な医療スタッフの養成が行われています。医療関係の仕事は、資格が必須となるものがほとんどです。そのため大半の学科において、卒業時に国家資格の受験資格が得られるカリキュラムが組まれています。

● **卒業と同時に取得できる国家資格・国家試験の受験資格**

受験資格／准看護師、看護師、保健師・助産師（看護師もしくは看護師受験資格を有する者）、診療放射線技師、臨床検査技師、理学療法士、作業療法士、視能訓練士、歯科衛生士、歯科技工士、義肢装具士、臨床工学技士、はり師・きゅう師・あん摩マッサージ指圧師、柔道整復師、言語聴覚士、救急救命士など

看護

看護学科、助産学科、救急救命学科など

↓ 卒業後

- 看護師　・助産師　・保健師
- 救急救命士

Chapter2　将来を見据えた学校の選び方　★　91

医療事務・医療秘書

医療事務科、医療秘書科、医療ビジネス科、薬業科、調剤事務科など

↓ 卒業後

- ◆ 医療事務スタッフ　◆ 医療秘書
- ◆ 診療情報管理士
- ◆ 登録販売者　など

リハビリテーション系

理学療法学科、作業療法学科、言語聴覚療法学科、視能訓練学科、義肢装具学科など

↓ 卒業後

- ◆ 理学療法士　◆ 作業療法士
- ◆ 言語聴覚士　◆ 視能訓練士
- ◆ 義肢装具士　など

医学技術系

診療放射線学科、臨床検査学科、臨床工学科など

↓ 卒業後

- ◆ 診療放射線技師　◆ 臨床検査技師
- ◆ 臨床工学技士　など

歯科技工・歯科衛生

歯科技工士学科、歯科衛生士学科など

↓ 卒業後

- ◆ 歯科技工士　◆ 歯科衛生士

はり・きゅう・あんま・柔道整復

鍼灸学科、鍼灸あんま科、指圧科、柔道整復科など

↓ 卒業後

- ◆ はり師
- ◆ あん摩マッサージ指圧師
- ◆ 柔道整復師

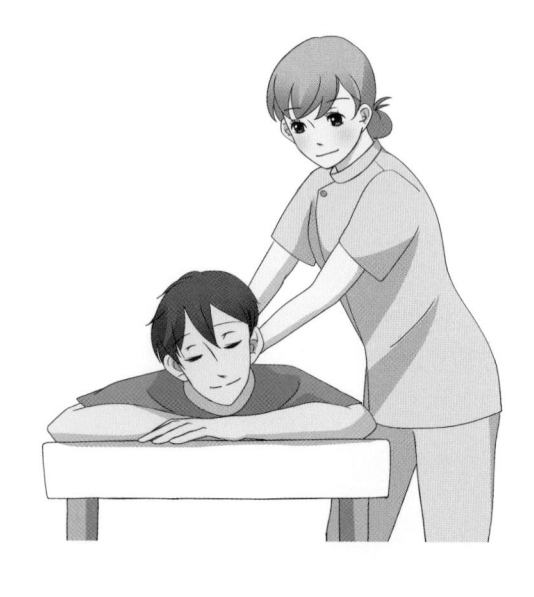

4 衛生分野

衛生分野は、食に関わる「栄養・調理・製菓」と、美について学ぶ「美容・理容」の2つに大きく分けられます。実技・実習の授業で基礎を固めて手に職をつけられるのは、専門学校ならではのことです。将来的に独立開業を目指す人も多く、経営者育成にも力を注いでいます。

● **卒業と同時に取得できる国家資格・国家試験の受験資格**

資格／栄養士、調理師
受験資格／製菓衛生師、理容師、美容師など

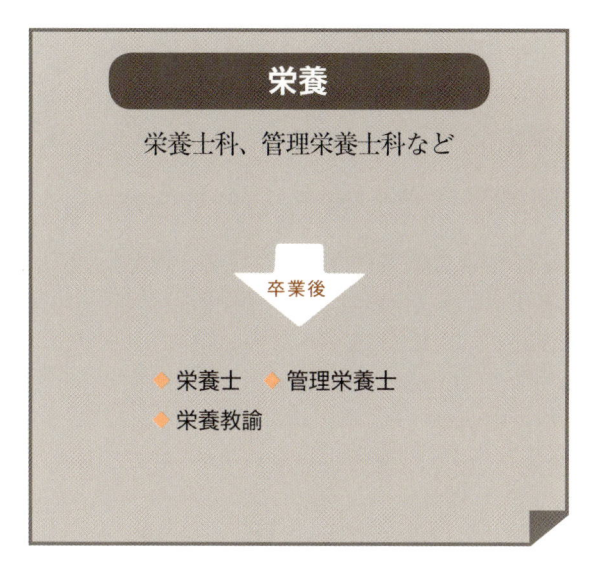

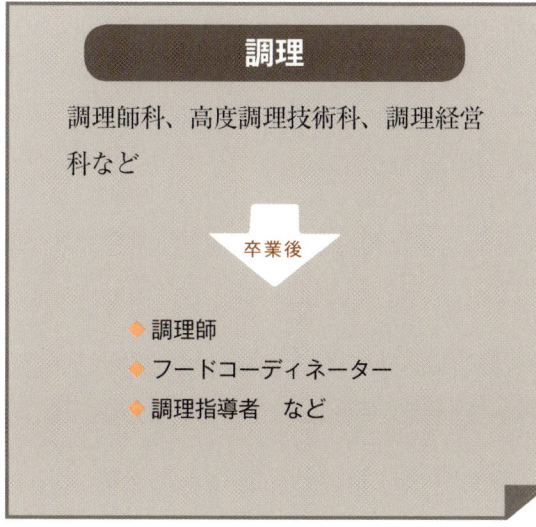

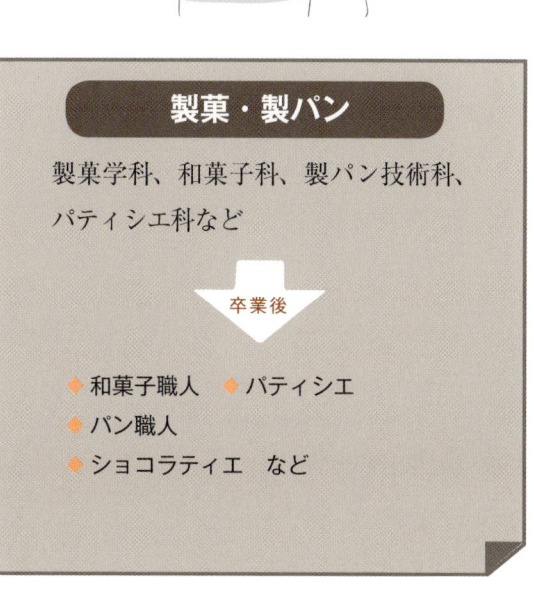

栄養

栄養士科、管理栄養士科など

↓ 卒業後

- 栄養士
- 管理栄養士
- 栄養教諭

調理

調理師科、高度調理技術科、調理経営科など

↓ 卒業後

- 調理師
- フードコーディネーター
- 調理指導者　など

製菓・製パン

製菓学科、和菓子科、製パン技術科、パティシエ科など

↓ 卒業後

- 和菓子職人
- パティシエ
- パン職人
- ショコラティエ　など

美容・理容

美容科、ビューティー科、理容科、ヘアメイクアーティスト科など

▼ 卒業後

- 美容師
- 理容師　など

メイク・エステ・ネイル

エステ科、ネイル科、メイクアップアーティスト科、トータルビューティー科など

▼ 卒業後

- メイクアップアーティスト
- エステティシャン
- ネイリスト　など

5 教育・社会福祉分野

子どもの教育に関わる幼稚園教諭や保育士、高齢者や身体障害者の日常の世話をする介護福祉士などを養成する学科がそろいます。現在の日本では、子育てや介護・福祉関連の施設が増加傾向にあります。そのため教育・福祉関連のスペシャリストが多く求められています。

● **卒業と同時に取得できる国家資格・国家試験の受験資格**
資格／保育士、幼稚園教諭2種、介護福祉士（※平成28年度から養成施設において必要な知識及び技能を取得した者も国家試験の受験が必要）など

幼児教育・保育

幼稚園教諭養成科、幼児保育科、保育科、保育士養成科、こども学科など

▼ 卒業後

- 幼稚園教諭　保育士
- 児童福祉施設指導員
- 学童保育指導員
- ベビーシッター　など

福祉

介護福祉科、社会福祉科、児童福祉科、精神保健福祉科など

▼ 卒業後

- 介護福祉士
- 社会福祉士（ソーシャルワーカー）
- 精神保健福祉士
- ホームヘルパー　など

6 商業実務分野

経理や簿記はもちろん、企画・商品開発・販売・サービスなど、多彩な学科・カリキュラムが充実。様々なビジネス分野で即戦力となって活躍できるプロフェッショナルを養成します。経理専門スタッフのほか税理士、ホテルマンやキャビンアテンダントなどを目指す人も多くいます。

● **卒業と同時に取得できる国家資格・国家試験の受験資格**

受験資格／社会保険労務士、税理士など

旅行・ホテル

旅行学科、国際観光学科、観光ビジネス科、トラベルビジネス科、ホテル学科など

▼ 卒業後

- 旅行代理店スタッフ
- ホテルマン
- ツアーコンダクター　など

交通・運輸

鉄道学科、エアポート学科、国際エアライン科、エアライン科、フライトアテンダント科など

▼ 卒業後

- キャビンアテンダント
- 空港スタッフ　● 鉄道スタッフ
- 新幹線パーサー　など

経理・簿記・経営

税理士学科、会計士学科、簿記学科、経営ビジネス科など

▼ 卒業後

- 税理士　● 公認会計士
- 経理スタッフ
- 経営コンサルタント　など

貿易・販売・ビジネス

貿易ビジネス科、ショップビジネス科、販売員科、ブライダル科、ビジネス学科、国際ビジネス学科など

▼ 卒業後

- 貿易事務　● 通関士　● 販売スタッフ
- 経営・企画スタッフ
- ブライダルコーディネーター　など

7 服飾・家政分野

デザイナーをはじめ、服を作る人々や、ファッションビジネスに携わる人々など、ファッション業界で活躍する人材は様々です。専門学校の学科も多岐にわたり、デザインなどの基礎知識や技術、コーディネート、ディスプレイ、販売戦略などを学べます。

ファッションデザイン

服飾科、洋裁科、ファッションデザイン科、ファッションテクニカル科、ファッションクリエーター科など

卒業後

- デザイナー
- パタンナー
- ソーイングスタッフ　など

ファッションビジネス

ファッションビジネス科、ファッションサービス科、スタイリスト科、コーディネーター科、ファッションモデル科など

卒業後

- スタイリスト
- バイヤー
- ファッションアドバイザー
- カラーコーディネーター
- ファッションモデル　など

きもの

和裁科、きもの科、きもの芸術科、きもの技術科、きものファッション科など

卒業後

- きものデザイナー
- 和裁士
- 着付師
- 着付教室講師
- きものコンサルタント　など

8 文化・教養分野

エンターテインメント、スポーツ、芸術、ペットから、法律、語学などまで、多種多彩なジャンルの学科があります。マスコミで働きたい人、アーティスト志望の人、通訳や司法書士などの専門職を目指す人などが関連する学科で学び、感性を磨いたり知識や技術を身につけたりします。

● **卒業と同時に取得できる国家資格・国家試験の受験資格**
受験資格／学芸員など

デザイン

グラフィックデザイン科、ビジュアルデザイン科、プロダクトデザイン科、インテリアデザイン科、ジュエリーデザイン科など

↓ 卒業後

- グラフィックデザイナー
- プロダクトデザイナー
- ジュエリーデザイナー　など

写真・美術・マンガ

写真学科、報道写真科、広告写真科、絵画科、マンガ科、アニメーション科、イラスト科、書道科など

↓ 卒業後

- カメラマン
- 画家・造形作家　　◆漫画家
- イラストレーター　など

出版・広告

マスコミ編集科、マスコミ広報科、ジャーナリスト科、DTPデザイン科など

↓ 卒業後

- 編集者
- ジャーナリスト　◆ライター
- コピーライター
- DTPオペレーター　など

映像系

映画学科、放送学科、音響科、照明クリエイティブ科、アニメーション科など

↓ 卒業後

- プロデューサー　◆映像ディレクター
- 映画監督　◆映像カメラマン
- 照明・音響スタッフ
- アニメーター　など

音楽・演劇・声優

音楽学科、ミュージシャン科、ヴォーカル科、ダンスパフォーマンス科、演劇科、声優科、コンサート・イベント科など

卒業後

- ミュージシャン　◆作曲家
- コンサート・イベントスタッフ
- ダンサー　◆俳優　◆声優　など

スポーツ

スポーツ学科、スポーツインストラクター科、スポーツトレーナー科、スポーツビジネス科など

卒業後

- インストラクター　◆トレーナー
- スポーツ指導者　など

動物・ペット

ペット科、ペット美容学科、動物看護学科、動物調教・飼育学科、動物管理学科など

卒業後

- トリマー
- ペットショップスタッフ
- 飼育スタッフ　◆動物看護師
- 犬の訓練士　など

法律・公務員

法律行政科、法律ビジネス科、公務員学科、警察官・消防官学科など

卒業後

- 司法書士　◆行政書士
- 国家公務員　◆地方公務員
- 宅地建物取引士　など

語学・通訳・国際

英語科、観光英語科、外国語学科、通訳ガイド科、通訳翻訳科、国際コミュニケーション科など

卒業後

- 通訳者　◆翻訳者
- 語学教師　◆英文速記者
- 外資系ビジネススタッフ　など

Double School 13 ダブルスクールと併修制度について

学習意欲の高い学生が増えている

ダブルスクールとは、大学生や短大生、専門学校生などが異なる2つの教育機関で学び、卒業を目指すこと。主に大学・短大生が昼間に大学や短大に通い、夜間などに専門学校で学ぶことを指します。近年、併修（ダブルスクール）制度を導入している専門学校が増加しており、大学、短大、専門学校を問わず、将来を見据えて意欲的に学んでいる学生が増えています。

★ 大学生のダブルスクールの目的は

ダブルスクールで学んでいる大学生の目的として多く挙げられるのは、「難関の資格を取得したい」「○△を専門的に深く学びたい」「手に職をつけたい」など。専門学校では授業時間の約8割を占めるほど実技や実習の時間が多く、就職指導に力を入れています。また、資格取得のサポートも熱心に行っています。特に国家公務員や公認会計士などは、大学生が独自に勉強して取得するのは難関な資格といえるでしょう。大学の中でも臨時講座などを開いてサポートしている学校はありますが、専門学校で学んで資格取得を目指している大学生が増えています。

★ 併修制度とは

併修制度とは、専門学校に入学すると同時に大学や短大の通信課程に籍を置いて受講し、2つの卒業資格を同時に取得できる仕組みのこと。併修制度を利用する学生には、入学金免除、授業料減免など、学費を支援するシステムを設けている専門学校も多くあります。

● 併修制度のメリット

☐ 専門的な知識・技能と同時に幅広い一般教養も身につけられる
☐ 就職の条件が「短大以上」または「大卒以上」の企業にも応募できる
☐ 就職活動の際、学習意欲や向上心が高いという印象を与えられる
☐ 「大学卒」「短大卒」が条件の資格試験を受けられる
☐ 2つの学校に通うことによって苦労もあるが、その分、視野が広がり自信もつく　　など

Drivers license 14 自動車運転免許を取得するには？

18歳になったらまずは取得したい自動車運転免許

18歳になると、普通自動車運転免許の受験資格を得られます。
自動車を運転できれば、ビジネスの場ではもちろんのこと、車で旅行に出掛けたり、国内や海外でもドライブしたりと、日常生活でも使え、楽しみがますます広がるでしょう。自動車運転免許の種類とともに、国際運転免許証（国外運転免許証）の取り方について紹介します。

★ 年齢によって取得できる運転免許の種類はいろいろ

運転免許には、第一種運転免許、第二種運転免許があり、それぞれ取得できる年齢や必要な経歴が異なります。

第一種運転免許は、取得している人がもっとも多い免許です。普通自動車のほか中型自動車、大型自動車など、車種によってさらに種類が分かれています。第二種運転免許は、タクシーやバスなど、旅客を乗せて運転する場合に必須なものです。将来、タクシーやバスの運転手になりたい人は、必ず取得しなければなりません。第一種運転免許を取得して3年以上の経歴が必要です。

運転免許の種類別受験資格

	運転免許の種類	取得できる年齢	補足事項
第一種免許	普通自動二輪車免許 原動機付自転車免許 小型特殊自動車免許	16歳以上	―
	普通自動車免許 大型特殊自動車免許 けん引免許 大型自動二輪車免許	18歳以上	けん引免許は、大型、中型、普通、大型特殊、大型二種、中型二種、普通二種、大型特殊二種のいずれかの免許を受けていること
	中型自動車免許	20歳以上	普通、大型特殊のいずれかの免許を受けてから2年以上の経歴が必要
	大型自動車免許	21歳以上	中型、普通、大型特殊のいずれかの免許を受けてから3年以上の経歴が必要
第二種免許	普通自動車第二種免許 中型自動車第二種免許 大型自動車第二種免許 大型特殊自動車第二種免許 けん引第二種免許	21歳以上	大型、中型、普通、大型特殊のいずれかの免許を受けてから3年以上の経歴が必要。または他の二種免許が必要

「警視庁運転免許試験のご案内」をもとに作成

★ 国際免許証を取得して海外でドライブを

海外旅行に出かけると、爽快にドライブしたくなるような風景を目にすることもあるでしょう。そこで「レンタカーを借りてドライブしよう！」と思い立っても、誰もが運転できるわけではありません。海外で自動車を運転する時は、基本的に国際運転免許証が必要になります。

日本で発行される国際運転免許証の正式名称は「国外運転免許証」。運転免許を持っていれば、簡単な手続きですぐに取得できます。国際運転免許証は、アメリカやイギリスをはじめとするジュネーブ条約加盟国で有効です。また、非加盟国でも短期旅行者に対しては有効とする国があり、国や州の法律によっては国際免許証不要という国もあります。事前に渡航する国の大使館などで確認しましょう。

国外運転免許証を取得するには

申請期間	運転免許証の有効期限内
受付場所	● 運転免許試験場 ● 運転免許更新センター ● 指定警察署
必要なもの	● 運転免許証 ● 写真1枚（縦5cm×横4cm） ● パスポートなど渡航を証明する書類 ● （所持している人のみ）古い国外運転免許証
手数料	2,400円（都道府県によって異なる）
その他	海外渡航中に運転免許の有効期間が終わる人は、期間前更新の手続きを
返納について	● 有効期間が満了した国外運転免許証は、近くの運転免許試験場または警察署に返納する ● 運転免許試験場に郵送してもOK
有効期限	1年間

★ 外国でも"安全第一！"を忘れずに

日本は左側通行ですが、海外では右側通行の国が多くあります。また、国によって標識や交通ルールが異なったり、交通状況も様々です。事前にガイドブックなどで調べたり、渡航する国の大使館などで確認しておきましょう。

しかし、ルールに違いはあっても、マナーは万国共通です。クラクションを多用する、むやみに前方の車をあおるなどの行為はしないこと。トラブルの元になり、せっかくの海外旅行が台無しになってしまうかもしれません。特に広々としたハイウェイなどでは開放的な気分になりがちですが、常に安全運転を心がけ、気持ちよくドライブを楽しみましょう。

column 3 子どもと大人の境界線！成人式について

毎年1月の第2月曜日に、振り袖姿の女性を多く見かけませんか？ それは日本の全国各地で成人式が行われているためです。現代の成人式は、懐かしい友だちと再会できるお楽しみのイベントの一つ。ここでは成人式の装いや由来について紹介します。

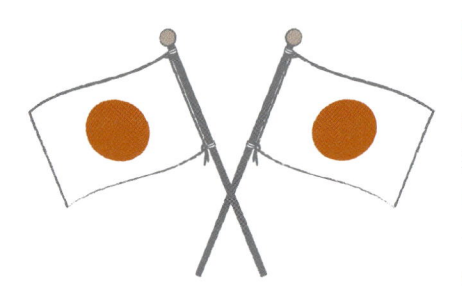

成人式の発祥地は埼玉県蕨市

成人式は、毎年1月の「成人の日」に各自治体で主に行われる儀式のことです。今や国民の祝日として定着していますが、成人式の歴史はさほど古くありません。日本で最初の成人式とされているのは、埼玉県蕨市で実施された「成年式」。第二次世界大戦が終わって間もない1946（昭和21）年11月22日のことです。

敗戦後の厳しい社会情勢が続く中、多くの日本人は戦争の傷跡に苦しめられていました。そんな折、当時の蕨町青年団が第一回青年祭を企画。その最初のプログラムとして、20歳を迎えた若者たちを招いて「成年式」を開催しました。これからの日本を背負っていく若者たちが自覚と明るい希望を持てるようにと励まし、若者たちの前途を祝したのだそうです。蕨市では現在も「成人式」ではなく「成年式」と呼ばれています。

1948年、「成人の日」が国民の祝日に

蕨市で開催された成年式が話題となり、全国的に高い評価を得ました。それによって1948（昭和23）年7月に制定された「国民の祝日に関する法律」で、1月15日が「成人の日」と定められたのです。「おとなになったことを自覚し、みずから生き抜こうとする青年を祝いはげます」というのが、成人の日の趣旨。日付は江戸時代以前、男子が成人したことを示す儀式、元服が1月15日に行われていたことに由来するといわれています。

それから50年余りの間、成人式は1月15日に行われていました。その後、祝日法の改正によって2000年にハッピーマンデー法が制定され、成人の日は1月の第2月曜日に。連休中に成人式が開催されるようになり、故郷から離れて暮らしている人も帰省しやすくなりました。学生であっても大人になったことを自覚するために、また懐かしい友だちと楽しい一時を過ごすためにも、成人式にはぜひ参加したいものです。

成人式の催しと装いのポイント

成人式では式典のほか、記念撮影、講演会、コンサート、ビデオ上映会、恩師を囲む会など、各自治体によって様々な催しが行われています。男性の場合、羽織袴を着て出席する人もいますが、大半はスーツ。この機会にスーツを初めて購入する人も多いようです。

女性の場合は、振袖を着る人がほとんど。振袖は江戸時代に誕生したといわれますが、袖を振る方向によって、男性に好き・嫌いの意思表示をしていたとか。また、袖を振る仕草が厄払い・清めに通じていたといいます。そのことから人生の門出に清めるという意味を持ち、ハレの日にふさわしい装いとされています。

男性側ラベル： スーツ／ワイシャツ／ネクタイ／ベルト／靴

女性側ラベル： 振袖表地／半襟／重ね衿／帯揚げ／帯締め／袋帯／草履

スーツの色柄は好みですが、サイズに注意。肩幅が合っているものを選びましょう。袖の長さは、ワイシャツが1cm程度見えるくらいに。靴とベルトは色と素材を合わせるのがおすすめです。

振袖の柄は、正統派のイメージの牡丹や桜の古典柄と、ハートや薔薇の柄を用いた華やかなモダン柄があります。自分の好みもありますが、どの柄が自分に映えるのか、実際に羽織ってから決めるといいでしょう。

Job Hunting 15 就職活動 憧れの職業と目指す職種を絞ろう！

業界よりも職種が大切

就職活動は「自分がどの企業でどんな職種に就きたいのか？」が明確になっていることが大事です。人気業界であるよりも、自分がどの業務に適しているかを見極めます。就活のスタートで出遅れないためにも、各職種のカテゴリーと自分との適性を比較検討しておきましょう。

★ まずは学生たちの人気企業ランキングをチェックしよう！

文系 BEST 5　男女ともに、金融・保険関連企業の人気が高いのが特徴！

男子 企業	順位	企業 女子
日本生命保険	1	東京海上日動火災保険
東京海上日動火災保険	2	三菱UFJ信託銀行
三菱UFJ信託銀行	3	みずほフィナンシャルグループ
三菱東京UFJ銀行	4	三菱東京UFJ銀行
みずほフィナンシャルグループ	5	三井住友銀行

出典：「日経就職ナビ　2015年調査」

男女ともに、「金融・保険」関連企業に人気が集中。ここ数年の不況の影響で、手堅い業界への支持が高まったと考えられます。かつては人気だった「通信・IT・出版・マスコミ」関連は、30位以下という結果でした。

理系 BEST 5　男女で人気の傾向が異なり、幅広い業界がランクイン

男子 企業	順位	企業 女子
東日本旅客鉄道	1	東京海上日動火災保険
東海旅客鉄道	2	資生堂
東京海上日動火災保険	3	サントリーグループ
住友生命保険	4	パナソニック
ダイキン工業	5	損害保険ジャパン日本興亜

出典：「日経就職ナビ　2015年調査」

理系は男女での共通点が少なく、ベスト5の人気企業に「運輸・旅客」「保険」「電機」「食品」「美容」などバラエティに富んでいるのが特徴。理系学生を多く採用する企業の傾向は続いており、理系学生の就職先の選択肢は依然、広がっています。

★ 職種のカテゴリーを知って、自分が就きたい仕事を絞ろう！

就職先選びでのポイントは人気の企業であるかどうかよりも、社内での業務が自分に合っているかどうかが大事です。その意味でも「業界」選びではなく、「職種」に目を向けて、どんな仕事があり、自分に向いているのかなど、いろいろな角度から検討してみましょう。

「職種」のカテゴリー

事務 系
企業運営でなくてはならない全般業務
社員の給与・福利厚生・採用・売上・経費の管理など会社経営が円滑に行われるための業務全般を担います。具体的には、総務、経理、秘書、受付、宣伝、広報、人事など。

必要な能力　正確性、分析力、緻密さ

就活生の声　「広報の仕事が希望です。愛社精神が大事なので自分と相性の良い会社を絞り込んでいる最中です」（A大学・文学部4年）

営業 系
顧客と交渉しモノを売り、アフターサービスも担当
会社で生産した商品や仕入れた商品、サービスを顧客に売ったり、交渉、アフターフォローするのが営業の仕事。具体的には個人及び法人向け営業（得意先・新規開拓）。

必要な能力　実行力、予測力、交渉力

就活生の声　「トップセールスマンになるのが夢。数字で結果が出るシビアな仕事ですが、やりがいがあります」（M大学・経営学部・3年）

コンピューターシステム 系
コンピューターのシステム開発からデータ管理まで
社内外のコンピューターシステムの開発からメンテナンスを行うのが主な仕事。企業の内部情報や個人情報の管理も担います。具体的には、システムエンジニア、プログラマー。

必要な能力　分析力、緻密さ、予測力

就活生の声　「システムエンジニアになって新規事業に携わりたい。このスキルがあれば将来安泰だと思います」（K大学・理工学部4年）

企画・マーケティング 系
情報収集をしながら、販売戦略を考える
市場調査をして商品の販売戦略や流通経路を考え、新たな商品、サービスを作るのが仕事。具体的には、調査マーケティング、販売促進、商品企画など。

必要な能力　分析力、予測力、企画力

就活生の声　「時代の流れを読んでヒット商品を作りたい。できればアパレル世界で活躍したいです」（S女子大・経営学部）

クリエイティブ 系
雑誌やWeb、番組を企画制作から進行まで行う
広告、雑誌、Web、テレビなどで企画制作、編集業務を行う。スケジュールや予算を管理し現場でディレクションする。具体的には、ディレクター、編集、デザイナー、ライター。

必要な能力　発想力、予測力、企画力

就活生の声　「時代の流れを読んでヒット作品を作りたい。できればＴＶ業界で活躍したいです」（S女子大・文学部4年）

生産・品質管理 系
生産、製品の生産ライン、品質管理が主な仕事
メーカーの製品を生産するために、製品の生産から工程スケジュール、品質管理、出荷までを円滑に行うのが仕事。具体的には、生産・品質管理・製造・メンテナンス。

必要な能力　緻密さ、探求心、マネジメント力

就活生の声　「自動車メーカーの製造に関わりたいと思っているのでOB訪問で企業を絞る予定です」（N大・工学部4年）

金融・資産・運用 系
法人・個人の資産運用や管理をサポートする
銀行や保険、証券、リースなどでお金を動かすのが仕事。法人・個人の資産運用や管理をサポートします。具体的には資産運用、トレーダー、ディーラー、証券アナリスト。

必要な能力　予測力、分析力、交渉力、判断力

就活生の声　「将来はトレーダーを目指しています。そのためにもまずは証券会社に就職を考えています」（W大・経済学部4年）

飲食・サービス 系
飲食や娯楽、福祉の分野で顧客にサービスする
お客様とコミュニケーションをとりながら、商品やサービス、情報を提供するのが仕事。具体的にはスーパーバイザー、マーチャンダイザー、バイヤー、店長、販売スタッフ。

必要な能力　コミュニケーション力、分析力、予測力、柔軟さ

就活生の声　「流行を左右するバイヤーやマーチャンダイザーになるために海外ブランドに就職を目指しています」（J大・経営学部4年）

研究・開発 系
製品の技術開発、設計など産業の心臓部を担う
新製品の開発や改良のために研究を行い、企業の発展や人々の生活、健康などを豊かにしていく仕事。具体的には、技術開発、応用研究、製造技術の開発、機械・電子機器の設計。

必要な能力　発想力、応用力、分析力、判断力

就活生の声　「日進月歩の電子機器の開発に興味があります。大学で学んだことを仕事に活かしていきたいです」（K大・理工学部4年）

設計・建築 系
製品の開発や改良を様々な技術を駆使して行う
建築の依頼に沿って設計の図面を書いたり、現場で工事が予定通りにいくように監理するのが仕事。具体的には、一級建築士、現場監督のほか、意匠、設備など専門分野もある。

必要な能力　マネジメント力、柔軟さ、緻密さ

就活生の声　「自分が設計したビルを建てるのが夢です。まずは大手建設会社への就職を目指して経験を積みたいです」（N大・工学部4年）

Questionnaire 16

働く大人100人に聞きました！

過去と現在の「職業アンケート」

15歳の時になりたかった職業と今の職業が同じ人、違う人

15歳の時になりたかった職業に、実際に就いている人はどれくらいいるのでしょうか。
編集部では、働いている大人100人にアンケートを実施し、15歳の時になりたかった職業と現在の職業が同じなのか違うのか、生まれ変わったらまた今の職業に就きたいか、などをお聞きしました。
リアルなアンケート結果からあなたの将来を導く手だてが見つかるかもしれません。

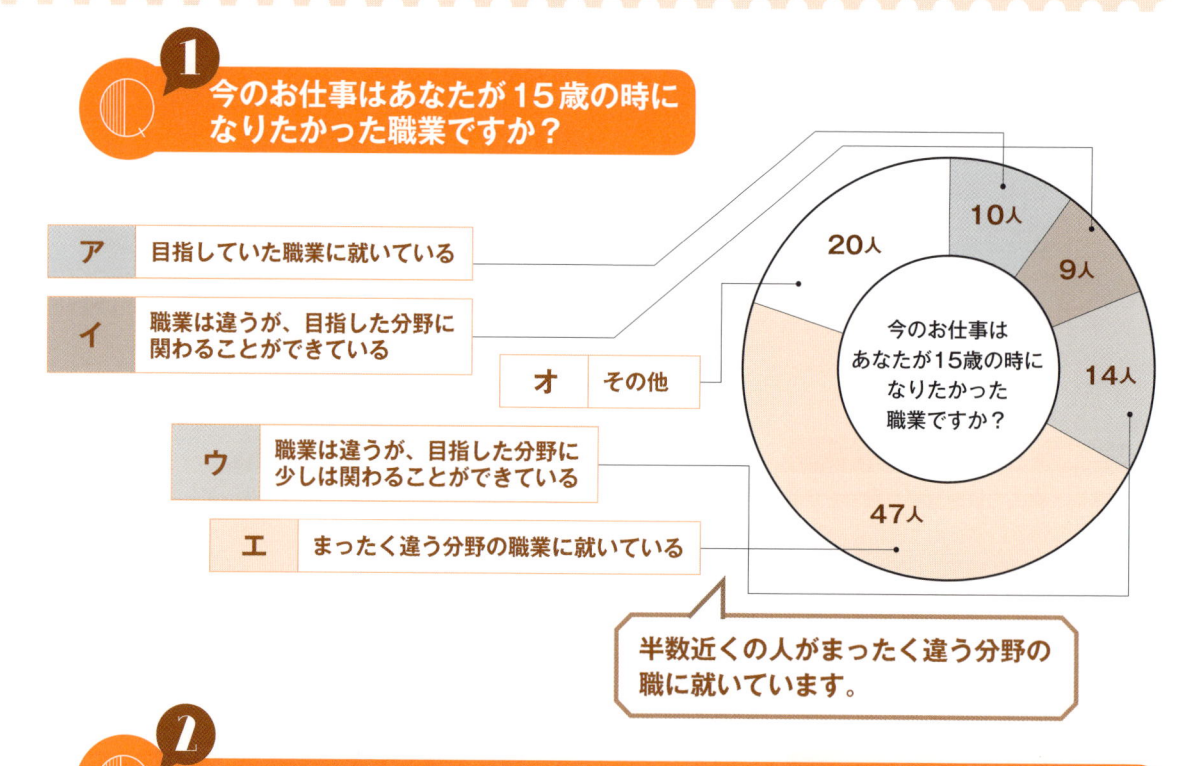

1 今のお仕事はあなたが15歳の時になりたかった職業ですか？

- ア 目指していた職業に就いている
- イ 職業は違うが、目指した分野に関わることができている
- ウ 職業は違うが、目指した分野に少しは関わることができている
- エ まったく違う分野の職業に就いている
- オ その他

今のお仕事はあなたが15歳の時になりたかった職業ですか？

- 10人
- 9人
- 14人
- 47人
- 20人

半数近くの人がまったく違う分野の職に就いています。

2 Q1で「その他」と答えた方、理由は？

- 15歳の時になりたかった職業に一度は就いたのですが、実際仕事をしていくなかで、本当にやりたい仕事は別のものだと気付きました。それからは自分のやりたい仕事に就いています。（30代・女性）
- 15歳の時は「なりたい職業」について考えたことがありませんでした。（40代・女性）
- どんな職種があるのか15歳の時はあまり知らなかったように思います。（30代・男性）
- なりたい夢がたくさんあって、一つに絞り切れていませんでした。（60代・男性）
- 具体的な職業イメージを持っていませんでした。（50代・男性）

- 「理系」に進みたいとは意識していましたがその後の職業についてはあまり考えていませんでした。職業を意識したのは大学に入ってからです。(50代・男性)
- 「社会に影響力がある仕事がしたい」という思いはあったが、かといってどういう職業に就きたいかという具体的なことは考えていませんでした。(50代・男性)
- 「英語」に関する仕事に就きたいということしか考えていませんでした。(50代・女性)
- 「職業」について考えたことがありませんでした。(40代・男性)
- 「専業主婦になる」以外の選択肢は考えていなかったです。(60代・女性)

③ 今、自分が15歳だったら将来は…？

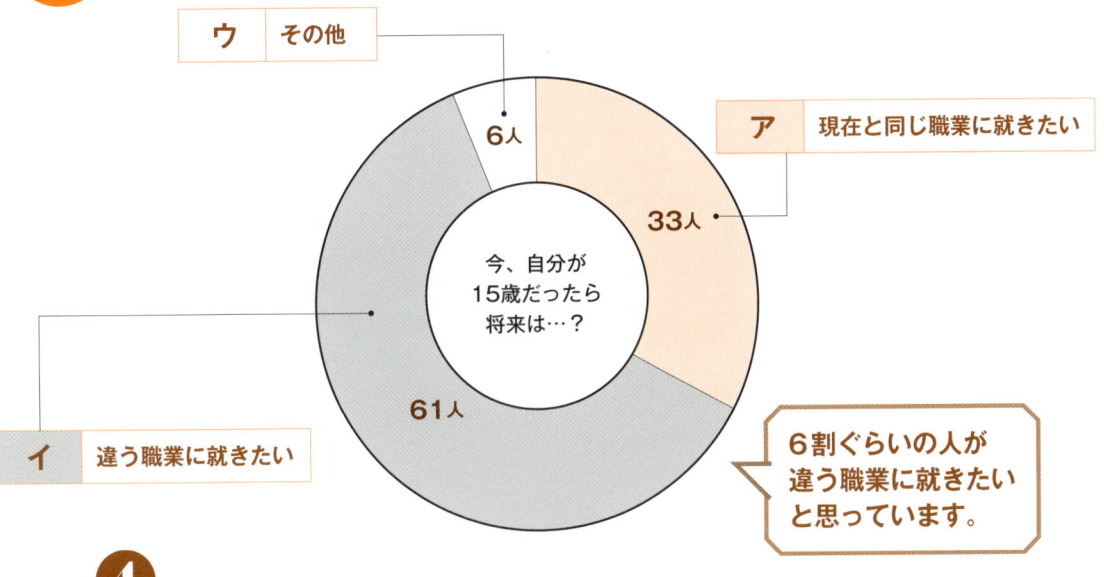

- ウ その他：6人
- ア 現在と同じ職業に就きたい：33人
- イ 違う職業に就きたい：61人

6割ぐらいの人が違う職業に就きたいと思っています。

④ Q3で「ア」と答えた理由を教えてください

- 自分の企画した販促ツールなどが店舗にディスプレイされるなど、自分の企画が目に見える形で実現された時にやりがいを感じます。(広告代理店)
- 創りだす満足感が得られます。(グラフィックデザイナー)
- これほどやりがいがあり楽しいと思える仕事は他にないからです。(エンジニア)
- ピアノという楽器が幼少期から生活の一部でした。生きている時間の大半を他の分野の仕事に取られることが想像できません。(ピアニスト・ピアノ講師)
- 仕事を通して、人の歓喜を感じるこの仕事は自分にとって最適だと思います。(ランドスケープデザイナー)
- 現状にとても満足している。他の道も模索できますが、今からでもチャレンジはできる。(新聞記者)
- 15歳の時に持っていた「帰国子女」「人とコミュニケーションをとるのが得意」という特技を生かした現在の仕事は自分にマッチしていると思います。(フリーランスの翻訳・通訳)
- 無限の可能性を秘めているこの仕事に満足しています。(自動車メーカー)
- ただ単に今の仕事が大好きですし、プライベートとのオンオフを感じることで時間を有意義に使えることも良い点です。(消防士)
- 人の役に立てる仕事だと、心から思える仕事だからです。(NPO職員)
- ブライダルの仕事はやりがいがあり、夢があります。(ブライダル関係)
- たくさんの人とたくさんの世界を知ることができるこの職業に出会えて幸せです。(フリーライター)

Chapter2 将来を見据えた学校の選び方 ★ 107

Q3で「イ」と答えた理由を教えてください。

- 今やりたいことができているため、別の分野の職業にも挑戦してみたい。（会社員）

> もっといろいろな可能性があったのではないかと後悔している。（派遣）

- サービス業は生産効率が悪いうえ、職業としてのステータスも低いような気がする。常に受身のような気がするので、他の業種を目指しておけば人生が変わっていたかも、と思ったりします。（レストラン経営）
- 世界がより狭かった学生時代にはもっといろいろなことに挑戦していれば良かったと後悔しています。（製薬会社）
- 救助系の仕事を目指せばよかったなと後悔しています。消防のレスキューなどに興味がありますが今からではもう遅いかな。（大学職員）
- 海外で活躍できる職業を目指せばよかった。（マーケティング）

> 幼い頃に夢見た、電車の運転手かプロ野球選手を目指していたら人生が変わっていたかも。（公務員）

- 良いモノづくりができる職業に就きたい。これを使って良かったと実感してもらえるモノづくりの職業に就くことができたらいいなと思う。（会社員）
- 15歳の時の現場の最前線を多くの人に伝えたいという思いは変わらないので新聞記者になりたいです。（編集者）

> その分野で活躍し輝いている人に出会うとステキだなと思うので、自分もそう思われる人になりたいと思う。それがどんな職業かはまだわかりません。（会社員）

- 社会的貢献度が明確な弁護士になりたい。（会社員）

- 鉄道・航空運輸業かサービス業に就いてみたい。（中学校教員）

> 医者になりたい。医療への興味は今も変わらないので、15歳に戻れるのであれば、自分の希望する道を自信を持って進んでみたいと思う。（外資系メーカー）

- 教師を目指していたので、生まれ変わるならチャレンジしてみたい。（キャリアコンサルト）

> 高校・大学できちんと英語を勉強し、留学も経験し、もっと視野を広げておけば今よりも自分らしさを活かせる仕事に就いていたのではないかと思います。（会社員）

- 自分にしかできない職人になりたかった。（タクシードライバー）
- 人の生活を守る仕事である、消防官か自衛官になりたかった。（会社員）
- 政治家になりたい。究極に人のために働く仕事だと思う。（保険外交員）

> 15歳に戻れるとしたら、インストラクターや職人になりたい。今の仕事がイヤではないのですが、違う世界を見てみたいと思います。（アパレル広報）

- 自分の手で何かを生み出す職人になりたい。（会社員）
- 料理が好きなのでそれを仕事にしたい。できれば料理人になりたい。（出版社）
- 営業をやってみたい。秘書のように指示待ちで動く仕事ではなく自分で企画して動ける仕事のほうが自分に向いているような気がするので。（秘書）

6 アンケートに協力してくれた方々

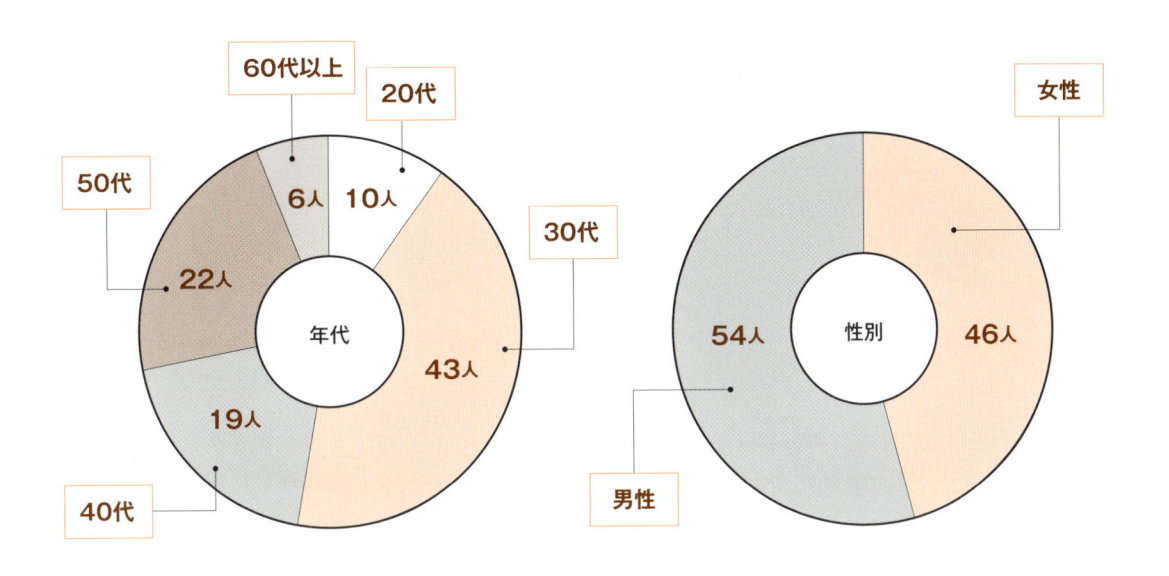

年代
- 60代以上 6人
- 20代 10人
- 30代 43人
- 40代 19人
- 50代 22人

性別
- 女性 46人
- 男性 54人

> これからの時代は、自分がどのポジションにいきたいのか？を意識して仕事選びをしよう！

Chapter2 将来を見据えた学校の選び方

Master the Business manner

17 就活で勝つために！基本マナーをマスターしよう

就活で差をつけるビジネスマナーを修得する

これまで目上の人との接触が少ない学生にとってオフィシャルな場での言動やマナーは気を遣うもの。ひと口に「就活マナー」といっても、会社説明会、OB・OG訪問、面接などケースバイケースです。むやみに緊張したり、不安になるのではなく、基本的には「相手を不快にさせない立ち居振る舞い」が大切です。
ここでは、具体的な就活におけるマナーについてお話しします。

●「OB・OG訪問」編

大学の卒業生であるOB・OG訪問のメリットは、会社のHPやパンフレットには載っていない社内の雰囲気や仕事のやりがいを聞けること。面接などに比べると緊張感はないかもしれませんが、気をつけなければならないマナーをしっかり学びましょう。

point ①　電話でアポをとる時は静かな場所で
雑音が多い場所ではなく、落ち着いてメモがとれる場所で電話しましょう。

point ②　訪問当日、遅刻は厳禁！
OBやOGは仕事中に対応してくれるわけですから、遅刻は厳禁です。

point ③　名刺は両手で「頂戴いたします」と、丁重に受け取る
名刺は相手の「分身」です。受け取ってすぐ手帳にしまうのはマナー違反です。

point ④　翌日までにはお礼のメールをする
訪問後、OB・OGにはすぐにお礼のメールをしましょう。

●「会社説明会」編

会社説明会には一社限定と合同説明会があります。一社による会社説明会の場合、そのあとに面接や筆記試験の場合があります。いずれにせよ、企業の担当者とのやり取りがあるので、マナーは大事になります。

point ①　説明会の開始時間には余裕をもって
説明会の場所は会社以外でやる場合もあるので、事前に場所確認を忘れずにしましょう。

point ②　受付では名前、大学名をはっきりと
受付ではきちんと挨拶をして自分の名前と大学名を名乗るのが基本です。

point ③　説明会中は私語を慎み、積極的に質問を
携帯電話の電源は切り、私語は厳禁です。積極的に質問すると好印象です。

point ④　退出時には担当者に挨拶し、アンケートにも応える
帰る時は窓口の担当者に挨拶しましょう。アンケートに記入して積極性をアピールしましょう。

●「面接」編

最近では、1対1の個人面接より、集団面接やグループディスカッション式面接、プレゼンテーション式面接など、集団の中での立ち居振る舞いをチェックする面接が増えました。就活の集大成である面接のマナーを紹介します。

point ①　控え室から面接は始まっている
じつは控え室での態度もチェックされています。資料確認など静かに待ちましょう。

point ②　入室時、明るく挨拶
面接室に入る際は、明るく「失礼します」と挨拶。第一印象は非常に大事です。

point ③　敬語以上に、相手への配慮などのマナーも
面接官に対する敬語は大切。普段から相手への気遣いを実践しておきましょう。

point ④　退室して会場（会社）を出るまでが面接
会場を出るまでが面接です。帰りのエレベーターの中での私語は慎みましょう。

★ 清潔感とフレッシュさをアピールした好感度抜群の就活スタイル

第一印象の良し悪しは出会ってから数秒で決まるといわれています。その意味でも「身だしなみ」を整えて好印象を与えるのは大事です。特に就活の場合は「オシャレ」というより「清潔感」と「健康的」の2つの要素がポイントになります。具体的にどこに気を配ればいいのか、イラストで紹介します。

男子

● ヘアスタイル
長髪、茶髪、スタイリング剤で固めすぎのヘアスタイルはNG。髪の毛が耳にかかるのも避ける。襟足も短めが好ましい。

● 顔
眉毛を細くしすぎない。ヒゲはきちんと剃る。

● 鞄
黒か紺がおすすめ。サイズは書類が入るA4サイズ。床に置くことも多いので、マチがあるものが良い。ブランドのロゴが目立つものは避ける。

● 靴下
白の靴下はNG。黒や紺色がベター。

● 靴
つま先に飾りがなく、尖っていないタイプ。汚れがないように磨いておくこと。

● スーツ
色は黒、紺が無難。業種によってはグレーも可。スーツにはシワやほつれがないこと。ワイシャツの襟の汚れにも注意。ネクタイはシンプルな柄で、緩みのないようにする。

女子

● 顔
目元を強調した濃いメイクやカラコン、つけまつげはNG。また、ノーメイクも×。素顔を活かしたナチュラルメイクが好ましい。

● ヘアスタイル
茶髪、パーマでボサボサ風はNG。前髪は目にかからない長さで、おでこはすっきり見せたほうが好印象。髪が長い場合は、後ろでひとつに束ねてスッキリさせる。

● スーツ
色は黒か紺で。シワやほつれに注意。スカート丈は座った時に膝が隠れる長さで。ネックレスや指輪は外すこと。

● ストッキング
黒や柄ものはNG。ナチュラルな肌色で。伝線していないかチェック。必ず替えのストッキングを用意しておく。

● パンプス
ヒールは3cmから5cmがベスト。つま先が尖ったものでなく、丸い形が好ましい。

面接官は、こんなところを見ている！

履歴書の汚れ、使い回しはNG！
身だしなみも面接での受け答えもバッチリ。でも、肝心の履歴書の端が折れていたり、証明写真が枠からはみ出て貼られていたり、意外なところでその人のだらしなさが見えてきます。同じ業界だからといって履歴書の使い回しも、面接官にはバレます。履歴書は自分の分身。最終チェックは念入りに。（電機メーカー・人事部）

勉強で結果を出す学生に好印象
面接で部活動での武勇伝やボランティア活動での成果を熱心にアピールする学生は多いですが、自信を持って「勉強、頑張りました」と言い切る学生は少ない。単位を落とさない程度に頑張ればいい、ではなく、面接では「大学生活で一番頑張ったことは勉強」と言う学生に好印象を持ちますね。（IT会社・人事部）

column 4 就活生の生の声

まず何から始めればいいのか、自分に合った企業を見つけるためにどうしたのか、面接で何をアピールしたのか。就職活動を体験した先輩たちのエピソードには、参考になることがたくさんあります。どんな風に就職活動を乗り切ったのか、4人のみなさんに就活体験談を披露してもらいました。

profile 新井ゆう子さん（仮名）プロフィール

2015年	私大文学部卒業
志望業界	アパレル、IT系
エントリー社数	28社
説明会参加社数	30社
OB・OG訪問数	2人
面接社数	5社
内々定社	1社（アプリ制作会社）

業種にこだわらず、自分がこの会社で働きたいと思えることが大事

興味があったのはアパレル業界でしたが、1つの業種にこだわらず他業種の説明会にも積極的に参加しました。私自身は「どの仕事がしたいか」より「この会社で働きたいと思うか」という視点で就活してきました。

結果、内々定をいただいた会社は社員が働きやすい環境が揃っていると感じたアプリ制作会社でした。企業が求める人材のイメージと自分が働きたい職場環境が一致できたことが採用につながったと思っています。

野球部のマネージャーとしての活動をアピールできて自信に

大学3年まで大学の野球部でマネージャーをつとめていました。とにかく毎日忙しく、結局、就職活動を始めた時期がかなり遅くなってしまいました。内心、かなり焦っていましたが、就活でのエントリーシートでは、マネージャーとしての活動や、そこで得たことをアピール。面接でも、チームをどのようにフォローしていったのかなど、前向きさをアピールできたので、面接官にほめられることもありました。

就活当初は、友人たちに先を越された思いでいっぱいでしたが、気になる企業の説明会へも積極的に参加して、面接も場数を踏んだことが自信につながりました。就活では、つい他人と比較して落ち込んだり焦ったりしがち。でも、自分の強みは何なのかがわかれば、自信を持って取り組むことができると思います。

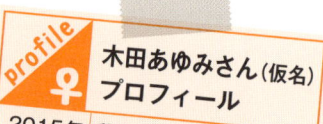

profile 木田あゆみさん（仮名）プロフィール

2015年	私大経営学部卒業
志望業界	メーカー、金融系
エントリー社数	45社
説明会参加社数	61社
OB・OG訪問数	5人
面接社数	10社
内々定社	1社（保険会社）

早めにゼミのOBや地元の先輩から情報収集し、インターンシップにも積極参加

正直、就活に関してはいろいろな情報が飛び交い、不安だらけでした。自分は金融関連が就職希望だったので、どんな人材を求めているのか、自分をどうアピールすればいいのか、まずは銀行に勤めているゼミの先輩や地元の先輩から情報を集めました。そこで言われたのは「インターンシップに参加して、社風や求める人材をキャッチせよ」でした。夏休みの間に2社のインターンシップに参加し、企業取引や市場営業などについて講義を受けたり、グループワークをしたのは、貴重な経験でした。

自分とマッチングするかどうかも含め、実際に企業の中に身を置くことは、就活に大きなプラスとなります。知識でしかわからなかった業務内容を学びながらプチ体験できたので、目指す企業にも自信をもってアプローチできます。実際に、グループ面接やディスカッションでは、インターンシップでの経験を踏まえて、自分の意見を述べることができ、それが内定の決め手になったと思います。

profile 井村健司さん(仮名) プロフィール
- 2015年 私大経済学部卒業
- 志望業界…金融関係
- エントリー社数…40社
- 説明会参加社数…32社
- OB・OG訪問数…15人
- 面接社数…19社
- 内々定社…3社（金融系2社、損保1社）

大学時代にゼミやボランティア活動を頑張ったことが就活でも活かせた

就活当初は、毎週のように説明会に参加していました。でも、数多くの企業を見れば見るほど、自分をどうアピールしていけばいいのか、迷いが多かったように思います。特にエントリーシートでは、自分の長所を書くことが一番悩みました。

そんな時相談にのってもらった先輩から、「大学時代に自分がやったことで自信があることは何か？」と問われて、自分はゼミでの活動とボランティア経験に強みがあることを再認識できました。やはり大学時代に真剣に取り組んできたことは大きな武器となります。特に地域の人たちと協力しながら行ったボランティアでは、一人ひとりの意識や行動の積み重ねが、大きな力に変わっていくことを実感しました。そんなエピソードを面接でアピールできたのは大きかったと思います。

皆さんも就活で悩んだ時は、具体的に語れるエピソードをアピールできれば就活のどんな場面でも自信を持てるはずです。

profile 宮原信太郎さん(仮名) プロフィール
- 2015年 国立大学経済学部卒業
- 志望業界…化学・電機メーカー
- エントリー社数…39社
- 説明会参加社数…35社
- OB・OG訪問数…5人
- 面接社数…11社
- 内々定社…2社（電機・機械メーカー各1社）

損をしないための今どきの就活事情

Job Hunting 18

まだまだ続く厳しい就活状況　若者が将来に夢を持てる社会を

少子化が社会問題となっている現在、大卒者の数は年々減少しているにもかかわらず、大学を卒業しても就職率は100％ではないのが現状です。就職が上手くいかず定職に就けない状態が続くと、積極的に婚活もできず少子化にさらに拍車がかかる可能性も懸念されます。

就活は、その年の日本の経済状況と直結しています。景気が良ければ就職率は上がりますが、近年は正規雇用が減り、非正規雇用が増える傾向にあります。

平成26年度　就職率

- 大学 ⇒ 96.7％
- 短期大学（女子学生のみ）⇒ 95.6％
- 高等専門学校（男子学生のみ）⇒ 100.0％
- 専門学校（専門課程）⇒ 94.7％

参考：文部科学省「平成26年度大学等卒業予定者の就職状況調査」

★ 就職率上昇傾向で氷河期脱出の期待高まる

厚生労働省が文部科学省と共同で取りまとめた調査によると、平成27年3月に学校を卒業した人の就職率は、いずれも前年度比で上昇しました（前年度100％だった高等専門学校は同率の100％）。特に大卒者の就職率は96.7％で前年度比2.3ポイントの上昇、平成20年3月以来7年振りの水準となっています。国公立大学と私立大学の比較では国公立大学のほうが男女ともに就職率が高く、文系と理系では理系のほうが高い結果でした。

●「ソー活」について

最近の就活は「ソー活」がカギになるといわれています。「ソー活」とは、FacebookやTwitterなどのソーシャルメディアを使った就職活動の略称です。学生はソーシャルメディアを通して就職全般に関する情報やお目当ての企業の情報、他の就活学生の状況などの最新情報を取り入れます。単にホームページを閲覧するだけの一方向のコミュニケーションに比べ、リアルタイムに貴重な情報を得ることができるメリットは大きく、人気企業の説明会登録などスピード勝負となる場で活用されています。ただ、注意しなければならないのは、過去に悪ふざけしたことをSNSにアップしている場合には、その内容が「ソー活」を通して企業にバレて内定取り消しになるということもありますので、アカウントは就活用に使用できるか事前にチェックしておきましょう。

覚えておきたい就活用語

就職活動を始めると、あちこちから聞かれる「就活用語」のあれこれ。今のうちに、その言葉の意味と内容を理解しておきましょう。

エントリーシート（ES）
採用の選考のために企業が作成する応募シートのこと。住所、氏名、大学名などの基本データはもちろん、志望動機や自己PRを書くスペースをとっています。企業の多くはESで書類選考をしており、面接ではESをもとに質問しています。

インターンシップ
実際の企業で就活生が就業体験できる制度のこと。採用したあとのミスマッチをなくし、就活生と相互の理解を深めるため、夏休みや春休みの間に大学2、3年生をメインに行われています。

キャリアデザイン
自分が仕事を通じてどんな経験を積んでいきたいか、将来の目標や展望のことを「キャリアデザイン」といいます。面接で聞かれることも多いので、就活を通じてしっかり考えておきましょう。

ヒューマンスキル
例えば初対面の人とすぐ打ち解けられたり、グループ内でコミュニケーションがしっかりとれる人は「ヒューマンスキルが高い」とされます。企業によっては最重視されるポイントでもあります。

内定
就活生に対して企業が採用の意思表示をすることを「内定」といいます。「内定」の知らせは通常、電話やメール、手紙で通知しますが、近年は本人に直接、入社の意思確認することも多くなりました。

エリア限定採用
エリアを限定して人材を採用することを「エリア限定採用」といいます。地元密着型企業や、地方に支店や営業所のある企業が「エリア限定採用」をしています。地元で働きたい、地方を活性化したいなどの希望があれば活用してみましょう。

Uターン・Iターン
地方出身の学生が「地元で就職したい」と地元に戻って就職活動を行うことを「Uターン就職」といいます。また出身地には関係なく地方の企業へ就職することを「Iターン」といいます。この場合、企業によっては住居を提供することもあります。

リクルーター
企業の人事担当以外で、就活生をフォローする担当者のこと。リクルーターとの面会は、採用面接を兼ねていたり、同じ大学出身者が担当になる場合も多いですが、気を抜かずに対応しましょう。

SPI
企業向けに提供している適性検査のこと。採用選考の一つとして、多くの企業が利用しています。内容は、言語と非言語に関する能力検査や、性格検査があります。

グループディスカッション
数人のグループがテーマに沿って討論する、採用選考の一つ。討論だけの場合や、グループで意見を発表させる場合があります。企業によってはグループごとに新商品のアイデアを考えるという、ワーク的な討論もあります。

Job Hunting 19

高校生が就職するための就活の流れとポイント

自分のことや仕事の世界をよく知り、失敗のない就活を目指そう

様々な職業がある中からいくつかを選択し、就活を経て採用決定に至るまでには、考えなければならないこと、やらなければいけないことなどがたくさんあります。情報収集をしっかりして自分が就いてみたい仕事を決めたら、積極的に行動することが大切です。

高校生が就活するにあたっては決められた流れとルールがあります。どの時期に何をしたらよいか、スケジュールを確認しながら計画を立てておきましょう。

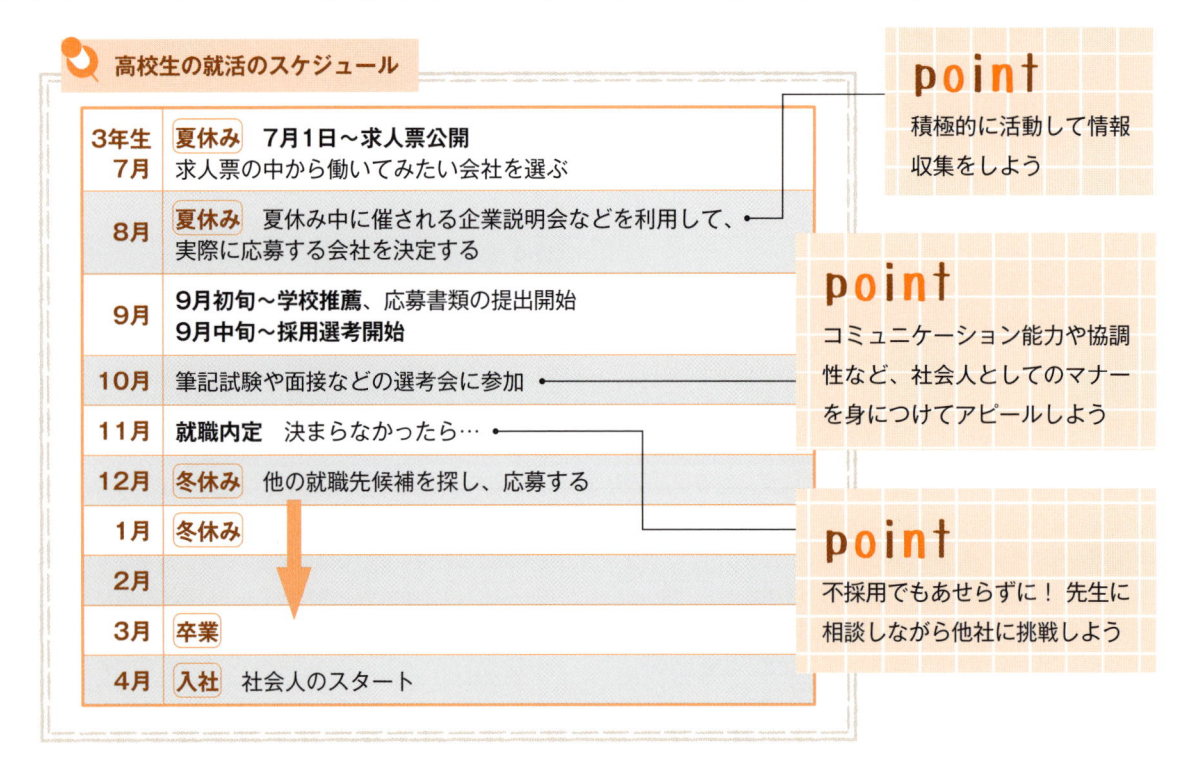

高校生の就活のスケジュール

3年生		
7月	夏休み	7月1日～求人票公開 求人票の中から働いてみたい会社を選ぶ
8月	夏休み	夏休み中に催される企業説明会などを利用して、実際に応募する会社を決定する
9月		9月初旬～学校推薦、応募書類の提出開始 9月中旬～採用選考開始
10月		筆記試験や面接などの選考会に参加
11月		就職内定　決まらなかったら…
12月	冬休み	他の就職先候補を探し、応募する
1月	冬休み	
2月		
3月	卒業	
4月	入社	社会人のスタート

point 積極的に活動して情報収集をしよう

point コミュニケーション能力や協調性など、社会人としてのマナーを身につけてアピールしよう

point 不採用でもあせらずに！ 先生に相談しながら他社に挑戦しよう

★ 採用が決まればもう立派な社会人の仲間入り

晴れて内定がもらえれば、その時からあなたはもう社会人の一員です。挨拶をする、時間を守る、敬語を使う、などの基本的な生活態度が身についているか意識しましょう。

また、高いコミュニケーション能力や協調性など、社会人に求められるスキルについても徐々に伸ばしていくようにしましょう。不採用が続く人は、企業がどのような人材を求めているのか改めて確認し、面接などでアピールできるよう練習するといいでしょう。

column 5 人事担当者 生の声

高校卒業見込みの生徒の就職活動は、大学生に比べると就職協定が厳しく、9月中には1社しか応募ができません（2015年現在、44都道府県が実施）。そこで内定がもらえればいいのですが、決まらない場合は引き続き就活しなければなりません。優位に就活するために、採用人事担当者の声と、よくあるQ&Aを紹介しますので、参考にしてみてください。

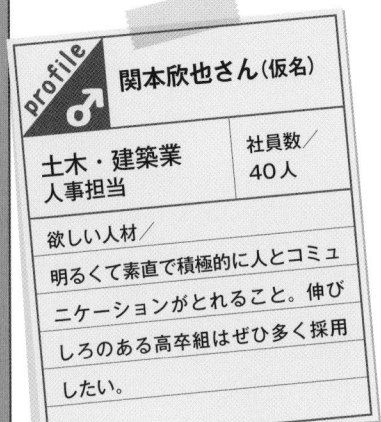

profile
関本欣也さん（仮名） ♂

土木・建築業 人事担当	社員数／40人

欲しい人材／
明るくて素直で積極的に人とコミュニケーションがとれること。伸びしろのある高卒組はぜひ多く採用したい。

高校の就活生の採用判断のポイントは？

高校の就活生は「全国高等学校統一応募用紙」をもとにエントリーしているので、大学の就活生のように会社で作成したエントリーシートは使えません。面接でも「愛読書は？」「尊敬する人は？」などの質問は就職差別になるとしてNGとなっています。そうなると判断材料は「出席日数」や「部活動の内容」を重視せざるを得ません。または、面接の時に明るくハキハキと答えられるかなどコミュニケーション能力も採用の決め手になると思います。

高校生の就活生 あるある！Q&A

Q どの企業を第一志望にするか、悩んだ場合はどうしたらいい？

A 厚生労働省の調べによると、高校を卒業して就職した人の約4割近くが3年以内に離職するというデータがあります。こういったミスマッチがなくなるように、最近では高校生向けにインターンシップを夏休みに開く企業が増えています。少しでも興味があればそういった研修に参加して、実際に会社の雰囲気や仕事内容を見てみるのもいいでしょう。

Q 応募したい会社が自宅から遠いと採用は不利ですか？

A 高校生の就職希望者に対して採用試験や面接で、通勤時間を採用側が尋ねたり、自宅周辺の地図など書かせるのは「就職差別」になることから禁止されています。会社から自宅が遠いからといって採用が不利になることはありませんが、会社に寮があるかどうか、一人暮らしする際に家賃援助があるかどうか、念のため確認しておきましょう。

Q 部活動が忙しくて、なかなか就職試験の勉強ができません…。

A 部活動を一生懸命やるのは悪いことではありません。ただ最低限、学校の成績が落ちることのないようにしましょう。遅刻や欠席日数も採用に影響します。面接では部活動での頑張りをぜひアピールしてみてください。

参考資料：厚生労働省「公正採用選考に係る取組み事例集―いま一度見直してみませんか「採用と選考」―」

Job Hunting 20

専門学校生の就活スケジュール

本人の目的意識の高さと学校の充実したサポート体制で就活に挑む

働き始めてすぐに活躍できるような即戦力のある人材、もちろん企業はそのような学生を求めていると思います。しかしながら実際に仕事に活かせる能力は、実務経験を積むことで身につけていくもの。入社後の経験から多くを学び、成長する意欲を持っているということが最も大切なのです。
ここでは専門学校生の就活スケジュールについて紹介します。

☆ 早期からの就活スタートで意識の向上を図る

就活スケジュールは専門学校に入学してすぐに始まります（1～2年制の場合）。就職するためには自分がどの時期に何をすればいいのか早い時期に把握しておくことで、余裕を持って準備することができます。業界研究や自己分析、校内に企業関係者を招くといった催しや、エントリーシートの記入、面接対策など実践的なサポート体制が充実しています。専門学校生は卒業後にどんな業界に進みたいのかがわりあい明確なので比較的円滑に活動が進むケースが多いです。

☆ 企業との深いつながりを就活の強みにする

学校には企業からの求人票や企業PRなどが次々に届き、学生に公開されます。過去の求人票と採用状況や就活記録は大変参考になるため、閲覧できる場合はチェックしてみましょう。どの項目に注目して内容を確認するかなどの求人票の見方や不明点の企業への問い合わせ方などは、ほとんどの学校がサポートしてくれます。第一線で活躍する学校の卒業生が業界の最新情報をもたらしてくれることも多く、表に出ない求人が校内で公開されるなど、企業とは太いパイプでつながっています。

● 専門学校では…

ホームルームで就活指導をするといった、日常的に就職を意識できるようなカリキュラムを実施しているところも。モチベーションを高く持ち、社会常識を身につける心がけを強化するため、クラス担任やキャリアサポーター、講師などの学校側が学生と一体になって就活に取り組みます。

つながりが深い企業担当者が来校し、学内オーディションや学内で採用試験が行われる学校もあります。普段、学んでいる会場で選考を受けられるため、落ち着いて試験に挑むことができます。学校が選んだ優良企業を受験する多くの機会に恵まれることで、個人的な就活では手に入れることのできないチャンスがあるかも。

就活スケジュール（2年制デザイン科の場合）

1年次	5月	第1回キャリアガイダンス
	9月	第2回キャリアガイダンス
	10月	デザイン業界研究セミナー
	12月	2年生の内定者報告会
	1月	ビジネスマナー講座　デザイン業界研究セミナー
	2月	Uターン説明会　個人面談　面談対策セミナー
	3月	求人票公開　学内企業説明会　学内個別企業説明会
卒業年次	4月	OB・OG説明会
	6月	デザイン業界研究セミナー
	7月	インターンシップ　ビジネスマナー講座
	8月	インターンシップ
	10月	デザイン業界研究セミナー
	3月	最終進路確認

★ 就職後もずっと続く専門学校のフォロー体制

在校生の就活フォローはもちろん、卒業後でも内定が決まっていない人が就職するまでサポートしたり、就職後の悩み相談などにも応じてくれる専門学校は数多くあります。卒業生のキャリア形成を一生涯サポートすると宣言している学校もあり、資格取得のための講座受講をはじめとしたキャリアアップ支援、転職の際の企業紹介や結婚・出産後の再就職相談といった様々な内容について対応してくれます。学内で卒業生が在校生のための体験報告セミナーを開くことも多く、ずっとつながり続ける関係性も専門学校の魅力なのではないでしょうか。

大学生・短大生の就活スケジュール

Job Hunting 21

変わりゆく就活スケジュール

「大学生は学業を優先すべき」という政府の方針により、就職活動のスケジュールが大きく変わりました。しかし、採用する企業側から「選考時期が短く、優秀な人材を採用することができない」、学生側からは「卒業研究や卒論の追い込み時期と重なる」などの不満が出ており、今後また大きく変更になる可能性があります。スケジュールの変動で混乱してしまうかもしれませんが、できることは早めに準備し、変動にも柔軟に対応していく力が大切です。それらが内定への近道になります。

☆ 就活スタートまでにやっておきたいこと

就活スケジュールが変わったことで、大学生は学業や部活動などに専念しやすくなりました。しかし、選考が始まるまでただ漠然と過ごしていると、出遅れてしまう可能性もあります。選考開始までに準備しておくことは大まかに、自己分析、業界研究、職種・企業研究です。自己分析は、これまでの経験などを通して、自分の価値観や長所・短所を整理し、自己PRできるようにすること。これをしっかりと行うことで、どんな仕事に向いているのか、企業の中でどんな力を発揮できるかが見えてきます。

選考開始までに準備しておくこと

- ☐ 自己分析
- ☐ 業界研究
- ☐ 職種・企業研究
- ☐ 筆記試験対策
- ☐ インターンシップ
- ☐ OB・OG訪問

☆ 本番直前であせらないように筆記試験対策は早めに

大学生は年末年始のすぐあとに試験などがあり、企業エントリーが始まる直前は、就活準備や対策のための時間を取るのが難しいもの。学内の就職ガイダンスは必ず出席し、採用選考の流れを把握して備えましょう。選考を受ける意思表示となるエントリーをすると、企業側から選考情報が送られてきます。その後は、説明会、エントリーシートの提出、筆記試験、面接というステップです。筆記試験はWebテストが主流で、なかにはエントリーシート提出と同時に実施したり、複数回行ったりする企業もあります。筆記試験は早めの対策が重要です。

就活スケジュール

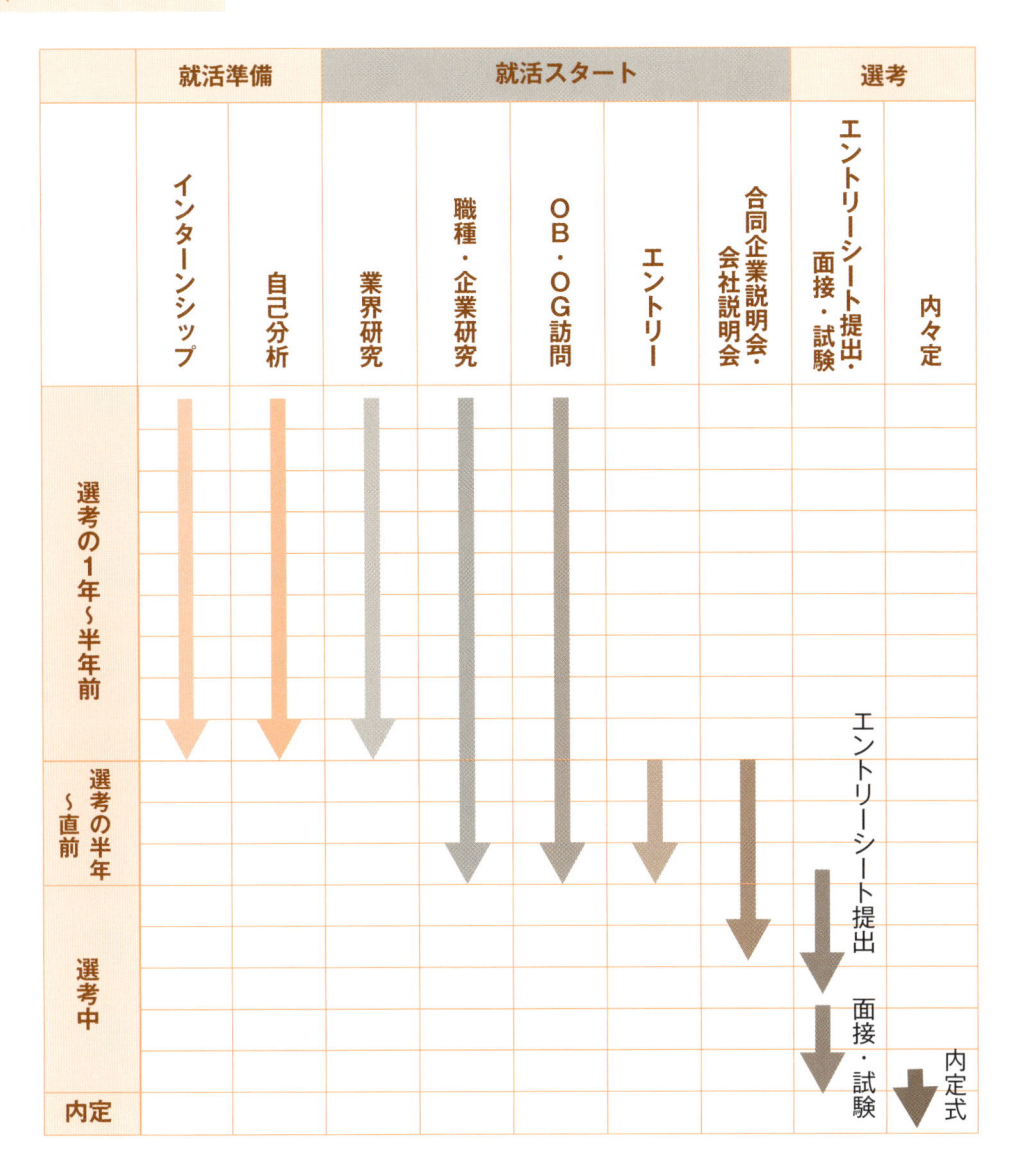

	就活準備		就活スタート					選考	
	インターンシップ	自己分析	業界研究	職種・企業研究	OB・OG訪問	エントリー	合同企業説明会・会社説明会	エントリーシート提出・面接・試験	内々定
選考の1年〜半年前	↓	↓	↓						
〜選考の半年〜直前				↓	↓	↓			
選考中							↓	エントリーシート提出 面接・試験	
内定									内定式

★ 企業によって選考開始のスケジュールは違う

　就活スタート後、企業へのアクションは選考開始になってからでも大丈夫と思っていると、志望企業の選考はすでに終わっていたという可能性があります。悔いの残らない就活をするためにも、企業の採用ホームページのチェックはこまめに行いましょう。

　就活中はなにかと忙しいので、インターンシップの参加やOB訪問、業界研究などは早めにやることをおすすめします。それらを早めに行うことにより企業から採用情報を得たり、自分に合った企業や業界であるかという見極めもできるからです。

22 インターンシップの流れとポイント

実際の仕事内容に近いことを体験できる！

インターンシップとは、学生が一定の期間に研修生として企業で働き、就業体験をすること。それぞれの業種・職種についての理解を深めたり、会社による風土の違いを体感できたりと、就職活動で欠かせない業界・企業研究に役立ちます。また、自分にはどんな仕事が向いているのか、どういう業界に興味を持っているのかを改めて知ることができるのもメリットです。

★ 実施期間や選考内容は企業によって様々

インターンシップは夏休み中の7〜9月に実施されるものが一般的ですが、なかには一年中募集しているという企業もあります。また実施期間は2週間が多く、短いもので1日、長いと2〜3ヵ月というところもあります。大学3年生が参加するものと思われがちですが、大学生であれば年齢制限はありません。むしろ時間に余裕のある1、2学年の時に参加すれば、広い視野で自分が何をしたいかを見極め、理解を深めることができます。

しかし、希望すれば誰でも参加できるというわけではありません。大学のキャリアセンターなどで情報を確認し、応募後、選考が行われるのがほとんど。選考内容は、エントリーシートや履歴書を提出する書類選考、面接、筆記試験など企業によって異なります。

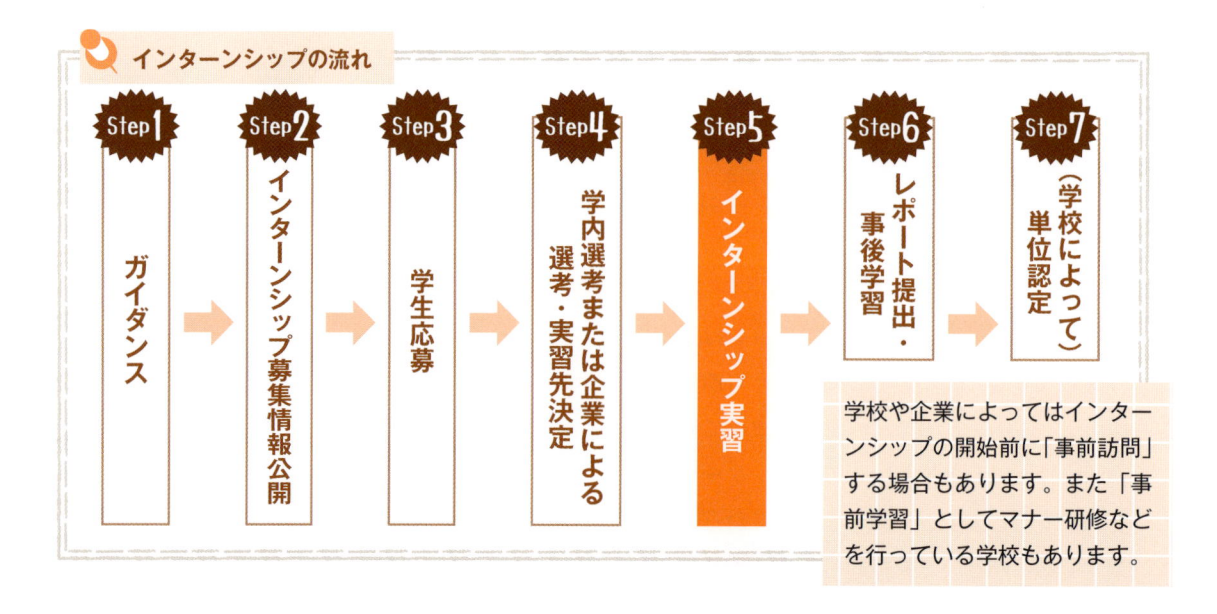

インターンシップの流れ

Step1 ガイダンス → Step2 インターンシップ募集情報公開 → Step3 学生応募 → Step4 学内選考または企業による選考・実習先決定 → Step5 インターンシップ実習 → Step6 レポート提出・事後学習 → Step7 （学校によって）単位認定

学校や企業によってはインターンシップの開始前に「事前訪問」する場合もあります。また「事前学習」としてマナー研修などを行っている学校もあります。

★ インターンシップの内容は大きく分けて2種類

インターンシップは大まかに、実際に働いている人たちの仕事をお手伝いするものと、参加者がチームを作って与えられたテーマについて調べ、それを発表するグループワークの2種類があります。業界や仕事全体を理解できるようなプログラムが組まれている場合がほとんど。インターンシップでしか経験できないことも多く、社会人として必要なマナーやコミュニケーション能力を身につけられる好機でもあります。インターンシップは社会勉強なので、基本的に給料や交通費はもらえません。

★ 企業はもちろん、官公庁や自治体でも実施

インターンシップを行っている業界は、商社、流通、銀行、食品、サービス業、建築、エネルギー産業などいろいろ。民間企業だけでなく、省庁、市役所などの自治体や、数は少ないものの、警察や消防でもインターンシップは行われているようです。

インターンシップを通して職場の雰囲気や現場を知ると、志望動機がより具体的になります。参加後は、何を学び、自分がどう成長したか、気づいたことや反省点をまとめておきましょう。就職活動でのアピール材料にもなります。

★ 海外でのインターンシップにも参加可能！

アメリカ、イギリス、カナダ、オーストラリア、中国、インド、タイ、ベトナムなど海外の企業でもインターンシップは行われています。日本のインターンシップと同じように就業体験ができるものから、語学研修を目的としたもの、ボランティアに近いものまで、その内容は様々。大学のキャリアセンターなどで定期的に募集しており、大学を通じて参加する場合、費用を一部負担してくれるプログラムもあるようです。海外でのインターンシップに興味がある人は、一度チェックしてみるといいでしょう。

実際に経験して"セカンドベスト"を見つけよう

報酬が高くて、楽で、やりがいがある「ベストな仕事」は、おそらくこの世に存在しません。だから"セカンドベストを見つけること"。ベストでなく、でも、一番ましな仕事です。何がセカンドベストかは、その人の適性によって異なります。だから仕事を経験してみること。学生時代のインターンシップやアルバイトは良い機会になるでしょう。

エントリーシートの書き方と注意点

Entry sheet 23

エントリーシートは選考採用の第一関門

企業ごとに独自のフォーマットや設問があり、用紙に記入するもの、Web上のフォームに入力していくものなど形式も様々です。最近では、ほぼ白紙のようなフォーマットに、自由な形式で自己PRをするエントリーシートも見られるようになりました。企業はエントリーシートを通して、仕事の理解度、意識の高さ、資質、可能性などをチェックしています。

★ エントリーシートはどこで入手するのか

エントリーシートの入手方法は、採用情報とともに郵送されたり、ホームページから印刷したりと、企業によって違います。提出方法も郵送だったり、Webで送信したりと様々です。郵送で企業に提出する際には、必ずコピーをとっておきましょう。Webで送信する場合はパソコンに保存し、どの企業に提出したエントリーシートかをわかるようにしておきます。面接まで選考が進んだら、面接官の質問に対する答えと、エントリーシートに記載した内容にブレがないように見直します。

★ わかりやすく印象に残るように工夫を

選考のファーストステップとして重要な役割を占めているエントリーシート。企業の採用担当者は、膨大な量を一定の期間内に集中して読みます。そのため、読みやすく、わかりやすく、惹きつける内容で、印象に残るようにすることが大切です。見出しや下線などを取り入れ、要点を目立たせるのもおすすめです。

point

- 一番伝えたいことは一つに絞る
- 具体的なエピソードを記入する
- エピソードに伴う心情にも触れ、人柄が伝わるようにする
- 自分のセールスポイントを仕事と結びつける　など

写真は大きさに注意し、指定のサイズのものを。胸の辺りから頭頂部まできちんと写っていて、できるだけ直近のものをしっかりと貼り付けます。万が一、はがれた時に備えて、写真の裏に氏名・出身校・生年月日などを記入しておきましょう。

エントリーシート記入の際の注意点

- 記入上の注意や指示をしっかりと読み、規定を守って書く。
- 字の上手下手に関係なく、読みやすい字の大きさで、丁寧に記入する。
- 修正液の使用は基本的にNG。記入前にコピーをとり、下書きしてから清書を。
- 空欄＝手を抜いた印象になる。資格欄に書く内容がない場合は、挑戦中や結果待ちのものでも記入する。
- エントリーシートの到着順に面接を進める企業もあるため、提出は早めに。Web提出の場合、締切間近になるとサーバーが混雑して送信できない可能性もある。

★ 質問項目も企業によっていろいろ

質問項目は企業によって様々ですが、どのエントリーシートでも、仕事をする上での資質や可能性を企業にわかりやすくアピールすることが一番の目的になります。問題解決能力、コミュニケーション能力、創意工夫の姿勢など、仕事をする上で発揮できる自分の強みにつながるものを記入しましょう。実際によくある質問はどんなものなのか、その一例を紹介します。

エントリーシートによくある質問

1 自己PRについて
- あなたのセールスポイントは？
- あなたの強みを具体的に記入してください。
- 自分のキャッチフレーズとは？

2 学校生活について
- 学生時代に力を入れて取り組んだことは？
- どんな課外活動をしていましたか？
- 学生生活で最も時間を費やしたことは？
- ○△の成績が下がった時、どのように取り組みましたか？（※成績表の提出を求める企業も。成績の良し悪しではなく、下がった科目への取り組み方などから、学生の素の姿をチェックしています）

3 職業観について
- あなたの企業選びのポイントは？
- 当社に興味・関心を持った理由は何ですか？
- 新商品の提案をしてください。

4 これまでの経験
- 人生における三大ニュースは？
- 最もつらかったことは何ですか？
- これまでの人生で誇れるものは？

5 将来について
- どのような社会人になりたいですか？
- 10年後、どうなっていたいですか？
- 将来やってみたいことや夢を教えてください。

記入日　○○年○○月○○日

── ENTRY SHEET ──

ふりがな	じんぐう　　たろう	性　別
氏　名	神宮　太郎	㊚・女

生年月日　西暦19○○年　○月○○日　（満○○歳）

写真貼付
3cm×4cm

ふりがな	とうきょうと ○○く ○○○○○○	TEL
現住所	〒○○○-○○○○ 東京都○○区○○○○○○○	○○○(○○○○)○○○○ 携帯 090-○○○○-○○○○
ふりがな	○○けん ○○し ○○○○○○	TEL
帰省先住所	〒○○○-○○○○ ○○県○○市○○○○○○○○○	○○○(○○○○)○○○○ 携帯
E-Mail	○○○○○○@○○.ne.jp	

出身高校（入学○○年 ○○年卒）	大学（入学○○年　卒業予定○○年）	大学院（入学　　年 修了予定　　年）
○○立　○○高校	○○大学　○○学部／○○学科	大学院 （博士・修士）　研究科／専攻

クラブ・サークル活動

クリエイティブサークルに入り、会員サイトの企画・作成に貢献しました。

ゼミ・研究・卒業論文　　テーマ：社会心理学

社会心理学を通して、社会論について研究しています。

アルバイト　　職種：家庭教師

小学4年生と中学2年生に国語と算数を教えています。

資格・免許

・TOEIC 750点（○○年○月取得）
・普通自動車運転免許
・書道6段

入社後やってみたい仕事をお書きください。

現在私が大学で学んでいる知識をいかし、卒業後はそれを仕事にできたらと考えておりますが、その中でもっとも興味があるのが出版業界に関しての仕事です。大学の授業でもマスコミ論は学びましたが、自分が書籍の企画をし、それを世に送り出すという夢のある仕事に取り組んでみたいというのと、出版の仕事をする上で必要なのはコミュニケーションだと考えます。出版業界は自分の長所である協調性が活かせる一番の職種だと考えているからです。

自己PRを教えてください。

私は大学の4年間、クリエイティブサークルに所属していました。その会員サイトのヒット数が低かったので、新しいコンテンツ企画を提案しました。相互リンクをはじめとするSEO、記事のネタ出し会議など新しいものを発信することを徹底したことで徐々にヒット数が増加。サークルの人数もコンテンツがオープンしてからは12人に増やし、会議、取材、添削を共同で行いました。そういった努力が実り、最終的に累計約3万ヒットを獲得するコンテンツに成長し、後のサークル活動に貢献することができました。そういう経験から「努力は必ず報われる」ということを学びました。そして自分自身が「努力を努力と思わない性格」であり、何事にも前向きに楽しめる性格だということに気付きました。

当社を志望した理由は？

出版業界には、様々な可能性があると考えます。「本」を通して、人々に感動を与えたり、一つの難問に対して新たな考え方が提起されたり。このような「感動」が豊かな社会を形作る一助になっていると確信しています。貴社は、自己啓発の出版などを通して、それに貢献されている会社であると考えています。私自身も「○○○○」を読み、感銘を受け、日頃の勉学の目標と明確なテーマを得ることができました。私も、感銘を与え、社会の発展に貢献できるような書籍の制作に携わりたいと考え、貴社での就職を志望しています。

OB・OG訪問の
ポイント

Job Hunting 24

会社案内やホームページでは知ることができない情報を収集

興味のある企業で働く大学の先輩を訪ね、会社の雰囲気や仕事内容などを聞くのがOB・OG訪問です。しっかりと目的を持って先輩から生の声を聞くことで、自分が入社した時のイメージが湧いたり、面接で説得力のあるアピールができたりと、就職活動でプラスになることがたくさんあります。その企業に自分が合っているかどうかの判断にも役立ちます。

☆ 積極的に動いて、OB・OGを探すことからスタート

OB・OG訪問は、大学のキャリアセンターに出向いて調べたり、ゼミの教授やサークルの先輩に聞いたりして、志望企業に就職した卒業生がいるかを探すことから始まります。ほかにも、家族や親戚、アルバイト先の人などあらゆる人脈や、FacebookなどのSNSを活用。友だちとも積極的に情報交換し、協力しながら、気になる企業に勤めている先輩を探します。どうしても見つからない場合は、企業の人事部へ問い合わせるというのも有効で、なにより根気よく取り組むことが大切です。

☆ OB・OG訪問のアポイントは基本的にメールで

先輩を見つけることができたら、基本的にはメールでアポイントを取ります。初対面の場合もあるので、自己紹介、連絡先をどこで知ったか、OB・OG訪問の目的などを簡潔にまとめて伝えましょう。メールでの連絡は顔が見えない分、丁寧な対応を心がけることが重要です。メールアドレスがわからない場合は、電話でアポイントを。メモとペン、スケジュール帳を手元に置き、忙しいことが多い休み明けの月曜日午前中、昼休み中などは避けて電話します。

★ OB・OG訪問をする前に、準備しておきたいこと

せっかくの機会を無駄にしないためにも、訪問日が決まったら確認したいことを事前にまとめておくといいでしょう。Webサイトなどで答えがわかるような質問はしないほうがいいでしょう。また、何かしらの連絡をもらうためにも名刺を作って渡すこともおすすめします。

質問例

- 現在はどのようなお仕事をされていますか？
- お仕事をおもしろいと感じる時、またやりがいを感じる時は、どのような時ですか？
- 出社されてから帰られるまで、平均的な1日のスケジュールを教えてください。
- ○○さんが就職活動の際、最終的にこの会社を選ばれた決め手を教えてください。
- 入社される前と後で、会社に対する印象にお変わりはありましたか？
- ○○さんが感じていらっしゃる、御社の強みを教えてください。
- 御社で活躍されている方々に、共通している特徴はありますか？

※「残業や休日出勤はありますか？」「離職率はどのくらいですか？」など、ネガティブな質問はNGです。

★ 当日は時間に余裕を持って、待ち合わせ場所へ

服装はリクルートスーツが基本。先輩たちは仕事の合間をぬって、会う時間を作ってくれています。早めの行動を心がけ、5〜15分前には待ち合わせ場所に到着しましょう。自分が早く着いたからといって、約束の時間よりも前に呼び出すのはマナー違反です。受付があれば「○○大学の○○と申します。本日○時に、○○課の○○様にOB・OG訪問の件でお約束をいただいています」と伝え、受付がない場合は、連絡用に教えてもらった先輩の携帯などに連絡します。

★ OB・OG訪問後のお礼は遅くても次の日に

OB・OG訪問後は、どんな話が参考になったかなどを感謝の気持ちとともに伝えます。別れ際にお礼を言うのはもちろん、訪問したその日のうちか、遅くても次の日に、改めてメールか手紙を送りましょう。話を聞いて感じたこと、勉強になったことなどのコメントも添えると、貴重な時間を割いてくれた先輩も喜んでくれるはずです。最終的な進路が決まったら、訪問した企業とは違うところに就職することになったとしても必ず報告を。社会人としてのアドバイスをもらえるかもしれません。

OB・OG訪問のお礼メールの例

宛先： ○○株式会社　△△部　○△様

CC：

件名： OG訪問のお礼（未来大学　未来太郎）

> **point**
> 【件名】には内容を簡潔に表し、名前を添えましょう。

宛名
○○株式会社
△△部　○△様

> **point**
> 【宛先】【宛名】は会社名・部署名・名前の順に入れます。

書き出し
本日、OG訪問をさせていただきました、未来大学□□学部□□学科の未来太郎です。
本日はお忙しい中、貴重なお時間をいただきまして、誠にありがとうございました。

本文
これまでの疑問点などを○△様に教えていただいたことで、
会社案内だけではわからなかった◆◆の仕事に対する理解が深まり、
貴社で仕事をしたいという気持ちがますます強くなりました。

特に「（印象に残ったOGのセリフ）」という
○△様のお言葉がとても印象に残り、◇◇◇◇◇◇と感じました。

今後、○△様からいただいた貴重なアドバイスを活かして、
さらに企業研究を進め、就職活動に取り組んでいきたいと考えております。
また新たにご質問させていただくこともあるかと存じますが、
その節は、よろしくご指導のほどお願い申し上げます。

> **point**
> 【本文】にはお礼と感想を盛り込んで気持ちを伝え、感謝の言葉を添えて締めくくります。

結び
本日は丁寧にご対応くださいまして、本当にありがとうございました。
まずはお礼申し上げます。

署名
未来大学□□学部□□学科
未来太郎
携帯：090-0000-0000
MAIL：0000@0000.ne.jp

> **point**
> 忘れずに【署名】も付けること。

Chapter 3

好きなことを
仕事にするための
職業選び

職業編

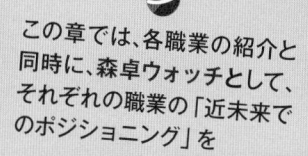

この章では、各職業の紹介と同時に、森卓ウォッチとして、それぞれの職業の「近未来でのポジショニング」を

- ハゲタカ度
- アーティスト度
- 従僕度

として表示しています。
★の数が多いほど、そのポジショニング度が高いことを示しています。
職業選びの参考にしてください。（詳しくは、P.48 を参照）

Fashion & Beauty

ファッション&美容

人をキレイにしたり、華やかにするためにサポートする仕事

ファッションモデルやデザイナー、スタイリストなど華やかなイメージのあるファッション関連の仕事。また美容師やヘアメイク、ネイリストなど人をキレイにするのが美容系の仕事です。どちらも人気があり憧れの職業に挙げられますが、どのようにアプローチすればプロとして活躍できるのか、実際の仕事で苦労する点も含めファッション&美容の仕事の魅力を紹介します。

FASHION
ファッション
に関する仕事
☆ 身につけるもので人に幸せを与える ☆

華やかなイメージのファッション業界。デザイナーだけでなく、商品を売る人、着こなしを提案する人、それぞれに流行を先取りする感性や美的センス、創造力が求められます。

注文服の発表から始まった オートクチュールの歴史

オートクチュール(高級注文服)の歴史は、19世紀、イギリス人デザイナーのウォルトが、モデルに服のサンプルを着せてファッションショーを行い、それを見たお客さまが着たい服を選び、自分のサイズに合わせて作らせたのが始まり。その後、一部のデザイナー企業が既製服を発表したのをきっかけに、ファッションの生産システムがプレタポルテ(高級既製服)へと変わっていきました。

●オートクチュールの洋服ができるまで〈関わる職業〉

デッサン画作成、デザイン決定、パターン作成〈デザイナー・パタンナー〉
採寸、裁断、仮縫い〈ソーイングスタッフ〉
試着、パターン調整〈ソーイングスタッフ・パタンナー〉
生地、裏地、ボタン、ステッチ糸など素材を最終決定〈デザイナー・テキスタイルデザイナー〉
実布裁断、実布仮縫い〈ソーイングスタッフ〉
試着、バランスをチェック、丈の最終調整〈デザイナー・ソーイングスタッフ〉
アイロンがけ、最終仕上げ〈ソーイングスタッフ〉

たとえばこんな職種がある！

✦ **ファッションデザイナー** ✦ **ファッションモデル** ✦ **スタイリスト** ⇒ PickUp! の項を参照

✦ **パタンナー** デザイナーが描いたデッサンをもとに、型紙（パターン）の基本形を作る仕事。必要な資格はありませんが、服飾系の大学や短大、専門学校でパターンメイキングを学んだのちアパレルメーカーのデザイン部門などで仕事をするのが一般的。平面的なデザイン画から立体的なシルエットを導き出す、服作りのキーパーソンです。

✦ **テーラー・ドレスメーカー** オーダーメイドで服を仕立てる人。服地選びからデザイン、採寸、型紙、裁断、仮縫い、フィッティング、仕上げまで高い技術が必要です。また体型の変化によるサイズ直しなど、一着の服を通してお客さまと長いお付き合いができるのもこの仕事の魅力。服飾系の学校で技術を学び、紳士服や婦人服メーカーで経験を積むのが一般的です。

✦ **宝石鑑定・鑑別者** 宝石の種類や、本物か偽物かを見分ける「鑑別」と、ダイヤモンドの４Ｃ（カラット、カラー、クラリティ、カット）のように石の等級を判定する「鑑定」が主な仕事。民間の認定資格を取得して宝石の販売店や加工会社、鑑定機関などで仕事をする人が多いです。

上記以外にも…
ファッションアドバイザー／バイヤー／シューズデザイナー／ジュエリーデザイナー　など

Pick Up!

Fashion File 1　ファッションデザイナー

プロフェッショナルの現場

森卓ウォッチ
ハゲタカ度 ★★★★★
アーティスト度 ★★★★★
従僕度 ★★★☆☆

常に１年先の流行をとらえるセンスとパタンナーとのチームワークが重要

ファッションを通して時代のニーズをとらえ、美的センスに響くデザインを生み出す仕事。独自のインスピレーションを衣服や靴、アクセサリーなどの服飾品で表現し、流行そのものを作り出します。現場ではまずシーズンテーマに合わせてデザイン画を作成。パタンナーにイメージを伝え、その後、仮縫い・サンプル製作を経て完成した新作を展示会でリリースします。なお９月〜10月に春夏コレクション、２月〜３月に秋冬コレクションと、常に季節を先取りするのがこの業界の常識です。

なるためには…

デザイン系の学校で学んだからといってファッションデザイナーになれるわけではありません。資格が不要で、センスだけが問われる仕事ですから、コンテストに応募して賞を取るとか、有名デザイナーの下働きをするといった方法が最短経路です。しかし、成功に至る人は、ほんの一握りです。ただ、ファッション業界には関連する職業がたくさんあるので、大部分の人はそこで働くことになります。

Pick Up! プロフェッショナルの現場

Fashion File 2 ファッションモデル

森卓ウォッチ
ハゲタカ度 ★★★★★
アーティスト度 ★★★★★
従僕度 ★★★★

最新ファッションを魅力的に着こなし流行をリードする美の表現者

新作や話題性のあるデザインの衣服を身につけて、そのファッションのテーマや着こなし方などを表情やポーズで表現する仕事。ファッションショーではニューヨーク、ロンドン、ミラノ、パリで開催される4大コレクションのランウェイ（客席の中に突き出した細長い舞台）を歩くことが大きな目標とされています。また雑誌などの仕事ではファッション、美容系のスタジオ撮影をはじめ、グルメ、旅などのテーマで海外にロケに行くことも。世界で活躍するトップモデルを目指すなら語学力も必要です。

なるためには…

事務所の採用も仕事の機会も、基本はオーディション。評価のポイントはウォーキング、ポージングなどの基礎技術に加え、外見的にも内面的にも自然体の美しさを備えていること。特にこの世界では「体型は性格や意識の表れ」とされ、健康的な体型を維持するための食事制限やエクササイズを日常的に継続できる強い精神力が重要。常に自分を磨く努力を怠らない姿勢が求められます。

Fashion File 3 スタイリスト

森卓ウォッチ
ハゲタカ度 ★★★★★
アーティスト度 ★★★★
従僕度 ★★★★

バランスのとれたファッションセンスで撮影現場をトータルコーディネート

雑誌やCM、映画などの撮影現場でモデルや役者が身につける洋服や靴、バッグなどを調達し、コーディネートする仕事です。具体的には編集者やクライアントと相談しながら企画内容に合う商品を一つ一つリストアップし、撮影当日にすべてそろうようにアパレルメーカーやショップに手配。撮影後は服をクリーニングに出したり、小物類は借りた時と同じ状態に箱詰めして返却します。ファッションセンスはもちろん、人脈の広さやフットワークのよさも求められます。

なるためには…

必要な資格はありませんが、スタイリストの事務所でアシスタントとして下積みをしながら、独立を目指すのが一般的。服飾の専門学校等で学ぶことはマイナスではありませんが、卒業してすぐにスタイリストになれるケースは、ほとんどありません。撮影現場のイメージ作りはスタイリストのセンスにかかっているのでトータル的なバランス感覚に優れた人、几帳面で機転のきく人に向いています。

BEAUTY
美容 に関する仕事

☆キレイをサポートして人に喜びを与える☆

美容業界の仕事は髪型やメイクの美しさを追求するだけではありません。人をキレイにすることでその人の内面の輝きを引き出し、ポジティブに生きるエネルギーを提供しています。

理美容のあり方を見直し より充実したサービスを

2015年に、美容師と理容師の職務範囲を規制していた厚生労働省の局長通知が廃止され、男性客、女性客でサービスを区分けするという考え方が大幅に見直されました。シェービング技術は従来通り理容師のみの領域ですが、カット、パーマについては理容師も美容師も男女を問わず自由に提供できるようになるほか、将来的に両者が同フロアで一緒に働くことについても条件つきで緩和される見込みです。

たとえばこんな職種がある！

✦美容師 **✦メイクアップアーティスト** ⇒ PickUp! の項を参照

✦理容師 主に男性客にヘアカット、シャンプー、顔そりなどを行います。国家資格が必要で、高校卒業後、理容専門学校などで勉強して理容師国家試験に合格すると、厚生労働大臣から免許証が交付されます。最近では理容師にしか許されていないシェービング技術を活かしたエステなど、女性向けのサービスも増えています。

✦ネイリスト 爪のコンディションを整えたり、マニキュアやジェルカラー、人工爪などで爪を美しくデザインする仕事。専門学校で技術を習得後、サロンで仕事をするのが一般的です。関連資格はネイリスト技能検定試験（1級〜3級）。手先の器用さやセンスなどが求められます。

✦エステティシャン 美しさと癒しを求める人に、髪以外の全身美容を施す仕事。ボディ、顔など部位別のマッサージや脱毛、痩身などのメニューがあります。資格は不要ですが、専門の養成機関や化粧品メーカーが運営する学校で技術を身につけ、サロンに入るのが一般的です。

上記以外にも…
カラーコーディネーター／調香師／クリーニング師　など

Pick Up! プロフェッショナルの現場

Beauty File 1 美容師

森卓ウォッチ
ハゲタカ度 ★☆☆☆☆
アーティスト度 ★★★★☆
従僕度 ★★★★☆

好みと個性をおしゃれにアレンジ！髪型で人をキレイにする美の演出家

カット、パーマ、カラーなどの美容技術と美的センスで一人一人の好みや個性に合うヘアスタイルを創造する仕事。サロンや美容室に所属するのが一般的ですが、タレント専属や雑誌などのヘアメイク担当としてフリーで活躍する人も。競争の激しい世界であり、安定して仕事を続けていくには常に時流を意識し、カットをはじめとした様々な技術向上のための努力を惜しまない姿勢が重要です。世の中にも業界にも影響力を持つカリスマ美容師は、この仕事を目指す人の目標にもなっています。

なるためには…

国家資格が必要。高校卒業後、美容専門学校などで知識と技術を学び、美容師国家試験に合格すると厚生労働大臣から免許証が交付されます。もっとも実際の修業はそこから始まり、一人前になるには3～5年はかかるとされています。カットやブローの技術、ロットの巻き方など、上達するにはとにかく練習あるのみ。人をキレイにしたいという情熱と美的センス、コミュニケーション力も大事です。

Beauty File 2 メイクアップアーティスト

森卓ウォッチ
ハゲタカ度 ★☆☆☆☆
アーティスト度 ★★★★★
従僕度 ★★★★★

テーマやシーンに合わせたメイクで完璧な役作りをアシストするプロ

テレビや映画、ショー、雑誌、広告などの製作現場でモデルや役者、タレントのメイクを手がける仕事。与えられた時間内で役柄や場の雰囲気に合わせたメイクを仕上げ、撮影中もまめに状態を見ながらメイク崩れを直します。メイク専門プロダクションやテレビ局、化粧品会社などに所属するほか、フリーで出版社などと契約して仕事をする人もいます。求められるメイクを提供するために、日ごろからセンスを磨く努力が必要です。また最近は結婚式や成人式など、一般の人向けの仕事も増えてきました。

なるためには…

美容師と違い資格は不要です。美容師免許を持っていたほうが有利な場合もありますが、持っていない人が圧倒的。最初は、ヘアメイクの会社に入ってアシスタントから修業です。また撮影は長時間に及ぶこともあるので、タフな精神力と体力が必要。流行に敏感で、芸術的・美的センスに自信のある人、役者やモデルをリラックスさせるのも大事な役目なので、雰囲気作りの上手な人に向いています。

Real Voice

コラム

外資系アパレルメーカー
広報部 パブリックリレーションズ
青木佳織(仮名)・30代

外資系アパレル会社のPR担当の方に聞きました

「外部と社内を結ぶ広報の窓口として」

PRとはパブリックリレーションズの略。会社の広報窓口として、外部と社内を結ぶ仕事です。朝は出社したらまずメールを50通ほどチェック。続いて各メディアでアップデートされた自社関連の記事をまとめてクリッピングし、イタリアの本社宛に送信。ここまでがルーティン業務です。その後、社内ミーティングの予定がない日は社外の人とのランチミーティングや商品撮影の立ち会いなどで外出します。また本社からCEO（最高経営責任者）が来日する際に、デザイナーや取引先との会食や商談をアレンジするのも私たちPRの重要な仕事の一つです。

「ミラノコレクションにかける思い」

最も達成感を感じるのは、大きなイベントを無事に終えた時ですね。毎年2月～3月はミラノコレクションの開催に合わせて本社でも展示会を企画します。私もスタッフとして現地入りし、日本から来ているバイヤーやファッションジャーナリスト、エディターの皆さまをご案内したり、商談のサポートをしたりします。準備中はいろいろストレスを感じることもありますが、無事にやり遂げたあとはみんなで達成感を分かち合い、お互いの成果を称え合います。『共有』という言葉はこの時のためにあるんだなあ、と思いました。

「素晴らしい出会いがたくさんある！」

PRの仕事はとにかく人と接する機会が多いので、人と話すのが好きな人に向いていると思います。できるだけいろいろなものを見て、聞いて、経験して…そのすべてが自分のパーソナリティとなって日々の仕事に活きてくる。素晴らしい出会いがたくさんあることも、この仕事の大きな魅力ですね。

料理&食生活サポート

料理を作ったり食べるのが好きなら、料理関連の道へGO

「食べることが大好き」というあなたには、料理関係の仕事がおすすめ。ただ、ひとくちに料理関連といっても、シェフ、パティシエ、ソムリエなどさらに専門的に分かれます。また、お店でお客さまに提供しなくても、栄養士、料理研究家、フードコーディネーターという専門的な道もあります。自分にはどの仕事がマッチするのか、やりがいも含めて調べてみましょう。

COOKING
料理
に関する仕事

☆ どんな時代にも求められる"美味しさ"へのこだわり ☆

新しい"食"の提案や伝統の味を守るなど、バリエーション豊かな料理の世界。
自分が作った料理で人を喜ばせることができるのも大きなやりがいです。

人を笑顔にする瞬間に達成感を味わえる仕事

「和食」が世界遺産登録で注目され、料理人が世界中で求められているなど仕事の場は海外にも広がっています。立ち仕事で深夜に及ぶ業務などハードな面もあり、優秀な若手を育てるためにも気遣いのできる人が必要とされています。単に美味しいものを作るだけでなく、お店を継続するためには利益を出す姿勢も必要です。集客や話題作りなどマネジメントを考えられる人が求められています。

たとえばこんな職種がある！

- **◆シェフ** **◆パティシエ** **◆ソムリエ** ⇒ PickUp! の項を参照
- **◆調理師** 調理師になるには、調理師国家試験に合格する必要があります。レストランやホテルをはじめ、フランス料理、イタリア料理、エスニック料理など様々な国の料理店や病院、福祉施設など仕事場は多岐に渡ります。資格取得のためには、調理師専門学校へ行く場合と、飲食店で実務経験を積んで試験を受ける方法があります。資格がなくても働けますが、調理師免許がないと働けない職場もあります。
- **◆バリスタ** コーヒーのスペシャリスト。資格がなくても働けますが、専門学校で学ぶ場合や、飲食店で経験を積み、日本バリスタ協会の認定資格試験を受けてステップアップする人もいます。毎年バリスタグランプリが開催され、優勝者は商品プロデュースのチャンスを得ることも。
- **◆バーテンダー** 各国のお酒について深く理解し、バーカウンターでカクテルなどを提供する仕事。飲食業・ホテルのバーなどで経験を積んで技を磨きます。技能大会も開催されています。

上記以外にも…
ショコラティエ／パン製造技能士／製菓衛生士／和菓子職人　など

Pick Up!

Cooking File 1 シェフ

プロフェッショナルの現場

森卓ウオッチ
- ハゲタカ度 ★☆☆☆☆
- アーティスト度 ★★★★★
- 従僕度 ★★★★☆

トレンドを取り入れた提案を常に考え料理人をまとめる厨房のトップ

シェフとは、レストランやホテルの料理長を意味します。素材の吟味やメニューを考えるだけでなく、お店で働く料理人をまとめるリーダーシップも必要とされます。オーナーシェフは自分のお店を営む料理長のことで、お店の経営にも責任を持つため、経営の知識も不可欠です。新しい素材や演出で美味しさだけでなく新鮮な驚きや楽しさを届けるなど、常に学び続ける姿勢やアイデアが求められます。独自の料理を追求し、お客さまに喜んでもらえた瞬間は大きなやりがいがあります。

なるためには…

店に入って下働きから修業をするのが一般的ですが、最近は専門学校で学んでから料理店の求人に応募する人も。語学やコミュニケーションなどの面でも本場の国で修業する人もいます。洗い物や下ごしらえなどの役割から始まり、食材を焼いたりソースを作ったりと難しい役を任されるようになり、料理長になるまで数年から数十年かかることも。独立の場合は資金の準備や経営の知識も不可欠です。

Pick Up!

Cooking File 2 パティシエ

プロフェッショナルの現場

森卓ウオッチ
ハゲタカ度 ★★★★★
アーティスト度 ★★★★★
従僕度 ★★★★★

**華やかで繊細な洋菓子は
職人の高い技術と根気から生まれます**

味だけでなく、見た目にも美しいケーキやチョコレートなどの洋菓子を作る職人。味覚や手先の器用さなど繊細な感性が求められます。洋菓子は作るものによって技術や調理時間が決まっていて、同じものを大量に正確に作るために地道な作業を繰り返す緻密さも求められます。小麦粉など重い材料を運ぶなど力仕事もありますが、スイーツで感動を届けられる喜びがあります。パティシエのトップであるパティスリーシェフは材料の管理や新商品の企画などに責任を持って取り組みます。

なるためには…

専門学校で学んでから就職するのが一般的です。洋菓子店で働く場合が多く、ホテルやレストランのパティスリー部門で募集がある場合も。学校卒業後から修行が始まり、一人前になるまでには何年もかかります。コンクールに挑戦したり、自分のお店を持ったり、柔軟に勤務時間を調整できるように自宅でオーダーメイドのお店を始めるなど活動方法は様々。女性はパティシエールと呼ばれます。

Cooking File 3 ソムリエ

森卓ウオッチ
ハゲタカ度 ★★
アーティスト度 ★★★★
従僕度 ★★

**ワインを楽しむ時間を演出する
知識が豊富で心強いサポーター**

ワインの専門家として、レストランや販売店で仕入れからお客さまへのサービス、品質管理などを行います。世界中で生産されているワインの豊富な知識や繊細な味覚に加え、お客さまが料理を楽しめるようなセレクトや気遣いが求められます。ホテルやレストランなどで経験を積み、オーナーとして料理店をプロデュースしたり販売店を開く人も。日本にもワイン文化が定着していますが、フランスなどでは国家資格とされるほどです。女性の場合は、ソムリエールと呼ばれます。

なるためには…

- 専門学校・高校・大学・社会人
- 飲食店・サービス業で5年以上の経験
- ソムリエ検定　合格
- 飲食店でマネージャーなどにステップアップ、独立して自分の店を持つなど

● その他の受験資格は、小売店内において料理とともにアルコール飲料を提供していること、及びその部門において月間120時間以上従事していることなどがあります。
● 客室乗務員、調理従事者はソムリエ受験が可能です。

FOOD SUPPORT
食生活のサポート
に関する仕事

★食事を通じた楽しみや健康な生活を支えるスペシャリスト★

栄養バランスや適切な調理方法など、プロの視点でアドバイス。美味しさだけでなく楽しさや作りやすさなど相手が求めるポイントに応じた提案が必要です。

独自のアイデアや視点で食に関する新しい提案を

赤ちゃんや育ちざかりの子ども、お年寄りのために作る料理や、節約したい、おもてなしをしたいなど、献立に頭を悩ませる人は多いことでしょう。以前はカロリー計算が主流だった栄養士の仕事も、現在はアレルギー対策にも重きが置かれています。美味しさと栄養の両立で、社員食堂で健康を考えたメニューを手がけた栄養士のレシピ本がベストセラーになるなど、新しい知識を取り入れながらアイデアを考える姿勢が求められます。

メディアへ情報発信・スタイリング
雑誌やWEB、テレビなどで紹介する料理を演出

レシピや商品の開発
新しさやトレンドを取り入れたメニューの提案

料理教室やケータリング制作
"食"の魅力を様々なコミュニケーション方法で伝える

たとえばこんな職種がある！

✦**栄養士** ✦**料理研究家** ⇒ PickUp!の項を参照

✦**フードコーディネーター** 新しいレシピの開発、商品や飲食店へのアドバイスや料理教室の主宰、食育や生産地とのつながりをコーディネートするなど、仕事の領域は様々です。発想力や、求められていることをキャッチする能力も大切です。料理をメディアやイベントで紹介することもあり、スタイリングやカラーコーディネートのセンスも必要とされます。

✦**食生活アドバイザー®** 健康に暮らすために、日常の暮らしを通じて、食生活にポイントを絞ってアドバイスをするスペシャリスト。飲食店や販売店、医療・介護施設など活躍の場は様々です。食生活アドバイザーを名乗るには、検定に合格する必要があります。

✦**レストランサービス技能士** 西洋料理を中心としたサービス方法や、衛生管理の知識と技能を身につけたレストランサービスのプロフェッショナル。国家検定で学科試験と実技試験の両方がある「レストランサービス技能検定」に合格する必要があります。

上記以外にも…
野菜ソムリエ／パンシェルジュ／キッチンスペシャリスト／クッキングアドバイザー　など

※食生活アドバイザーはFLAネットワーク協会が使用権を有する登録商標です。

Pick Up! プロフェッショナルの現場

Food Support File 1 　栄養士

森卓ウォッチ
- ハゲタカ度 ★★★★★
- アーティスト度 ★☆☆☆☆
- 従僕度 ★★★★☆

健康への関心が増え、栄養に関する教育やアドバイスが求められています

食事と健康に関する専門知識は生涯を通じてニーズがあり、相手の好みや目的に応じてバランスよく美味しい献立を考える能力は今後も必要とされるでしょう。カロリーや栄養成分などの細かい計算をする綿密さや、学校などの施設で大量に作る際、アレルギーを考慮したレシピや、食費に合わせた発注能力も求められます。美容に気をつけたい、スポーツのため筋力をつけたいといった多様なニーズや価値観、飲み込む力の弱いお年寄りなど相手のことを考え、工夫して応える姿勢が求められます。

なるためには…

大学や短大、専門学校の栄養士養成施設で卒業時に栄養士免許を取得することができます。免許を取得したあと、規定の実務経験を積んで上級資格である管理栄養士を取得してステップアップする人もいます。学校や病院、食品関連メーカー、介護施設など様々な職場があります。需要があるといわれる一方、一つの施設で少人数しか雇用されないこともあり、チャンスを逃さないことが大切です。

Food Support File 2 　料理研究家

森卓ウォッチ
- ハゲタカ度 ★☆☆☆☆
- アーティスト度 ★★★★☆
- 従僕度 ★★☆☆☆

料理の楽しさやコツを伝える仕事　人気の一方で、競争率が厳しい世界

新しいメニュー開発から献立の工夫の仕方、道具の使い方などトータル的にアドバイスします。料理番組に出演したり、料理本を出版したりする人もいますが、有名になれるのはほんの一握り。主婦やタレントから転身する人もいて、常に競争の激しい業界です。料理が好きというだけではなく、積極的な情報発信やコネクション作りも重要です。子どもと楽しむ料理や、和の心を伝えるなど、自分ならではの視点や、雰囲気を大切にした料理教室などで地道にファンを増やしている人もいます。

なるためには…

専門学校・短大・大学
↓
料理研究家のアシスタント　／　料理教室で教える
↓
料理研究家として独立
↓
料理教室、雑誌やWebで情報発信、本の出版、テレビ出演など

Real Voice

コラム

🍒 フードデザイナーの方に聞きました

フードデザイナー
中山晴奈・30代

「"食"に関わる人々の想いを伝える」

フードデザイナーは食を通じて人とのつながりや出会いの場をデザインし、食べ物を作る人の気持ちを伝えるお手伝いをします。その土地の個性や魅力を活かした商品開発や、地域のPR事業、ケータリングの企画、料理を通じてメッセージを伝える写真スタイリングなど、仕事内容は様々です。ケータリングや料理のスタイリングでは、事前にどんな料理にするか試作したり、食器を選んだりもします。島の食材をPRする仕事では、出張で何度も足を運ぶことはもちろん、どんなふうにアピールしていくかを行政や農協の方々と打ち合わせします。食に関するイベントを行うスタジオ運営もしていて、子ども向けの食を通じた学びのプログラムや、地域の食に関する発信をしている人をゲストに呼ぶトークイベントなど、企業や地域など様々な領域で優れた取り組みをしている人たち同士をつなげる場作りをしています。

「つながりをデザインして課題を解決」

"食"に関わる仕事は範囲が広く、農業や流通業者、商品のパッケージデザイン、家庭の主婦まで、各分野のプロフェッショナルによって支えられています。一方で、地域の伝統や文化、食を支えているモノづくりなど、素晴らしいものがあっても知られていない、魅力的に伝えられていないことから起こる問題もたくさんあります。とても丁寧に作られているものなのに、価値を理解されずに安く売られてしまい、その結果として生産が続けられなくなってしまうのはとても残念です。料理だけではなく、食材や生産者、その背景にある価値観への理解を深めるためには、困っていることを共有したり、一緒に考えるなど横からつないでいくことが必要だと思います。食に関わるプロとして、それらの解決の道筋を立てられるのではないかと考えているため、今の仕事に情熱を持って取り組んでいます。

建築 & 住宅

Architecture & Housing

住宅に関連する仕事は設計からインテリア、職人まで様々

素敵な家を建てたい、インテリアに興味がある、そんな人に向いているのが建築・住宅関連の仕事です。国家資格である一級建築士や宅地建物取引士を始め、大工、左官、インテリアコーディネーターなど、職種は様々。仕事に就くまでのアプローチが違うので、自分はどの仕事をやってみたいのか、仕事の流れをそれぞれ具体的に紹介します。ぜひ参考にしてください。

ARCHITECTURE
建築・施工
に関する仕事

☆ 安全に整備された都市空間を創造し、未来につなぐ ☆

安全第一の建築工事。設計する人、工事する人、管理する人、それぞれの力を結集して作りあげられた品質とデザイン性の高い建築物が人々の暮らしを豊かにし、街の景観を整えます。

建築界で最も権威ある賞「プリツカー賞」

プリツカー賞とは1979年にアメリカのプリツカー一族によって設立された建築界のノーベル賞のこと。受賞すると功績のある建築家として世界から認められる栄誉ある賞です。日本人の歴代受賞者のなかには東京都庁を設計した丹下健三氏のほか、幕張メッセを手がけた槇文彦氏、茨木春日丘教会を作った安藤忠雄氏、世界各国の被災地に仮設住宅を建てた坂茂氏などがいます。

●木造の家が建つまで

設計プラン決定
地鎮祭(安全祈願祭)／基礎工事／仮設工事
棟上げ／上棟式
屋根工事／外装工事／設備工事
内装工事／仕上げ
竣工

たとえばこんな職種がある！

◆ **建築士**　◆ **CADオペレーター**　◆ **電気工事士**　⇒ PickUp! の項を参照

◆ **大工**　主に木造建造物の建築、修復などを専門に行う。住宅を手がける建築大工、神社仏閣の建造に関わる宮大工（p.246参照）のほか、船大工、建具大工などがいます。日本人ならではの緻密で丁寧な匠の仕事は、世界に誇れる技術。専門の教育施設、職業訓練校などで学び、工務店に所属して仕事をするのが一般的ですが、最初から棟梁と呼ばれる現場のリーダーのもとに弟子入りして実績と経験を積む方法もあります。

◆ **左官**　家屋や建物の壁を塗る仕事。漆喰（しっくい）を鏝（こて）という道具を使って塗りつける昔ながらの湿式工法は室内の温度や湿度を適度に保ち、和モダンな雰囲気と合わせてその良さが見直されています。専門機関や職業訓練校で技術を身につけるほか、工務店や左官職人のもとで見習い工として修業する人もいます。

上記以外にも…
測量士／管工事施工管理技士／土木施工管理技士／クレーン運転士／ガス溶接作業主任者／建設機械施工技師／ボイラー技士　など

Pick Up!

Architecture File 1　建築士

プロフェッショナルの現場

森卓ウオッチ
ハゲタカ度 ★★★★★
アーティスト度 ★★★★★
従僕度 ★★★★★

楽しく快適で機能的な家や公共施設をゼロから創造する暮らしのデザイナー

建築物の設計と、工事が設計通り行われているかをチェックする工事監理が主な仕事です。施主と呼ばれる建築主の予算や希望に合わせて最適なプランを考え、建築基準法など建築に関わる複雑な法令や条例に基づく手続きを代行したり、契約に関わる事務も行います。国際的に実力が認められればオリンピック会場のような世界規模の設計を手がけるなど、歴史に残る仕事に携わるチャンスもあります。独創的な感性と、建築の理論を確実に具現化できる力をあわせ持つ才能が求められます。

なるためには…

国家資格が必要。代表的な資格に一級建築士、二級建築士、木造建築士があり、それぞれ設計、工事監理ができる建築物に違いがあります。一級建築士は国土交通大臣から免許証が交付され、超高層ビルやコンサートホールなどの大規模な建物の設計、工事監理ができます。職場は設計事務所や建設会社の設計部門のほか、不動産会社の営業職や販売職として資格を強みに活躍する人もいます。

Pick Up! プロフェッショナルの現場

Architecture File 2　CADオペレーター

森卓ウォッチ
ハゲタカ度 ★★★★☆
アーティスト度 ★★★☆☆
従僕度 ★★★☆☆

**建設からファッションまで幅広く活躍
スピードと正確さ、両方の要素が必要**

ＣＡＤ（Computer Aided Design の略。コンピューターを用いた設計）を使って設計士やデザイナーの描いた設計図を正確な図面に仕上げる仕事。従来は手書きだった図面をデータ化することで共有しやすく、また三次元で立体的に画像を回転させることもできるので、見えない部分の構造が確認しやすくなりました。住宅、建設関係のほか機械や電子部品、服飾デザインまで活躍の場は多数。自分が図面を仕上げた建物や製品が世の中で広く利用されるなど、目に見える達成感を味わえる仕事です。

なるためには…

必要な資格はありませんが、理工系大学の建築学科や機械工学科、設計製図系やコンピューター系の専門学校などで学んだのち、仕事に就く人が多いです。関連資格としてＣＡＤ利用技術者試験、3次元ＣＡＤ利用者技術試験、建築ＣＡＤ検定試験などを取得しておくと有利。設計士やデザイナーの指示を正確にくみ取る理解力と、迅速かつ丁寧に仕事をこなせる几帳面さを備えた人に向いています。

Architecture File 3　電気工事士

森卓ウォッチ
ハゲタカ度 ★★★★★
アーティスト度 ★★☆☆☆
従僕度 ★★★★☆

**暮らしに必要な電気エネルギーを
安全かつ確実に届けてくれるプロ**

電気機械設備の工事を行う専門技術者。住宅の場合はコンセントや照明器具、空調設備などの取り付けのほか、防犯や通信関連設備の配線、配管工事も担当します。家庭で使う電気のほか、大規模商業施設や工場、病院、空港、ホテルなど私たちの営みを支えるほぼすべての施設で電気エネルギーが使われており、電気工事士の存在は不可欠といえます。専門的な知識と技術を備えていることはもちろん、狭所や高所での作業も多いため、平衡感覚と手先の器用さも求められます。

なるためには…

国家資格が必要。一般住宅や小規模店舗などの電気設備工事を行える第二種、最大電力５００キロワット未満の工場、ビルなどの工事まで行うことができる第一種があります。電子工学系の大学や専門学校、職業訓練校などで学ぶか、電気工事会社や電力会社に入り実務訓練を受けながら第二種電気工事士の資格を取得するのが一般的。第一種には3～5年以上の実務経験が求められます。

HOUSING
住まい に関する仕事

★「家」を軸に、豊かで幸せな人生を応援★

土地や建物の取引から資産管理、住宅選び、インテリア提案など、暮らしの基本となる住まいに関するアドバイスやサービスで、人々が充実した生活を送れるようにサポートします。

省エネと安心、楽しいを叶えるスマートハウス

スマートハウスとは家庭内のエネルギー消費が最適に制御されたエコ住宅。近い将来、住まいはHEMS（Home Energy Management Systemの略）や、太陽光発電と蓄電のシステムを搭載するのが主流になるとされています。さらに認証システムで開く玄関ドアや、冷蔵庫と連動して料理レシピが表示されるキッチンなど、便利で楽しく暮らせる仕組みの研究が行われています。

たとえばこんな職種がある！

◆宅地建物取引士 **◆インテリアデザイナー** ⇒ PickUp! の項を参照

◆不動産鑑定士 法律に基づいて不動産の鑑定評価を行う仕事。土地の価格変動や周辺環境などをもとに客観的な価値を鑑定しますが、その評価が取引や投資の重要な判断基準となるため社会的責任も重く、不動産関係の国家資格では最難関とされます。不動産鑑定事務所を中心に、国土交通省などの公的機関、大手不動産会社、信託銀行などでも活躍。富裕層に向けたコンサルティング業務のニーズも増えています。年収が高く、経費や設備面で独立開業しやすい点も魅力。

◆マンション管理士 マンション住民が運営する管理組合で話し合われるマンションの維持・管理などの問題について、専門的立場からアドバイスをする仕事。法律に基づいてトラブルの解消、修繕計画の立案、マンション運営に関するコンサルティング全般を行います。国家試験合格後にマンション管理士としての登録が必要ですが、マンション管理会社やコンサルタント会社に就職して実務経験を積んでから資格を取得するのが一般的。不動産会社でもニーズが高い職種です。

上記以外にも…
土地家屋調査士／インテリアコーディネーター／インテリアプランナー／ハウジングアドバイザー／エクステリアデザイナー／造園技能士　など

Chaptar3　好きな事を仕事にするための職業選び　★　147

Pick Up! プロフェッショナルの現場

Housing File 1 宅地建物取引士

森卓ウオッチ
- ハゲタカ度 ★★☆☆☆
- アーティスト度 ★☆☆☆☆
- 従僕度 ★★★★☆

知識と冷静な判断力、論理的な交渉力で土地建物の取引を公正に進めるプロ

法律に基づいて、不動産取引を公正に成立させるためのアドバイスや提案をする仕事。家や土地を買う、売る、または借りる際、その不動産の状況や権利関係の調査を行い、買主や借主に法律で定められた重要事項を説明して、契約を締結するまでの一連の業務を担当します。なお不動産会社や建設会社では事業所ごとの人数に応じて一定数の有資格者を配置することが義務づけられており、安定的なニーズがあるのも大きな魅力。将来的に独立してコンサルティングの分野で活躍する道もあります。

なるためには…

宅地建物取引士は国家資格。試験に合格後、従事するには合格した都道府県に登録の申請が必要です。受験資格は特になく、通信教育などを利用して独学で勉強する人も。なお実務経験が2年以上ない場合は合格後に別途、実務講習の受講が必要です。権利関係が複雑な不動産取引に際し、どんな場面でも冷静かつ論理的に交渉するのが得意なタイプの人に向いています。

Housing File 2 インテリアデザイナー

森卓ウオッチ
- ハゲタカ度 ★★★★★
- アーティスト度 ★★★★★
- 従僕度 ★★★☆☆

建築・設計のプロと連携しながら快適で安全な住空間をプロデュース

住宅や商業施設、オフィス、ホテルなどの内装や室内装飾をデザインし、心地よく機能的な住空間を創出する仕事。設計プランのイメージに合わせて、依頼主の好みにマッチする家具やカーテン、照明など備品のデザインまで手がけることもあります。活躍の場はインテリアデザインや建築関係の設計事務所、ハウスメーカーなど幅広くあります。特に店舗や公共施設などのインテリアに携わる仕事では、自分の創りあげた空間を広く体感してもらうことができ、やりがいもひとしおです。

なるためには…

必要な資格はありません。建築、美術、工学などの基礎知識を大学で総合的に学ぶか、インテリアデザイン系の学科・コースがある専門学校で知識と技術を身につけて仕事に就くのが一般的です。また建築士、インテリアコーディネーター／プランナーなどの関連資格も取得しておくと有利。デザイン上の空間イメージをわかりやすく伝える表現力と美的センスに自信のある人に向いています。

Real Voice

コラム

ハウジングアドバイザーの方に聞きました

都内不動産会社
営業部
菊地めぐみ(仮名)・30代

「こんな暮らしがしたい、を叶えたい」

初めて自分の家を買う人の家作りの相談をお受けするサービスを担当しています。私たちがお客さまにお会いして最初にお聞きすることは、『どんな暮らしがしたいですか？』。そのイメージに基づいて、どういうアドバイスをしたらいいか、方向性を考えて進めていきます。具体的には不動産物件のチェックポイントや住宅ローンの組み方、予算に合った建築会社や工務店、ハウスメーカーの選び方など、お客さまからの質問に一つ一つお答えしていきます。

「家は人生でいちばん大きなお買い物」

もともと間取り図とかインテリア雑貨を見るのが好きだったので、住宅関連の仕事を選びました。ハウジングアドバイザーの仕事は覚えることが多くて最初はたいへんでしたが、今は人生でいちばん大きな買い物のお手伝いをすることにとてもやりがいを感じています。

「ご夫妻の夢が詰まったケーキの味」

以前、ケーキ店を開店したいとおっしゃるご夫妻が相談にみえました。ご主人が会社を退職して、自宅と店舗を併設したおうち作りを考えているとのこと。お店作りとなると、住まいとしての家作りとはだいぶテーマが違います。難しい課題をいただいたなと思いましたが、自分たちの立場でできることをいろいろと模索した結果、日ごろお世話になっている建築会社の方が対応してくれることになりました。さっそくご夫妻に紹介し、その後は順調に進みました。そして、後日お店がオープンした際、お二人がお礼に、とケーキを持ってきてくださいました！その時はお役に立てて本当によかったと、心から思いましたね。

「幸せ作りをお手伝いする仕事」

この仕事を通じて、"家作りとは幸せ作り"なのだなということをつくづく実感しています。もっと不動産やインテリアを勉強して、素敵なおうちで幸せな暮らしを叶える人が一組でも多く増えたらいいなと思っています。

Chapter3 好きな事を仕事にするための職業選び ★ 149

Animal plant, Agriculture, Forestry and Fisheries

動植物 & 農林水産

動植物や自然を相手にする仕事は苦労も多いがやりがいも大きい

動植物が好きなら、一度は獣医師、トリマー、グリーンコーディネーター、農業などの仕事に就いてみたいと思ったことがあるのではないでしょうか。これらの仕事はやりがいは大きいですが、動植物や自然が相手なので、ひと筋縄ではいかないもの。どのようなアクションを起こせば、動植物に関する仕事に就けるのか、実際に働いている人たちの生の声も併せて紹介します。

CREATURE
動物・生物
に関する仕事

☆ 動物の暮らしや命に寄り添うプロフェッショナル ☆

言葉の通じない動物や生物と接する仕事では、好きという気持ちが何よりも大切。動物と信頼関係を築くための根気や、病気や不調に気づくための細かい心配りも必要です。

動物が元気で快適に暮らせるようなサポート

ペットだけでなく警察犬や盲導犬、家畜など様々な場面で人と動物は共に暮らしています。生き物が相手のため、時には昼夜を問わない世話や看病が必要なことも。家族の一員と考えられるようになったペットに食事や美容などの面でお金をかける人が増え、ペットのお葬式やお墓もあるほど。ペットホテルやペットシッター、高齢化するペットに配慮した食事など多様なサービスが生まれています。

- 動物病院：ペットを中心に動物の病気やケガの治療にあたる
- 福祉関連の施設：精神の健康回復を図るアニマルセラピーを指導する
- 野生動物関連：動物園・水族館で飼育管理の指導を行う

たとえばこんな職種がある！

- **獣医師** **飼育員** **トリマー** ⇒ PickUp! の項を参照
- **動物看護師** 獣医師による診療や手術のサポートをする仕事。飼い主に病気の予防やエサのアドバイスをしたり、相談に乗ったりします。動物病院のほか、ペットショップやペットホテルなどで働くこともあります。動物看護師統一認定機構が推奨する専門学校や大学で学び、試験に合格すると「認定動物看護師」として働くことができます。
- **調教師** 2歳前後の馬を馬主から預かり、競走馬に育てます。競馬学校の厩務員課程で学び、厩舎スタッフとして経験を積みながら調教師免許取得を目指します。
- **盲導犬訓練士** 視覚障害者をサポートする盲導犬の訓練をします。犬が自分で適切に動く判断能力を身につけ、視覚障害者が盲導犬と共に生活できるまでの訓練には根気強さと忍耐力が求められます。日本盲導犬協会付設盲導犬訓練士学校で学べます。

上記以外にも…
ブリーダー／野生生物調査員／アニマルセラピスト／ペットシッター／ペット葬儀社／ドッグトレーナー／鳥獣保護員／厩務員　など

Pick Up!

Creature File 1 　獣医師

プロフェッショナルの現場

森卓ウオッチ
- ハゲタカ度 ★★★☆☆
- アーティスト度 ★★★★☆
- 従僕度 ★★☆☆☆

**動物の命と向き合う仕事
飼い主たちから頼りにされる存在**

獣医師は犬や猫などペットの治療をする動物病院で働くほか、様々な場所で多様な役割を担っています。例えば、畜産動物の飼育が盛んな地域では、牛や豚、にわとりなど家畜の治療や健康診断なども行います。外国から輸入した動物や食品の検査も獣医の仕事の一つ。野生動物や捨てられた動物の保護に関わることもあります。動物はいつ病気になるかわからないため、診療時間以外に対応することもあります。動物の状況を理解する洞察力や、臨機応変な対応も必要です。

なるためには…

大学（獣医学課程）6年
↓
獣医師国家試験
↓
合格
↓（医師と違いインターン制度の義務がない。）
動物病院・農業関連団体・動物園など

●収入などの条件は職場によって異なるため、自分に合った環境を探すのも大切です。

Chapter3　好きな事を仕事にするための職業選び ★ 151

Pick Up! プロフェッショナルの現場

Creature File 2 飼育員

森卓ウォッチ
- ハゲタカ度 ★★★★★
- アーティスト度 ★★★☆☆
- 従僕度 ★★★★☆

動物との信頼関係だけでなく　来園者も満足させる陰の仕掛け人

動物園や水族館で飼育されている動物や魚などの世話をします。担当の動物によって仕事内容も異なり、エサ作りや檻の清掃、健康チェックなども行います。動物の状態を把握するため、時には早朝から深夜まで見守ります。知識や愛情だけでなく、根気もいる仕事です。施設内でのショーや動物たちの習性をいかにみせるかなど、来園者に楽しんでもらえるような工夫も大切です。アイデアによって来園者が増えたという例もあるほど。動物の研究や繁殖を行うこともあります。

なるためには…

大学の畜産学科や生物学科、水産学科や専門学校などで勉強するのが一般的。動物園や水族館は全国でも限られており、求人も空きが出た時だけの募集など狭き門です。募集が出るタイミングを何年も待つ人がいるほどで求人を常にチェックすることが大切。公立の施設では公務員試験を受ける必要があります。施設によって採用基準は様々で、働きたい施設に問い合わせてみるのもいいでしょう。

Creature File 3 トリマー

森卓ウォッチ
- ハゲタカ度 ★☆☆☆☆
- アーティスト度 ★★★☆☆
- 従僕度 ★★☆☆☆

ペットが増えているため今後も需要あり　接客技術も大切な要素

ペットのシャンプーやカット、爪の手入れなどを行います。ペットにとっての美容師として、美的センスも必要です。健康チェックをして、皮膚などの状態から病気を発見するのも大切な役目。女性に人気の仕事でもありますが、立ち仕事で体力も必要です。飼い主の希望を理解し、ペットの種類に応じて無理のないスタイルを提案します。動物に安心してもらうことはもちろん、飼い主とのコミュニケーションも大切です。ペット商品を販売するお店では、事務的な仕事が求められることがあります。

なるためには…

資格がなくても働けますが、ジャパンケネルクラブ（JKC）公認資格があると有利。店長を目指すなら上級ライセンスの取得が求められる場合もあります。小動物看護師の資格は就職でも有利で、持っているとペット相談にも役立てられます。ペットショップやペットホテル、ペット専門美容室、動物病院などのほか、個人でペットサロンを開業したり、出張訪問をする人もいます。

NATURE
植物・自然
に関する仕事

★自然の恩恵を大切に、豊かな環境を未来につなげる仕事★

自然は人々を癒してくれるだけでなく、次の世代が豊かに暮らせるためにも失くしてはならないものです。自然保護の関心も高まり、環境破壊を見直す方向へとシフトしています。

🍃 人々の暮らしと環境の共存をサポート

日本でも環境に配慮するための法律が定められ、企業による環境保全活動も行われています。観察会などの環境教育や地域開発に住民の声を反映させる取り組みなど、自然と人々との間に入って環境を守る方法や技術が求められています。一部ではガイドの仕事をボランティアが取り組んでいる場合もあるなど、収入を得るのは簡単ではない一面もあります。積極的な提案や情報発信する姿勢が必要です。

たとえばこんな職種がある！

✦ **ビオトープ管理士**　✦ **ネイチャーガイド**　⇒ PickUp! の項を参照

✦ **樹木医**　樹木の診断を行う専門家。天然記念物に指定されている木から公園や学校、神社など様々な場所に出向きます。日本緑化センターの審査に合格すると「樹木医」として登録されます。審査を受ける条件として、樹木に関する実務経験が7年以上必要です。

✦ **森林インストラクター**　森林を訪れる一般の人に向けて、森林や林業の知識やキャンプ・レクリエーションなど楽しく安全に過ごすための方法を伝えます。全国森林レクリエーション協会が実施する資格試験に合格する必要があります。ボランティアで活動をする人もいるため、収入を得るためには自然教育や観察会、レクリエーションなど、イベントの企画力が求められます。キャンプや自然への関心の高まりもあり、自然学校や森林・自然に関する団体など活躍の場が広がっています。

上記以外にも…
森林官／環境カウンセラー／自然観察指導員／グリーンコーディネーター／植木職人／グリーンキーパー／ランドスケープアーキテクト／森林セラピスト／フラワーセラピスト　など

Chaptar3　好きな事を仕事にするための職業選び ★ 153

Pick Up! **プロフェッショナルの現場**

Nature File 1 ビオトープ管理士

森卓ウォッチ
ハゲタカ度 ★★★★★
アーティスト度 ★★
従僕度 ★★★

様々な生物が暮らせる持続可能な環境を設計して作りあげるプロ

ビオトープとは、様々な生き物が生息する空間を示す言葉です。健全な自然環境を守るための技術者であるビオトープ管理士が活躍する場面は、建設業や環境保護団体など様々で、多様な生物が暮らせる環境作りや地域の再生に取り組みます。国や自治体の河川整備事業や公園の環境保全事業で自然環境に配慮した工事が求められるため、必要な資格としてビオトープ管理士が指定される場合もあります。環境基本法などの制定もあり、自然やその地域の特色を活かす方法が注目されています。

なるためには…

ビオトープ管理士として活動するためには、日本生態系協会が実施する資格試験に合格する必要があります。2級と1級の資格があり、2級は誰でも受験することができます。1級の受験には一定の実務経験が必要です。それぞれにビオトープ計画管理士とビオトープ施工管理士の2種類があります。試験内容は生態学やビオトープ論、環境に関する法律などで記述問題や小論文があります。

Nature File 2 ネイチャーガイド

森卓ウォッチ
ハゲタカ度 ★★★★★
アーティスト度 ★★★
従僕度 ★★★

自然の魅力を発見し、植物の解説から雄大さを伝える案内人

豊かな自然のある地域や観光地でのツアーに同行し、植物や自然との付き合い方などを伝えるガイドの仕事。自然を体感するために山や海を訪れたり、エコツアーに参加する人は増えています。訪れる人への安全の配慮や深い知識を伝えるためにも、ガイドの役割が求められています。楽しんでもらうだけでなく、その土地の環境について深く知り自然や動物に悪影響を与えないような注意も必要です。ツアーを通じて自然を大切にする気持ちを育てることも重要な役割の一つです。

なるためには…

資格や学歴は不要ですが、地域に長く親しんで、自然を理解していることが必要。特定非営利活動法人OWSや各地のエコツーリズム協会などで、ネイチャーガイド認定のためのトレーニングが実施されています。宿泊施設や旅行会社が開催するツアーから自然保護団体が行うプログラムでガイドを行うほか、地域の関係者とネイチャーガイドのプログラムを立ち上げた事例もあります。

AGRICULTURE, FORESTRY, FISHERIES
農・林・水産業
に関する仕事

☆自然の豊かな恵みをいっぱいに受ける営み☆

季節や地域によって豊かな恵みをもたらしてくれる一方、天候や輸入品などの世界情勢にも左右されている第一次産業。新しい創造力豊かな取り組みが始まっている分野でもあります。

卸すだけでなく積極的に販売まで考える時代へ

トマト農家がトマトジュースの生産・販売まで行うなど、生産、加工、販売まで手がける六次産業化（＝一次産業＋二次産業＋三次産業）によって作り手が販売まで積極的に関わり、付加価値を高める取り組みが注目されています。ミドリムシの研究開発から機能食品や化粧品が生産されるなど、バイオテクノロジー技術の進化も注目されています。各地で一次産業で働きたい人へのサポート体制も整ってきています。

たとえばこんな職種がある！

◆農業　◆養殖業 ⇒ PickUp!の項を参照

◆酪農家 乳牛を飼育して牛乳や乳製品の原料となる生乳を生産します。早朝から始まる世話や搾乳など体力のいる仕事です。高齢化が進み、若手が求められています。家業を継ぐ以外に酪農ヘルパーなどの活動も。大学の畜産科や研修施設などで学びます。

◆漁師 一本釣りや網などを使ったり、沖合や数ヵ月間船に乗り込む遠洋漁業など、どんな魚をとるかによっても船の大きさや漁法が異なります。漁業に興味のある人に向けたイベントや説明会が全国漁業就業者確保育成センターや各地の漁業組合で開催されています。

◆林業 植えてから木材になるまで数十年もかかるため、次世代を見据えた視点が必要です。輸入品との価格競争は厳しく、国産木材を利用する機会の創出や提案が求められています。

◆海女・海士 海で魚介類や海藻などをとります。地元の人が従事する場合がほとんどですが、自治体によっては希望者を研修者として受け入れている場合もあります。

上記以外にも…
畜産業／養蜂家／養蚕家／鮮魚競売／ハウス野菜栽培者／花卉(かき)栽培農家　など

Pick Up! プロフェッショナルの現場

Agriculture File 1 農業

森卓ウォッチ
ハゲタカ度 ★★★★★
アーティスト度 ★★★★☆
従僕度 ★★★★☆

自然の偉大さ、厳しさを感じながら収穫の喜びを得られる仕事

野菜や果物など何を育てるのか、どんな農法や規模で行うかによって、設備や年間の作業スケジュールなどが異なります。有機栽培など高品質野菜のネット販売が拡大しているなど、企業と農家がタイアップして流通を拡大している例も。思い通りにならない自然を相手に作物を育てるのは簡単ではありませんが、食糧自給率を支えるためにも重要な仕事です。大規模経営を促進する農地バンク制度や、新規就農者へのサポート体制が整備されるなど、大きな変化を迎えている分野です。

なるためには…

高校や専門学校、大学などの農業科で学ぶ人もいますが、まったく別の分野から入る人もいます。農家出身ではない場合も、全国農業会議所などで説明会や研修先の紹介が行われています。農業法人に応募して働くのも選択肢の一つです。農業だけで生計を立てるには数年かかるともいわれ、甘くはない仕事です。短期間のインターンシップや住宅費用の一部を自治体が負担するサポートもあります。

Fisheries File 2 養殖業

森卓ウォッチ
ハゲタカ度 ★★☆☆☆
アーティスト度 ★★★★☆
従僕度 ★★★★☆

伝統的な方法と最新技術によって安定的に食生活を支える仕事

ほとんどが養殖のカキやノリ、ワカメなどは種をつけた網を海に入れ、海の栄養分で育てていきます。魚は種類によって、海面に張った網の中で飼育する方法と、陸上に大きな水槽を作り、その中で育てる方法があります。生産者がそれぞれ作るエサの工夫によって、鯛やフグなどの高級魚でも天然ものを超えるといわれるようなブランドの養殖魚もあります。健康でおいしい海産物を安定的な出荷計画ができる一方で、新興国の養殖業者との競争や資源保護なども重要な課題です。

なるためには…

水質やエサ、魚や貝類などの知識、病気の予防方法などを学べる高校や大学の水産課程を修了する人が多いようです。貝類やワカメなど養殖の種類によっては家族経営が多く、漁業組合や知り合いを通じて雇ってもらう方法があります。大規模な養殖会社や真珠養殖の会社などでは、従業員の募集があることも。また漁業就業者支援のセミナーやイベントなどのサポートもあります。

Real Voice

コラム

お米作り農家の方に聞きました

善岡農園(仮)
代表
三國公雄(仮名)・40代

「創造と探究が尽きない自然の奥深さ」

農業のおもしろさは多様性があるところです。何を育てるか、どのくらい育てるか、どうやって育てるか、様々な選択肢があります。私はお米作りをしていて、1年を通して季節ごとの仕事があります。近くに住む高齢の農家さんの田んぼも預かっており、全部で40枚＊（約30ヘクタール）の田んぼを管理をしているので、その分作業量も多くなります。

「独自の方法で稲作を行うおもしろさ」

春になると田んぼの準備を始めます。田んぼの土を掘り起こして細かく砕く田起こしをしたり、田んぼのまわりに畔（あぜ）という土の囲いを作って水を張り、代掻き（しろかき）という作業で土を軟らかくして苗を植えます。田んぼの水は、日当たりなどの環境や天候によって調整が必要です。稲の生長具合を見ながら水の管理や草刈り、肥料の調整、病気や虫がついていないかの確認などをしていきます。熟練した人だと、葉の色で養分の状態を判断できるようになります。

私は殺菌・殺虫剤を使わないので、自分で草を取り除いたり、アヒルを育てて草を食べさせています。夜でも暑い夏の熱帯夜では、田んぼに入れる水をかけ流しにして稲を冷やすことで成長がよくなります。天気や気温は思い通りになりませんが、自分で対処方法を考え、工夫することで収穫量や美味しさを高める余地があります。

秋になると稲刈りをして、乾燥させたり販売する準備をします。冬の間も田んぼを肥やすために蓮華草をまくなど、次の年の準備をします。育てた作物は農協に卸したり、自分で販売先を見つけたりと様々な方法があります。私の場合は個人のお客さまへ販売しています。

「次世代に豊かな環境を残していきたい」

近くの小学校の生徒に田植えや稲刈りの体験をしてもらったり、神社で行われる行事をお手伝いしたりと、地域とのつながりは強いと感じます。地元の人や作物を食べる人が喜んでくれることがうれしいですし、次の世代に豊かな環境を残していくことにも、とてもやりがいを感じています。最近では農業法人の社員になるという新しい働き方もありますが、農家の場合はそれぞれが個人経営者です。今までと同じことをするのも大切ですし、責任も伴いますが、自分で新しいことにチャレンジする自由さもあります。

＊注…畔で囲まれた田んぼを1枚と数えます。田んぼ1枚の大きさは地域によって異なります。

Travel Airport Transportation

旅・観光 & 航空・運輸

華やかなイメージの反面、ホスピタリティが重視される仕事

国内外に問わず旅行業に関する仕事。コンシェルジュやキャビンアテンダント、パイロットなどの仕事は、憧れの職業に思う人も多いでしょう。しかし、ある意味、人命を担う仕事でもあり、職業に就くまでの訓練や知識取得にかなりの時間を要します。そんなホスピタリティあふれる旅や運輸の仕事の実態を、ここではしっかり学んでおきましょう。

TRAVEL
旅・観光 に関する仕事

☆ 楽しい思い出を演出する、旅のエキスパート ☆

旅先で自由に行動したい、安く旅行がしたい、高齢のためゆったりと安心できる旅がしたいなど、様々な要求に応えるサービスが生まれています。

国内・国外の観光だけでなく外国人観光客へもアプローチ

日本を訪れる外国人観光客や日本から海外へ出かける観光客は年々増加しています。飲食店で出されるおしぼりや、雨が降っている時に紙袋にビニール袋を重ねてくれる心遣いなど、日本人のおもてなしの姿勢には世界からも高い評価を受けています。2020年には東京五輪・パラリンピックが開催されることもあり、多言語対応や宗教への配慮など細やかな心遣いが求められています。

- ツアーコンダクター
- ホテルのコンシェルジュ
- テーマパークスタッフ
- バスガイド
- 通訳ガイド

たとえばこんな職種がある！

◆ ツアーコンダクター　◆ ホテルのコンシェルジュ　◆ テーマパークスタッフ ⇒ PickUp! の項を参照

◆ **通訳ガイド**　主に日本を訪れる外国人観光客の旅行ガイドをします。語学力やコミュニケーション能力に加え、日本の文化や歴史に関する知識も求められます。外国語での旅行案内を仕事として行うには、日本政府観光局が実施している通訳案内士の国家資格の合格と、都道府県知事の登録が必要です。試験は簡単ではありませんが、現在制度自体が見直されていて今後に注目です。旅行会社や代理店が主な就職先となります。

◆ **バスガイド**　修学旅行、社員旅行などの貸切バスや観光バスへ乗って、歴史や名所、窓から見える風景を説明しながら観光客を楽しませる仕事です。初対面の客に向かって明るく元気に話ができる度胸や、立ち仕事や泊まりがけの仕事に耐えられる体力も必要です。バス会社の募集に応募し、経験に応じて様々なコースを担当するようになります。最近は外国人観光客も増えているので英語などの語学力があるといいでしょう。

上記以外にも…
トラベルコーディネーター／ランドオペレーター／ツアープランナー／留学コーディネーター／現地コーディネーター　など

Pick Up!　プロフェッショナルの現場

Travel File 1　ツアーコンダクター

森卓ウォッチ
ハゲタカ度 ★★★★★
アーティスト度 ★★★★★
従僕度 ★★★★★

思い出に残る旅行を支える旅のエキスパート

旅行会社が主催する団体旅行に同行して、旅行者の案内やサポートをする仕事です。出発前から情報収集をしたり、旅行者の状況に気を配りながらスケジュール通りに進めていきます。失くし物や病気など、想定外のトラブルが起こっても冷静な対応が求められます。名所を回ったり旅行者の要望に応えたりと、体力的にも精神的にもタフさが必要です。海外へ同行する場合は十分な語学力も求められます。中高年向けのパッケージプランや初めての海外旅行者などが増え、高いニーズがありそうです。

なるためには…

専門学校（観光・旅行）・大学・短大卒業
↓
旅行会社、または派遣会社に就職
↓
国内旅程管理、または総合旅程管理研修受講・修了→研修の修了前後1年以内に1回以上または研修の修了後3年以内に2回以上の添乗実務経験
↓
旅程管理主任者

● 語学や観光地に関する知識のほか、コミュニケーション能力、サービス精神、柔軟性、リーダーシップ、調整力なども求められます。
● 海外添乗が可能な総合旅程管理主任者には英検2級程度の語学力が必要です。

Pick Up!

プロフェッショナルの現場

Travel File 2 ホテルのコンシェルジュ

森卓ウォッチ
- ハゲタカ度 ★★★★★
- アーティスト度 ★★★
- 従僕度 ★★★★

あらゆることに精通し、一人一人の相談に対応する接客のプロ

ホテルの利用客からの様々な要望に応えるため、ホテル内の情報はもちろん、周辺の観光地や飲食、移動方法など多様な知識を身につける必要があります。日頃からの情報収集で最新のデータを持ち、より充実した滞在ができるような提案をします。どんな要望や相談に対しても、臨機応変に対応する姿勢やホスピタリティが求められます。今後も増加が予想される外国人観光客にも対応できる人材が必要とされるため、高い語学力も求められるでしょう。

なるためには…

専門学校（ホテル・観光） / 短大・大学（経営・語学など）
↓
ホテルへ就職
↓
コンシェルジュ

- ホテルへの就職には、ホテルビジネス実務検定試験があれば有利ですが、基本的に資格は不要です。
- コンシェルジュを目指すためには、レストランサービス技能検定、アシスタント・ホスピタリティ・コーディネーター、サービス接遇検定の資格があると役立つでしょう。有名ホテルで働くには高い語学力も必須です。

Travel File 3 テーマパークスタッフ

森卓ウォッチ
- ハゲタカ度 ★★★★★
- アーティスト度 ★
- 従僕度 ★★★★★

来園者に夢のひとときを届けるため裏方として活躍する仕事

来園者が安心して楽しめることを第一に、アトラクションや施設の案内、グッズ販売だけでなく、セキュリティやアルバイトスタッフの育成などに携わります。直接来園者への対応をする仕事の場合、コミュニケーションにはいつも笑顔で応じるなど、ホスピタリティに加えて体力も必要な仕事です。開演前の準備から、閉演後にも続く業務もあるため、シフト制で働く場合もあります。ショーなどの企画を考えて提案できるようになるには、経験を積みながら数年かかることも。

なるためには…

専門学校や短大、大学などを卒業後に採用試験を受けて入社する方法が一般的です。テーマパークのアルバイト経験者から社員になる人や、接客業務経験のある人の中途採用があるなど、募集の種類やタイミングは様々です。フード部門やセキュリティ部門、デザイン部門などに分かれて採用が行われることも。担当業務によっては、早朝や夜間など開園時間の前後から勤務する場合もあります。

AIRPORT, TRANSPORTATION
航空・運輸
に関する仕事

☆ 人や物のスムーズな移動を担う経済活動の大動脈 ☆

訓練によって高いスキルを身につけ、安全のために定められている基準を守る人たちによって、正確かつスピーディな人や物の移動が支えられています。

✈ 日本が世界に誇る丁寧かつ正確な輸送網

人々が行きたい所へ行き、国内外から必要なものを得るために欠かせない分野です。日本人のまじめさと勤勉さがあるからこそ毎日運行され、飛行機や電車、バスなど公共機関での移動は、24時間365日体制で毎日正確に安全な状態で保たれています。日本における事故の少なさや安全性の高さは、海外から注目の声があがっているほど。航空や海運は世界中へ展開し、鉄道や陸運は国内を中心に事業を行っています。

たとえばこんな職種がある！

- **パイロット**　**ディスパッチャー** ⇒ PickUp! の項を参照
- **キャビンアテンダント**　旅客機で乗客へのサービスを行います。国内線と国際線があり、経験などによってファーストクラスやエコノミークラスなど担当が決められます。高い語学力が求められ、体力的にもハードですが、女性に根強い人気がある職業です。
- **グランドスタッフ**　空港内で搭乗手続きや手荷物の確認などのカウンター業務、乗り継ぎの案内などを行う仕事。語学力だけでなく不規則な勤務に対応できる体力も必要です。
- **航空管制官**　空港内にある管制塔から航空機に離着陸のための適切な指示を出します。航空管制官採用試験のほか、研修や実地訓練、技能試験に合格する必要があります。
- **電車の運転士**　安全に配慮しながら時間通りに列車を運転する仕事です。鉄道会社の採用試験に合格し、研修や試験を受ける必要があります。鉄道について学べる高校もあります。

上記以外にも…
航空整備士／バス運転士／海技士／海事代理士／小型船舶操縦士／トラックドライバー／タクシードライバー／宅配便ドライバー　など

Pick Up!

プロフェッショナルの現場

Airport File 1 パイロット

森卓ウォッチ
- ハゲタカ度 ★★☆☆☆
- アーティスト度 ★★★★☆
- 従僕度 ★★★☆☆

ストイックな向上心と自己管理によって安全に目的地まで飛行機を操縦する

フライト前には気象情報や燃料の量などの確認、操縦装置や計器などの点検も行います。副操縦士とチームを組み、乗務員をまとめます。トラブルや緊急時でも冷静な判断力が求められます。国際線では数日間帰国できないことも。年に最低1度はある内科・眼科・耳鼻咽喉科・精神神経科などの健康診断に合格しないと飛行できず、体力や精神面のタフさも必要です。管制塔との通信は英語で行うため、高い語学力が求められます。航空会社以外にも、新聞社や官公庁などの仕事もあります。

なるためには…

```
専門学校・短大     大学
     ↓            ↓
  航空大学校      航空会社
     ↓            ↓
     定期運送用操縦士
```
機長を目指す場合 ↓
機長資格認定試験

- 定期運送用操縦士の前に自家用操縦士、事業用操縦士の資格から取得することもできます。
- パイロット養成課程を開講している私立大学もあります。
- 自衛官となり、航空自衛隊のパイロットとして働く方法もあります。

Airport File 2 ディスパッチャー

森卓ウォッチ
- ハゲタカ度 ★☆☆☆☆
- アーティスト度 ★★★☆☆
- 従僕度 ★★★★☆

飛行機の安全を陰で支える"地上のキャプテン"

飛行機の運航管理者として、安全に飛行するためのフライトプランを便ごとに作成します。機長はディスパッチャーの計画やアドバイスをもとに、経路や高度、燃料の量などを決定します。フライト前に気象情報から危険な高度や地域を避けられるよう準備することが何より重要です。フライト中も安全を見守るため、飛行機が飛んでいれば夜間でも勤務する場合もあります。天気図や高度などの知識はもちろん、その時々の条件によって様々な角度から検討できる能力が求められます。

なるためには…

航空会社に採用された人たちの中から適性が判断され、ディスパッチャーの補助要員として2年以上の実務経験を積みます。運航管理者の国家試験を受け、会社によってはさらに経験を積んでから任命されることもあるようです。資格試験で出される気象、機体工学、航空法、空港に関する知識を学んでおくと有利でしょう。航空機との交信のために航空無線通信士の資格も必要になります。

Real Voice

コラム

現地旅行手配会社で働く人に聞きました

カンボジア旅行代理店
ランドオペレーター
里見博子(仮名)・30代

「その国の今を知り旅行者をサポート」

アンコールワット遺跡を訪れたときにすっかり魅了され、何度もカンボジアへ通っていました。人生の中で一度はここで働きながら暮らしてみたいと思うようになり、現地旅行手配会社へと転職をしました。"お客さまにとってこのカンボジア旅行は一生に一度かもしれない"と思って仕事をしているので、満足してもらえるためになんでもやろう！　と考えています。このスタンスは、以前働いていた会社の頃から変わっていません。

「細やかな対応で最高の旅を届けたい」

日本支社から送られてくる情報をもとに、旅行のタイムスケジュール作成や訪れたいという場所へ連絡をとることが主な仕事です。こういった、ホテルやレストラン、ガイド、車などを手配する仕事のことをランドオペレーターといいます。一緒に働くカンボジア人のスタッフは、より現地情報に詳しいので確認をお願いしたり、カンボジア語でコンタクトをとってもらうこともあります。その結果をなるべく早くお客さまや日本支社へメールで返答します。

「自立した姿勢と身を守る知識を持つ」

海外で働く場合は、その国の言葉はもちろんですが、文化や考え方などの習慣も理解することが大切だと思います。また、多少お金がかかっても、住む場所や交通手段の選び方には十分配慮しています。事前にその国の医療体制を調べたり、予防注射を受けておくなど準備することも大切だと思います。日本企業の海外駐在員か現地での採用かなどによって適用される制度が違うこともありますが、安全面に気をつけたり自分の身は自分で守るという感覚は、日本での暮らしに比べてより必要だと思います。

「現地に溶け込みよりよい仕事環境を」

仕事への姿勢も、日本人だけの時とは違って自由な空気感があると思います。私は礼儀や空気を読むことを重んじる日本のスタイルも素晴らしいと思いますが、おしゃべりをしながら笑顔で働くカンボジア人スタッフと一緒にいると、ほっとすることも多いです。開発も進んでいますが、雨季の激しいスコールなど厳しい自然のペースとともに生きていく雰囲気も、私にとって好きな所です。

Medical care & Health care

医療 & 健康

人々の命と健康を守り、治療しサポートしていくのが仕事

医療現場や身体をサポートする仕事は、人の命の大切さを尊び、守り、治療や健康へのサポートを目指します。医師、看護師、薬剤師、あん摩マッサージ師など国家試験に合格しなければなれない職種が多く、深い知識が必要です。近年では悪い箇所を治療するだけでなく、予防医学にも重点がおかれています。医療機器の進歩とともに、常に勉強が必要な職業ともいえます。

MEDICAL CARE & HEALTH CARE

医療 に関する仕事

☆ 深い専門知識と高い医療技術で人の生命を守る ☆

病気になった時、ケガをした時、お世話になるのが医療現場のスタッフ。医師を中心とした様々な分野のプロフェッショナルが一丸となって患者一人一人を助けます。

技術や実験、IT化で日進月歩の医療現場

遺伝子治療、再生医療、免疫細胞治療、抗加齢（アンチエイジング）医学、ロボットを使った手術…高度な医療技術を用いる先進医療の研究は目覚ましい進歩を遂げています。なかでも注目は遺伝子治療。例えば、がん細胞にがんを抑制する遺伝子や免疫を高める遺伝子を組み込んだり、骨髄細胞に抗がん剤の副作用を抑える遺伝子を組み込むなどの研究が行われています。

たとえばこんな職種がある！

- **◆看護師** **◆救急救命士** **◆臨床心理士** **◆薬剤師** **◆歯科衛生士** ⇒ PickUp! の項を参照
- **◆医師** 医療の現場で病気やケガの治療およびその予防のために、昼夜を問わず努力と研究を続けるのが医師の役割。国家資格が必要で、高校卒業後、大学の医学部か医科大学で6年間学び、卒業後に国家試験を受験。合格後、2年間の臨床研修（研修医）を経て正式に医師となります。専門の診療科は研修医の期間中に選択。患者と接して診察や治療を行う医師を臨床医、病気の原因や医薬品についての研究をする医師を研究医といいます。
- **◆理学療法士** 病気やケガ、高齢による衰えが原因で歩く、立つなどの日常動作に支障をきたしている人のリハビリ訓練を指導する専門家です。身体の機能回復のほか精神面もサポート。病院だけでなく福祉施設や老人ホームなどでも活躍します。国家資格が必要で、高校卒業後に大学や短大、専門学校など専門の養成施設で3年以上学び、卒業後に国家試験の受験資格が得られます。

上記以外にも…
MR（医薬情報担当者）／助産師／保健師／作業療法士／義肢装具士／言語聴覚士／音楽療法士／臨床検査技師／診療放射線技師／移植コーディネーター／歯科医師／歯科技工士　など

Pick Up! Medical care File 1　看護師

プロフェッショナルの現場

森卓ウオッチ
ハゲタカ度 ★★★★★
アーティスト度 ★★☆☆☆
従僕度 ★★★★★

**治療や手術の現場で医師をサポート
患者のもっとも近くに寄り添う存在**

医師の指示下で患者の診察や治療の補助をする仕事。薬の投与や注射、病状の観察、薬剤師や検査技師ら医療スタッフとの連絡、手術の立ち会いなどを行います。また、患者の不安や悩みなどを聞いて精神的なサポートをするのも看護師の大切な役割。病院勤務の場合は、ナースステーションを中心に総師長以下、師長、主任、看護師、准看護師という縦割りのチームワークで働きます。そのほかに、高齢者施設や企業の医務室、保育園や訪問看護など広く活躍の場があり、就職率はほぼ100％です。

なるためには…

看護師は国家資格。看護系の大学（4年制）、短大、専門学校（いずれも3年制）を卒業後、国家試験を受けます。うち看護大卒の場合は保健師または助産師国家試験の受験資格も同時取得可。なお「准看護師」は都道府県知事が交付する免許です。中学卒業後、2年制の准看護師養成所か高校の衛生看護科（3年／定時制4年）を卒業し、都道府県が実施する試験を受けます。

Pick Up! Medical care File 2 救急救命士

プロフェッショナルの現場

森喜ウォッチ
- ハゲタカ度 ★★★★★
- アーティスト度 ★★
- 従僕度 ★★★★

一秒を争う命の現場に駆けつけ救命処置を行い医師につなぐ

消防署に所属し、急病で倒れた人や、事故や火災、災害現場でケガを負った人に応急処置を施して医療施設まで緊急搬送するのが救急隊員の役割。そのうち国家資格を持ち、静脈路確保、医療器具を使用した気道確保、薬剤投与の3つの特定行為を行うことができる人を救急救命士といいます。119番の通報を受けると消防署に救急車出動の指令が出て、3人1組の救急隊が現場に急行。状況に応じて救急救命士が通信機器を介した医師の指示のもとで救急救命処置を行います。

なるためには…

消防官の公務員試験に合格して消防隊員になったのち、救急隊員として5年以上または2千時間以上の実務経験を経て救急救命士養成所で専門の訓練を受け、救急救命士国家試験を受けます。もしくは高校卒業後に専門養成機関で学び、救急救命士の資格を取得してから消防官の公務員試験に合格して仕事に就く方法も。冷静な判断力と技術、状況を的確に医師に伝えられる能力が求められます。

医療チームに関わる職種

医師	臨床医	呼吸器内科、循環器内科、消化器内科、皮膚科、小児科、精神科、心療内科、呼吸器外科、心臓血管外科、消化器外科、泌尿器科、肛門外科、脳神経外科、整形外科、形成外科、眼科、耳鼻咽喉科、歯科、小児外科、婦人科、産婦人科、放射線科、麻酔科　など
	研究医	細菌学、生理学、病理学、疫学、法医学、薬学　など

看護師	看護師、准看護師、認定看護師、専門看護師	保健師	薬剤師
リハビリテーション関係	理学療法士、作業療法士、言語聴覚士		助産師
管理栄養士	臨床工学技士		診療放射線技師
臨床検査技師	医療クラーク（事務職員）		介護職員

Pick Up! プロフェッショナルの現場

Medical care File 3 臨床心理士

森卓ウォッチ
ハゲタカ度 ★★★★★
アーティスト度 ★★★★★
従僕度 ★★★★★

相談者の言動を観察し、精神分析をしながら心の健康回復を支援

心の問題を抱えた人に対してカウンセリングを行い、様々な精神分析手法を用いて問題解決へのサポートをする仕事。具体的には観察面接やロールシャッハなどの心理テストを行って相談者の状態を査定。適切な臨床心理学的技法を用い、共感、納得、理解、再生などの過程を経て心の問題を解決へと導きます。就職先は病院や保健所など医療関連の分野だけでなく、児童相談所や学校などの福祉・教育分野、家庭裁判所や警察署などの司法分野、企業の健康管理室などの産業分野と多岐にわたります。

※日本臨床心理士資格認定協会HP参照

なるためには…

日本臨床心理士資格認定協会の認定試験を受けます。受験資格は①協会指定の大学院などで所定の単位を取得、②臨床心理士を養成する専門職大学院修了、③諸外国で指定大学院と同等以上の教育歴があり修了後に日本国内における心理臨床経験を2年以上有する、④医師免許取得後、心理臨床経験を2年以上有する、のいずれかに該当していること。面接試験では高い専門性と資質が問われます。

Medical care File 4 薬剤師

森卓ウォッチ
ハゲタカ度 ★★★★★
アーティスト度 ★★★★★
従僕度 ★★★★★

医療の進歩を陰で支える薬のプロ！化学、バイオなど他分野でも活躍

薬の安全性を広く担う仕事。病院で医師の処方箋に基づいて薬を調剤し、患者が安全に薬を使うための指導をしたり、街の薬局では市販の医薬品の適切な提供に努めます。また医療チームと連携して患者の自宅や高齢者施設などを訪問し、薬の説明や服用の相談にも対応。さらに製薬会社をはじめとする企業の研究部門や厚生労働省の麻薬取締官として活躍するなど、今や幅広い分野で不可欠な存在に。特に製薬会社では営業担当（MR＝医薬情報担当者）にも薬剤師資格取得者の需要が増えています。

なるためには…

薬学系の大学で6年間学び、薬剤師国家試験に合格することが必要。受験年によって変わりますが平均合格率は60〜80％です。各大学レベルでみると国試対策を最優先しているか、研究職養成を重視しているか、個々のカリキュラム内容によって合格率に大きな差がみられるため、進学先の選択も重要な要素です。なお就職面では、ほかの医療資格と比べて活躍できる分野が広く、ニーズは安定的です。

Pick Up!

Medical care File 5 歯科衛生士

プロフェッショナルの現場

森享ウオッチ
- ハゲタカ度 ★★★★★
- アーティスト度 ★
- 従僕度 ★★★★

歯科医師のサポートから口腔ケアまで女性に人気の国家資格

歯科医師の診察の補助や、虫歯、歯周病予防の処置、指導をします。具体的には患者の歯型をとったり治療中や治療後の口内の掃除、診療器具の滅菌、消毒やカルテの準備などの「診療補助」、歯垢・歯石の除去やフッ素の塗布などの「予防処置」、正しい歯磨き法や食事指導などを行う「保健指導」があります。歯科医院や病院が主な就職先ですが、最近ではホームヘルパーの資格を取得してお年寄りの口腔ケアをする人も。女性に人気の職種ですが、待遇面の問題で男性のなり手が少ないのも実情です。

なるためには…

国家資格が必要。文部科学大臣指定の歯科衛生士学校または厚生労働大臣指定の歯科衛生士養成所に該当する大学や短大、専門学校を卒業後、歯科衛生士国家試験を受けます。一方、同じく歯科医師をサポートする歯科助手については国家資格は不要。ただしこちらは歯科医療以外の業務に限られ、歯科衛生士のように患者の口の中に触れたり、予防処置や保健指導に携わることはできません。

医院以外での歯科医師の仕事

1 学校歯科医

学校歯科医の仕事は、健康診断で虫歯の早期発見と早期治療を促すことだけでなく、学校と連携しながら、保健教育の参加や養護教諭などによる健康相談への指導や助言、「食」教育の支援、スポーツ歯科医学を通じて学校での安全指導を行っています。歯の健康をケアしながら生活習慣を見直し、子どもたちの健全な生活を後押ししています。

2 警察歯科医

警察署からの依頼を受けて、地震や災害、事件や事故などで亡くなった、身元がわからない人の歯型や口の中の状態、生前に歯の治療を受けたときのカルテやレントゲン写真を調べて個人を特定するのが、警察歯科医の主な仕事です。歯や顎の大きさで男女を区別し、歯のすり減り方などで年齢を推測し、ご遺体の身元を判明します。

3 訪問歯科診療

身体的な理由で通院が困難な人や高齢者の自宅や介護施設、療養先へ訪問して歯科診療や口腔ケアを行うのを訪問歯科診療といいます。高齢化社会になったことで積極的に訪問診療を行う歯科医院は増えています。虫歯治療はもちろんのこと、歯周病の治療や入れ歯の作製や修理をすることで誤嚥性肺炎の予防や口腔機能のリハビリも行っています。

BODY CARE SUPPORT
身体ケアサポート
に関する仕事

☆マッサージや施術で心と身体のバランスを整える☆

様々な要因で心身に不調を感じている人をケアして、症状を改善に導く癒しの達人たち。
植物の力や東洋医学を用いた施術、手と指だけで行うマッサージなどがあります。

疲れに効果的なあん摩やマッサージ 健康増進と病気予防、高齢者ケアに

肩こりや眼の疲れなど日常的な身体の不調を解消するのに効果的なあん摩やマッサージ。東洋医学のツボ刺激、西洋医学のリンパマッサージを効果的に組み合わせることで老廃物の排出を促したり、自然治癒力を高めるなど、健康増進や病気予防などにも役立っています。また最近では寝たきりの高齢者に対する在宅ケアを行うあん摩マッサージ指圧師の需要も高まってきています。

たとえばこんな職種がある！

◆あん摩マッサージ指圧師 ⇒ PickUp! の項を参照

◆アロマセラピスト 植物の香りを利用したアロマセラピーというリラクゼーション療法を行います。マッサージには精油と呼ばれる植物の花、果実、幹、根などから抽出した100％天然のオイルを使用。サロン勤務のほかスポーツジムや産婦人科での産後ケア、独立開業など活躍の場は多数。必要な資格はありませんが、200種類以上あるオイルの効能など深い専門知識が求められるので民間の認定資格や英国認定の国際ライセンスを取得しておくと有利です。

◆鍼灸師 東洋医学の鍼（はり）と灸（きゅう）を行う施術師。鍼は細い金属の針を身体に打ち、灸はヨモギの葉で作ったモグサを熱して身体の表面に置く療法で、ともにツボを刺激することで自然治癒力を高めます。どちらも専門の養成機関で知識と技術を身につけ、それぞれ国家資格を取得して治療院やリハビリ施設などで仕事をします。同じ施術師が両方を行うことも可能で、家業を継いでいる人や、独立している人も多いです。

上記以外にも…
柔道整復師（国家資格）／カイロプラクター／リフレクソロジスト　など

Chaptar3　好きな事を仕事にするための職業選び　★　169

Pick Up! Body care support File 1

あん摩マッサージ指圧師

プロフェッショナルの現場

森卓ウォッチ
- ハゲタカ度 ★★★★★
- アーティスト度 ★★☆☆☆
- 従僕度 ★★★☆☆

**心身の不調や疲れを腕一本で治療する
ニーズはスポーツ選手や高齢者にも**

手や指などで身体をもんだり、ツボを押すことによって血行を促し、コリと呼ばれる身体のしこりをほぐす施術師。マッサージを行うことで肩こりや腰痛、頭痛などの不調をやわらげたり、疲れがたまった身体や精神にリラックス効果をもたらします。治療院やマッサージ店のほか、病院の整形外科やリハビリテーション科などで仕事をするのが一般的。また最近では高齢者施設などで高齢者に向けたマッサージ治療やスポーツ界での需要も高まっているなど、活躍の場が増えています。

なるためには…

国家資格が必要です。高校卒業後、文部科学省もしくは厚生労働省が認定した大学や短大、専門学校、養成施設などの専門機関で知識と技術を学び、あん摩マッサージ指圧師国家試験の受験資格を得ます。試験に合格すると厚労省の資格者名簿に登録され、あん摩マッサージ指圧師として仕事に就くことができます。人を癒すことに喜びを感じる人、コミュニケーション能力の高い人に向いています。

アニマルセラピーの活動

●動物介在療法と訳されるアニマルセラピー。動物に触ることで身体の状態が安定したり、精神的な問題を持つ人の心の扉を開くきっかけになることも。アニマルセラピストの認定資格を取得すると有利。

1. 在宅訪問型 動物を連れたボランティアらが自宅を訪問 ●一人暮らしのお年寄り、在宅介護を受けている人 など	**4. 施設飼育型** 施設で動物を飼う（個人的に飼う場合と施設自体が飼う場合の2パターンがある） ●老人ホーム、小児病院、刑務所、精神科病棟 など
2. 在宅飼育型 一般家庭で動物を飼う方法 ●ペットだけでなく、盲導犬、聴導犬などの介助動物もここに含まれる	**5. 屋外活動型** 患者とボランティアらが動物と触れ合うために屋外に出向く ●乗馬療法、イルカ療法、ホエール・ウォッチング、バード・ウォッチング など
3. 施設訪問型 動物を連れたボランティアたちが施設を訪問 ●老人ホーム、精神科病棟、重症心身障害者施設、ホスピス（ターミナルケア施設） など	**6. その他** 心理療法の道具の一つとして動物を介入させる

参考：『アニマルセラピーとは何か』横山 章光著　NHKブックス

Real Voice

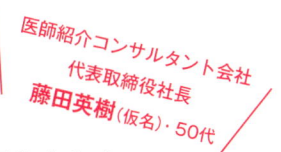

コラム

医師紹介コンサルタント会社
代表取締役社長
藤田英樹(仮名)・50代

医師紹介コンサルタント会社の経営者の方に聞きました

「仕事を通じて知った医師の激務」

医療業界に携わるようになって15年。医師の紹介エージェントという立場で、ドクターや病院の経営者から日々いろいろな相談を受けています。そして深く関わるほど、医師の激務の現状を目の当たりにしてきました。

「診療、手術、検査と超多忙な勤務医」

例えば、大病院は待ち時間が長いというのは患者側の話。2時間待ちということは外来の時間も2時間延びることを意味するわけで、医師はその間、患者を診察しつづけるのです。外来が終わると休む間もなく午後は手術や検査が待っています。先日も、とある病院の面談の際、先生が「ごめんなさい、ちょっとお昼食べていいですか？」。そして3分もしないうちに「失礼しました」。ちゃんと食べたんですか？ と聞くと、「食べた食べた、いつもこんな感じです」。本当に時間との闘いなんです。脳神経外科の手術など長い場合は15時間におよぶときもあるそうで、途中でトイレに行けないから手術前に水を飲まない先生もいるとか。

「心からの"ありがとう"を力に」

いろいろな先生にお会いしましたが、医師になるきっかけはまちまちです。生まれたときから医師になると決められていた人もいれば、学校の成績がよかったから医師を目指そうと決めた人もいる。でも現場に出るとほぼすべての先生が純粋に「患者の命を救う」という強い使命感を持って仕事に臨んでいます。世の中で人からありがとうと言ってもらえる仕事はほかにもありますが、「命を助けてもらった」というレベルの心からの感謝がもらえる仕事はそう多くはありません。普通の仕事では経験できないやりがいが彼らのモチベーションを支えていて、だから激務でも頑張れてしまうのだなあと思います。

Care & Welfare

介護 & 福祉

子どもから高齢者まで、心身のケアをサポートするのが仕事

近年の高齢化社会で、ますます需要が高まってきているのが、介護や福祉関連の仕事。高齢者の介護を身体的にも精神的にもケアする介護福祉士、ホームヘルパーは、じつは肉体的に大変な仕事です。またソーシャルワーカーは、心身に問題を抱える子どもから大人、そしてその家族の心のケアもするのが仕事。実際にどんな職業なのか、現場の声とともに紹介します。

CARE ,WELFARE
介護・福祉
に関する仕事

☆ 介護が必要な高齢者や障害がある人の日常生活を支援 ☆

介護の仕事は人と人とのふれあいによって成り立つもの。大切な人に接するときの心配りと、プロならではの経験や技術を活かしたサポートで、身体的、精神的な自立を支援します。

一人一人に合うプランをチーム全員でケア

介護保険制度に基づく介護サービスは次の6つです。①ケアプランの作成、②自宅で家事援助などを受ける訪問サービス、③施設などに日帰りで出かけて受けるデイサービス、④施設などで生活（宿泊）しながら受けるサービス、⑤②、③、④を組み合わせて受けるサービス、そして、⑥福祉用具の利用に関するサービス。専門スタッフと医療チームが力を合わせて臨みます。

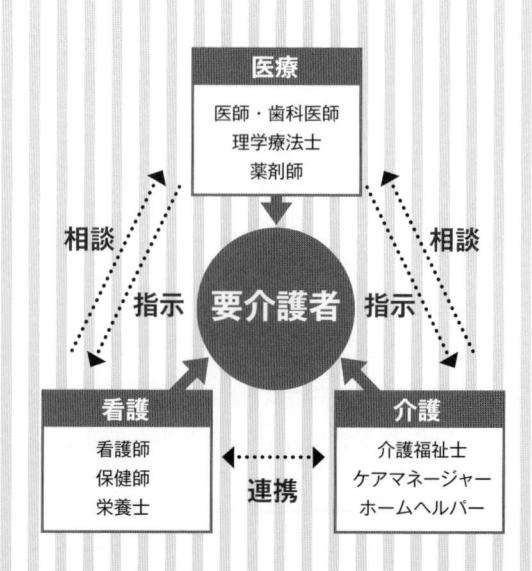

医療
医師・歯科医師
理学療法士
薬剤師

看護
看護師
保健師
栄養士

介護
介護福祉士
ケアマネージャー
ホームヘルパー

要介護者 — 相談／指示（医療）、連携（看護・介護）

たとえばこんな職種がある！

◆**介護福祉士** ◆**ケアマネージャー** ◆**手話通訳士** ⇒ PickUp! の項を参照

◆**ソーシャルワーカー** 社会福祉士（国家資格）のうち、社会福祉施設や児童相談施設で仕事をする人をソーシャルワーカーといいます。社会福祉士の受験資格は福祉系の大学または専門学校で4年学ぶか、福祉系の短大または専門学校で2～3年学んだのちに、1～2年福祉職で働くと与えられます。心身の障害などから日常生活に支障をきたしている人やその家族の相談に乗り、環境や年齢、能力などの情報をもとにどのような福祉サービスが必要かを考えます。児童相談所など自治体が運営する機関で働く場合は地方公務員となります。

◆**ホームヘルパー** 介護を必要とする高齢者や心身に障害がある人の自宅を訪問し、炊事、洗濯、掃除などの家事や、入浴、排泄補助、外出の付添いなどをサポートします。福祉系の大学・短大や専門学校で介護職員初任者研修を受け課程を修了すると仕事に就けます。身体面だけでなく精神的な自立を支援するのもホームヘルパーの大切な役目です。

上記以外にも…
ケースワーカー／障害児・障害者支援　など

Pick Up! Care, welfare File 1

介護福祉士

プロフェッショナルの現場

森卓ウオッチ
- ハゲタカ度 ★★★★★
- アーティスト度 ★☆☆☆☆
- 従僕度 ★★★★★

現場実務からスタッフの管理まで広くこなす介護のプロフェッショナル

専門知識と技術を身につけ、介護の必要な高齢者や障害のある人の日常生活を手助けし、身体的・精神的な自立を支援する仕事。自宅を訪問してサービスを行う認定資格のホームヘルパーに対し、国家資格の介護福祉士の場合は在宅介護のほか、特別養護老人ホームやデイサービスセンター、障害者の支援施設、病院など様々な場所で介護サービスを提供し、介護職員全体の管理業務なども行います。医師や看護師など医療スタッフと連携して仕事をすることも多いです。

なるためには…

大学や短大、専門学校など2年制以上の介護福祉士養成施設を卒業するか福祉系高校で必要な単位を修得後9ヵ月以上の実務経験を積む、もしくは介護の実務経験3年以上＋実務者研修を修了のいずれかの方法で国家試験の受験資格が得られます。多くの人と接する仕事なので、まずは人が好きであること。そして常に相手に合わせて考えられる柔軟さと体力面のタフさが求められます。

Pick Up! プロフェッショナルの現場

File 2 ケアマネージャー

森卓ウォッチ
- ハゲタカ度 ★★★★★
- アーティスト度 ★★☆☆☆
- 従僕度 ★★★★☆

一人一人に合った介護プランを考え現場をコントロールする監督的存在

介護支援専門員のこと。介護を必要とする高齢者とその家族から話を聞いて、どのような介護サービスが必要かを判断し、介護保険制度に基づいてケアプランという介護サービスの計画を立てたり、サービスを受けるための手続きをサポートします。また実際のサービスにあたる介護事業者やホームヘルパー、医療スタッフなどと連携を図りながら、プランに問題があればすぐに対応し、定期的に訪問してお年寄りの健康状態に変化がないかをチェックしたり、家族からの相談を受けます。

なるためには…

介護支援専門員の実務研修受講試験に合格後、研修を修了するとケアマネージャーになれます。受験資格は医師などの国家資格を持ち、保健、医療、福祉の分野で5年以上の実務経験があること。国家資格がない場合でも、相談、支援の業務に就き、通算で5年以上の実務経験があることなどが条件。同時に複数の高齢者を担当しますが、常に1対1の気持ちで対応することが大事です。

File 3 手話通訳士

森卓ウォッチ
- ハゲタカ度 ★★★★★
- アーティスト度 ★★☆☆☆
- 従僕度 ★★★☆☆

障害のある人とない人の意思伝達を手話を使って円滑にサポート

聴覚や言語機能に障害のある人を補助して、手話でコミュニケーションを図るのが仕事。言葉や会話を音声言語から見える言語に変換して正しく伝えます。テレビなどのメディアを通した通訳がなじみ深いですが、各行政機関や医療・福祉施設、金融機関などに所属して窓口での手続きをサポートしたり、講演会や学校の授業を通訳するケースも増えています。特に病院の場合、医師と正確に意思疎通ができないと命に関わることもあるので、手話通訳士の存在が不可欠です。

なるためには…

手話通訳士を名乗るには厚生労働大臣公認の手話通訳技能認定試験に合格することが必要。ただし、手話通訳自体は資格がなくても、医療や福祉施設、金融機関、公共施設などで働くことができます。また、厚生労働省が定めた手話通訳者や手話奉仕員の養成カリキュラムの履修、民間資格の手話技能検定や全国手話検定を受けて実力の目安とし、手話を活かした仕事に就く方法があります。

Real Voice

コラム

訪問介護事業会社の代表の方に聞きました

訪問介護事業会社（神奈川県）
代表
丸山寛（仮名）・50代

「家族の負担が当たり前だった介護」

介護の仕事を始めたきっかけは、父を介護する母の苦労を見てきたことです。当時はまだ障害者への支援制度がまったく充実しておらず、周りの目も家族の負担は当たり前、というのが通念でした。その点、現在の介護保険制度は障害を持つ家族がいる人にとって、とてもありがたい制度であると思います。

「代替えと補完を基本に自立を支援」

介護は難しい仕事ではありません。自分でできないことを代わりに行い（代替え）、少し手伝えばできることを最低限お手伝いする（補完）のが基本で、あくまでご本人の自立を支援します。というとカッコイイですが現実はそう簡単ではなく、訪問先では実にいろいろなケースに遭遇します。認知症のため1日経つといろいろな記憶がリセットされてほぼ1年間、同じサービスの繰り返しというのはよくあることです。常に不機嫌だったり、そういう感情すらなくされているお年寄りもいらして、コミュニケーション不足でプランがなかなかうまくいかないことが多々あります。そういう厳しい状況に事業所全員で取り組んで、ご本人が安定してサービスを受けられるようになった時には、この仕事をして本当によかったと思いますね。

「大切な人の"生きがい"を基準に」

介護には『代替え』『補完』も大事ですが、もっと大事なのは、精神的に自立（生きがいともいいます）していただくことではないでしょうか。私たちはこれを介護の第3のアプローチと呼んでいます。ネガティブなことに惑わされず、自分の大切な人を介護するとしたらどうするか？を基準に考えることです。目立たなくて、地道で、大変なこともたくさんあるけれども、結局は人が好きな人が集まって人のためになる仕事をする、そういうものだと思っています。

教育

子どもたちに勉強を教え、人としての成長をサポートして導く

幼稚園、小中高校の教師、スクールカウンセラーなど、教育現場で勉強だけでなく人としての成長をサポートし、導くのが仕事となります。近年は少子化となり学校自体が統廃合する中、いじめや学級崩壊など教師が抱える問題も深刻化。教師の質も問われる時代となりました。子どもの成長に関わる喜びは大きい反面、柔軟な対応力が問われるのが教育にまつわる仕事なのです。

EDUCATION (SCHOOL)
教育(学校)
に関する仕事

☆ 学びの現場で自立した人間を育て、個の能力を伸ばす ☆

教育とは、人が健全に成長し、将来、国家や社会の一員として幸せな人生を送るためのよりどころとなるもの。先生たちの熱意あふれる指導が元気な未来を作ります。

「教育は人なり」教員に求められる資質能力とは

文部科学省が提唱する教員に求められる普遍的な資質能力とは、教育者としての使命感、成長への理解、教育的愛情、専門知識、教養の5つを要素とする実践的な指導力。加えて今後は、国家や国際社会を見すえた地球的視野の行動力や社会の変化に適応するための課題解決能力と人間力、そして教職の原点ともいえる教育のあり方への理解、愛着、姿勢が提起されています。

●教員免許状の種類

教員免許状の基本は3つ。うち、普通はすべての都道府県、特別と臨時は授与を受けた都道府県内で有効です

普通免許状
専修免許状（大学院卒程度）
一種免許状（大卒程度）
二種免許状（短大卒程度）

特別免許状	臨時免許状

たとえばこんな職種がある！

- **小学校教諭** ◆**高校教諭** ◆**スクールカウンセラー** ◆**日本語教師** ⇒ PickUp! の項を参照
- **中学校教諭** 一人の先生が一つの教科を担当する中学校の教員免許は教科別に取得します。大学に進学して教職課程を履修し卒業するのが一般的ですが、1998年度から実習項目に教育実習のほか7日間以上の介護等体験も加わりました。公立中学の場合はさらに、地方公務員として各都道府県の教員採用試験に合格することが必要です。
- **特別支援学校教諭** 2007年度から障害のある子どもの教育は特別支援教育に統一され、内容別に、視覚障害教育／聴覚障害教育／知的障害教育／肢体不自由教育／病弱・身体虚弱教育／言語障害教育／自閉症・情緒障害教育／ＬＤ（学習障害）、ＡＤＨＤ（注意欠陥多動性障害）などの教育に分かれます。小学校・中学校・高等学校または幼稚園の教員の免許状のほか、特別支援学校の教員免許状の取得が必要で、大学の教職課程で特別支援教育に関する科目を履修し、その修得状況に応じて教授可能な障害の種別（教育領域）を特定した免許状が授与されます。

上記以外にも…
大学教授／司書／学芸員／キャリアカウンセラー／学習塾講師／職業訓練指導員　など

Pick Up!

Education -school- File 1 小学校教諭

森卓ウオッチ
ハゲタカ度 ★★★★★
アーティスト度 ★★☆☆☆
従僕度 ★★★★★

教科だけでなく生活全般を指導し豊かな人間性を育む

小学校の先生は学級担任を務めながら、基本的に全教科を一人で教えます。また勉強だけでなく、児童の人格形成に大きく影響する6年間を担う立場として、一人一人の個性を伸ばし、豊かな人間性を育む指導をすることが重要。授業や給食、ホームルームなど児童とともに過ごす時間以外にも、一教科ごとの指導計画やテストの採点、運動会や遠足など各種行事の準備、家庭訪問、ＰＴＡ活動、教員会議など様々な業務があり、それらすべてに教育者としての使命感を持って臨まなくてはなりません。

なるためには…

教員免許を取得し、教員採用試験を受けます。一般的には高校卒業後に教職課程のある大学や短大に進学し、教育実習と7日間以上の介護等体験を含む教職課程を修了して一種（大学卒）もしくは二種（短大卒）、専修（大学院卒）のいずれかの普通免許状を取得します。うち二種免許状については、教職課程のない一般の大学や短大を卒業した場合でも教員資格認定試験に合格すれば取得が可能です。

Pick Up! Education -school- File 2 高校教諭

プロフェッショナルの現場

森貞ウオッチ
- ハゲタカ度 ★★★★★
- アーティスト度 ★★★★
- 従僕度 ★★★★

生徒一人一人の個性と能力を見極め 将来を見すえた教育を行う

中学校と同じく高校も一人の先生が一つの教科を担当しますが、より専門的で高度な内容の授業が求められます。例えば工芸、看護、農業、工業、商業、水産、商船などの教科は中学校にはなく、またカリキュラムでも一般的な授業内容の普通科だけでなく、工業科や商業科など専門分野に特化したコースがあります。さらに生活面では卒業後の進路相談や、クラブ活動でもプロの世界に直結するようなレベルの指導をするなど、生徒の将来に深く関わる仕事が多くなります。

なるためには…

教員免許を取得し、教員採用試験を受けます。一般的には高校卒業後に教職課程のある大学に進学し、教育実習を含む教職課程を修了して一種（大学卒）もしくは専修（大学院卒）のいずれかの普通免許状を取得します。なお免許状は教科別に分かれており、教えたい科目（複数可）ごとに取得。公立高校の場合は地方公務員として各都道府県の教員採用試験に合格することが必要です。

小学校教諭、高校教諭になるまで

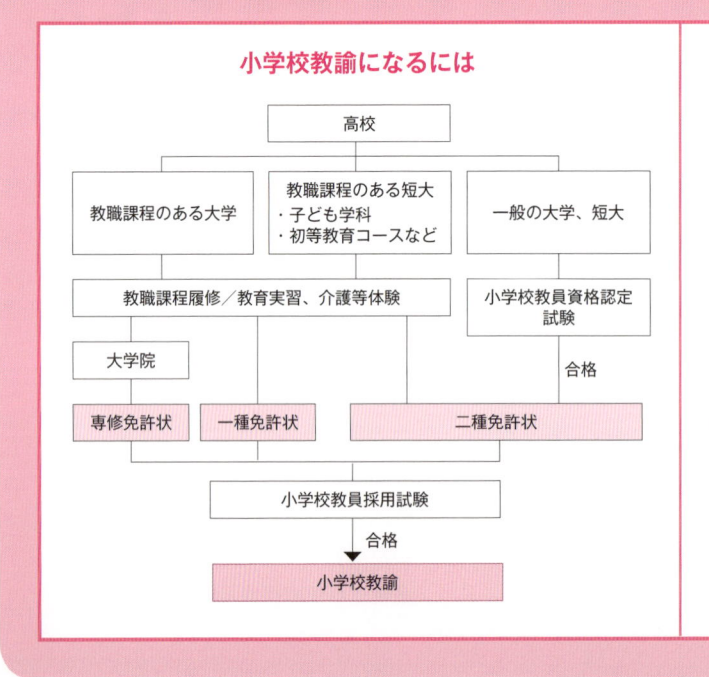

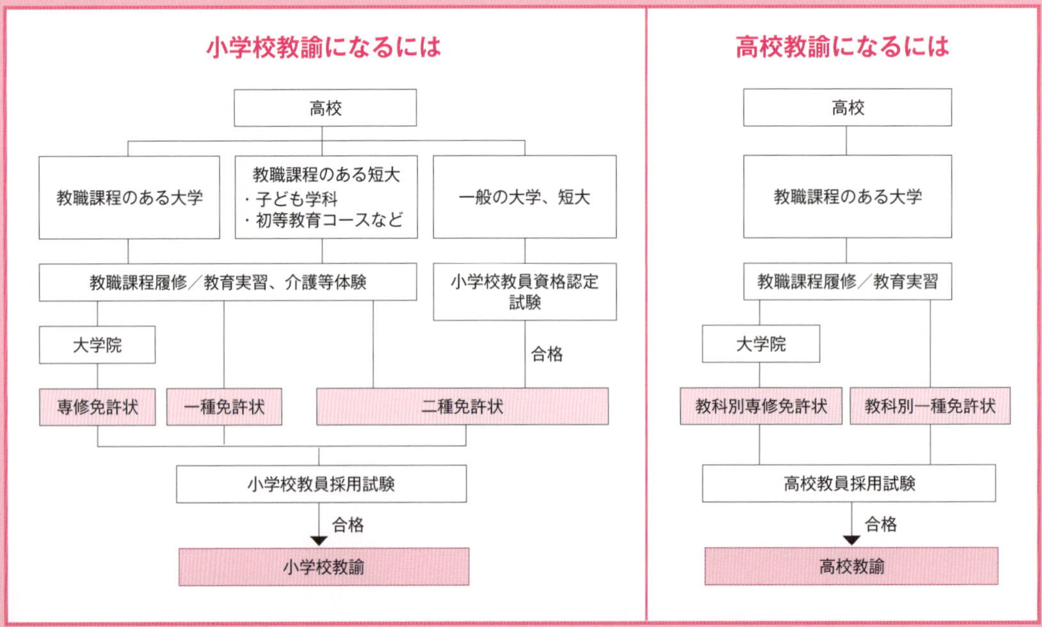

小学校教諭になるには

高校
→ 教職課程のある大学／教職課程のある短大（・子ども学科・初等教育コースなど）／一般の大学、短大

教職課程履修／教育実習、介護等体験 ／ 小学校教員資格認定試験

大学院

専修免許状／一種免許状／二種免許状

↓

小学校教員採用試験 → 合格 → 小学校教諭

高校教諭になるには

高校
↓
教職課程のある大学
↓
教職課程履修／教育実習

大学院

教科別専修免許状／教科別一種免許状

↓

高校教員採用試験 → 合格 → 高校教諭

Pick Up!

Education -school- File 3 スクールカウンセラー

プロフェッショナルの現場

森卓ウォッチ
ハゲタカ度 ★★★★★
アーティスト度 ★★★★★
従僕度 ★★★★★

教育現場の最前線で子どもたちの心のケアに取り組む

子どもの悩みに関する専門的な知識と経験を持ち、生徒だけでなく保護者や先生の相談にも応じる専門職。学校に配置され、いじめや不登校、学校内で起こった事件・事故後のケア、発達障害で授業についていけないケースなどの問題解決に臨みます。中心的な仕事はカウンセリングで、個別面接や集団面接など様々な形式で実施。ほかにも問題の検討や対策についての会議、先生や保護者、地域に向けた研修や講演、生徒に関する調査、予防と危機管理対策など、現場の最前線に立って広く対応します。

なるためには…

文部科学省によると、①日本臨床心理士資格認定協会が認定した臨床心理士、②精神科医、③児童生徒の臨床心理を専門的に研究した常勤の大学教員（経験者も可）、のいずれかに該当が条件。また大学院修士課程修了者または医師で1年以上（大学・短大卒は5年以上）の実務経験があれば、スクールカウンセラーの候補として選考される可能性も。いずれも各自治体に選考されることが必要です。

Education -school- File 4 日本語教師

森卓ウォッチ
ハゲタカ度 ★★★★★
アーティスト度 ★★★★★
従僕度 ★★★★★

外国人に日本語だけでなく生活習慣や歴史、マナーを教えるパイプ役

日本語を母語としない外国人に日本語や日本文化を教える仕事。教え方は大きく2つに分かれ、多くは日本語学校、日本語教室などで会話を中心とした日本語を教えるケース。もう一つは大学や大学院、短大、専門学校、企業の研修センターなどで、授業や仕事に必要なレベルの語学力習得を目的とした教え方です。また外国人が多く住む地域の小・中学校などで日本語の授業についていけない児童を対象に教えたり、海外の機関で現地の学生に教えるなど、日本語教師の需要はますます高まっています。

なるためには…

文化庁の指針による日本語教師の要件は、①大学で日本語教育を専攻し、修了して卒業、②日本語教師養成講座で420時間以上の教育を半年から1年受けている、③日本語教育能力検定試験に合格する、のいずれかの条件を満たしていることになっていますが、資格が必要なわけではないので、誰でもできます。ただし、小・中学校など公的機関で教える場合は教員免許が必要になります。

CHILDREN
子ども に関する仕事

☆未知数の可能性を持つ子どもたちの心と身体を育む☆

幼児にとって初めてふれる教育の場を担う先生たち。日々成長していく子どもたちの姿を間近で見ながら、その人格形成に深く携わることができます。

就学前の教育・保育を一体化した「認定こども園」

未就学児の教育・保育を一体的に行う「認定こども園」は内閣府が一元的に行政窓口を担当する子育て支援の新しい取り組み。幼稚園と保育所の機能を併せ持つ幼保連携型や認可幼稚園に保育所的機能を付加した幼稚園型などがあり、保護者の就労の有無に関わらず利用が可能。地域に子どもの育ちの場を確保し、待機児童を解消するなど様々な効果が期待されています。

キッズ向けスクールとインストラクター

キッズスイミングスクール
幼児や小学生対象の水泳教室

インストラクターとして活躍している人
- 日本スイミングクラブ協会認定資格を持っている人
- 日本体育協会／日本水泳連盟公認のスポーツ指導員
- 水泳選手として実績のある人
- 体育系の大学や短大、専門学校を卒業した人　など

リトミック教室
音楽を使って身体を動かしながら音感、思考力、表現力を学ぶ

インストラクターとして活躍している人
- 音楽系の大学や専門スクールでリトミック教育を専門的に学んだ人
- リトミック指導者の認定資格を持っている人　など

子ども英会話スクール
英語を教える教室（幼児から高校生までが対象）

インストラクターとして活躍している人
- 英検の上位級を持っている人
- TOEICで高得点をとった人
- 英語の教員免許を持っている人
- 英語圏の国に留学経験がある人
- 英語圏の国で生活していた人　など

子どもパソコン教室
パソコンを教える教室（小学生から高校生までが対象）

インストラクターとして活躍している人
- パソコン検定の上位級を持っている人
- パソコントレーナーの関連資格を持っている人
- 専門学校でパソコンに関する基礎知識や技術を身につけた人　など

たとえばこんな職種がある！

- **幼稚園教諭** **保育士** ⇒ PickUp! の項を参照
- **ベビーシッター** 仕事や急な用事などの事情で育児をすることができない保護者の依頼で自宅を訪問し、保護者に代わって赤ちゃんや子どもの世話をします。多くはベビーシッター専門の派遣会社に登録して仕事をしますが、子どもが好きなだけでなく、小さな子どもの扱いに慣れていることが大前提。加えて大切な命を預かることへの理解、保護者との信頼関係を築くためのコミュニケーション力も求められます。そのため大学や短大、専門学校の保育コースできちんと基礎を学んでおくことが望ましく、保育士や幼稚園教諭の資格があればなお有利です。また看護師資格を持っている場合は、子どもの体調変化に広く対応できる点で優遇されるケースも。そのほか関連資格に認定ベビーシッター資格があります。

上記以外にも…
児童相談員／こども音楽療法士／保育音楽療法士／臨床発達心理士／児童心理司／児童福祉司／リトミックインストラクター　など

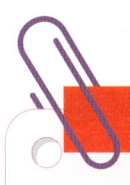

Pick Up!　Children File 1　幼稚園教諭

プロフェッショナルの現場

森卓ウオッチ
- ハゲタカ度 ★★★★★
- アーティスト度 ★★☆☆☆
- 従僕度 ★★★★☆

子どもの人格形成と成長を助け学ぶ楽しさを教える

3歳から5歳までの幼児に日常の生活習慣や集団生活における協調性の指導をして、歌やお絵かき、遊戯などの教育をします。保護者に代わって「保育」をするのが目的の保育園に対し、幼稚園の役割は「教育」を通じて子どもの人格形成や成長を手助けすること。遊びや行事のなかで子どもたちの進歩を日々実感できることが大きなやりがいです。特に最近は男性教諭も増え、女性教諭の細やかさとはひと味違ったダイナミックな発想力が、子どもたちの情操教育に新たな可能性をもたらしています。

なるためには…

幼稚園教諭免許が必要。大学や短大、専門学校などで所定の教科および教職に関する科目の単位を修得して免許状を取得したのち、公立の幼稚園の場合は各都道府県の教員採用試験、私立の場合は各幼稚園採用試験に合格すると幼稚園教諭になれます。なお保育士から幼稚園教諭を目指す場合は3年以上の実務経験で幼稚園教員資格認定試験の受験資格が得られ、合格すると免許を取得できます。

Pick Up! Children File 2 保育士

プロフェッショナルの現場

森卓ウォッチ
- ハゲタカ度 ★★★★★
- アーティスト度 ★★☆☆☆
- 従僕度 ★★★★☆

子どもを育てるのと同時に保護者をサポートする

保育所などの施設で0歳から小学校入学までの乳幼児を預かり、保護者に代わって保育をする仕事。食事やトイレなど日常生活の世話だけでなく、子どもと一緒に遊んだり、話したりしながら考える力や感性を育みます。長く女性の仕事として定着してきましたが、最近では男性保育士も増えています。また保育園以外にも乳児院、児童養護施設、障害児支援施設のほか、看護師の資格も持って病院で医療保育士として活躍したり、保育ママ（家庭福祉員）として自宅で乳児を預かるなど、広く需要があります。

なるためには…

保育士は国家資格。厚生労働大臣指定の専門養成施設や大学、短大、専門学校に進学し、所定の課程・科目を履修して卒業すると同時に保育士資格が取得できます。また一般の大学や短大、専門学校（2年制以上）卒の場合は保育士国家試験の合格が条件ですが、厚生労働省の統計では過去の平均合格率が20%を割る難関。いずれも資格取得後に各都道府県の保育士登録簿への登録が必要です。

幼稚園と保育園の違い

	幼稚園	保育園
行政管轄	文部科学省	厚生労働省
法律	学校教育法	児童福祉法
先生の免許	幼稚園教諭普通免許状	保育士資格証明書
対象年齢（入園時）	満3～5歳	0～5歳
お休み	夏休み、春休みなど長期休暇あり 原則、日曜日、隔週土曜日も休み	長期休暇はない 原則、土日と年末年始のみ
預かり時間	4時間を標準とし各園で定める 9時～14時が一般的 延長保育は17時ぐらいまで	8時間を原則として保育所長が定める 8時～18時が一般的 延長保育は20時ぐらいまで
食事	給食、お弁当など 幼稚園によって異なる	全給食

Real Voice

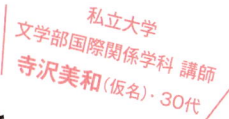

コラム

大学で日本語を教えている講師の方に聞きました

私立大学
文学部国際関係学科 講師
寺沢美和(仮名)・30代

「アカデミックな日本語を教える仕事」

海外に関わる仕事がしたかったのと、社会人になってから改めて英語を勉強して外国語を学ぶ楽しさを体感し、自分が教える側になれたらいいなと思って日本語教師に。現在は日本の大学で海外からの学部留学生を対象とした講義を受け持っています。授業で教える日本語は『アカデミック・ジャパニーズ』というもので、例えば読み書きなら大学のレポートが書けるぐらいのライティング力と、専門図書が読めるぐらいの読解力。話すほうではプレゼンテーション（発表）やディスカッション（討論）ができるぐらいのスピーキング＆ヒアリング力を養うことを目的としています。学期末に学生たちのスピーチを聞いて、「ああ、こんなに話せるようになったんだ」と成長を実感できた時はこの仕事をしていて本当によかったと思います。

「ミカをキリタ先生のエピソード」

これはマレーシアで教えていた時のエピソード。同僚の先生がクラスの学生に、「センセイ、ミカ、キリタ？」と聞かれたそうですが、なんのことかわかりますか？先生の答えは「うん、髪、切ったよ」。そう、私たちは仕事がら日々間違った日本語に接しているので、こんな暗号のような難解文でも状況をヒントに「ああ、こう言いたいのね」と瞬時にわかってしまうのです（笑）。

「日本語教師は誰にも適性がある！」

日本語教師は向き、不向きではなく、人それぞれ自分の特徴を活かしてできる仕事だと思います。話すのが苦手でも、学生の気持ちを上手に察することができて成功している先生もいる。大切なのは相手に自分の考えを押しつけず、その人が『どこまで』わかっていて、『何が』わからないかを見極め、それに的確に応えられる力じゃないでしょうか。

Official

公務員

国の中核で政治経済や外交を担ったり地域の安全を守る仕事

公務員は主に、政治経済、外交、安全などの専門的な分野の最前線で業務を行います。なかでも国家公務員のキャリアと呼ばれる人たちは国の政策を作るなど中核を担う存在です。地方公務員は地域に密着して人々の生活をサポートします。公務員になりたい場合、どんな仕事でどんなポジションになりたいのか、いろんなケースを見ながら考えてみましょう。

GOVERNMENT OFFICIAL
国家公務員 の仕事

☆ 政治・経済・外交・安全など各事案の第一線で活躍 ☆

国に勤務する公務員として、国全体に関わる業務を行うのが国家公務員の役割です。政治、経済、外交、環境、保健、教育、安全など、すべての最前線で重要な役割を担います。

国家公務員法が適用されない特別職

公務員は能力や知識を測るための採用試験合格を条件とする「資格任用」が原則ですが、一部、「政治任用」という例外があります。政権や内閣、大臣との一体性が高いなどの政治的理由による採用方法で、例えば内閣総理大臣や各省の大臣、副大臣、大臣政務官、各大臣の秘書官などが該当。成績主義や身分保障といった国家公務員法の規定が適用されない特別職とされます。

●国家公務員採用試験の種類

総合職試験（大学院卒者／大卒程度）
一般職試験（大卒程度／高卒程度）
専門職試験（大卒程度／高卒程度）
経験者採用試験（社会人試験）

※試験は大学院卒者、大卒程度と高卒程度に分かれています。

たとえばこんな職種がある！

- **◆国家公務員総合職** ◆**自衛官** ◆**海上保安官** ◆**国税専門官** ⇒ PickUp! の項を参照
- **◆外交官** 外務省に所属し、主に世界各地の在外公館（大使館、総領事館、政府代表部）で仕事をします。国家公務員総合職または専門職の採用試験合格が必要。入省後2～6年間は留学を含む研修に費やします。留学先は研修語を母国語とする国の大学や大学院。語学や現地の人々との交流、国の歴史、政治、経済、文化など広く学びます。なお外交官で最上級の公務を担うのが特命全権大使。日本国の代表として相手国首相や外務大臣との協議や交渉を行います。
- **◆麻薬取締官** 厚生労働省の地方厚生局麻薬取締部に所属。刑事訴訟法に基づく特別司法警察員としての権限を持ち、薬物乱用のない健全な社会生活の実現に努めます。主な活動は、違法薬物に関わる捜査、医療麻薬の監督および指導、相談業務・啓発活動の3つ。国家公務員一般職（大卒程度）試験の行政、電気・電子・情報、化学のいずれかの区分に合格するか、薬剤師の国家資格を持つ人が主な採用条件となります。

上記以外にも…
皇宮護衛官／法務省専門職員／財務専門官／食品衛生監視員／労働基準監督官／裁判官／裁判所職員／国会職員／税務職員／入国警備官／刑務官　など

Pick Up! プロフェッショナルの現場

File 1　国家公務員総合職

ハゲタカ度 ★★★★★
アーティスト度 ★★
従僕度 ★★★★★

幅広い視野、高度な判断力と優れた指導力で国を支えるキャリア組

国家公務員のなかでもキャリアと呼ばれる幹部クラス。中央官庁で一定以上の地位に就き、主に政策の企画や立案といった、日本の未来を作るための重要な公務を担います。例えば総務省では電気通信事業における情報通信のインフラ整備とルール作りを進めたり、文部科学省では50年後の教育を考える施策を検討。あるいは環境省で地球温暖化や大気汚染などの環境問題に取り組むなど、社会の様々な課題に対する解決手段を模索するのが行政職に携わる人の役割といえます。

なるためには…

国家公務員総合職試験に合格することが必要。試験は大きく、①大学院卒者試験、②大卒程度試験、③大学院卒者試験法務区分、④大卒程度試験教養区分の4つがあり、①はさらに行政、人間科学、工学など8の区分に、②は政治・国際、法律、経済など10の区分に分かれます。本省採用で出世するためには、東大法学部卒が圧倒的に有利なので、偉くなりたい人は、まず東大法学部を目指しましょう。

Chaptar3　好きな事を仕事にするための職業選び　★ 185

Pick Up! Government official File 2 自衛官

プロフェッショナルの現場

森卓ウォッチ
- ハゲタカ度 ★★★★★
- アーティスト度 ★★
- 従僕度 ★★★★★

陸・海・空から日本の国と国民の安全を守る国防の実行部隊

国防を柱に、ＰＫＯ（平和維持活動）、人道支援、災害復興支援など、常に有事の最前線で任務にあたる自衛官。陸・海・空の３部隊で国の平和と国民の安全を守ります。うち陸上自衛隊は即応機動する陸上防衛力が強み。災害支援や国際平和協力活動などが中心です。一方、海上自衛隊は四方の海から来る脅威や島しょ部侵略への対応を軸に、海賊対策や国際テロに対する取り組みも強化。航空自衛隊は空において相手の戦力を上回る「航空優勢」で陸・海作戦を強力に援護し、防衛のカギを握ります。

なるためには…

一般曹候補生の応募資格は高卒、高専卒以上で18歳以上27歳未満。採用後は２年９ヵ月間の訓練を受け、選考により全国各部隊に３曹として配置されます。また高卒後に防衛大学校に入学して幹部自衛官を目指す場合は防衛大卒業と同時に曹長に任命され、自衛隊幹部候補生学校に入校。半年間ずつの教育訓練と部隊勤務などを経て、防衛大卒業から約１年後に３等尉に任命されます。

自衛隊の階級

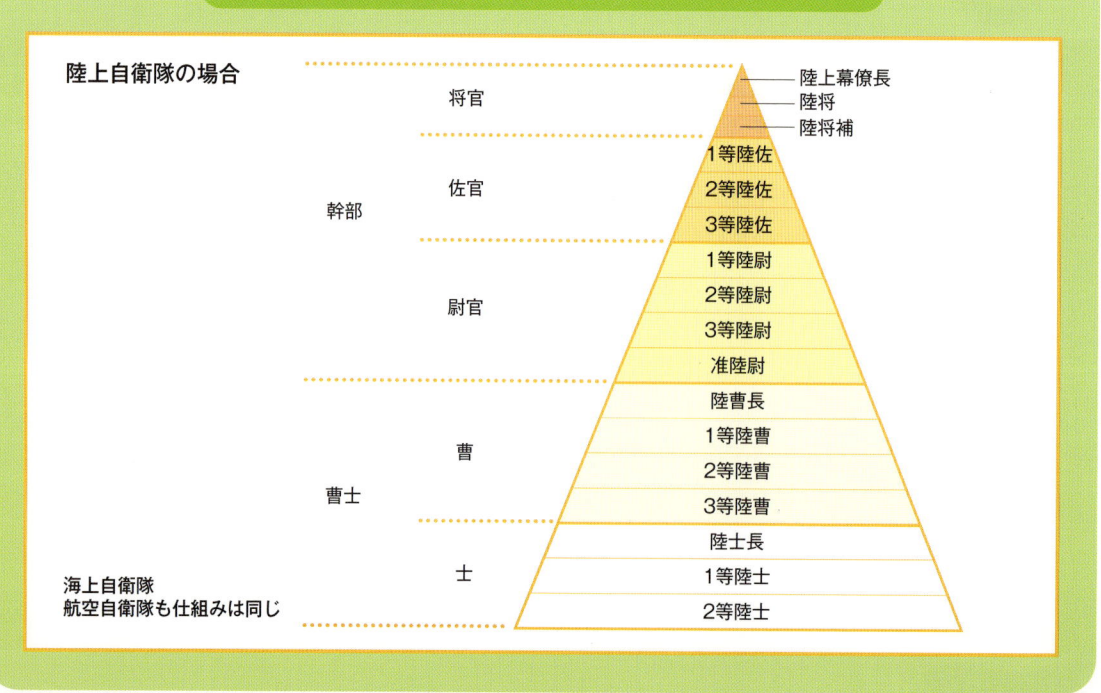

陸上自衛隊の場合

幹部	将官	陸上幕僚長 / 陸将 / 陸将補
幹部	佐官	１等陸佐 / ２等陸佐 / ３等陸佐
幹部	尉官	１等陸尉 / ２等陸尉 / ３等陸尉 / 准陸尉
曹士	曹	陸曹長 / １等陸曹 / ２等陸曹 / ３等陸曹
曹士	士	陸士長 / １等陸士 / ２等陸士

海上自衛隊 航空自衛隊も仕組みは同じ

Pick Up!
Government official File 3 海上保安官

プロフェッショナルの現場

森卓ウォッチ
- ハゲタカ度 ★★★★★
- アーティスト度 ★★
- 従僕度 ★★★★★

日本の領土を囲む広大な海の安全と治安を守る海上の番人

日本の領土面積は約38万km²ですが、領海および排他的経済水域の面積はその10倍以上の約447万km²。海上保安官は「海の警察官」として活躍しており、海上保安庁はこの広大な日本海域に巡査船や航空機を配備し、海上における治安と安全を守っています。主な業務は、海上犯罪の取締り、海洋情報の収集、海上交通の安全確保などですが、昨今は特に海難救助などの活動がメディアでも頻繁に取り上げられており、高度な技術を要する、船の火災や爆発、転覆した船内からの生存者救出などに対応する潜水士や特殊救難隊員などがいます。

なるためには…

海上保安官になるには、海上保安学校または海上保安大学校の学生採用試験に合格し両校を卒業することが必要。入学後、海上保安業務に必要な基礎知識、乗船実習などで課程毎の専門知識を習得し、卒業後に巡視船艇や海上保安部署、本庁、航空基地などで勤務します。なお、大学校、学校船舶運航システム課程・情報システム課程を卒業すれば、希望と適性により潜水士、特殊救難隊に進むのも可能。

海上保安庁の階級

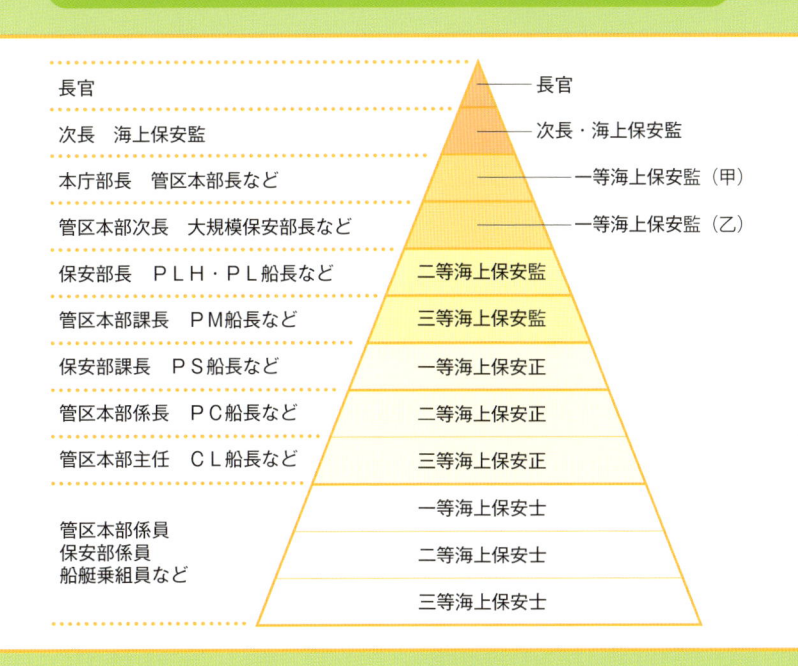

役職	階級
長官	長官
次長　海上保安監	次長・海上保安監
本庁部長　管区本部長など	一等海上保安監（甲）
管区本部次長　大規模保安部長など	一等海上保安監（乙）
保安部長　PLH・PL船長など	二等海上保安監
管区本部課長　PM船長など	三等海上保安監
保安部課長　PS船長など	一等海上保安正
管区本部係長　PC船長など	二等海上保安正
管区本部主任　CL船長など	三等海上保安正
管区本部係員　保安部係員　船艇乗組員など	一等海上保安士
	二等海上保安士
	三等海上保安士

Chaptar3　好きな事を仕事にするための職業選び ★ 187

Pick Up! プロフェッショナルの現場

Government officer File 4 国税専門官

森卓ウォッチ
- ハゲタカ度 ★★★★★
- アーティスト度 ★★
- 従僕度 ★★★

国民の適正で円滑な納税を実現し、不正を正す、税のスペシャリスト

国税庁の使命は、国民の適正で円滑な納税義務の履行を支えること。その実現のため、税のスペシャリストとして活躍するのが国税専門官です。法律、経済、会計などの高度な専門知識に加え、不正を見逃さない強い精神力とバイタリティーが必要となります。職種は国税調査官、国税徴収官、国税査察官の3つに分かれますが、うち国税査察官は裁判官から許可状を得て、悪質な脱税者に対する捜査や差し押さえなどの強制調査を行い、刑事罰を求めるため検察官に告発するなど厳しい公務を担います。

なるためには…

国家公務員の専門職試験（大卒程度）を受けます。採用後にまず3ヵ月間、税務大学校で税法や簿記などの知識や技能を習得する専門官基礎研修を受け、全国の税務署に配属。そこで1年間の実務経験を経たのち、税務大学校地方研修所において専攻税法研修を約1ヵ月間受講。さらに2年間の実務経験を積んだのち7ヵ月間の専科研修を経て、国税調査官、国税徴収官などに任用されます。

中央官庁の組織

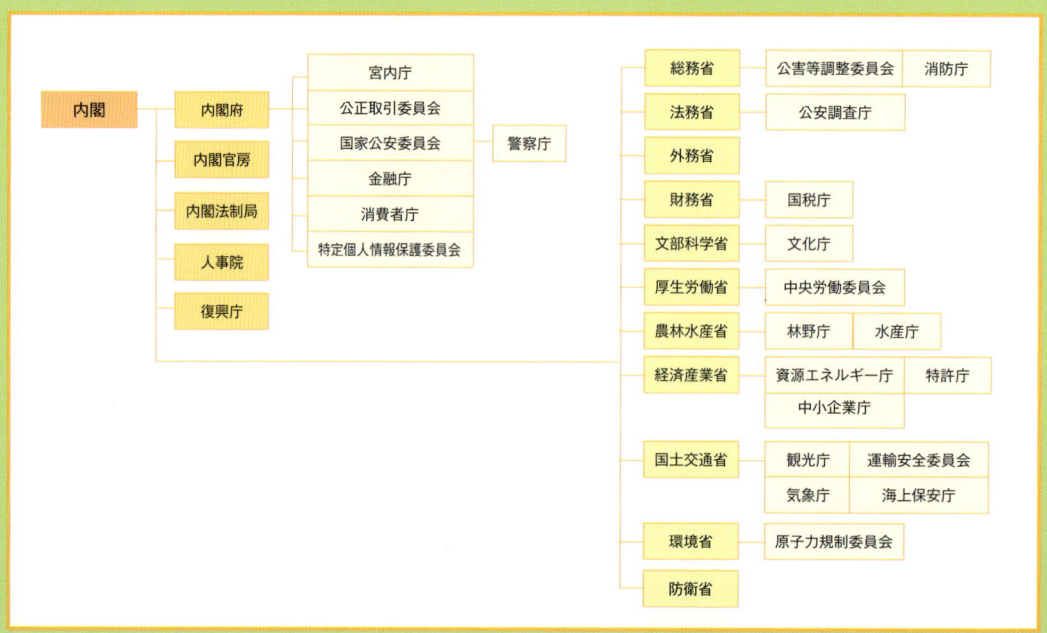

- 内閣
  - 内閣府
    - 宮内庁
    - 公正取引委員会
    - 国家公安委員会 — 警察庁
    - 金融庁
    - 消費者庁
    - 特定個人情報保護委員会
  - 内閣官房
  - 内閣法制局
  - 人事院
  - 復興庁
- 総務省
  - 公害等調整委員会
  - 消防庁
- 法務省
  - 公安調査庁
- 外務省
- 財務省
  - 国税庁
- 文部科学省
  - 文化庁
- 厚生労働省
  - 中央労働委員会
- 農林水産省
  - 林野庁
  - 水産庁
- 経済産業省
  - 資源エネルギー庁
  - 特許庁
  - 中小企業庁
- 国土交通省
  - 観光庁
  - 運輸安全委員会
  - 気象庁
  - 海上保安庁
- 環境省
  - 原子力規制委員会
- 防衛省

組織・業務の概要2015（内閣府）（www.cao.go.jp/about/doc/zentai.pdf）を加工して作成

LOCAL OFFICIAL
地方公務員
の仕事

☆ 地域住民のより良い暮らしのために力を尽くす ☆

地域の自治体に勤務し、住民サービスのために働くのが地方公務員の役割です。人々の暮らしに近いところで身近な課題を一つ一つ解決し、安心と住みやすさを提供します。

里 地域に密着し住民と一体で地域振興を目指す

地方行政において、納税者となる働く世代や子育て世代の地域定住を促進することは非常に重要なテーマです。税収の安定は各種補助金や制度の整備など行政ならではの支援を充実する財源確保を意味し、住みやすい町作りへの貢献につながります。そのため行政と住民が一体となって地域の魅力を発信する「地域振興」に向けた取り組みが今、各地で推進されています。

東京都庁の組織

- 知事 — 副知事
  - 知事部局: 政策企画局／青少年・治安対策本部／総務局／財務局／主税局／生活文化局／オリンピック・パラリンピック準備局／都市整備局／環境局／福祉保健局／病院経営本部／産業労働局／中央卸売市場／建設局／港湾局／会計管理局／東京消防庁
  - 公営企業局: 交通局／水道局／下水道局
  - 行政委員会: 教育委員会(教育庁)／選挙管理委員会／人事委員会／監査委員(監査事務局)／公安委員会(警視庁)／労働委員会／収用委員会
  - 議決機関: 議会局

参考：都庁HPより（平成27年4月1日現在）

たとえばこんな職種がある！

◆地方公務員行政職　**◆警察官**　**◆消防官**　⇒ PickUp! の項を参照

◆市役所職員　市民の暮らしにもっとも近いところで仕事をする公務員です。主な仕事は戸籍・住民票など各種証明書に関する事務や、道路・公園などの管理、ゴミの処理、地域の安全・防犯対策、高齢者介護に関わる業務など幅広く、また3～5年ごとに担当の異動があるのが一般的です。事務職であれば、地方公務員（大卒程度もしくは高卒程度）試験のうち各自治体の一般事務（一般行政）試験を受けます。

◆レスキュー隊員　特別救助隊に所属し、人命救助に関する高度な知識と専門技術を持った消防官。特殊な装備を駆使して、火災や災害などの事故現場で救助を待つ人の救出に臨みます。強靭な体力や身体能力の高さが求められ、十分に訓練を積んだ消防官でも適性を認められなければレスキュー隊に入隊することはできません。そのほか、登山中の事故に対応する山岳救助隊、水の事故に対応する水難救助隊などの部隊もあります。

上記以外にも…
教職員／県庁職員　など

Pick Up!
Local official File 1　地方公務員行政職

森卓ウォッチ
ハゲタカ度 ★★★★★
アーティスト度 ★★★★★
従僕度 ★★★★

プロフェッショナルの現場

各自治体の行政サービスに取り組む 国と市区町村のパイプ役

地方公務員とは各都道府県の自治体で公務にあたる人の総称。うち行政の仕事に従事する人を地方公務員の上級職あるいは行政職といい、その代表が各都道府県庁の行政職員です。県庁を例とすると、各市区町村単位では対応が困難となる広域的な開発計画や県内全域の治山・治水事業、道路や河川、公共施設などの管理・建設に関わる企画立案、推進などが主な業務となります。また教育や社会福祉、各種認可に関する基準など、全国単位での統一が必要な制度の整備などにも対応します。

なるためには…

地方公務員（大卒程度）採用試験を受けます。試験の名称はⅠ類B（東京都）、Ⅰ種（神奈川県）など自治体により様々。受験資格についても年齢制限だけを条件とする場合が多いですが、一部、学歴制限を設けている自治体もあります。また試験は一般教養などの一次試験、面接と論文の二次試験という形式が一般的で、人物評価を高く配点する傾向がみられます。

Pick Up!
Local official File 2 警察官

プロフェッショナルの現場

森卓ウォッチ
- ハゲタカ度 ★★☆☆☆
- アーティスト度 ★★☆☆☆
- 従僕度 ★★★★★

犯罪のない世の中を目指して地域社会の秩序と安心な暮らしを守る

市民の生活と安全を守るため地域社会の最前線で活躍する警察官。警視庁の場合、職種は大きく分けて地域警察、交通警察、刑事警察、生活安全警察、組織犯罪対策、警備警察の6つ。うち警察学校を卒業後、最初に勤務することが多いのが地域警察で、一般市民の窓口として交番勤務とパトロール勤務にあたります。またドラマなどによく登場する「所轄の刑事」は刑事警察。警察署刑事課に所属し、強行犯、知能犯、盗犯の各捜査係と鑑識係に分かれて担当します。

なるためには…

各自治体の警察官採用試験を受けます。合格後、全寮制の警察学校で規則正しい集団生活を送りながら警察官としての冷静な判断力や正義を貫く心構えなどを学びます。また初任教養と呼ばれる研修で、一般教養や警察官に必要な憲法・刑法などの法学、捜査・交通などの警察実務、武道、逮捕術をはじめとする術科などを6〜10ヵ月間履修し、修了後、警察署に配属されます。

警察官の階級

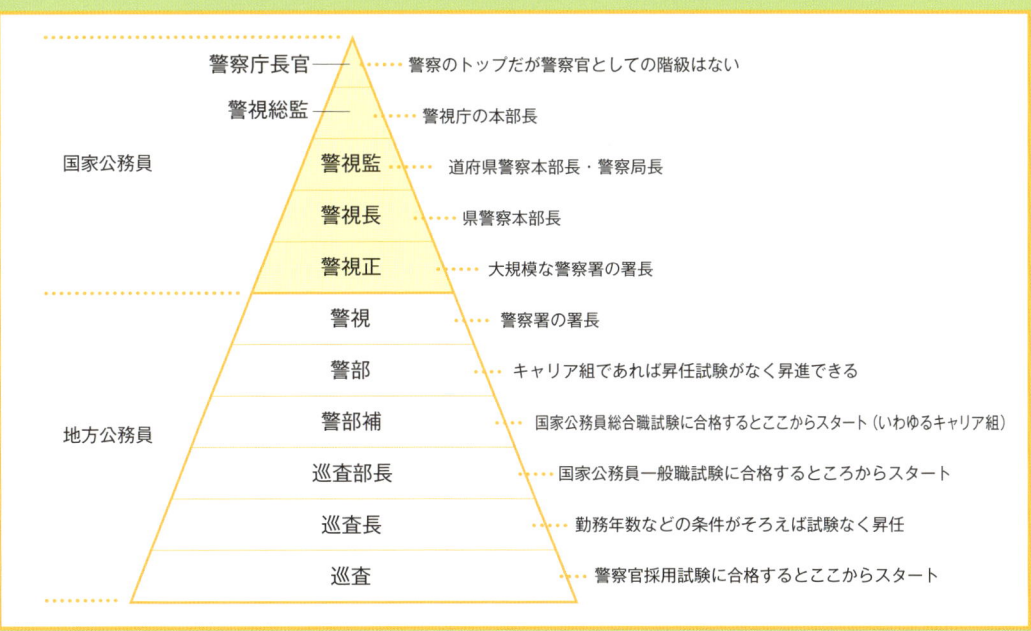

国家公務員
- 警察庁長官 …… 警察のトップだが警察官としての階級はない
- 警視総監 …… 警視庁の本部長
- 警視監 …… 道府県警察本部長・警察局長
- 警視長 …… 県警察本部長
- 警視正 …… 大規模な警察署の署長

地方公務員
- 警視 …… 警察署の署長
- 警部 …… キャリア組であれば昇任試験がなく昇進できる
- 警部補 …… 国家公務員総合職試験に合格するとここからスタート（いわゆるキャリア組）
- 巡査部長 …… 国家公務員一般職試験に合格するところからスタート
- 巡査長 …… 勤務年数などの条件がそろえば試験なく昇任
- 巡査 …… 警察官採用試験に合格するとここからスタート

※警察庁は全国の警察、警視庁は東京都のみを管轄

Chapter3 好きな事を仕事にするための職業選び ★ 191

Pick Up!

Local official File 3

消防官

プロフェッショナルの現場

森卓ウォッチ
- ハゲタカ度 ★★★★★
- アーティスト度 ★★
- 従僕度 ★★★★

災害現場にいち早く駆けつけ命をかけて消火活動と人命救助に臨む

火災や災害など危険な現場に身を投じ、消火活動と人命救助に全力を尽くす消防官。火事が起きてからの活動だけでなく、避難訓練や防火指導など市民の防災意識を高めるための取り組みも大切な仕事です。また日ごろから管轄地域の道路状況や消火栓、防火水槽などをチェックしておき、火元に到着したら1秒でも早く放水体制を整えられるようにすることも非常に重要です。災害現場は毎回状況が違うものですから、どんな場面でも臨機応変に対応し、被害を最小限にとどめることが使命です。

なるためには…

各自治体の消防官採用試験を受けます。合格後、全寮制の消防学校で約1年間の初任研修を受け、消防法規や行政などの座学と、消火、救助、救急活動などの実地訓練を習得。卒業すると消防署に配属され、最初は主にポンプ隊員として経験を積みます。また1年以上の実務を経て選抜試験に合格すると、救急隊員やレスキュー隊員になるための専科研修を受けることができます。

救急救命、人命救助の現場で活躍する消防隊

救急隊	救急現場に駆けつけて傷病者に適切な応急処置を行い、迅速に医療機関に搬送。各救急隊には救急救命士が配置される。
特別救助隊（レスキュー隊）	救助に関する高度な知識と専門技術、特殊な装備を駆使して火災や労災事故（機械に挟まれた等）、自然災害などで救助を待つ人を助ける。
はしご隊	高層階に取り残された人の救出や、高所からの放水を行う。はしごを下方に伸ばして、海や河川などに転落した人の救出も行う。
消防救助機動部隊（ハイパーレスキュー）	通常の消防部隊では対応が困難な災害現場で人命救助に全力を尽くす。建物の倒壊や土砂崩れなどの大規模災害に対応し、消火・救助・救急活動が同時に行える部隊として発足。

Real Voice

コラム

県庁
土木課 課長補佐
小田清一（仮名）・40代

県庁職員の方に聞きました

「民間企業から地方公務員に転職」

私は大学の工学部を卒業して、まず民間企業に就職しました。その後、20代後半に県庁の経験者採用試験を受けて地方公務員となり、現在に至ります。

「公務員について思う、2つのこと」

あらためて公務員という仕事を考えた時、思うことは2つ。まず、安定した収入です。地方公務員の給与体系は、1級～10級までの『級』と同一級をさらに細分化した『号給』、『諸手当』によって決まっています。つまり、どんなにがんばっても億万長者になることはありませんが、基本的には辞めないかぎり安定した収入が保証されているのです。もう一つはジェンダーによる差別がない職場だということ。これは意外に思われるかもしれませんが、私は民間企業より進んでいる点の一つだと思っています。男性も女性も平等に昇級していきますし、産休、育休を連続で取得して数年間ブランクがあったとしても、復帰後には元の職務に戻れます。

「最前線で経験した行政代執行の話」

20年間、県庁の職員として仕事をしてきていろいろな経験をしましたが、最もきつかったのは立ち退きを求めても応じない方への行政代執行（行政上の強制執行の一手段）ですね。当時、若かった私は最前線に配置されました。この時ばかりは正直、本当に緊張しましたね。抵抗されて石を投げられるかもしれないし、殴られるのも覚悟の上。ちなみにもし殴られていれば公務執行妨害で私の背後に控えていた警察部隊がその方を逮捕することになりますが、幸い、そうはなりませんでした。

「"ありがとう"で実感する私の使命」

自分は県民、市町村民の役に立つ仕事をしている…それが私の信条です。皆さんから「ありがとう」と言われることが何より励みになります。特に私の仕事は土木関係の業務ですから、災害復旧や復興の現場で自分の使命を強く実感することが多いですね。

政治 & 法律

国を動かすのが政治の仕事、法を守り裁くのが法律の仕事

「政治家になりたい！」と思ったら、どのような道をたどればいいのか悩むと思います。それほど、政治家になるためのアプローチは多様で、政党の公募を経て立候補したり、大物議員の秘書から政治家へ転身するなどの方法もあります。反対に弁護士や裁判官になるには司法試験に合格しなければなりません。ここでは国を動かす、法を守る職業の基本を学んでみましょう。

POLITICS 政治に関する仕事

☆ 国民の代表者となって、より豊かな社会を創り上げる ☆

国民の幸せな暮らしのための法整備、議会を通じてその実現を目指す。
政治家以外にも、政治参加の方法は様々です。

日本のため、国民のために365日24時間働く

現代の日本は、景気対策をはじめ、震災の復興、少子高齢化問題など多くの課題を抱えています。そのため、に政治家に対する国民の期待と責任は大きいといえます。政治家に求められる資質とは、世の中を改善していきたいという熱い想いと、冷静な判断力を含めた問題解決能力があること。また、世代や価値観の違う人たちと円滑なコミュニケーションをとれること、多忙な職務に対応できる体力も求められます。

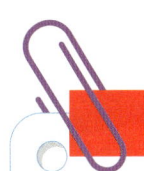

たとえばこんな職種がある！

- **国会議員** **地方議会議員** **議員秘書** ⇒ PickUp! の項を参照
- **内閣総理大臣** 国会議員の中から国会の議決で行われ、過半数の票を得た人が指名されます。衆議院で多数を占める与党の代表が選ばれることが多く、総理大臣の指名を受けた人が国務大臣の選考を行います。
- **知事** 都道府県単位の地方選挙で選ばれます。被選挙権は満30歳以上で任期は4年です。
- **市区町村長** 市町村単位の選挙で選ばれます。被選挙権は満25歳以上で任期は4年です。
- **審議会委員** 政策へのアドバイスや意見、提言を行います。学者、識者、代表的な事業者から選任されたり、官庁等で公募が行われることもあります。
- **アドボカシー提言者** シンクタンク、専門家、関連団体などが中立な立場で政策に対して提案や変更を促す活動を行います。
- **政党職員** 主に政党本部へ勤務し、広報活動や選挙対策、政策立案などを議員等と行います。

上記以外にも…
国務大臣／政治ジャーナリスト／後援会（政治団体）／選挙管理委員　など

Pick Up! Politics File 1　国会議員

プロフェッショナルの現場

森卓ウォッチ
- ハゲタカ度 ★★★★★
- アーティスト度 ★☆☆☆☆
- 従僕度 ★★★★☆

当選するには支持者獲得がカギ
国民を代表する考えと実行力が求められる

事務所や所属する政党の本部で、法案の準備や問題のある分野の情報収集などを行います。税金の使い道を決める予算委員会や、各省庁が所管する議題を話し合う経済産業委員会、農林水産委員会など常設委員会の一つに必ず所属し、資料の準備をしたり、委員会当日は質問、議論、説明などを行います。勉強会を開いたり、実際の現場を見に行ったり、マスコミからの取材に応じたりもします。そのほかに有権者や陳情に来た人から要望を聞いたり、外国の要人と会うこともあります。

なるためには…

衆議院議員選挙は満25歳以上、参議院議員選挙は満30歳以上の日本国民なら誰でも立候補ができます。ただし、実際には2世議員が圧倒的に有利なため、最近は事実上の世襲が幅をきかせています。しかし、議員秘書や官僚から政治家を目指したり、政治塾で人脈を作る方法もあります。国会議員の報酬は月額約130万円。夏冬2度のボーナス合計が約550万円でほかにも様々な手当があります。

Pick Up!

プロフェッショナルの現場

Politics File 2 地方議会議員

森卓ウォッチ
ハゲタカ度 ★★★☆☆
アーティスト度 ★☆☆☆☆
従僕度 ★★★★☆

国から地方へ権限を移す流れもあり役割の重要性が高まっている

都道府県や市町村単位の地方議会では、多くが3月、6月、9月、12月に開かれる定例議会、必要に応じて開かれる臨時議会に出席して発言したり議決を行います。会期中には委員会と本会議があり、委員会の審議に向けた調査や現場の視察、住民から話を聞くなどをします。支援者への挨拶回りや、同じ理念や志を持つ議員同士が集まる議員団の会議、勉強会などもあります。農業、林業、卸売など自分の仕事と兼業する人もいて、会期以外ではそれらの仕事に従事する場合もあります。

なるためには…

議員の定員数や報酬などは各自治体によって異なり、条例で定められています。満25歳以上でその選挙区域に3ヵ月以上、住所を有すれば立候補できます。任期は4年になります。政党に所属して後援を得る方法もありますが、無所属で勝負する人もいます。ただし、業界団体や労働組合など一定の組織からのまとまった票を持たないと当選することが難しいのが現実です。

Politics File 3 議員秘書

森卓ウォッチ
ハゲタカ度 ★★★☆☆
アーティスト度 ★☆☆☆☆
従僕度 ★★★★★

議員の片腕として働くサポーター責任は重いが、政界入りするチャンスも

公設秘書と私設秘書の2種類があり、それぞれ議員と契約します。国から3名まで給与が支払われる公設秘書は、政策秘書と第1秘書、第2秘書があり、政策秘書は主に政策立案や立法活動を補佐します。ほかの秘書は能力に応じて議員によって仕事が決められ、スケジュール管理や資料収集、講演会のセッティングから議員の代わりに会合へ出席して報告するなど様々です。私設秘書には議員から給与が支払われるため、財政的に余裕がある議員が雇う場合がほとんどで公設秘書との収入差があるのが一般的です。

なるためには…

政策秘書になるためには、毎年1回国が実施する政策担当秘書資格試験に合格するか、公設秘書歴10年以上、または公設秘書歴5年以上で政党職員や私設秘書などの勤務歴を合算して10年以上といった一定の基準を満たす必要があります。ただ、政策秘書でなければ、資格の必要もなく、誰でもなることができますので、紹介や選挙の応援、講演会などでチャンスを作ったりするのもよいでしょう。

LAW
法律
に関する仕事

★ 法律やルールに基づいて冷静な判断が求められる ★

司法制度改革により、法の支配を社会の隅々にまで行き渡らせることが進められています。
試験に合格するのは難関ですが、法律家の役割には多くの人の期待が寄せられています。

公正な法の運用は複雑化した現代社会において重要性を増す

優秀な法曹（裁判官・検察官・弁護士）を養成するために制度移行期間を経て、新たな法曹養成制度が2011年よりスタートしました。これまでは司法試験に合格後、司法修習を受けていましたが、新制度では法科大学院で専門教育を受け、修了後に司法試験を受験。合格者は司法修習を1年間受けてから法曹資格を得ることができます。さらに近年はグローバル化に伴って国際法の知識や理解も求められています。

たとえばこんな職種がある！

◆**裁判官** ◆**弁護士** ⇒ PickUp! の項を参照

◆**検察官** 傷害や窃盗、政治家の汚職から経済事件など、刑事事件について真実を解明します。警察の捜査の後、被疑者（犯罪を犯したとされる人）の裁判を行うか決定します。検察官からの公訴がなければ裁判には進められないため重要な任務です。裁判では被疑者の弁護人と議論を重ね、刑を求めます。司法試験・司法修習生を経て希望を出し配属される場合や、検察事務官などから試験を受けて副検事になる方法などがあります。

◆**司法書士** 土地の購入や会社設立の書類作成、企業の法律アドバイスなど、法律の専門家として様々なトラブル回避の提案をします。法務大臣の認定を受けると、定められた範囲の身近な事件を簡易裁判所に代理で訴える仕事もできます。難易度の高い司法書士試験に合格する必要があり、司法書士会への所属や司法書士連合会へ登録します。

上記以外にも…
弁理士／行政書士／特許審査官／裁判所調査官／調停員／労働基準監督官／公正取引審査官／社会保険労務士／入国審査官／公証人／海難審判官・理事官／裁判所書記官／検察事務官　など

Pick Up! プロフェッショナルの現場

Law File 1 裁判官

森卓ウォッチ
- ハゲタカ度 ★★★★★
- アーティスト度 ★★★
- 従僕度 ★★★★

良心に基づき、法律に照らし合わせ判断する裁定者

法廷で訴えた側と訴えられた側の主張を聞き、判決を言い渡します。判決を下すまでに、担当している事件と似た過去の判例を調べたり、調書や記録を読み込んだりして、事件の重要な点が何かを整理、把握します。証拠が本当に信じられるものかを確認するため、現場に足を運んで検証することもあります。民事裁判では、お互いが納得できる和解のための解決の糸口を考えることもあります。常に多くの案件を抱えるなど、体力的にも精神的にもタフさが求められます。

なるためには…

高校 → 大学 → 法科大学院（大学で法律専攻（2年）／大学で法律専攻でない（3年））→ 司法試験合格 → 司法修習試験合格 → 法曹（裁判官・弁護士・検察官）

司法試験予備試験（司法試験の受験資格が与えられる）→ 司法試験合格

● 予備試験に受験資格の制限はありません

Law File 2 弁護士

森卓ウォッチ
- ハゲタカ度 ★★★★★
- アーティスト度 ★★★
- 従僕度 ★★★

法律に基づいて依頼者のトラブルを解決する代理人

交通事故から殺人・傷害事件、相続問題や会社の倒産など、刑罰が問われる刑事事件、社会生活上のトラブルによる民事事件において代理人となり、弁護する仕事です。調停委員として争いの解決方法を探ることもあります。医療問題や経済問題など新しい情報への対応も必要です。また、争いごとに介入し当事者の言い分を理解するためには知識だけでなく、話を聞く姿勢や胆力も求められます。依頼者の権利を守るため、行動力、創造力を駆使してベストを尽くします。

なるためには…

司法試験に合格する必要があります。司法修習試験合格後、弁護士事務所に所属して経験を積む人や、はじめから独立して事務所を開く人もいます。国選弁護人や、大企業の代理人を務めるなど依頼は様々。企業の法務系部門で働く企業内弁護士という働き方もあります。外国の弁護士資格も取得して、日本と外国の両方で仕事をする人も。弁護士会には必ず所属し、お互いを監督しあう役割もあります。

Real Voice

コラム

行政書士の方に聞きました

行政書士佐藤慎一事務所
所長
佐藤慎一・50代

「法律の知識で人々の営みをサポート」

会社を設立したり飲食店を始めるなど事業を営むときや、遺言書を残したいなど権利の効果を表すためには法律に則った手続きが必要です。その際、国や都道府県、市町村へ提出する書類の作成や手続きを代理で行ったり、相談に乗るなどが行政書士の仕事です。建設業の許可や日本で働く外国人のビザの手続きから、購入した自動車にナンバープレートをつける自動車登録など、行政書士の仕事は幅広く、認可手続きだけでも1千種類以上ともいわれています。

「顧客に代わって手続きを代行」

私は建設業の許認可に関する仕事に多く関わっています。「農地に建物を建てたい」「介護施設を建てたい」というお客さまの相談を受けた場合、工事の内容や金額などによって、建設業法や都市計画法、農地法など関係する法律は様々です。どんな手続きが必要でどこへ申請するのか、必要な書類において事業所で必要な責任者、技術者など、どんな条件を満たさなくてはいけないかを確認しながら進めます。お客さまとは必ず会って、何を始めたいのかや事業内容、スケジュールなど必要な情報を確認します。許可を得られないとお客さまは仕事をスタートできないため、役割は重大です。

「創造力、行動力の駆使で希望を解決」

手続きに必要な書類には、社会保険に関する書類は社会保険労務士、税の申告に関わる書類は税理士にお願いしなければならないなど、法律家ごとに業務の範囲は決められています。建設関係では測量士や土地家屋調査士といった専門家の協力が必要な場合もあります。様々なプロフェッショナルの方々と連携することでスムーズに仕事を進め、お客さまにも安心して任せてもらえます。

難解な法律をよく理解して、お客さまがやりたいことを法律面から解決していくことが行政書士など法律家の役割だといえます。また、あらゆることが定められている法律ですが、すべての事象を規定するために抽象的に書かれているため、解釈をする能力が必要です。この解釈が腕の振るいどころでもあり、この仕事のおもしろさでもあります。

Financial Business Insurance

金融 & ビジネス & 保険

お金や保険にまつわる仕事は日本の経済を動かす

お金の流れをビジネスにした仕事には銀行員、公認会計士、税理士などがあります。またいざというときのための生命保険は言い換えれば金融商品。それらにまつわるファイナンシャルプランナー、社会保険を扱う社会保険労務士など、名前は聞いたことがあるけれど実際にはどんな仕事をするのか、どうすればなれるのか、実際に働いている人の声も一緒に紹介します。

MONEY, BUSINESS
お金・ビジネス
に関する仕事

☆ お金の流れをスムーズにして、世の中を元気にする ☆

経済を構成する3つの要素、「お金」「モノ」「サービス」に関わる金融とビジネスのプロたち。彼らの仕事が私たちの生活の基盤を作り、社会全体に活気をもたらします。

💰 資産管理の新しい波 プライベートバンキング

主に富裕層に向けた銀行の新たなサービスとして注目されているのが、プライベートバンキングです。顧客のニーズに合わせて資産管理と運用、税務、保険、相続に至るまでトータルに行っていきます。これまで日本の金融機関制度は、資産運用や管理に関して金融業態が分かれていましたが、今後はプライベートバンキングが日本の個人向け銀行業務として主流となるのは間違いありません。

たとえばこんな職種がある！

◆**公認会計士**　◆**銀行員**　◆**経営コンサルタント**　⇒ PickUp! の項を参照

◆**税理士**　納税者と税務署の間に立ち、一般の人には難しい納税の手続きを代理で行う人。税務署の処分に不服がある場合は異議申し立てを代行したり、決算期に会社のお金の流れを示す帳簿類の作成なども行います。国家資格が必要で、合格後に日本税理士連合会の税理士名簿に登録して税理士事務所に所属するか開業へ。常に納税者の味方となり細かい相談にも親身に対応できる人、どんな年代の人とも上手に対話できる人に向いています。

◆**商社マン**　貿易を中心とした商取引の専門家。総合商社の場合、食料や衣料などの生活用品から木材、鉱物などの原材料、航空機やロケットまで世の中のあらゆる物資（モノ）とお金、情報を取り扱います。良質な海外ブランドを発掘していち早く日本で紹介したり、中東などで資源開発の基地建設を支援するなど、活躍の場は世界規模。語学力、国際取引における複雑な手続きをこなす事務処理能力、交渉力などが必要です。

上記以外にも…
証券アナリスト／中小企業診断士／エコノミスト／ファンドマネージャー　など

Pick Up! Money,Business File 1　公認会計士

プロフェッショナルの現場

森卓ウオッチ
ハゲタカ度 ★★★☆☆
アーティスト度 ★★☆☆☆
従僕度 ★★★★☆

企業の健全な発展を助ける会計の番人
超難関の試験は重い責任の証！

企業が発表する決算資料の数字を公平な第三者の立場でチェックし、その内容に不正がないことを証明する仕事。企業が健全な経済活動を維持することはその会社の信用だけでなく会社をとりまく多くの人の利害にも関わります。そこで法律に基づいて問題がないかを調べる「監査」が必要とされ、その業務を行うことができる国家資格が公認会計士です。主な就職先は監査法人ですが、コンサルティング会社や一般企業の経理部門に所属したり、個人で会計事務所を開業する人もいます。

なるためには…

国家試験に合格し、2年間の実務補習や業務補助などの経験を積んだのち日本公認会計士協会に登録されると仕事に就けます。なお公認会計士試験は、司法試験、国家公務員総合職試験と並んで超難関とされ、大学で経営学や会計学を勉強しながら資格スクールにも通って試験対策をする人もいます。数字に強いことはもちろん、不正を見逃さない倫理観、正義感も求められます。

Chaptar3　好きな事を仕事にするための職業選び　★　201

Pick Up!

プロフェッショナルの現場

Money, Business File 2 銀行員

森卓ウォッチ
ハゲタカ度 ★★★★☆
アーティスト度 ★★☆☆☆
従僕度 ★★★★★

日本経済を第一線で支えるお金のプロ
誠実さと判断力、タフな精神力が必要

都市銀行をはじめ、地域を中心に営業展開する地方銀行などで、世の中に流通するお金の様々な取引に関わる人。主な仕事は個人や会社からお金を預かって管理する「預金業務」、事業などの資金を融通する「貸付業務」、手形や振込など現金以外の送金手続きを行う「為替業務」などがあげられます。銀行の種類にはほかにも、お金以外の財産も預かって運用することができる信託銀行や、インターネット上の取引のみで展開するネット銀行、地域の中小企業や個人のための信用金庫などがあります。

なるためには…

学校を卒業して、銀行に採用されれば、誰でもなることができます。銀行員に必要なのは資格より資質です。他人のお金を預かる仕事なので信用が第一です。また現場では、厳しいルールを守りながら、間違いが許されない強いプレッシャーがかかるので、タフな精神が求められます。関連資格に銀行業務検定があるほか、ファイナンシャルプランナーや簿記の資格も取得すると有利でしょう。

Money, Business File 3 経営コンサルタント

森卓ウォッチ
ハゲタカ度 ★★★★★
アーティスト度 ★☆☆☆☆
従僕度 ★★★☆☆

どうしたら儲かる？　と聞くならこの人！
経営を元気にする会社のドクター

企業や組織などから依頼を受け、経営の改善や利益を出すためのアドバイスをする仕事。依頼主の経営状態を調査し、問題があればその原因を分析して解決策を提案します。相談を受ける範囲は直接お金に関すること以外にも、商品やサービスをどうしたらもっと売れるか、会社の体制や社員のポジションは適切かなど幅広く、いろいろな分野に豊富な経験と知識が求められます。ただし自分の考えを一方的に押しつけるのではなく、問題解決に向けて一緒にがんばろうという情熱を持って臨むことが肝要です。

なるためには…

大学で法学、経済学、経営学などを専攻し、コンサルティングファームと呼ばれるコンサルティング会社に就職することもありますが、他社で経験を積んだ人が中途採用されることが多いです。資格がなくても仕事はできますが、依頼主からの信頼を得るためにも経営士と中小企業診断士（国家資格）は取得しておいたほうが有利。実務経験を積んで専属の依頼主を多く持つことが独立への近道です。

INSURANCE
保険
に関する仕事

★ 将来の不安をお金に換算し、安心を設計する ★

相互の助け合いで成り立つ保険。この業界もまた、数学理論のプロ、人生設計のアドバイザー、事務手続きのスペシャリストなど、いろいろな専門家が協力し合って支えています。

保険を考えることは人生を設計すること

保険とは、万一に備えて多くの人が少しずつお金を出し合い相互に助け合うことで成り立つ金融商品。なかでも、人の生命に関わる保険が「生命保険」、偶然のリスクによって生じた損害をカバーする保険が「損害保険」、どちらにもあてはまらない第三の保険ががん保険や介護保険などの「医療系保険」です。顧客の人生設計に合わせて、これらをどう組み合わせるかを提案するのが重要な業務です。

たとえばこんな職種がある！

◆ファイナンシャルプランナー　◆社会保険労務士　⇒ PickUp! の項を参照

◆保険外交員　家庭や会社を訪れて保険のセールスをします。相手の希望や優先する条件に応じて最適な保険プランを設計し、契約後も定期訪問して家族構成や仕事内容などに変化があれば、そのつどプランの見直しを提案。アフターサービスに努めます。なお保険会社に入社が決まったら、まずは業界が統一的に実施している教育を受けて試験をパスしなければなりません。人との出会いに喜びを感じられるポジティブな人に向いています。

◆アクチュアリー　日本語訳は「保険数理士」。数学理論のプロとして、事故や災害の発生率や生存率、死亡率などを確率論や統計学の考え方に基づいて算出し、保険や年金の掛け金、支払われる金額などを計算します。活躍の場は保険会社や信託銀行、官公庁など。専門の資格試験に合格すると、国際的にも通用するアクチュアリーと認められます。需要も多く、将来、数学で身を立てたいと思う人にはおすすめの職業です。

上記以外にも…
損害保険査定員／ライフプランナー　など

プロフェッショナルの現場

Pick Up!

Insurance File 1 ファイナンシャルプランナー

森卓ウオッチ
- ハゲタカ度 ★★★★☆
- アーティスト度 ★☆☆☆☆
- 従僕度 ★★★★☆

大切なお金や財産の賢い管理方法をアドバイスする人生の設計士

ファイナンシャルプランナーの「ファイナンス」とは「財源」「資金」のこと。例えば依頼主が個人の場合、その人の家族構成や職業、年齢、財産などを分析して、将来のための貯蓄や保険、相続対策など大切な「お金」に関する計画を結婚や出産、住宅購入などのライフイベントに沿ってアドバイス。豊かな老後を迎えるための手助けをします。主に銀行、保険会社、証券会社などの金融機関をはじめ、不動産会社、流通業や会計事務所などで仕事をするのが一般的。活躍の幅も広く、人気の資格です。

なるためには…

ファイナンシャルプランナーの資格は大きく3つに分類されます。一つは国家資格でファイナンシャル・プランニング技能士（FP）。民間資格では日本FP協会が認定するAFP®とCFP®で、うちCFP®資格は国際的にも通用するライセンスとされています。また公認会計士、税理士、中小企業診断士、社会保険労務士などの資格と併せて取得し、独立して仕事をする人も増えています。

※ AFP®とCFP®は日本FP協会の商標登録です。

Insurance File 2 社会保険労務士

森卓ウオッチ
- ハゲタカ度 ★★☆☆☆
- アーティスト度 ★☆☆☆☆
- 従僕度 ★★★★☆

働く人を守る社会保険の仕組みに精通 会社に不可欠な人事労務の専門家

社会保険に関する業務のスペシャリスト。会社の人事部や個人の事務所などで仕事をします。社会保険とは、会社で加入する健康保険、仕事中の事故などに備える労災保険、退職して次の仕事に就くまでの収入がない期間に備える雇用保険、会社が一部負担して積み立てる厚生年金のほか、自営業者が加入する国民健康保険などを含みます。このように社会保険の仕組みは非常に複雑で関連する法律も多く、手続きや提出書類の作成などの専門家である社会保険労務士のニーズは高まっています。

なるためには…

社会保険労務士試験の合格が条件。受験資格は、①学歴（原則として大学、短大、高等専門学校卒業）、②実務経験（所定の業務を3年以上）、③厚生労働大臣が認めた国家試験合格（司法書士試験、税理士試験など）の3つのうち一つ以上に該当していること。うち③の国家資格は、社会保険労務士と組み合わせることでより広い分野でのサポートが可能になるため、キャリアアップに有利です。

Real Voice

コラム

総合商社
資金為替部 部長
宮間賢太郎(仮名)・50代

総合商社の為替ディーラーの方に聞きました

「眠らない金融マーケットを追う仕事」

金融マーケットは世界中でつながっているので、オセアニア→東京→欧州→ロンドン→ニューヨークと、途切れることなく相場の動きを追いかけることになります。朝はまず会社か自宅で海外マーケットの動きをチェックし、その日のプラン（どう動きそうか、どうやって儲けるか）を考えます。

「夕方の収支で現ポジションを確認」

昼間は値動きや次々に報じられるニュースを見ながら必死に相場を追いかけて売買。夕方にその日の全取引データが共有され、1日の収支でいくら儲かったか、今いくらのポジション（買ったままでまだ売り戻していない、もしくは売りっぱなしでまだ買い戻していない数量）が残っているかなどを確認。続いて夕方から欧州、ロンドン、夜にはニューヨークのマーケットが始まるので、また必死に相場を追いかけて売買します。さらに家に帰っても引き続き相場のモニターを見て売買。トレーダーを続けるかぎり、永遠にこの繰り返しです。

「金融トレーダーにも休日はある」

ちなみに土日は基本的に世界中でマーケットが休みになるのと、夏は大半のトレーダーが休暇をとるのでマーケットがあまり動かなくなって、ちょっとゆっくりできます。クリスマス前後もひと息つけますが、年末年始は元日以外、海外のマーケットが動いているのであまり休めません。

「まず、常識の真偽を見極めよう」

トレーダーを目指す人にアドバイスするなら、常識を疑え、ということでしょうね。業界の常識の多くは実は間違っていることも多いし、そもそも常識は時代によって変わります。周りが信じて疑わない常識があれば、そこに儲けのチャンスがあると思っていいでしょう。

IT Web Engineers

エンジニア&IT&開発

最先端の分野だけに競争も激烈。日進月歩の世界をどう生きるか

時代のムーブメントを築いているといっても過言ではないのが、エンジニア＆IT＆開発部門。この世界で働く人たちは専門的な技術や知識でシステムやアプリ、ロボットの開発を手がけながらITやWebビジネスを手がけています。この分野は、まさに日進月歩。仕事内容も多岐に渡るので、どんなことが自分に向いているのか照らし合わせていくのもいいでしょう。

ENGINEERS
エンジニア
に関する仕事

☆ 便利で豊かな生活や産業を技術で支える ☆

日本が誇る高い技術力を担い、日々技術革新が行われています。
一方で海外との競争も激しく、新しい発想力も求められています。

USB

日本だけでなく海外でのシェア争いも活発

世界のトップメーカーである自動車、国内外で需要の高い環境・省エネ技術、カメラや医療機器、スマートフォンの電子部品など精巧な日本のモノづくり技術は世界中から高い評価を得ています。世界で大きなシェアを占めたり、どこにもない技術を磨いている町工場もあります。価格競争や、人件費の安い新興国への工場移転もあり、新しい技術を開発し挑戦し続ける姿勢が求められています。

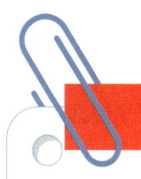

たとえばこんな職種がある！

◆ **ロボット開発技術者** ◆ **自動車整備士** ⇒ PickUp! の項を参照

◆ **プラント設計技術者** 発電所などのエネルギー施設や工場など複数の機械や装置を組み合わせ、大型の産業施設を建設します。日本の強みであるモノづくりを集結させる仕事でもあります。海外の仕事を受注して建設期間中は現地で勤務することもあります。

◆ **総合無線通信士** 電波や光などの無線を使い、通信操作や管理、監督を行う技術者です。携帯電話や無線LAN、衛星放送、地上デジタル放送などの様々なところで無線の活用がされています。事業者やラジオ・テレビ放送局、航空会社、海運会社など、通信に関わる職場で活躍する人も多く、難易度が高い国家資格の一つでもあります。

◆ **自動車の企画・設計士** エコカーや電気自動車、自動運転など次々と新しい技術が開発されている自動車業界。多くの国で今や自動車は生活に欠かせないものとなっています。新興国でも需要が高まっています。

上記以外にも…

自動車製造工／非破壊試験技術者／造船工／電気・電子回路設計技術者／光学機械器具組立工・修理工／ガラス製品製造工／金型製作工／電気工事士／電気主任技術者／金属プレス工　など

Pick Up!

Engineers File 1

ロボット開発技術者

プロフェッショナルの現場

森卓ウオッチ
ハゲタカ度 ★★★★★
アーティスト度 ★★★★
従僕度 ★★★★★

医療や福祉、コミュニケーションなど生活に役立てるロボット開発が進行中

ロボットには様々な種類があり、工場で製品を組み立てたり運んだりする産業用のロボットは代表的なものです。同じ動作を正確に繰り返すなど、自動車や電子機器といった製造業で役立てられています。また、医療や福祉の分野、建設現場、宇宙などで使われるためのロボット開発も進んでいます。より繊細な動きや、ロボットが自分で判断して動くなど、求められる性能は高度化しています。産業分野だけでなく、日常生活にも役立つロボットの開発に、柔軟な発想も求められるでしょう。

なるためには…

工学、理工学、システム工学などの専門知識を、専門学校や大学、大学院などで学びます。ロボット開発メーカーや機械メーカーへ就職する方法が一般的です。大学や大学院では、ロボット開発関連の研究室へ入ると就職につながりやすいでしょう。基本情報技術者、CAD利用技術者、機械設計技術者の資格があると有利です。研究所で論文を発表したり、資金を調達して研究を続ける人もいます。

Chaptar3　好きな事を仕事にするための職業選び　★　207

Pick Up! Engineers File 2

自動車整備士

プロフェッショナルの現場

森卓ウォッチ
- ハゲタカ度 ★★★★★
- アーティスト度 ★★
- 従僕度 ★★★

自動車の安全・快適をサポートする頼れるメカニックのプロ

自動車が安全に走れるように整備・点検を行う仕事です。定期的なメンテナンスや部品の交換、調整、不具合がないかを見つけたり、分解や組立てなどを専門的に行います。車の基本的な構造や素材、エンジンやブレーキなど様々な部品の知識が必要です。電気自動車など自動車の技術は年々進歩しているため、それに対応するための知識も求められます。自動車整備士技能検定は国家資格で、免許の等級によって扱える車種や部品が異なります。

なるためには…

高校や専門学校、大学、全国にある自動車整備士養成施設などで学び、自動車ディーラーや自動車整備工場へ就職するのが一般的です。資格がなくても働くことはできますが、整備工場には有資格者を置く決まりがあるため、資格があると有利です。受験には実務経験や修了科目など一定の条件を満たすことが必要です。

IT, WEB
IT・Web に関する仕事

☆ 技術進歩が急速で、常に最新のスキルが求められる ☆

ITやWeb技術は、より速く使いやすく工夫され、次々に便利なサービスが生み出されています。社会のすみずみまで技術が行き渡りつつある今後は、クリエイティブな発想が求められます。

IT業界は様々な形態の働き方ができる

IT業界は、ハードウェア、ソフトウェア、インターネット、情報処理サービスと大きく4つに分けることができます。インターネットが接続できる環境ならば場所を選ばず仕事ができる利点があり、オフィス以外でも在宅ワークも可能です。いずれも高いスキルと新しい技術の取得が必要不可欠になりますが、会社での雇用にこだわらず自分で起業するという選択肢もあり、働き方は豊富です。

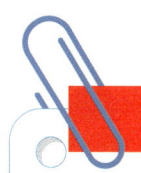

たとえばこんな職種がある！

- **◆ SE（システムエンジニア）**　**◆ アプリ開発者**　**◆ ゲームクリエイター**　⇒ PickUp! の項を参照
- **◆ 情報処理技術者**　IT技術の開発・運用、システム開発やネットワーク構築など多岐に渡ります。情報処理技術者試験に合格していると、技術・能力の証明とすることができます。
- **◆ プログラマー**　コンピューターが自動的に動くために必要なプログラムを組み立てる仕事。システムエンジニアが作成した設計図をもとに、コンピューターが理解できるプログラム言語を用いてプログラム設計、テストなどを行います。プログラマーからSEになったり、SEがプログラマーを兼ねることもあるようです。
- **◆ Webディレクター・Webデザイナー**　伝えたいことをよく理解して、ホームページなどの視覚に訴える表現を作ることが仕事です。デジタルデータでデザインを仕上げることが一般的なため、パソコンやデザインソフトの知識も必要です。

上記以外にも…
ソフトウェア開発者／グラフィックデザイナー／CGデザイナー／ITストラテジスト／ネットワークエンジニア／パソコンインストラクター／ECコンサルタント／パソコンショップスタッフ　など

Pick Up!
IT・Web File 1

SE（システムエンジニア）

プロフェッショナルの現場

森卓ウォッチ 
- ハゲタカ度 ★★★★★
- アーティスト度 ★★
- 従僕度 ★★★★

システムの設計から開発、運用まで手がける業界の中心的存在

コンピューターを使った仕事の効率化や、自動化のためのシステムを構築・設計をする仕事です。クライアントの会社の仕事について深く理解して、どんな仕組みが必要かを考え、実際に作りあげます。何をすべきかをつかむためのコミュニケーション能力や、チームを組んで進める力が求められることも。スケジュールに間に合わせるために帰りが遅くなる場合もあるようです。技術の進歩が速く、必要な知識やツールが変化していく可能性もあります。

なるためには…

工業高校や高等専門学校、大学の理工学部などで学ぶ人が多いようです。IT関連企業や企業のシステム部門で働くことが一般的で、基礎的な仕事から経験や知識に応じてステップアップしていきます。企業によってはシステム全体を請け負う所や、部分的な仕事を受けるなど様々です。ITパスポートや基本情報技術者など、様々な資格試験合格が就職やスキルアップに有効なこともあります。

IT -Information Technology-

生活の周りにあるシステム・IT技術と仕事

情報化社会と呼ばれる現代の生活では、駅やお店など様々なところで情報の伝達・共有がされています。

- **電子マネー 諸管理**：コンビニや自動販売機では電子マネーで買い物できたり、専用の端末からネットで購入した料金の支払いができます。そこで扱われたデータは本部や店とつながり、在庫の管理や商品の発送、請求書に反映されます。

- **銀行 証券**

- **ICカード ETCカード**：タッチするだけで通り抜けられる駅の自動改札や、オフィスの入口に設置されているセキュリティ用のICカード。高速道路の料金所でそのまま通過することができるETCカードも渋滞解消に役立っています。

- **宇宙 航空**：航空機に装備されているシステムはコンピューターを活用した自動制御が搭載されていて、自動着陸も可能に。また宇宙開発に必要な惑星探査機や通信衛星も精密なシステムによって宇宙から情報を送っています。

- **医療機器**

- **工業用ロボット**：主に製造業の現場で製品を繰り返し作ったり、建築現場で作業をしたりする工業用ロボットは、様々な現場で活用されています。工業用ロボットが関わった作業データは自動的に集計され本社に送られます。

- **自動車運転制御システム**

職種と役立つ資格

あらゆる場面で活用されているシステム・IT技術には、様々な人が関わっています。これらを支える人たちは企業に勤める人が多く、どちらかというとサラリーマンタイプです。

> お金の流れや顧客の仕事を理解する必要があるため、経営や会計に関する知識も役立ちます。

	仕事内容	ステップアップ	持っていると役立つ資格
営業 システムエンジニア 企業のシステム部門	営業がクライアントからの要望をヒアリングし、それをもとにシステムエンジニアがシステムの改善点を見直したり、実際にプログラミングを設計します。また、新たなシステムの提案をすることもあります。	●プロジェクトリーダーになってチームをまとめるマネージャー的なポジション。●スペシャリストとして企業のコンサルタントになる。	●情報処理技術者（ITストラテジスト、システムアーキテクト、情報セキュリティスペシャリスト） ●中小企業診断士 ●ITコーディネータ ●ファイナンシャルプランナー ●簿記 ●システム監査技術者試験 など
システムエンジニア プログラマー	顧客からの注文をもとにシステムのプログラミングを作成します。その後、実際に作動するかどうかテストを行ったりします。	●技術者としてシステムやソフトの開発に携わる。●実績を積んでから、営業やコンサルタント業務を行う。	●情報処理技術者（ネットワークスペシャリスト、データベーススペシャリスト） ●アプリケーションエンジニア ●ソフトウェア開発技術者 ●国際的なIT技術者資格 ●テクニカルエンジニア など
メンテナンスをする人	トラブルの対応やコンピューターの扱いに詳しくない人へのアドバイスなどをします。	●カスタマー対応のマネジメント職。●システム研修の講師など。	●情報処理技術者（ITパスポート、基本情報処理技術者、応用情報処理技術者） など

> 技術を高めたり、幅を広げる資格が役立ちます。

Web

Webビジネス

インターネットの普及によってWebビジネスが活発になりました。企業向けのサービスもありますが、Webビジネスの多くが消費者向けのサービスということも大きな特徴です。

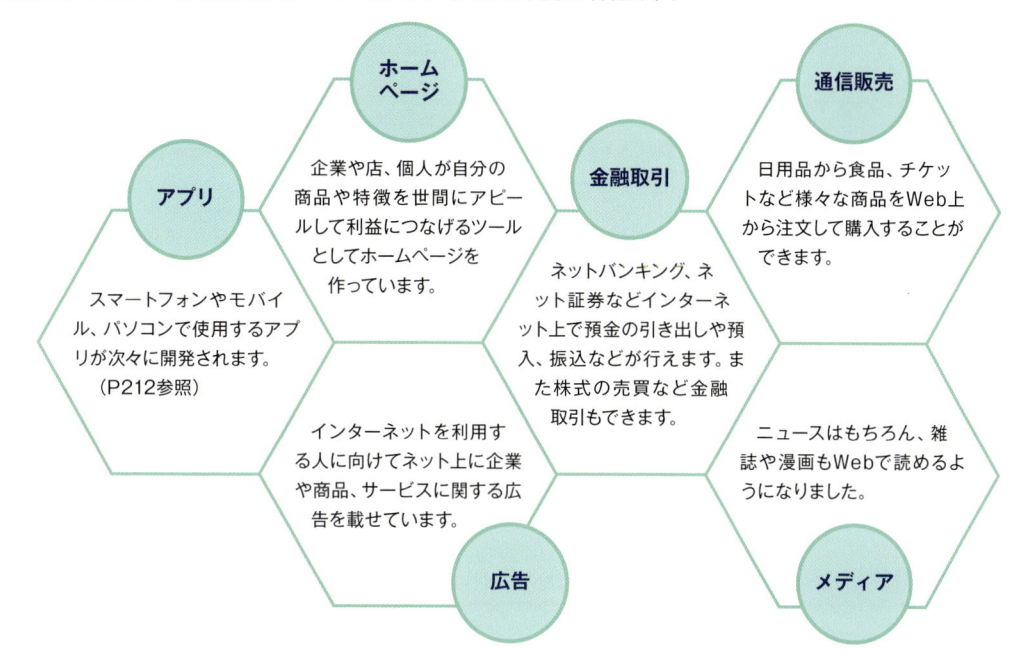

アプリ
スマートフォンやモバイル、パソコンで使用するアプリが次々に開発されます。
（P212参照）

ホームページ
企業や店、個人が自分の商品や特徴を世間にアピールして利益につなげるツールとしてホームページを作っています。

金融取引
ネットバンキング、ネット証券などインターネット上で預金の引き出しや預入、振込などが行えます。また株式の売買など金融取引もできます。

通信販売
日用品から食品、チケットなど様々な商品をWeb上から注文して購入することができます。

広告
インターネットを利用する人に向けてネット上に企業や商品、サービスに関する広告を載せています。

メディア
ニュースはもちろん、雑誌や漫画もWebで読めるようになりました。

Webビジネスの仕事

不動産サイトや教育サイト、販売サイト、ブログ、ニュースサイト、ポータルサイトなど、Web上には様々なサイトがあり、それぞれが事業を展開しています。Web上で利用するアプリなど、今後も新しい技術やサービスが生まれる可能性があります。ベンチャー企業が多い分野で、クリエイターとして起業する人も比較的多いです。

	仕事内容	ステップアップ
システムエンジニア プログラマー	各サイトでどんなシステムが必要なのか、ユーザーは何を求めているのかを考えてシステムを設計、構築していきます。ゲームなどのアプリを考えたり、ネット通販のシステムをプログラミングしたりします。	●社内でマネージャー的な立場として経営に携わる。 ●独立して起業する。 ●海外へ進出する。
Webデザイナー CGクリエイター	サイトのWebページを作成したり、デジタルソフトを駆使するクリエイターとして、効果的な見せ方を追求して作成します。	●ステップアップマネージャーとして経営者の立場になる。 ●顧客を増やして独立開業する。 ●フリーランスな立場で場所を選ばず、いろんな場所で仕事をする。

Chaptar3　好きな事を仕事にするための職業選び ★ 211

Pick Up! プロフェッショナルの現場

File 2 IT・Web アプリ開発者

森早ウオッチ
ハゲタカ度 ★★★★★
アーティスト度 ★★★
従僕度 ★★★★

SNSの普及やスマートフォンの人気に伴い爆発的な成長を遂げている市場

スマートフォンやタブレット端末など、インターネット上のサービスはアプリ化されています。そこでここ数年、注目されているのがアプリ開発です。アプリの企画から設計、新機種への対応やユーザーの使いやすさを追求して新しいアプリを作り出すのが仕事です。特にスマートフォンのアプリ制作会社では、世界中に優秀なアプリ開発者を抱え、大手の企業からオファーを受けてヒットアプリを数多く開発し、世に送り出しています。今後もアプリ開発者の需要は増えるといえます。

なるためには…

プログラミングやコンピューターシステム、新しい技術などについて、工業高校や専門学校、大学などで学びます。アプリなどを制作するIT関連会社に入社したり、会社で技術や経営を学んで起業する人もいます。大手企業からアプリ制作の仕事を受注したり、自由な発想で独自のアプリを開発するなど様々。Webや書籍から制作方法を学ぶなど、常に新しい技術を取り入れる姿勢が必要です。

File 3 IT・Web ゲームクリエイター

森早ウオッチ
ハゲタカ度 ★★
アーティスト度 ★★★★★
従僕度 ★

ゲームの企画からプログラミング、デザインまで総合的にプロデュース

ゲーム機を作る仕事と、ゲームソフトを作る仕事があります。ゲームソフトとしては、ゲーム機用のものからインターネット、スマートフォンなどで使われるものなどがあります。主にゲームの構成を考えるプランナーや、効果音を制作するサウンドクリエイター、映像を担当するグラフィックデザイナー、プログラム開発担当など様々な役割の人が関わり、ディレクターなど統括担当が全体をまとめます。ヒットするものは数多くのゲームの中でほんの一部。発想力やオリジナリティーが求められます。

なるためには…

理工系や情報、デザイン、美術系の専門学校や大学で学び、ゲームを制作している会社へ就職するのが一般的です。ゲーム制作では、プランナー、プログラマーなど様々な関わり方があります。ディレクターやプロデューサーなど予算や制作スケジュールなどを管理する役割へステップアップすることも。人気の職業のため、専門知識や技術を身につけてもゲーム制作に関われる人は一握りです。

SPACE DEVELOPMENT
宇宙開発
に関する仕事

★ 宇宙という未知の分野に挑戦する ★

映画や空想の世界ではなく、実際に長期で宇宙に滞在することも可能になっています。
まだまだチャンスは少ないけれど、宇宙との距離は確実に縮まりつつあります。

着実に広がっている宇宙開発プロジェクト

21世紀は宇宙開発の時代とも呼ばれ、技術革新によって宇宙での滞在時間の増加、一般人の宇宙旅行も現実になっています。GPSがカーナビに利用されたり、人工衛星が温暖化の観測にも活用されるなど、新しい活用も広がり知的資産の拡大や豊かさ、質が向上しています。一方で宇宙空間は多くの衛星で混雑していて、宇宙ゴミの問題も。安全な宇宙利用の話し合いが国際的に求められています。

たとえばこんな職種がある！

◆宇宙飛行士　◆宇宙開発技術者　⇒ PickUp! の項を参照

◆ロケット開発エンジニア　人工衛星や探査機などを宇宙へ運ぶロケットを開発する仕事です。最先端の技術や知識を駆使しながら制作します。宇宙航空研究開発機構（JAXA）の技術職に応募して採用されるか、大学で航空宇宙力学、宇宙工学、工業力学、飛行力学などの関連分野を学び、ロケットや宇宙開発を行っているエンジニアリングメーカーなどへ就職、研究機関で働く方法が一般的です。語学力も必須です。

◆衛星通信技術者　気象予報やテレビ中継、カーナビゲーション、災害時の利用など、衛星通信は様々な部分で役立てられています。今後はもっと大量の情報を高速にやりとりできるようなシステムも開発されています。電話会社や放送会社など、衛星を利用した無線通信事業者で働きます。衛星と地球にある局との交信を行うには、難関の国家資格である無線技師の資格があると有利です。

上記以外にも…
天文台職員／宇宙科学館職員／プラネタリウムスタッフ　など

Pick Up!

プロフェッショナルの現場

File 1 宇宙飛行士

森卓ウオッチ
ハゲタカ度 ★★★★★
アーティスト度 ★★★★★
従僕度 ★★★★★

宇宙に長期間滞在し、地球を眺めながら様々な任務をこなすスペシャリスト

国際宇宙ステーション（ISS）に搭乗して、日本の実験棟やISSの修理や保守、システムの管理、装置の交換などを行います。また、ロボットアームなど船内ではできない船外活動をすることも。実験棟では宇宙環境を活かして、医学や生命科学、様々な物質の実験を行います。そのためにエンジニアリングかサイエンスの専門知識が必要です。多国籍の乗組員とコミュニケーションを取るための語学力に加え、厳しい宇宙の環境に長期間耐えられる健康・精神の強さも求められます。

なるためには…

宇宙航空研究開発機構（JAXA）が不定期に行う募集には、大学の自然科学系を卒業していて、かつその分野における定められた実務経験が3年以上必要です。英語、一般教養、自然科学等に関する筆記試験、心理学的な検査や面接を経て候補者が選ばれます。候補者に選ばれると科学的・技術的知識や技能、ISSシステムに関する知識、ロボットアームの操作や船外活動の訓練を受けます。

File 2 宇宙開発技術者

森卓ウオッチ
ハゲタカ度 ★★★★★
アーティスト度 ★★★★★
従僕度 ★★★★★

国家だけでなく、民間企業も参入中 資金調達力も必要

未開拓の領域が多く残されている宇宙開発には先進国だけでなく新興国も乗り出すなど、国際的にも活発です。惑星探査や宇宙環境の調査のほかに、人工衛星やロケットの開発や打ち上げ、気象衛星の画像、テレビの衛星放送、GPSの運用開発など宇宙へ行く以外の仕事もあります。宇宙環境を利用して暮らしに役立てる研究開発は莫大な費用がかかるため、今後は国家プロジェクトだけでなく民間企業の創意工夫によるビジネスの創出やコストを削減できる技術の開発が期待されています。

なるためには…

大学や大学院で工学、理工学、宇宙工学、航空宇宙力学などを学びます。ロケットを作りたいのか、惑星探索をしたいのかによっても何を学ぶべきかは異なります。教授の研究内容、先輩の就職先が判断材料になるでしょう。就職先としては大学で研究者になる、宇宙開発を進める重工メーカー、電気・精密機器メーカー、JAXAなどがあります。アメリカではベンチャー企業の参入も活発です。

Real Voice

コラム

大手エンジニアリングメーカー
プラントエンジニア
比嘉努(仮名)・30代

プラントエンジニアの方に聞きました

「工場や大規模施設を作る仕事」

プラントというのは、生産設備や工場を意味します。お客さまが作りたい工場の注文を受け、それを設計して何十万もの部品を集め、多くの人たちの手によって建設する仕事をしています。プラントには、生活に欠かせない電気やガスなどを生み出すエネルギー施設をはじめ、石油精製所や製鉄所、医薬品などの製造や水処理施設など様々な種類があります。現在はエネルギーに関するプラントを担当しています。日本だけでなく、アジアなど経済成長が進む新興国や資源の豊富な地域での仕事も受注しています。

「それぞれの専門家が協同する集大成」

プラント建設には、機械設備の設計や、材料の調達・輸送、建設工事を担う人など多くの人が関わります。一つのプロジェクトで数十億円単位のお金が動きます。短くても1年から3年、大規模なプロジェクトでは10年近くかけて作り上げることもあります。そのため、後から変更があると大変です。プロジェクト開始時にはお客さまから何を求められているかよく理解し、契約内容を明確にすることが大切です。担当する仕事や現場経験から、必要な知識やノウハウを積み重ねていきます。建設の準備段階では、社内の関係者や建設業者と打ち合わせをしたり、必要な書類を作成します。多くの人が関わっているため、スケジュールを守ることを大切にしています。

「地図に残る仕事ができる喜びがある」

モノづくりでは自動車や家電製品のように量産されているものが身近な存在かもしれませんが、プラント建設のような社会を支える仕事もあります。それぞれ技術で社会に貢献するということは共通しています。プラントの稼働年数は数十年と長く、エンジニアとして地図に残る仕事に関われることを誇りに思います。たくさんの関係者と力を合わせ、プラントが完成した時の達成感は何ものにも代えがたいものがあります。

Media

マスコミ

生き残りが厳しい世界ではあるが、やりがいも大きな仕事

憧れの職業の代表ともいわれているマスコミは大きく分けて、新聞、放送、出版、広告の4つの業界から成り立っています。出版・広告の分野は昨今の活字離れも影響し、売上げが減少しています。とはいえ、ワクワクするようなコンテンツを提供して多くの人々に感動を与えるやりがいも多くあります。そんな世界を覗いてみましょう。

TV, Radio
テレビ・ラジオ に関する仕事

☆ 音と映像で視聴者に質の高い番組を届ける ☆

ニュース番組、ドラマ、スポーツ中継など、情報や感動を届ける放送業界。
何を伝えるべきかの感性や判断力が問われ、社会への影響力も大きい。

華々しい世界の裏では一瞬ごとの真剣勝負

毎日のニュースや知識、教養、娯楽を届ける放送業界。番組は音声を担当する技術者、企画をする人やアナウンサー、カメラマンなど、それぞれ専門の役割を担います。番組制作は、外部の制作プロダクションが手がけるケースが増えています。衛星放送など有料番組の加入者は年々増加していますが、収入源の広告費は減少傾向で、ネット配信などの事業との融合も模索されています。

たとえばこんな職種がある！

- **♦ アナウンサー** **♦ TVプロデューサー** **♦ 放送作家** ⇒ PickUp! の項を参照
- **♦ レポーター** 情報番組やニュース番組で、取材現場から状況を伝える仕事です。放送局やプロダクションに所属したり、フリーランスで活動します。タレントが兼務することもありますが、表現力や、わかりやすく伝える原稿作成能力が求められます。放送局に所属している場合は、海外支局で働く可能性もあります。
- **♦ AD（アシスタントディレクター）** 放送局の番組制作部門でディレクターをサポートします。制作現場を仕切る役割であるディレクターの手が回らない細かな仕事を行います。番組収録が深夜までかかったり、時間が不規則でもある上に、仕事が多く非常に忙しいため、体力も必要です。チーフアシスタントディレクター、ディレクターとステップアップしていきます。放送局や制作プロダクションへ就職して働きます。

上記以外にも…
ニュースキャスター／ディレクター／ラジオパーソナリティー／ラジオミキサー／
放送技術者／ビデオジャーナリスト／インターネットテレビ会社スタッフ／
ケーブルテレビ局スタッフ　など

Pick Up! TV, Radio File 1 アナウンサー

プロフェッショナルの現場

森卓ウォッチ
ハゲタカ度 ★★★★
アーティスト度 ★★★
従僕度 ★★★★

自分の言葉で正確に情報を届ける放送局の看板的存在

ニュース番組で原稿を読んだり、スポーツの実況、バラエティー番組やイベントの司会など、勤務する局によっても仕事内容は様々です。自分の言葉で情報発信するので、正しい日本語や幅広い知識、豊かな表現力が求められます。取材や中継などで出張が多く、勤務時間も不規則のため心身ともにタフさが必要です。原稿を読む場合もあれば、インタビューや生放送などで、適切な質問や臨機応変な対応が求められることもあります。事前に情報収集や原稿の読み込みなどの準備も必要になります。

なるためには…

NHKや民放、地方局などが行うアナウンサー職の採用試験へ応募します。大卒なら学部は問われません。大学のアナウンス研究会に所属して技術を磨いたり、アナウンススクールや放送局によるインターンシップなどもあります。テレビの場合、女性アナウンサーは、容姿が問われます。男性アナウンサーは、必ずしもそうではありませんが、採用人数が少なく、就職が難しい仕事の一つです。

Pick Up!

プロフェッショナルの現場

File 2 [TV, Radio] TVプロデューサー

森卓ウォッチ
ハゲタカ度 ★★★★★
アーティスト度 ★☆☆☆☆
従僕度 ★☆☆☆☆

**番組制作をすべて統括する責任者
独自性あふれるアイデアが必要**

番組の最高責任者として、制作における決定権を持ちます。番組を作るために必要な資金を出してもらうスポンサーや、制作に関わる優秀な人材を集めるのも重要な仕事です。企画の立案・検討、スポンサーや放送局内に向けてのプレゼンテーションなどもします。出演者の交渉など人脈も必要とされます。スケジュールや予算計画、より良い番組を作るために適材適所の配置、視聴率を上げるための話題作りなど仕事は様々です。全体をまとめる力も必要とされます。

なるためには…

放送局は大卒以上、制作プロダクションでは放送技術を学んだ専門学校卒業生の採用もあります。AD、ディレクターからステップアップしていきます。長時間勤務も多く、ハードな仕事です。放送局の一括採用では、番組制作に関わってプロデューサーの道に進める人は一部です。番組制作は制作会社への外注が増えていますが、単価が下がっており、待遇面では放送局よりずっと劣ります。

File 3 [TV, Radio] 放送作家

森卓ウォッチ
ハゲタカ度 ★★★★☆
アーティスト度 ★★★★★
従僕度 ★☆☆☆☆

**発想力や知識の豊富さで
番組を作り出す陰の仕掛け人**

ドラマの脚本を書く人は、脚本家またはシナリオライター。ドキュメンタリーやバラエティー、情報番組の台本を書く人は構成作家と呼ばれます。番組の企画や構成を考えたり台本を作成したりと、作家はいかにオリジナリティーを出すか、他の番組と差別化を図るかが重要とされます。台本を書くための文章力や企画を考えるための発想力や知識の豊富さが求められます。視聴率の獲得や経費削減、モラルに気を配りながらも、おもしろい番組を創るというバランス感覚、情熱が必要です。

なるためには…

専門学校や養成学校で学ぶ人もいますが、放送作家になる経緯は様々です。プロデューサーや放送局の番組制作部、制作プロダクションに企画を売り込んだり、放送作家に弟子入りする人もいます。作品コンクールで入賞してプロや制作現場の人たちの目にとまり、デビューした人も。有名作家になると数千万円の年収が得られますが、大部分の作家はサラリーマンよりずっと低い年収に甘んじています。

こうやってドラマ番組は作られています

ドラマの制作過程

ワンポイント

企画・予算の検討	●テーマや原作、主役を考え決定します。何年も前からプロデューサーなど制作関係者が温めていたものや、急に決まっても主役が決まらないなど状況は様々。出演者を決めてからストーリーを膨らませることもあるようです。 ●スポンサー獲得の交渉ごとも大切な仕事の一つです。	「この俳優が出るなら」と出演者や監督によって企画が通ることも！
制作準備	●放送局の番組編成担当者、プロデューサー、監督、脚本家、ディレクター、アシスタントディレクターなど、役割ごとに全体のスケジュール、撮影場所、予算配分などを決めていきます。 ●美術スタッフと衣装やメイクなど、細かいイメージも考えます。	制作プロダクションが関わることも多い。
撮影準備	●出演者、プロデューサー、監督、助監督、脚本家、美術担当など撮影スタッフが集まって顔合わせをします。 ●台本の読み合わせなど、シーンごとの雰囲気を確認します。 ●ディレクターやカメラマンが撮影方法を検討します。	売れっ子の俳優や女優、脚本家、監督のスケジュールを押さえるのが大変。
本番収録	●美術セットやロケ地でカットごとに撮影をしていきます。細かい動きを確認するドライリハーサル、本番と同じ照明やマイクセットなどでカメラリハーサルをします。 ●「本番スタート！」の声でいよいよ撮影。	撮影現場以外でも、ロケ地での撮影許可や食事手配など、様々な人が動いています。
編集作業	●撮影したVTRをつないで映像を組み立てます。 ●MA（マルチオーディオ）で効果音やBGMをミックスします。	撮影の遅れなどで放送日ぎりぎりの完成ということも！
オンエア	●最終回までの収録が終わると出演者はクランクアップです。 ●技術的なことなど内容チェックを経て放送日にオンエアとなります。	無事にオンエアされた後も視聴率という評価が待っています！

テレビドラマ番組は基本的に1クール＝3ヵ月の放送です。人気が出て続編が作られることも！

Chapter3　好きな事を仕事にするための職業選び　★　219

NEWSPAPER, PUBLISHING, ADVERTISING

新聞・出版・広告
に関する仕事

☆ 人々の心に響く質の高い情報を発信する ☆

信頼される情報源として精度の高い文字情報やビジュアルで人々の関心を集めます。Webとの融合も進みながらも、情報発信のための高い技術が継承されている分野です。

紙媒体にはネット情報にはない独自の魅力がある

新聞や出版は、経済や文芸、漫画など生活全般に関するあらゆる分野を扱う大手から、専門分野に特化したものなど様々な形態があります。インターネットに押され、雑誌の休刊など紙媒体全体の売上げは年々減少していますが、興味・関心のある情報以外にも、幅広い知識を得られるといった良さがあります。文字だけではなく、写真やイラストを駆使しながら効果的に充実した情報を届けます。

たとえばこんな職種がある！

- **新聞記者**　**編集者**　⇒ PickUp! の項を参照
- **広告プランナー**　クライアント（依頼者）がどんな商品を誰に向けて宣伝したいのかを理解し、効果的な方法を考え制作する仕事。必要に応じて調査を行ったり、アートやコピー制作のプロとチームを組んで進めます。広告代理店や制作会社に勤め、仕事を獲得します。経験を積んで独立後に事務所を構えたり、フリーで活動する人もいます。
- **イラストレーター**　ホームページなどのWeb媒体や、本、雑誌、カタログなどの紙媒体へ載せるイラストを作成します。最近ではコンピューターによるグラフィックソフトを利用して制作することが一般的です。資格は必要ありませんが、多くの人が美術系大学や専門学校を出ています。デザイン会社や制作プロダクションなどに所属してコネクションを作ったのち、フリーランスで活動する人もいます。

上記以外にも…

作家／ルポライター／広告代理店勤務／ジャーナリスト／報道写真家／ライター／速記者／エッセイスト／絵本作家／コピーライター／評論家／ DTP オペレーター／ブロガー　など

Pick Up! プロフェッショナルの現場

File 1 Newspaper 新聞記者

森卓ウォッチ
ハゲタカ度 ★★★☆☆
アーティスト度 ★★★★☆
従僕度 ★★☆☆☆

取材に裏付けられた詳細な情報をもとに真実に迫るジャーナリスト

新聞には政治、経済、国際、社会、スポーツなど多様なテーマについて扱う全国紙、複数にまたがる地域に特化したブロック紙、都道府県単位で発行されている地方紙があります。

ほかに農業や食品、繊維など特定の分野を扱う業界紙、スポーツや芸能情報に強いスポーツ紙、国内外に記事を配信する通信社もあります。情報の裏付け、何ヵ月もかける調査報道、書評、校閲、社説を書く論説委員など仕事は様々です。朝夕刊の締切に間に合わせられる執筆のスピードも重要です。

なるためには…

大学や大学院を卒業後、新聞社や通信社に就職します。理系なら科学分野に強い記者に、外国特派員を目指すなら英語以外の言語もできると有利ではありますが、学部は問われません。採用人員は少数で狭き門です。全国紙では入社後各地の支社で数年間様々な分野を担当します。世界の都市や重要な地域にある海外支局へ赴任する場合も。支局長には各部署で経験を積んだベテランがなります。

File 2 Publishing 編集者

森卓ウォッチ
ハゲタカ度 ★★★☆☆
アーティスト度 ★★★★☆
従僕度 ★★☆☆☆

著者や執筆陣と読者をつなぎ求められている雑誌・書籍をプロデュース

旅行やファッション、文芸や経済といった様々なジャンルで本や雑誌、漫画、Webメディアなどの企画、制作をします。本を作るため作家にアプローチしたり、雑誌やWebメディアでは企画提案やレイアウト、ライターへの原稿依頼に加え、自分で記事を担当して執筆する場合もあります。会社の規模によっては企画から営業まですることも。編集長になると編集部員をまとめて方向性を決め、売上げや発行部数を伸ばさなくてはなりません。締切前は深夜まで仕事が及ぶこともあります。

なるためには…

出版社か編集プロダクションへ入社します。専門学校から編集プロダクションなどに入る場合もあるようですが、大手の出版社は大卒以上の採用です。大手・中小出版社、編プロ共に採用人員は少なく、難関の一つです。アルバイトなどで入り、実績を積みながら企画を売り込む人もいるようです。印刷会社や広告会社の制作関連部署で、企業の社内報、カタログ誌に関わる仕事もあります。

Chaptar3 好きな事を仕事にするための職業選び ★ 221

こうやって新聞は制作されています

新聞を制作する過程

仕事をする人

工程	内容	仕事をする人
取材	●人々に伝えるためのニュースを記者が取材します。事件や出来事が起こった場所へ足を運び、関係のある人にインタビューをするなどして、情報を集めます。 ●政治部、経済部など自分の担当がある場合は、その持ち場について取材をします。地方局などでは、自分の担当エリア以外の政治や経済、社会など様々な分野を扱うこともあります。	記者、カメラマン
記事を書く	●取材で集めた情報を整理して、原稿を書きます。同じ出来事でも伝え方によって人々の印象が変わるため、わかりやすい文章であることはもちろん、どんな視点で何を伝えるのかも重要です。 ●デスクが原稿をチェックし、手直しやアドバイスを行うこともあります。	記者、デスク（社会や経済などの紙面ごとの取りまとめ役・責任者。経験を積んだ人がなる）
紙面作り	●経済、社会、国際、科学、スポーツなど、それぞれのデスクが集まり、紙面の構成、記事をどうやって並べるかを編集会議で話し合います。 ●決められた記事の順番に基づいて、編集担当が紙面のレイアウトを考えます。コンピューターで配置を決めながら、人々に訴えかける見出しも考えます。	デスク、編集担当
校閲	●漢字や文章に間違いがないかを確認する校閲作業が行われます。 ●表記だけでなく、事実関係など、伝えて問題がない内容なども チェックします。	記者、校閲担当
印刷	●朝刊、夕刊に間に合わせるための締切時間までに、印刷所に紙面のデータを送ります。 ●印刷工場では高速の輪転機を使って短い時間で新聞が印刷されていきます。 ●トラックなどで全国の販売店に届けられ、配達員によって届けられます。	印刷会社、新聞の販売店、新聞配達員

紙面に載る記事を制作する以外にも、こんな人たちが働いています。
・インターネット上で情報を発信するためのシステムを担うIT技術者
・大きな収入源の一つである新聞広告の提案、販売を担う広告営業担当

Real Voice

コラム

NHKエンタープライズ
プロデューサー
田中孔一・40代

📺 **放送業界で番組制作をしている方に聞きました**

「現場の熱を伝える発信者として」

私はドキュメント番組を制作しています。今はプロデューサーとして年に5、6本と数が少ないのですが、担当する番組の数は、役割や番組の長さによって異なります。取材をして企画案を考え、企画にOKが出ると構成案を作成し、撮影、映像の編集というのが大まかな流れです。このほかにも取材申し込みの電話をかけたり、関係者との打合せや構成案の修正など様々な仕事があります。1時間の番組が完成するまで普通は3ヵ月以上かかります。

「取材の刺激から生まれるエネルギー」

誰かの役に立ち、信頼される情報を伝えるためには取材することが基本です。事件やインタビューの取材だけでなく、歴史の検証や経済番組であっても伝えるべき現場があり、そこから情報を発信します。取材現場には限られた人間しか立ち会うことができないため、責任を持ってモノをみてくるという使命があります。そういった気持ちで臨むからこそ、新しい情報を引き出せたり、予想しなかったような展開になる化学反応が生じるんだと思います。

「全力で作る番組が人の心を動かす」

番組制作では、一つ一つの場面、一言のナレーションであっても一球入魂の思いで創り上げていきます。テレビの場合は文字や音声だけでなく、映像が重要な役割を果たします。映像があることで自由な表現ができるように思えるかもしれませんが、どんな映像を選択して伝えるかという難しさもあります。私自身、テレビの仕事に関わるようになって、リラックスして怠けながらテレビを見ていた時との差に愕然としました。

「"新しさ"と"普遍的な感動"の追求」

自分が伝えたいと思う企画は、他人への押しつけになってしまう可能性があります。時には自分の考えを否定し、様々な人の意見を巧みに取り込んで進化させていく柔軟性が必要かもしれません。同じことの繰り返しは求められないため、常に新しいことを考え続けるのは苦しい作業ですが、同じように苦しみながら頑張る同僚やライバルたちの存在があります。時代のしっぽをつかまえて、世代を超えても共感できる何かを見つけ出したいと考えています。

Entertainment

芸能界

芸能を職業とする人とそれを支えるスタッフが作る華やかな世界

芸人、タレント、歌手などが表舞台に立つ芸能界は、華やかなスポットライトを浴びて活躍する人もあれば、夢やぶれて去る人もたくさんいる弱肉強食の世界。そんな演者を裏で支える仕事もたくさんあります。また映画界もじつは裏で支えるスタッフたちの存在が作品の出来具合を大きく左右します。実際にどんな仕事をしているのか、エピソードとともに紹介します。

ENTERTAINMENT
芸能 に関する仕事

☆ 人を楽しませる才能で、世の中に元気と勇気を与える ☆

芸で人々に感動や笑顔を与える芸能人。メディアへ露出する機会が多い彼らの影響力には笑いや感動の世界にとどまらず、災害復興の呼びかけなど世論を動かす力があります。

アカデミー賞の歴史に名を刻んだ日本人の役者

映画界最高の栄誉ともいわれる、アカデミー賞に日本人で初めて助演女優賞に輝いたのは、1957年度に『サヨナラ』に出演したナンシー梅木さんでした。その後、2003年度に『ラストサムライ』で渡辺謙さんが助演男優賞でノミネート、2006年度には『バベル』で菊地凛子さんが助演女優賞にノミネート。今後もワールドワイドに活躍する俳優は増えていくでしょう。

たとえばこんな職種がある！

- **俳優・女優**　　**芸能マネージャー**　　**声優**　⇒ PickUp! の項を参照
- **バレリーナ**　バレエはヨーロッパ伝統の舞台芸術で、ロマンチックバレエ、クラシックバレエ、モダンバレエの3つのスタイルがあります。プロのバレリーナを目指すにはバレエ団の入団オーディションに合格しなければなりませんが、そのためには最低でも8年以上は訓練が必要ともいわれています。入りたいバレエ団と関連のあるバレエ学校で学ぶと有利です。入団後はまず準団員として研修を受け、コール・ド・バレエ（群舞の一員）、ソリスト（準主役）を経てプリンシパル（主役）が頂点。国際的なコンクールで入賞してチャンスをつかむ人もいます。
- **サーカス団員**　アクロバティックな芸をこなす曲芸師、ゾウやトラなど動物を操る調教師、演技で場を盛り上げる道化師らのアーティストと、照明や音響など裏方のスタッフがいます。曲芸師の場合、一輪車、吊りロープなどすべての基礎となる曲芸の練習から始め、厳しい訓練を積んで技を習得。有名サーカス団のオーディションに合格すれば世界の舞台で活躍するチャンスも。

上記以外にも…
タレント／芸能レポーター／芸人／漫才師／ダンサー／振付師／大道芸人　など

Pick Up!
Entertainment File 1　俳優・女優

プロフェッショナルの現場

薮卓ウオッチ
- ハゲタカ度 ★★★★☆
- アーティスト度 ★★★★★
- 従僕度 ★★★★☆

ドラマ・映画・舞台で台本をもとに役を演じるのが役者の仕事

俳優・女優は大きく分けてドラマ、映画、舞台が活躍の場になります。台本（シナリオ）をもとに監督やプロデューサーの演技プランに沿って与えられた役どころを演じるのが仕事。演じるポジションも主役から脇役、主役の相手役、敵役、エキストラ（通行人など）様々です。主役は視聴率や観客動員数が見込める人気俳優が担いますが、その脇を固める役者は、演技力のあるベテランが担うことも多いです。近年は子役が人気者になることも多く、なり手があとを絶ちません。

なるためには…

かつては俳優養成所や芸能プロダクションに入り、演技の基礎や役者・女優としての心得などを学び、テレビ局や映画会社からキャスティングされてデビューするのが一般的でした。または出演作品のオーディションで合格して、新人ながら主役デビューすることもあります。ただ最近は、演技の基礎を学ばなくても、キャラクター重視でお笑い芸人や歌手が役者をやるパターンも増えました。

Chapter3　好きな事を仕事にするための職業選び ★ 225

Pick Up! プロフェッショナルの現場

Entertainment File 2　芸能マネージャー

ハゲタカ度 ★★☆☆☆
アーティスト度 ★☆☆☆☆
従僕度 ★★★★★

将来のスターを育てることを夢見て芸能活動を全面的にサポート

俳優や歌手、芸人、タレントなどに付いて、芸能活動がスムーズに行えるようにスケジュール管理やケアなどのサポートをします。またテレビ局などのマスコミ各社や制作会社に出演交渉したり、宣伝活動などの売り込みをしながらタレントをスターへと育てます。芸能プロダクションやタレント事務所で仕事をするのが一般的で、一人で複数を担当することも。芸能界に興味があり、個性豊かなタレントと上手にコミュニケーションがとれる人、ポジティブで人脈作りが得意な人に向いています。

なるためには…

芸能マネージャーは芸能プロダクションの採用試験に受かれば誰でもなれます。芸能界に接することができるので、人気はありますが、わがままなタレントの相手でストレスがたまることも多く、長時間労働で待遇もよくないので、入れ替わりの激しい職業です。特に資格は必要ありませんが、付き人としてタレントの送り迎えをすることもあるので、自動車運転免許はあったほうがいいでしょう。

Entertainment File 3　声優

ハゲタカ度 ★☆☆☆☆
アーティスト度 ★★★☆☆
従僕度 ★★★★☆

声だけで心の動きや表情まで伝える演技力と表現力は、まさに職人技

アニメや映画の登場人物を声だけで演じたり、テレビ番組のナレーションなどをする仕事。アニメのキャラクターに声を吹き込むアフレコ、洋画や海外ドラマの役者に声をあてるアテレコ、バラエティ番組などで元の声を聴かせながら陰の語り手として声をかぶせるボイスオーバーのほか、最近ではゲームの声やテレビ番組の司会などでも活躍しています。華やかに見える世界ですが、実際には声だけで心の動きや人物の性格まで表現する技術は非常に難しいとされ、厳しい訓練が必要です。

なるためには…

専門学校、声優養成所などもありますが、必要条件ではありません。この世界では事務所に入るにも、アニメ作品などの役につくにも、基本的にはオーディションになります。すでに第一線で活躍している声優も例外ではなく、新人でも実力次第でチャンスをつかむことが可能です。一見華やかな世界ですが、成功者は一握りです。そのため、運と実力を兼ね備えた人だけが生き残れる厳しい職業です。

MOVIE, STAGE
映画・舞台
に関する仕事

★ 映像や演出で仮想の世界を楽しむひとときを提供する ★

日常風景から宇宙の彼方のできごとまで、日ごろ私たちが頭のなかで思い描く想像の世界をリアルな表現技術で体感させてくれる映画や舞台。制作者の情熱が観客の心を動かします。

世界で注目される邦画に特化した各国の映画祭

海外で邦画に特化した映画祭が注目されています。例えば毎年1万人以上の観客を動員する「カメラジャパンフェスティバル」（オランダ）や1999年から続く「ニッポンコネクション」（ドイツ）、ニューヨークで毎年10日間にわたり30本近くの作品を上映する「ジャパンカッツ」（アメリカ）などは人気のイベント。アジアではシンガポールやインドの日本映画祭が有名です。

たとえばこんな職種がある！

◆ **映画監督** ◆ **スタントマン** ⇒ PickUp! の項を参照

◆ **衣装・照明・美術** 演劇における登場人物の衣装や舞台上の照明、セットなどを手がけるスタッフ。美術には背景の建物などを担当する大道具、インテリア品などの小物や消えものと呼ばれる飲み物や食べ物を用意する小道具がいます。それぞれ上演1週間ほど前の舞台稽古が始まると現場の作業に着手。公演初日までに準備を完了します。

◆ **殺陣師(たてし)** 映画や演劇、テレビドラマなどの格闘シーンを演出し、安全のための指導を行います。邦画では主に剣劇（けんげき）で見せ場となる斬り合いシーンの振り付けを担当。ハリウッド映画の世界ではアクションシーンのスーパーバイザー的な役割も担うと言われています。なるためには芸能プロダクションに近い殺陣師道場へ登録するか、修練する必要があります。武道などの経験があると有利ともいわれています。

上記以外にも…
映画プロデューサー／劇団員／舞台監督／演出家／脚本家／振付師／音響効果／特殊撮影／特殊造形／特殊メイク　など

Pick Up! プロフェッショナルの現場

Movie, Stage File 1 映画監督

ハゲタカ度 ★★★☆☆
アーティスト度 ★★★★★
従僕度 ★★★★☆

何をどう伝え、どう見せるか。鋭い感性で作品に魂を吹き込む制作の最高責任者

映画制作におけるすべての指揮をとる人。俳優や現場にいる各専門スタッフ全員を統括し、企画から撮影、演技指導、編集、完成後の興行成績に至るまで、その作品に関する全責任を負います。なお映画のジャンルでは、フィクションのシナリオのなかで設定された登場人物を俳優が演じる「劇映画」が最もポピュラー。文学作品や最近ではコミックなどを原作とするものも多いです。「アニメーション映画」のほかフィクションを加えない「ドキュメンタリー映画」「記録映画」などがあります。

なるためには…

映画会社や制作プロダクションに入り助監督を経験するのが通念でしたが、今は誰でも手軽に動画撮影ができる時代。自主制作映画をコンペに応募したり、映像の専門学校でCG技術などを学び、講師を通じて業界への足がかりをつかむ方法も。また、テレビ局に入社し、テレビ局が制作する映画の監督になる方法もあります。どの場合でも、誰でも憧れる仕事なので、監督への道は非常に険しいです。

Movie, Stage File 2 スタントマン

ハゲタカ度 ★☆☆☆☆
アーティスト度 ★☆☆☆☆
従僕度 ★★★★☆

危険なアクションシーンを盛り上げる撮影現場の陰のヒーロー

スタント（stunt）とは英語で離れ技や曲乗り飛行の意味。映画やドラマのなかで、配役された俳優に代わって高所から飛び降りたり、激しいカーチェイスや炎に包まれるシーンで決死のパフォーマンスを演じます。生身の人間によるアクションシーンの迫力は、臨場感あふれる作品作りに欠かせません。スタント専門の事務所に所属して仕事をするのが一般的で、報酬はシーン単位ともいわれています。例えば危険な落下シーンでは落ちる高さや階段の段数などで金額が変わるとされています。

なるためには…

常に危険を伴う仕事なので高い運動能力と鍛え上げた肉体を持っていることが大前提です。アクションタレントを抱える事務所に入って、現役スタントマンの下で訓練を積むのが近道でしょう。実力があればハリウッド映画のデビューも夢ではありません。人を喜ばせたいというサービス精神の旺盛な人や、主役の代わりも多いので、ある程度ルックスにも自信のある人に向いています。

Real Voice

コラム

大手エンターテインメント会社
広報部 マネージャー
野口亜希(仮名)・50代

エンターテインメントビジネスの広報担当の方に聞きました

「社内の異動で偶然エンタメ業界へ」

以前に勤めていた会社で、偶然エンターテインメントの仕事に携わる機会がありました。それまで受け手として楽しんでいたエンタメを逆に発信する立場になった時、これこそが私のやりたかったことだ、と思いましたね。

「広報で大切なのは"伝えること"」

現在はエンターテインメントビジネス全般を手がける会社で広報の仕事をしています。広報とひと口にいっても内容はいろいろですが、あえて最も大切なことを一つ挙げるとすれば、『伝えること』に尽きます。広報担当はプロデューサーでもマネージャーでもないので、情報に勝手な解釈を加えず、必要な人に必要な内容を正確に伝えることに徹する。つまり『いつ』『誰に』『何を』『どのように』(どのような内容で)『どんな手段で』(どのようなメディアを使って)、伝えるか=広報するか、いわゆる5W1Hですよね。

「すべて同時進行。的確な判断力がカギ」

例えばオーディションの運営とか、番組収録やライブイベントへの同行のようにあらかじめ決まったスケジュールで動く仕事もあれば、各メディアの業界関連ニュースを一通りチェックして関係者に報告したり、リリース前の原稿確認など事務的な仕事もあります。もちろん、それ以外に毎日の現場で突発的な仕事が発生することも多く、これらすべてを同時進行で、かつその場で臨機応変にさばいていかなければとても回っていきません。

「モバイル環境があれば常に営業中！」

移動時間を含めて打ち合わせ以外の時間はほとんど電話かメールのやりとりをしているので、ＰＣも電話もすぐに電池が減ってしまいます。だから充電コード一式はバッグの必需品。ちなみに最近の新幹線はモバイル電源用のコンセントがついている車両があるので、とても助かっています。

Music 音楽

音楽関係の仕事は演者から現場の制作まで多岐にわたる

音楽にまつわる仕事は、音楽を演奏する人、音楽を制作する人、楽器を製作したり、調整する人など多岐にわたります。音楽が好きで音楽関係の仕事に就きたい人は、自分が演奏するのか、制作するのか、そのほかフォローするのか、どんなポジションがあるのか知っておくといいでしょう。ここでは仕事の種類や現場で働く人の声を紹介しますので参考にしてください。

EXPRESS THE MUSIC
音楽の表現 に関する仕事

☆ 音楽に命を吹き込み、感動を伝える演者たち ☆

音を紡いで人々の心に響くメロディを生み出す音楽のプロたち。楽曲の解釈を極める指揮者、音色を追求する演奏者、音楽で場の空気を操るＤＪなど、多彩な表現者がいます。

日本の音楽業界を一変させる定額制音楽配信サービス

これまで楽曲のヒットの基準は「シングルやアルバムが何万枚売れたか？」でしたが、音楽配信サービス（動画をダウンロードしながら再生するストリーミング配信）の登場で、日本の音楽業界は大きく変動。ヒット基準は「何万ダウンロードされたか？」に変わっていきました。今後もアプリを介して数百万曲の楽曲が聴き放題になり、音楽シーンに多大な影響をもたらすでしょう。

たとえばこんな職種がある！

- **指揮者** **クラシック演奏家** **クラブＤＪ** ⇒ PickUp! の項を参照
- **声楽家** 「声」の演奏家。楽器のように自分の声を自在に用いてクラシックの曲やオペラを歌います。声楽における音域を声域といい、女性は高い声域からソプラノ、メゾソプラノ、アルト。男性はカウンターテノール、バリトン、バスと分かれます。合唱団やオペラ歌手として活躍するほか、ソロ（独唱）でリサイタルを開いたりミュージカルの舞台に立つ人もいます。幼少期から音楽的感性を養い、音楽大学の声楽科に進学するのが一般的です。
- **ミュージシャン** 日本では主にポピュラー音楽やロックなどのジャンルで音楽活動をすることが多いようです。大きくは演奏する立場のプレイヤーと、世の中に楽曲を提供する側の制作者に分かれます。プレイヤーはソロ活動、バンド活動と様々ですが、独自の音楽性と演奏テクニックで世の中の人の耳に残る音を創作・表現できなければプロとして通用しません。メジャーデビューが成功の一つの目安となるでしょう。

上記以外にも…
スタジオミュージシャン／歌手／オーケストラ楽団員／邦楽家　など

Pick Up! File 1　指揮者

プロフェッショナルの現場

森卓ウォッチ
ハゲタカ度 ★★☆☆☆
アーティスト度 ★★★★★
従僕度 ★☆☆☆☆

作曲者の意図を読み解き、タクトを振る人間力、カリスマ性も大切な要素

オーケストラや合唱団などを統率し演奏を指揮する仕事。偉大な指揮者はマエストロという称号で呼ばれます。高度な音楽知識と芸術的感性を持って作曲者の意図を解釈し、それを最高の音楽で表現。自分の音を極めることに力を注ぐ各楽器演奏家（もしくは声楽家）に対して、指揮者はすべてのパートについて、旋律、音の強弱、休符の呼吸に至るまで、まるで遺跡の発掘をするかのように細かく掘り下げていき、それらが一つになった時にどういう響きを奏でるかをイメージします。

なるためには…

国内外の音楽大学や音楽家養成機関に進学して指揮法や作曲などについて広く学んだり、有名音楽家の個人指導を受けて指揮者としての訓練を積みます。日本では国際的な成功をおさめている指揮者はまだ少なく、外国人の指揮者を招いてコンサートを行うオーケストラも多いです。芸術家としての卓越した能力はもちろん、語学力や演奏家の才能を引き出す人間力、カリスマ性も求められます。

Pick Up! プロフェッショナルの現場

File 2 クラシック演奏家

ハゲタカ度 ★☆☆☆☆
アーティスト度 ★★★★☆
従僕度 ★★★★☆

**楽器を操り最高の音色を奏でる表現者
コンクールで優勝すれば世界が舞台に**

クラシック音楽の世界で、楽器を奏でて美しい音楽を表現する演奏家たち。扱う楽器によってピアニスト、バイオリニストなどの名称で呼ばれることもあります。交響楽団の場合、管楽器、弦楽器、打楽器の各奏者が全員そろうと100名ぐらいになりますが、この大編成で一つのハーモニーを作りあげる交響曲（シンフォニー）を演奏することが、クラシック演奏家としての醍醐味といえるでしょう。なおソリスト（独奏者）とオーケストラが競演する形式は協奏曲（コンチェルト）といいます。

なるためには…

音楽大学で楽器の技術のほか、伴奏法、指揮法などの音楽理論やソルフェージュ（音楽の基礎）、音楽史などを学びます。プロの交響楽団は数が限られているので、団員になるのは狭き門です。コネがない場合には、国際コンクールで優勝するなど、相当強いアピールが必要になってきます。幼少期の音楽環境も大事な要素です。演奏技術だけではなく、独自の感性や個性などが重要視されます。

File 3 クラブDJ

ハゲタカ度 ★☆☆☆☆
アーティスト度 ★★★★☆
従僕度 ★★★★☆

**抜群の音楽センスとノリのよさで
その場にいるすべての人を熱くする**

クラブなどの飲食店やパーティー会場で、来場者の好みや場の雰囲気に合わせてセンスの良い曲を選び、音の調整をしながらテンポよく曲をつないでいくパフォーマーをクラブDJといいます。ディスク・ジョッキーは、ジョッキー（騎手）とディスク（レコード）の合成語。仕事の仕方は大きく2種類。特定の店と専属契約を結んで活動するスタイルと、フリーランスのDJとしてイベントやパーティーなど単発の仕事依頼を受けて活動するスタイルです。本人の力量や仕事内容によって収入は大きく異なります。

なるためには…

実力と人脈がモノをいう世界。本番さながらに選曲・編集して作ったミックステープをクラブの経営者に聞いてもらい、センスを認められれば即採用というケースもあります。またイベントに足を運んで顔を売りつつ出演枠に応募して実力をアピールしたり、DJ養成スクールに通って関係者との人脈を作るのも有効でしょう。音楽が好きで、場を盛り上げるオーラのある人に向いています。

SUPPORT THE MUSIC
音楽のサポート に関する仕事

★ 時代を象徴する音楽を生み出し、最高の音で届ける ★

耳に心地よく流れるCMソングや着メロ。好きなドラマの主題歌。感動したコンサート。心に残る音楽は、時代にマッチしたメロディと最高の音を届けるプロによって作られます。

熱いステージの臨場感を耳元で再現するハイレゾ

音楽配信サービスなどで楽しめる新しい音源として注目のハイレゾ。音の情報量がCDの何倍もあり、これまで伝えきれなかった音の太さや繊細さ、奥行きなどをより細かいレベルで表現できます。例えばアーティストの息づかいやライブ会場の臨場感ならレコーディングスタジオやコンサートホールで録音したぐらいのクオリティーでほぼ忠実に再現できるとされています。

新人歌手のCDデビュー

- スカウト／オーディション
- 楽曲（作詞・作曲・編曲）制作
- レコーディング
- パッケージ制作／プロモーションビデオ制作
- 発売

たとえばこんな職種がある！

◆**音楽プロデューサー**　◆**ピアノ調律師**　⇒ PickUp! の項を参照

◆**ボイストレーナー**　正しい発声法を指導します。教える相手は声楽家や歌手といった歌の専門家からアナウンサーや役者、タレントまで、声を使うことを仕事とするすべての人が対象。のどの開き方や腹式呼吸など、声を出す基礎的な技術だけでなく、レベルと目的に合わせて声域を広げるレッスンや、のどを痛めた人のリハビリも行います。日本ボイストレーナー連盟資格認定試験に合格していると有利です。

◆**ミキサー**　レコーディングスタジオなどで楽器や歌などのすべての音源を一つにミックスして調整する仕事。コンサートの場合は、マイクやアンプ、スピーカーやエフェクター（音を加工する機械）などの音響機材を操り、会場のすみずみまで最良のバランスで音が届くようにします。音感だけでなく電気・電子系の知識も必要です。

上記以外にも…
作曲家／作詞家／編曲家／音楽ディレクター／レコーディングディレクター／音響エンジニア／コンサートプロデューサー／和楽器・雅楽器の職人　など

Pick Up! プロフェッショナルの現場

File 1 音楽プロデューサー

森卓ウォッチ
ハゲタカ度 ★★★★☆
アーティスト度 ★★★★☆
従僕度 ★☆☆☆☆

時代に求められる音楽を生み出し 世の中に発信する業界のパイオニア

楽曲そのものの制作やCD販売に関してだけでなく、新人の発掘や育成、ライブコンサートの企画や演出に至るまで幅広く活動します。制作現場を監督するディレクターに対し、プロデューサーはさらに上の立場でその音楽を世の中に広めるためのビジネス全体を管理します。自分がプロデュースした楽曲が時代を象徴する「思い出の一曲」として長く歌い継がれていくことはこの仕事をする上でのなによりの喜びといえるでしょう。ミュージシャンの実力やスター性を見抜くセンスが重要です。

なるためには…
音楽系の学校で基礎を学び、音楽プロダクションのアシスタントとして現場の流れをつかみながら仕事を覚えていくのが近道です。またカリスマプロデューサーと呼ばれる人には、ミュージシャンから転身して業界に大きな影響力を持つ存在となったり、マネジメント力とビジネスセンスを活かして大ヒットを生み、社会現象を起こした人もいます。人脈の広さも大事な要素です。

File 2 ピアノ調律師

森卓ウォッチ
ハゲタカ度 ★☆☆☆☆
アーティスト度 ★★★☆☆
従僕度 ★★☆☆☆

8千個の部品からなるピアノの構造に 精通し、時代を超えた音色を整える

ピアノはその複雑な構造ゆえに、演奏者自身が調律するほかの楽器とは違って専門の調律師によるメンテナンスが必要。仕事は基本的な音程を整える「調律」、コンディションを整える「整調」、演奏者に合わせた音色に仕上げる「整音」のほか、修理・修復などがあり、音を正確に聞き分けられる優れた耳、訓練や経験によって培われる高い技術力の両方が求められます。楽器メーカーや販売店に所属して仕事するのが一般的ですが、実力を認められて有名ピアニストの専属調律師として活躍する人もいます。

なるためには…
大学や専門学校の調律科、大手ピアノメーカーの養成施設などで必要な知識と技術を身につけます。さらに国家資格のピアノ調律職種技能検定に合格すると「ピアノ調律技能士」と公式に名乗って仕事ができます。超一流のピアニストが披露する最高の演奏も完璧に調律されたピアノがあってこそ。また百年以上も昔のピアノの音色を美しくよみがえらせることができるのも、調律の技なのです。

Real Voice

コラム

N・マネジメントオフィス
マネージャー
服部愛子(仮名)・40代

女性ボーカリストNさんの専属マネージャーの方に聞きました

「音楽業界は学生時代からの夢だった」

音楽が好きで、仕事をするなら音楽業界と決めていました。でも自分は表に出るタイプじゃないので、裏方の仕事をしようと思い音楽事務所へ。ところが入社1週間目にテレビ番組の制作会社に出向となり、そこで出会ったのがNでした。彼女は大学時代からずっとアマチュアバンドで歌っていて、ある時『本格的に歌手をやろうと思うけど、一緒に仕事しない?』と誘われました。それで二人同時に会社を退職しました。

「1億円キャンペーンのエピソード」

デビュー当時はすこぶる順調。飲料やフードなどCMソングの仕事も次々と入り、3枚目のシングルを出すときにレコード会社が1億円の予算で大々的にキャンペーンをやろうと言ってくれました。そして準備も着々と進み、さあいよいよという時、阪神淡路大震災が起きたのです。予定していたイベントはすべて中止。キャンペーンは完全に流れ…でも、その時思いましたね。まだ、終わってはいない、と。

「どんな仕事にもチャンスの芽がある」

お金の話では、例えばレコーディングは原盤権=制作料がレコード会社と歌手側で50%ずつという取り決めなら印税もだいたい50%ずつ、プロモーション活動も半々でやることになります。じゃあ原盤権(印税)がレコード会社100%ならやらないかというと、そんなことはありません。いい仕事をしてその曲が当たれば次の機会は折半でやればいい。そういう世界なのです。

「Nが歌い続けるかぎり私も現役です」

Nを一生、歌わせてやりたい。それが私の仕事です。収入面では、かなりいい思いをさせてもらった時もあれば厳しい時もあって、まったく安定はしませんが、でも自分で選んだ道。ほかの仕事をしている人をうらやましいと思ったことは一度もありません。

Chapter3 好きな事を仕事にするための職業選び ★ 235

Sport

スポーツ

トップアスリートとして活躍したりサポートするのが仕事

トップアスリートとして活躍するのは、スポーツ界のエリートといえます。そんな厳しい世界ではありますが、子どもの頃からの夢なら挑戦する価値はあるでしょう。もちろん、スポーツ界は選手以外にも監督やトレーナー、チームのマネージャーなど選手たちを支える仕事もたくさんあります。実際にどんな仕事があるのか、チェックしてみましょう。

ATHLETE
プロスポーツ選手 の仕事

★ 努力し続けるトップアスリートたちの勝負の世界 ★

毎日の練習の積み重ねなど、才能だけでなく努力も必要なスポーツの世界。世界大会やオリンピック、海外チームでプレーするなど、グローバルに活躍する選手も増えています。

華々しい世界の一方で活躍できる人は一握り

一生懸命取り組む姿勢やオリンピックなど大きな舞台で活躍する姿は、人々に感動と勇気を与えます。試合や競技で活躍して収入を得るため、ピークを過ぎると引退後の生活を考える必要があるなど、厳しい面も。海外で堂々と渡り歩くには語学力も必要です。多くは地元のスポーツチームなどで技術を磨きますが、競馬や競輪、競艇などのように指定の学校に入学しないとなれないものも。

たとえばこんな職種がある！

- ◆プロサッカー選手　◆プロゴルファー　◆プロテニスプレイヤー　⇒ PickUp! の項を参照
- ◆フィギュアスケーター　大会やオリンピックなどの競技会へ出場する選手と、競技会を引退してアイスショーなどに出演するプロフィギュアスケーターとに分かれています。地元や学校などのスケートクラブへ所属し、日本スケート連盟のバッジテストの結果によって大会出場資格を獲得し、ステップアップします。
- ◆騎手（ジョッキー）　中央競馬や地方競馬のレースで競走馬に騎乗して入賞を争います。騎手を養成するための機関である競馬学校は中央と地方があり、入所するための倍率は非常に高くなっています。中央競馬学校は3年間、地方競馬学校は2年間、実技と学科を学びます。そのため、中学校の卒業前後から専門学校へ入る人もいます。入学には年齢別の体重制限があります。

上記以外にも…
プロ野球選手／F1ドライバー／力士／格闘家・武道家／競艇選手／競輪選手／オートレース選手／プロボウラー／スノーボード選手　など

Pick Up!

Athlete File 1　プロサッカー選手

プロフェッショナルの現場

森貞ウオッチ
ハゲタカ度 ★★☆☆☆
アーティスト度 ★★★★☆
従僕度 ★★☆☆☆

**海外への移籍や女子の活躍など
世界中で盛り上がる人気あるスポーツ**

国際サッカー連盟（FIFA）には200を超える国と地域が加盟し、サッカーは世界で最も多くの人に親しまれているスポーツといわれています。全国各地にあるクラブチームに所属し、チームの優勝や実績を上げて海外のクラブチームへの移籍、日本代表への選出を目指します。Jリーグやトーナメント試合以外でも、練習、遠征のための移動、ファンとの交流などがあります。負傷で戦力から外されたり、実績を残せずトレードや解雇されてしまうなど、厳しい世界でもあります。

なるためには…

多くの選手が少年サッカーチームから始めています。Jリーグ・なでしこリーグのジュニアユースで年齢ごとのセレクションをパスして、プロリーグへ昇格する場合と、高校や大学のチームで活躍してスカウトされる方法があります。なでしこリーグはほとんどがプロ契約ではなく、昼間は働いて練習に参加しています。プロになれても、選手寿命が短いので、第二の人生を考えておく必要があります。

Chaptar3　好きな事を仕事にするための職業選び　★　237

Pick Up! プロフェッショナルの現場

Athlete File 2 プロゴルファー

森卓ウォッチ
- ハゲタカ度 ★★★☆☆
- アーティスト度 ★★★★☆
- 従僕度 ★★☆☆☆

集中力と正確なコントロール技術でメジャー大会を目指す

国内外の試合に出場し、優勝を目指すトーナメントプロと、優れた技術指導力でゴルフを教えるティーチングプロがいます。数多くのゴルフプレーヤーの中でツアー大会に出場できる人はほんの一握りで、ティーチングプロとしてスクールで教えながら大会出場を目指す人もいます。メジャーな大会ほど賞金が高く、入賞したりスポンサーを獲得できると大きな収入を得ることができます。他のスポーツと比べて選手寿命が長いのが特徴で、50代でも現役を続けられる数少ないスポーツの一つです。

なるためには…

高校・大学・社会人でゴルフ部やスクールに所属
↓
- プロテスト（注1）
- トーナメントで優勝・プロ宣言
↓
プロゴルファー（注2）

注1…男性の場合は16歳以上で日本プロゴルフ協会の定める条件を満たした人、女性の場合は18歳以上で日本女子プロゴルフ協会の定める条件を満たした場合に、年に1回のプロテストを受験することができます。
注2…ツアー大会への出場条件は予選からの勝ち抜きや、ランキング上位選手が参加できるなど様々です。
※アマチュアでも大会に参加はできますが、賞金を得ることはできません。

Athlete File 3 プロテニスプレイヤー

森卓ウォッチ
- ハゲタカ度 ★☆☆☆☆
- アーティスト度 ★★★★☆
- 従僕度 ★★☆☆☆

個人対個人の力、技術、精神力の戦いで世界の頂点を目指す

国内や世界各地で行われる大会へ出場してランキングを上げたり賞金を獲得し、世界の4大大会を制する「グランドスラム」が多くの選手にとっての大きな目標です。各国でツアーと呼ばれる試合が開催され、勝敗やスケジュールに応じて、一年を試合と練習の繰り返しで過ごします。世界大会では、登録手続きやジャッジなども英語のため、語学力も必要です。活動資金などを提供してくれるスポンサーや賞金でコーチなどと契約し、より良い環境を整えます。

なるためには…

地元のテニススクールや中学校、高校のテニス部で腕を磨き、日本テニス協会が主催する大会で入賞を果たして日本ランキングを上げることが第一歩となります。実業団（企業）テニス部に所属してリーグ戦に出ながら世界を目指す人もいます。世界の4大大会を目指すには、ITF（国際テニス連盟）の試合でポイントを稼ぎ、男子はATP、女子はWTAの上位大会への出場権を獲得する必要があります。

SUPPORT THE SPORTS
スポーツ に関する仕事

★ スポーツに親しむ人々の充実した環境を整える ★

選手が思う存分に力を発揮できるよう、陰から支えるプロフェッショナルたち。
努力が報われた瞬間には共に喜び合えるほど、欠かせない存在です。

選手の力を最大限に引き出すためにサポートするプロ

試合で最高の結果を出すために日々努力を重ねるスポーツ選手は、技術の向上や精神面で支えるコーチ、医療スタッフ、能力を最大限に発揮するための用具開発など、多くの人たちに支えられています。海外で活躍する選手の通訳や試合を伝えるカメラマンなど、職種は多岐にわたります。体力作りへの関心から栄養士スキル、審判員資格を持つ人材まで広く活躍の場があります。

- ■スポーツライター・カメラマン　試合や選手の決定的瞬間やストーリーを伝える
- ■監督・コーチ　体力作りや、メンタルを鍛える相談・指導を行う
- ■メディカルスタッフ　体のケアを行う。理学療法士や鍼灸師などの資格を持つ人も
- ■レフェリー（審判）　競技ルールの知識や経験、体力も必要
- ■栄養士　食生活のアドバイスを行う

たとえばこんな職種がある！

- ◆スポーツインストラクター　◆スポーツライター　⇒ PickUp! の項を参照
- ◆スポーツ用品開発者　スポーツで使われるラケットやボールなど、より性能の良い用具を開発・生産します。バットやシューズなどメーカーで作られるものや、競技用の衣装や車いすなど、一つ一つ職人によって作られるものもあります。
- ◆スポーツドクター　スポーツ選手の健康管理、けがの治療や予防にあたります。選手のサポート以外でも、競技会にチームドクターや医療対応で参加します。日本体育協会の定める条件を満たすと認定を受けられます。
- ◆データアナリスト　サッカーや野球、バレーボールなどで対戦する選手やチームのデータを分析して、チームの勝利に役立てます。得意なコースや苦手なコースなど、データベースから必要な情報を引き出して分析したり、監督やコーチに提供します。試合での情報収集や録画映像なども活用します。

上記以外にも…
スポーツチーム・選手のマネジメント／審判員／プロチームのスタッフ／スポーツショップスタッフ／スポーツカメラマン　など

Pick Up! **プロフェッショナルの現場**

File 1 スポーツインストラクター

森卓ウオッチ
ハゲタカ度 ★☆☆☆☆
アーティスト度 ★★☆☆☆
従僕度 ★★☆☆☆

スポーツの楽しさや上達の喜びを教える頼もしい存在

「スポーツ技術を向上させたい」「スポーツを楽しみたい」など、スポーツに親しむ人に対して指導やアドバイスをします。地域の水泳教室やテニススクールで技術向上を指導する場合と、トレーニングジムやフィットネスクラブなどで、ダイエットや健康維持を目的とした一般の人向けにトレーニングメニューの作成や、器具の使い方などを教える場合があります。夜間や休日勤務もあり、商業施設の場合は接客のためのコミュニケーション能力や自分自身のトレーニングも必要です。

なるためには…

就業先によって採用基準は異なりますが、体育系の専門学校、短大・大学の卒業生、種目の経験者が就くことが多いようです。水泳、スキー、ホッケー、テニス、ボウリング、体操など日本体育協会で資格認定を行っている競技種目もあります。教室や会社の方針にもよりますが、資格を持っていると有利でしょう。スポーツジムによってはインストラクターの養成研修を行っている会社もあります。

File 2 スポーツライター

森卓ウオッチ
ハゲタカ度 ★☆☆☆☆
アーティスト度 ★★★☆☆
従僕度 ★★★☆☆

独自の分析や解説で、スポーツのおもしろさを伝えるジャーナリスト

試合や選手、監督の取材をして、新聞や雑誌、ホームページなどへ載せる記事を書きます。勝利の喜びや選手の喜怒哀楽を躍動感のある文章でわかりやすく伝える力や、スポーツのおもしろさを伝える情熱が求められます。選手や監督へのインタビュー時間は短いこともあり、要領よくコメントを引き出す能力も必要です。試合だけでなく選手とファンの交流や、練習試合などにも足を運び、選手に顔を覚えてもらう努力も。プレーや選手をより理解できるスポーツ経験者も多いようです。

なるためには…

新聞社や出版社に入社し、スポーツ関連部署に配属される方法がありますが、必ずしも希望がかなうわけではありません。スポーツ新聞社や出版社、雑誌社に入る方法もありますが、こちらも狭き門のためアルバイトから入る人もいます。経験を積んでフリーランスとして独立し、出版社、新聞社と契約をして記事を書く人も。自分のWebサイトで発信して仕事につなげる人もいます。

Real Voice

コラム

帝京大学
経済学部経営学科専任講師
大山 高・36歳

大学でスポーツビジネス学を教える先生に聞きました

「スポーツ界を支える裏方のプロ」

サッカーや野球、ゴルフやテニスなど、海外でも活躍する選手が増え、プロスポーツ界はグローバル化しています。それに伴い、移籍を希望する選手と海外チームの間に入って交渉を進める代理人（エージェント）の仕事が注目されています。表舞台に立つことはあまりありませんが、選手の活躍を支える重要な役割を果たしています。

エージェントは、選手が出場する試合をチェックし、ファインプレーの瞬間など選手の魅力が伝わる映像を集め、編集しておきます。これは選手が移籍できるチームの候補を募ったり、契約金の交渉をするために重要な資料となります。普段から選手やチーム関係者とコミュニケーションを深め、情報をつかんでおくことが必要です。マスコミへの出演やスポンサーとの契約交渉を行うこともあり、スポーツ以外に法律などの知識も必要です。

「人間力とコミュニケーションで勝負」

日本サッカー協会によると、Ｊリーグに所属する選手約1,500人のうち、400人ほどがエージェントと契約をしています。日本サッカー協会ではこれまで試験に合格した認定エージェントしか代理人業務を認めていませんでしたが、2015年4月から登録制度に変更されました。つまり、選手にとってはエージェントの選択肢が広がり、エージェントとして働く人にとってはサッカー界で働いていなくても仕事ができることになります。一方でエージェント同士の競争は激しくなるでしょう。個人の選手を支える以外にも、スポーツチームのマネジメントに関わる仕事などもあります。

「交渉力で選手の人生が左右される」

プロの選手たちを支えるスポーツビジネス界では、コミュニケーション能力が重視されます。情報収集だけでなく選手やチーム、スポンサーなど様々な関係者と信頼関係を構築できる人間性に加え、選手により有利な条件を獲得するための交渉力が高い人材が求められます。今後も世界規模で活躍する選手が増えることが予想されるため、やりがいのあるユニークな職業だといえるでしょう。

美術 & 伝統文化

Art Traditional Culture

クリエイティブで、センスや伝統、職人技を必要とする仕事

このジャンルには漫画家、作家、華道家、茶道家などが属しています。さらに伝統芸能の舞妓、伝統工芸の宮大工や花火師などがいます。これらの仕事はお試しにちょっとやってみるというのは難しい場合が多く、作品を生み出す才能や、その道の師匠について基礎を学ぶ必要があります。どのようなアプローチ法があるのかも含め、実情を紹介します。

ART, CREATIVE
美術・クリエイティブ
に関する仕事

☆ 世界で高い評価を受けるクールジャパンの文化 ☆

渾身の思いで表現した作品は、触れる人の心を豊かにします。自分ならではのテーマを追い求め、場合によっては数十年かけて世界観を創り上げていきます。

自由な視点と探究心でクリエイティブな発想からのモノづくり

豊かな想像力と磨き上げた技術で作品を創り上げます。海外でも高い評価を得ている日本文化の発信源でもあります。学歴が問われない分野ですが、生計を立てられる人はごく一部。売れなければ収入を得られない厳しい世界です。「これが正解」という答えもなく、師事を受けたり周りのサポートを得ながらも、自分なりの道を確立していきます。

たとえばこんな職種がある！

◆ **漫画家** ⇒ PickUp! の項を参照

◆ **作家** ミステリーやSF、時代小説や純文学などを書く作家や、体験や事件などをもとにするノンフィクション作家、絵本作家やエッセイストがいます。出版社の新人賞に応募して入賞するとデビューの道が広がります。原稿料と印税が主な収入源で、ベストセラー作家はごく少数です。様々な職業を経験してからデビューする人もいます。

◆ **華道家** 池坊流、草月流、小原流、古流など様々な流派があります。指導資格を得るための制度は流派ごとに異なります。師範免許を得て華道教室やカルチャースクールで教えます。展覧会の出品や、式場・イベントなどで生けることもあります。

◆ **茶道家** 代表的な表千家、裏千家、武者小路千家に加え、武家茶道の遠州流など各地に様々な流派があります。指導資格を得るための制度は流派ごとに異なります。茶道教室やカルチャースクール、家元に弟子入りして師範免許を取得できます。

上記以外にも…
画家／書道家／陶芸家／ガラス工芸家／彫刻家／版画家／装丁家／キュレーター／アニメーター／フラワーデザイナー／工業デザイナー／詩人／俳人／歌人／写真家／切り絵作家　など

Pick Up! Creative File 1　漫画家

薬卓ウオッチ
ハゲタカ度 ★★★★★
アーティスト度 ★★★★★
従僕度 ★★★★★

絵の技術だけではなく、魅力的な物語の発想力も問われる表現者

登場人物からストーリー、台詞を考えて作品を創り上げます。ヒットすると単行本やアニメ、映画化されたり、クールジャパンとして日本漫画は海外での人気も高いです。発想力や編集者との連携が重要になります。一方で読者を獲得できなければ連載が打ち切られるなど、実力本位の厳しい世界です。デビューの基本は、漫画を発行している出版社への原稿持ち込みですが、絵のうまい人は掃いて捨てるほどいるため、採用の可否はストーリーで決まります。そのため物語を作る才能が必要です。

なるためには…

デザインなどの専門学校や、独学で学ぶ人など様々です。漫画雑誌の新人賞で入賞するとデビューへつながります。何度も投稿してチャンスをつかむ人、プロのアシスタントとして修業する人もいます。学習漫画や文章メインの本でイラストを描くなど、娯楽漫画家より競争率が低くデビューしやすい書籍用漫画家を目指す道もあります。編集者にいかに見出してもらえるかが重要です。

TRADITIONAL ARTS
伝統芸能
に関する仕事

☆ 格式を重んじる優雅でおごそかな伝統美の世界 ☆

数百年の歴史を持つ日本の伝統芸能は、昔の良さを残しつつ新しさも取り入れています。
外国人観光客や海外公演など世界からの注目もあり、親善大使的な役割も担っています。

自らのからだを使って数百年の歴史を今に伝える

日本の伝統芸能は、主に演劇（能楽・歌舞伎など）、音楽（雅楽・小唄など）、舞踏（日本舞踊など）、演芸（落語・浪曲など）に分類されます。どれも一朝一夕に身につけられない技能ばかりで、長い年月をかけて芸を磨いていきます。これまでは主に世襲制で継承していきましたが、近年では日本の伝統芸能を後世に残すために一般から志のある人材を育成することにも力を注いでいます。

たとえばこんな職種がある！

- **落語家** ⇒ PickUp! の項を参照
- **歌舞伎俳優** 江戸時代からおよそ400年の歴史を持ち、庶民の生活や史実、伝説をテーマにした作品を演じます。華やかな衣装や独特の立ち回り、代々受け継がれてきた得意技で観客を魅了します。日本芸術文化振興会で2年に一度23歳以下の男子を一般公募しています。一方で世襲制度も根強く、多くの俳優が名門家の出身者です。
- **日本舞踊家** 三味線など日本独自の楽器の演奏や唄に合わせ、しなやかな舞いを披露します。藤間流、花柳流など様々な流派があります。芸名を名乗れる「名取」を経て、師範を得るまでには数十年かかるともいわれています。教室を開いたり、舞台公演などで披露します。
- **能楽師** 室町時代から600年以上の歴史を持つ能と狂言の演目を演じます。観世流、宝生流など様々な流派があります。一般公募（中学生以上23歳以下）し、国立能楽堂で簡単な実技試験と面接、作文試験を行います。合格すると6年間の研修が受けられます。

上記以外にも…
文楽の技芸員／邦楽家／浪曲師／流鏑馬師　など

Pick Up!

Traditional arts File 1 落語家

プロフェッショナルの現場

ハゲタカ度 ★★★★☆
アーティスト度 ★★★★★
従僕度 ★★★★☆

行き交う人々の表情から酒の味まで、語り一つで表現する伝統芸能

落語は室町時代末期に始まったといわれる日本の伝統芸能。基本的に寄席（よせ）と呼ばれる演芸場で行います。明治期以前にできた「古典落語」と、大正期以降にできた「新作落語」に大別されますが、音楽や人形劇など他分野とのコラボレーション落語やカフェ、蕎麦店などで飲食付きの落語イベントを行う地域寄席など、新しい取り組みも続々。なかでも英語落語は海外公演でも好評で、若い世代や外国人に落語の魅力を伝えるきっかけとなっています。

なるためには…

東京の落語家の場合、上から真打ち、二ツ目、前座、前座見習いという階級があり、まず真打ちに弟子入りします。見習いを経て前座で楽屋入りが許され、毎日師匠の家と寄席に通って雑務をこなしながら稽古を積みます。二ツ目でようやく一人前の落語家と認められ約10年勤めて真打ちに。本格的に落語家としての人生が始まります。

TRADITIONAL CRAFT
伝統工芸 に関する仕事

★磨き抜かれた伝統の技を持つ匠によるモノづくり★

数百年にわたっても変わらず、妥協のない丹念な作業の積み重ねと、時代の変化への対応も求められるモノづくりの仕事。家業以外の若者にも技術者の育成の門が開かれています。

日本が誇る優美を極める暮らしの中の伝統工芸

まさに手に職をつける分野ですが、職人の高齢化が進む分野もあり、後継者が育たなければ継承されない伝統技術が数多くあります。一方で高級品として海外からの注目は高く、国内外へ売り込む余地はあります。伝統工芸を残すために他業種とコラボしたり、ネットで全国販売するなど新しい取り組みが行われています。厳しい修行にも強い意志で取り組める、意欲ある若手が求められています。

Chaptar3 　好きな事を仕事にするための職業選び ★ 245

たとえばこんな職種がある！

- **花火師** ⇒ PickUp!の項を参照
- **漆器職人** お椀やお盆を加工する木地師、漆を丹念に塗る塗師、飾り絵を描く蒔絵師など、それぞれが高い技術を持つ様々な役割によって漆器が製作されます。輪島や会津などの産地を中心とした各地で技術者の養成が行われています。
- **和紙技術者** 独特の風合いや味のある手すきの和紙は、無形文化遺産登録で注目が高まり、高級半紙や障子のほか、ディスプレイなど新しい用途も広がっています。埼玉の細川紙や岐阜の美濃紙など全国の産地や事業所で後継者育成が行われています。
- **宮大工** 神社や寺など、独特な技法が必要とされる日本古来の木造建築を造り、文化財を維持する責任のある仕事です。建築の基礎を学び、棟梁に弟子入りしたり、実績のある工務店などに就職します。

上記以外にも…

陶磁器職人／文化財保存修復技術者／刀匠／染色家／杜氏／表具師／指物師／畳職人／和裁士／筆職人／鋳物職人／竹細工職人／和傘・ちょうちん・うちわ・扇子職人／炭焼き職人／押絵羽子板職人／鬼瓦職人／面職人／人形職人／和ろうそく職人／だるま職人　など

Pick Up!

Traditional craft File 1　花火師

プロフェッショナルの現場

- ハゲタカ度 ★☆☆☆☆
- アーティスト度 ★★★★☆
- 従僕度 ★★★☆☆

**自ら作り上げた花火で夜空を彩り
職人技で人々を魅了する**

色の変化やデザインを考えながら火薬の配合をし、パーツを組み立てて花火玉を作り上げます。火薬の組み合わせは限りなくあり、配置によって美しい花火になるかが決まります。打ち上げ現場などでコンピューター化が進んでいますが、経験による発想力と慎重な作業が必要です。花火大会だけでなく、技を競い合うコンクールへ出品したり、祝賀イベントなどで打ち上げることもあります。映画や遊園地などで効果的に爆発させる技術を持つ、特殊効果を演出する花火師もいます。

なるためには…

工業高校や応用化学、機械など技術系の大学で学び、火薬類取扱保安責任者の資格を取ると有利です。事業者の数は少なく、経営者は世襲制で小規模のところも。見習いから修行を積んだり、アルバイトや夏だけの季節労働もありますが、火薬を扱う仕事のため信頼感が求められます。重い花火玉を扱う力仕事ですが、最近では女性の活躍も目立ちます。従事するには煙火打揚従事者手帳が必要です。

Real Voice

コラム

京焼の陶芸作家の方に聞きました

京焼陶芸作家
工藤雅治(仮名)・30代

「長年にわたる挑戦が、実力を育てる」

陶磁器は原料になる土から作ります。土に水を混ぜながら、力をこめてよくこねます。この作業には筋肉痛になるくらい体力を使います。それをろくろという回転する台に乗せ、お茶碗などの形を作ります。土はすぐ固くなってしまうので、土を練ってろくろで成形するまでは一気に行います。「土練り3年、ろくろ10年」といわれ、自分がイメージする形を作れるようになるまでには長い時間がかかります。私自身も始めたばかりの頃は、むりやり形を作ろうと余計な力が入っていたように思います。10年以上経ってから、気負わずに自然体で取り組めるようになってきたと感じています。模様や柄は一つ一つ手作業で描くため、作家によって色や絵の雰囲気に個性があるのが京焼の特徴です。焼き上がって窯から出すまでどんな色に仕上がったかわからず、失敗することもあります。だからこそ色がキレイに出たり、自分が思い描くようなものが作れるととても嬉しいです。

「自らの表現に向かって発信し続ける」

作品は展示会などでお客さまにみてもらいます。同じ原料をつかっても人によってできるものは全く違います。人より上手く作りたい、差をつけたいというよりは、自分なりの表現を確立したいと思っています。自分の理想にどうやったら近づけるのか、これは自分らしいのか、もっとこうしたらいいのではと、自分に問いかけながら作品を作っています。作品には自分の意志や感情が含まれているので、お客さまに買ってもらったときは自分自身を認められたという喜びがあります。

「使う人のことを考えたデザイン」

京都には陶芸を学べる学校がいくつかあり、私も2年間通いました。家が窯元の人や、一から始める人など世代も出身地も様々な人が集まっていました。今でも親しい友人たちと連絡を取り合っていて、会うと作陶の話が尽きません。「使う人の気持ちを考えて作る」という教えは、今でも大切にしています。陶芸作家であるからには、自らの表現で作品を生み出したいと思っています。

Other

その他

仕事の数は何万種類ともいわれ、新しい仕事も生まれます！

これまでに紹介した以外にも、世の中には様々な仕事があります。インターネットができてホームページを作る仕事ができたように、今後も新しい仕事が生まれるかもしれません。人々の生活はどんどん多様化、グローバル化していて、ソムリエのように今まで日本になかった仕事や、お掃除アドバイザーなど得意なことが仕事になる可能性もあります。

たとえばこんな職種がある！

◆ 気象予報士　◆ 神職・巫女　⇒ PickUp! の項を参照

上記以外にも…
ブライダルコーディネーター／
将棋棋士／囲碁棋士／探偵／占い師／
僧侶／牧師／葬祭ディレクター／
納棺士／マジシャン／警備員／
ライフセーバー／宝石鑑定士／
カジノのディーラー／マタギ／
鍵師／NPO・NGOで働く／
起業家　など

Pick Up! プロフェッショナルの現場

Other File 1　気象予報士

森卓ウオッチ
ハゲタカ度 ★★★★★
アーティスト度 ★★★★★
従僕度 ★★★★★

大気の動きを読み取り、毎日の暮らしや防災に生かす情報を伝える

気象観測用の衛星などから送られてくる情報や天気図などをもとに、天気を予測します。刻々と変化する天気を分析するため、膨大な情報や統計データを読み解く力が必要です。台風による洪水など災害の可能性がある時は、注意を呼びかける重要な役割もあります。365日24時間体制で情報収集を続けるため、交代勤務もあります。テレビやラジオで気象情報を伝える人、農業関連市場や防災の取り組みに専門知識を役立ててコンサルタントとして働く人や、シンクタンクで働く人もいます。

なるためには…

国家資格の気象予報士試験に合格する必要があります。合格率は低く難関の試験ですが、受験資格の制限はなく何歳からでも受けられます。メディアで働いている人はわずかで、民間の気象予報会社に勤めることができるのも一部です。特定の地域でサーファー向けに波情報などの予報を行う事業者や、地方自治体の募集もありますが、資格を活用できない人も多いのが現状です。

Other File 2　神職・巫女（みこ）

森卓ウオッチ
ハゲタカ度 ★★★★★
アーティスト度 ★★★★★
従僕度 ★★★★★

伝統を重んじて神々と民衆をつなぐ架け橋

神社で祭祀の執行やお祭りなど地域での伝統行事、七五三や結婚式といった人生の節目でお祈りをするなど、神と人との仲立ちを務めます。神社の規模や由緒によって行事や仕事は異なります。数は多くありませんが、女性の神職もいます。町の宗教家として地域に生きる人々の悩みや相談にのる場合も。巫女は神職の補佐として、拝殿や境内の清掃、御札や御守りの授与、祈祷の受付などを行います。神社によっては神楽や舞を奉納することもあります。

なるためには…

神道系大学の神職課程か各地の神職養成所で神社本庁が規定した課程で日本の歴史や神道、祭事などを学び、神職の資格である階位を取得します。階位により宮司や補宜（ねぎ）、出仕といった職階が定められています。僧侶と異なり、神官はほとんどが世襲で、一般人が神官になるのは極めて困難です。巫女はアルバイトなど期間限定の募集が大半で、10代〜20代の未婚女性などの条件がある場合も。

Chaptar3　好きな事を仕事にするための職業選び ★　249

Real Voice

コラム

大手ブライダルプロデュース会社
ウエディングプランナー
三浦真由美(仮名)・20代

ブライダルプロデュース会社のプランナーの方に聞きました

「きっかけは学生時代のアルバイト」

学生時代にホテルのアルバイトで結婚式の配膳をした時、人生で一番幸せな時間に携われるウエディングの仕事に魅力を感じてこの職業を選びました。

「トップシーズンは毎週末に会場入り」

プランナーの仕事は大きく分けて接客(式場ご案内・打ち合わせ)と事務作業(発注・資料作成)の2つ。お客さまに合わせて打ち合わせ時間が決まるので、それ以外の空いた時間に事務作業をやることになります。
式の当日は担当プランナーとして会場に入り、終日、お客さまにアテンドします。1年のなかでは春と秋がトップシーズンで、4〜6月、9〜11月はほぼ毎週末、会場にいます。
スタッフはもちろん私たちだけでなく、シェフ、パティシエ、披露宴の司会や音響、フラワーコーディネーター、花嫁のヘアメイクやアテンドスタッフ、そしてたくさんのゲストに対応するサービススタッフなど、たった2時間半のセレモニーに数えられないくらい多くの人たちが関わって、一つの結婚式を作りあげます。
担当した新郎新婦から
「お願いしてよかった」
というお言葉をいただけたときにはすべての努力や苦労が報われます。

「最高に幸せな瞬間に立ち会える仕事」

新郎新婦とは仕事を通して初めて出会うわけですが、その二人の人生で一番幸せな瞬間に立ち会うことができるのがウエディングプランナーです。なかでもこの仕事をしていてよかったと思うのが、多くのゲストが待つ会場に新郎新婦を送り出す時。扉を開ける直前の二人の表情はほかの誰にも見ることのできない特別なものだと思います。この瞬間だけは『幸せ』のひとことでしか言い表すことができません。

Chapter 4

仕事ができる社会人になるための基礎知識

社会編

1人暮らしを始めるための基礎知識

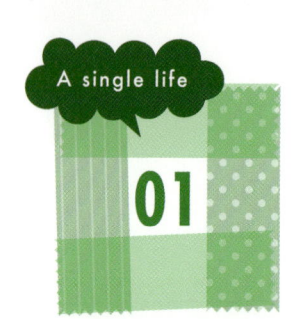

A single life 01

1人暮らしを始めるために知っておくべき「手続き」について

就職が決まり、親元を離れて1人暮らしをするという人も多いようです。しかし、いざ1人暮らしを始めようとしても、何からどう準備したらよいのかわからないという人のために、ここでは1人暮らしを始めるにあたり、一番、手間のかかる手続きなどについてご紹介します。

引っ越し前（1～2週間前）の手続き

何を	場所・方法	いつごろ	内容
転出届	旧住所の区市町村役場	2週間前	転出する手続き
国民健康保険	旧住所の区市町村役場	2週間前	資格喪失届
印鑑登録	旧住所の区市町村役場	2週間前	印鑑登録廃止届
電話	契約元へ電話連絡	2週間前	移転連絡
電気・ガス・水道	契約元へ電話連絡	1週間前	料金精算・移転連絡
NHK	電話・FAX・インターネット	1週間前	住所変更
郵便物移転	郵便局	1週間前	転居届
銀行	銀行	1週間前	住所変更
公共料金自動振替	郵便局・銀行	1週間前	口座住所変更
保険	保険会社	1週間前	住所変更
新聞	新聞配達所	1週間前	料金精算
インターネットプロバイダ	契約プロバイダ	1週間前	料金精算

引っ越し後の手続き

何を	場所・方法	いつごろ	内容
転入届	新住所の区市町村役場	2週間以内	転入する手続き
国民健康保険	新住所の区市町村役場	2週間以内	国民健康保険の資格取得届
印鑑登録	新住所の区市町村役場	2週間以内	印鑑登録届
電気・ガス・水道	電話連絡	すぐ	使用開始連絡
運転免許	警察署・運転免許試験場	2週間以内	住所変更
自動車	陸運局	2週間以内	住所変更
新聞	新聞配達所	1週間以内	契約
インターネットプロバイダ	契約プロバイダ	1週間以内	契約

☆ 1人暮らしスタートにかかる諸費用

賃貸物件を借りる時の、費用の目安は家賃の5～6ヵ月分といわれています。その内訳は以下のようになります。

敷金	大家さんに部屋を借りる時に預けるお金のこと。退去時には補修費用などが差し引かれますが、戻ってくる保証金のようなお金です。相場は家賃の2ヵ月分ですが、物件によっては1ヵ月または3ヵ月などもあります。
礼金	大家さんに対して部屋を貸してもらう代わりに支払う謝礼のこと。敷金とは違い、戻ってくるお金ではありません。相場は、家賃の2ヵ月分。長期間空いている部屋や大家さんの考えで「礼金なし」という場合もあります。
仲介手数料	部屋探しをした時に、仲介業者(不動産屋)に支払う手数料のこと。相場は家賃の1ヵ月分＋消費税。不動産会社が家主の場合、仲介手数料がかからない場合もあります。
前払い家賃	入居開始月の家賃のこと。月の途中から入居した場合、入居する日数分の家賃を日割り計算で支払います。
火災保険料	主に火災・水漏れなどを起こした時の賠償責任や家財一式を保障。加入が必須というケースが多く、「個人賠償責任保険」なども一緒に付帯していることもあります。

☆ 引っ越し費用

引っ越し先まで荷物を運ぶためには、自分で運ぶか、業者に依頼するか、どちらかを選択します。近場への引っ越しの場合は、軽トラックを借りれば業者に依頼しなくても身内の手を借りて引っ越しすることが可能でしょう。しかし、遠方への引っ越しであれば、やはり業者に依頼する必要があります。特に3月～4月は引っ越し業者も繁忙期なので、日程だけでも早めに押さえておきましょう。

引っ越し業社に見積もりを依頼する場合は少なくとも2～3社で見積もりをし、見積もり額を比較するといいでしょう。1人暮らしの荷物の場合、2万円程度～10万円程度（距離や荷物の量によります）が相場です。

１人暮らしスタート前の注意点

社会人として１人暮らしを始めるのは、春先の異動が多い時期と重なりますので、会社が決まり、通勤に時間がかかるのであれば部屋探しをスタートさせましょう。現在の住まいから引っ越し先が遠方になる人はインターネットなどの「賃貸物件検索サイト」を利用するのが便利です。家賃や駅名、間取りなど、いろいろな条件で部屋を探すことができます。

周辺の環境	人通り、街灯などを確認しましょう。女性は特に注意が必要です
部屋の階数	１階よりも２階以上のほうが侵入されにくいです
部屋の設備	オートロックがいいですが、部屋は二重ロックがおすすめ 管理人がいたり、防犯カメラがあるとさらに安心です 洗濯機は室内に設置できる配置がおすすめです

☆ 女性の１人暮らしの注意点

帰宅する時は後ろを確認	あとをつけてくる人物がいないかチェックしながら帰宅しましょう 尾行され、玄関のドアを開けた瞬間に襲ってくる可能性もあります
いかにも女性１人暮らしとわからないようにする	ピンクや花柄のカーテンなど、外から見ていかにも女性の１人暮らしだと判明してしまうのは要注意です
	自宅を出る時や帰宅時に「いってきます」「ただいま」と声に出して挨拶をしましょう
	洗濯物も中干しにしたほうがいいでしょう。干してあるもので女性の１人暮らしだとわかってしまいます
	引っ越しの挨拶は避けましょう。また、表札なども出さないほうがいいでしょう
インターホンが鳴っても注意深く対応	宅配業者などを装って、侵入しようとすることもあります。思い当たる届け物がない場合は、むやみに出ないようにしましょう
資料などはシュレッダーで裁断してからゴミに出す	個人情報流出を避けるためにも、宛名や資料などは裁断してからゴミに出しましょう
近隣の男性に笑顔で挨拶をしない	笑顔で挨拶をすると自分に好意がある、と勘違いしてしまう男性もいますので要注意です

Column 1 今どきの「1人暮らし」体験談

「1人暮らしを始めて半年」という、社会人1年目の野中健之さん（仮名・22歳）は、東京での生活に憧れ、長野県から上京しました。しかし、実際に住む東京は、憧れていた生活とはかけ離れていて、苦悩の連続だったとか。詳しくお話を聞いてみました。

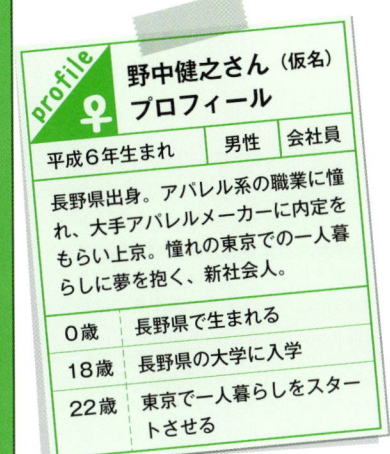

profile 野中健之さん（仮名）プロフィール

平成6年生まれ	男性	会社員

長野県出身。アパレル系の職業に憧れ、大手アパレルメーカーに内定をもらい上京。憧れの東京での一人暮らしに夢を抱く、新社会人。

0歳	長野県で生まれる
18歳	長野県の大学に入学
22歳	東京で一人暮らしをスタートさせる

東京のアパレルメーカーで働きたい！という夢が叶い、内定をもらう

厳しい就職活動を乗り越え、夢だったアパレルメーカーで内定をもらった時は、飛び上がるような気持ちでした。東京での一人暮らしに心を躍らせ、上京。これから始まる新生活に期待と不安を抱きながら東京駅へ降り立った時は、人の多さと華やかさに圧倒されそうになりました。

東京での生活に舞い上がっていた私 あっという間に貯蓄がゼロに

1人暮らしを始めて1週間。まず、驚いたのが物価。食べ物一つとっても、駅前のスーパーは長野にいた時の2倍という価格。自炊もしたことがなかったので、深く考えず買い続けていたら、1ヵ月分と思っていた食費が2週間で底をついてしまいました。それに加え、アパレルメーカーで働く社員たちは、みんなオシャレ。負けたくないという気持ちがあり、お給料の半分は服代に消えていきました。そして、同期で集まる飲み会や合コンなど、交際費も重なり、上京して3ヵ月で貯金がゼロに。そんなことを想像していたのかわからないですが、母親が野菜やお米などを送ってきた時はうれしくて涙が出ました。これからは、きちんとお金の管理もしなくてはいけないと思い知らされた私は、自炊を始め、今ではわずかですが、貯金もしています。

雇用形態の種類や働き方の違いについて

Employment status 02

個人の目的や生き方に合わせて働き方を選ぶ

現代では雇用形態は実に様々です。会社に雇われる場合だけでも、正社員、限定正社員、契約社員、派遣社員やパート・アルバイトなどが想定できます。個人でフリーランスとして仕事をすることも考えられます。それぞれの特徴やメリット・デメリットを知り、仕事をする目的や自分の生き方に最適な雇用形態を選びましょう。

雇用形態別メリット・デメリット

正社員	会社と雇用期間のない契約を結びます。1日8時間、週40時間労働が基本です。会社が雇用保険、厚生年金、健康保険、労災保険などの社会保険に加入するため、職を失っても保障があります。主に月給制で、勤続年数に応じて昇給やボーナス、退職金が出ることも。反面、忙しいと有給休暇が取れない、会社に残業や転勤を命じられたら、基本的には拒否できないなど、デメリットもあります。
限定正社員	正社員ですが、仕事内容、働く時間、勤務地などに条件がつきます。部署の異動がないジョブ型正社員、残業を一切しない時短正社員、転勤がない地域正社員などがあります。条件が合えば働きやすいですが、正社員よりも給与が低いことが多く、雇用する必要がなくなったら解雇される可能性があります。
契約社員	半年や1年など、契約期間が決まっています（有期雇用）。保険や福利厚生も正社員と変わりません。報酬は、専門性などを考慮して決まります。年俸制という、1年分の給与を12分割して受け取る方式が多く、ボーナスは基本的に出ません。また契約満了で退職となることが多く、退職金制度もありません。
一般派遣社員	派遣会社に登録して仕事を紹介してもらい、派遣会社と派遣期間の間だけ契約を結び、派遣先の会社で働きます。同じ職場で働き続けることは、最長3年となっていましたが、派遣法の改正により、意見聴取を行うことでさらに3年を限度として延長し働くことができるようになりました。
特定派遣社員	派遣会社の社員が、別の会社に派遣されて仕事をする場合を特定派遣と呼びます。派遣会社のシステムエンジニアが、別の会社に常駐してシステム管理をする場合などがあります。派遣先の仕事が終了しても、派遣元の社員であるため、社会保険や福利厚生の面からは安定した立場になります。
パート・アルバイト	「アルバイト＝学生」「パート＝主婦」というイメージが強いですが、どちらも臨時雇いです。一定の条件を満たすと、社会保険に加入し、有給休暇が発生します。主に時給制で、自分に合った働き方ができる反面、正社員よりも収入は少なく、必要がなくなれば契約を解除されるデメリットがあります。
フリーランス	会社や団体に属さずに個人で仕事を受注します。ウェブサイト制作、グラフィックデザイナー、ライター、音楽関係など、特技を生かした仕事が多いです。好きな時に仕事ができる反面、営業活動や社会保険なども自分で対応しなければならず、安定した収入を得るには相当の努力が必要です。

雇用形態別の条件

雇用形態	正社員	限定正社員	契約社員	一般派遣社員	特定派遣社員	パート・アルバイト	フリーランス
勤務時間	会社の規則による	契約による	契約による	契約による	派遣先に準ずる	契約による	特になし
残業	会社の規則による	契約による	契約による	契約による	派遣先に準ずる	契約による	特になし
転勤	あり	契約による	基本なし	基本なし	派遣先が変わればあり	なし	なし
有給休暇	取りにくい場合もある	正社員より取りやすい	正社員より取りやすい	取りやすい	取りにくい場合もある	取りにくい場合もある	なし
社会保険	完備	正社員と同じ	正社員と同じ	条件を満たせばあり	完備	条件を満たせばあり	個人で加入する
交通費	あり	あり	基本あり	基本なし	基本あり	契約による	なし
ボーナス	あり	あり（正社員よりは少ないことが多い）	なし	なし	あり（派遣元の会社による）	基本なし	なし
安定度	◎	○	○	×	△	×	×

雇用形態のメリット、デメリットを知り、自分に合った働き方を選びましょう。

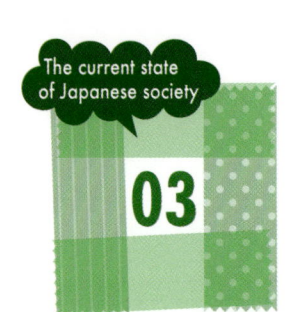

日本の雇用条件の推移と労働環境について

03 The current state of Japanese society

正規雇用と非正規雇用の現状

非正規雇用労働者は、ここ数年緩やかに増加しています。非正規雇用には、雇用が不安定、賃金が低い、能力開発機会が乏しい、セーフティネットが不十分などの問題があります。また近年、非正規雇用労働者に占める65歳以上の割合が高まっているのも特徴といえます。

正規雇用と非正規雇用の労働者の推移

単位：万人

年	正規雇用	非正規雇用
平成16年	3,410	1,564
平成17年	3,375	1,634
平成18年	3,415	1,678
平成19年	3,449	1,735
平成20年	3,410	1,765
平成21年	3,395	1,727
平成22年	3,374	1,763
平成23年	3,352	1,811
平成24年	3,340	1,813
平成25年	3,294	1,906
平成26年	3,278	1,962

> 今後はさらに非正規雇用が増えて、格差が進むでしょう！

《非正規雇用労働者の内訳》

単位：万人

	パート	アルバイト	派遣社員	契約社員・委託	その他
平成26年	943	404	119	292	86

「総務省統計局　労働力調査」をもとにグラフを作成

column 2 今どきの「転職」体験談

キャリアアップや報酬の増額のためにする「転職」ですが、現在は転職したからといって必ずしも増額するとは限らないのが現状のようです。ここでは、ご主人の転職後、生活が激変したという山路敦子さん（仮名・42歳）のお話を伺ってみました。

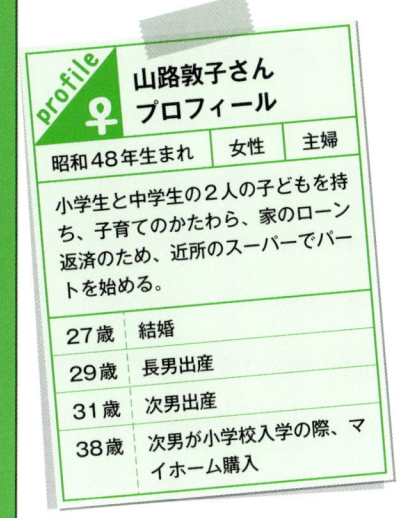

Profile 山路敦子さん プロフィール

| 昭和48年生まれ | 女性 | 主婦 |

小学生と中学生の2人の子どもを持ち、子育てのかたわら、家のローン返済のため、近所のスーパーでパートを始める。

27歳	結婚
29歳	長男出産
31歳	次男出産
38歳	次男が小学校入学の際、マイホーム購入

マイホームを購入後、主人から「転職をしたい」という相談を受け…

主人は同じ歳のサラリーマン。次男が小学生にあがるタイミングで念願のマイホームを購入しました。生活は決して贅沢はできませんが、これから子どもにお金がかかる年齢なので、そろそろパートでも始めてもいいかなと思っていました。そんな時、主人から「転職をしたい」という相談を受けました。

昇給やキャリアアップのために「転職」するのは難しい

主人はある電機メーカーに10年間勤めていたのですが、会社の経営不振により給料の引き下げが行われ、社員たちは次々と会社を去っていきました。それならばと、主人も転職を決意。転職サイトやハローワークなどに足を運び、ある中小企業に就職が決まりました。しかし、3年後にその会社でもまた、経営不振のため給料の引き下げやリストラにより、次々と社員が去っていきました。給料の増額やキャリアアップのための転職であるはずが、転職により給料は下がるばかり。転職することはむしろリスキーな時代だと身をもって知りました。現在は、家のローンを払うためにも夫婦共々、必死になって働いています。転職することで貧困になっていく、それが現実なんだと改めて思い知らされました。

Company organization

04 株式会社の組織と役割について

株式会社は、株式を発行し調達した資金で事業活動をする

「株式会社」は「株式」を発行し、調達した資本金で事業活動します。大きく分けると上場企業と非公開企業があります。上場企業の株式は証券取引所で売買されます。一方、非公開企業は株式のほとんどを経営者や親族が独占することが多いです。株主（株式を買った人や法人）は「配当」を受け、「議決権（株主総会で決定する権利）」を行使できます。配当とは別に、投資家に株式を長期保有してもらうために株主優待（一定数の株式を確定日に保有した株主へのサービス）を用意する会社もあります。

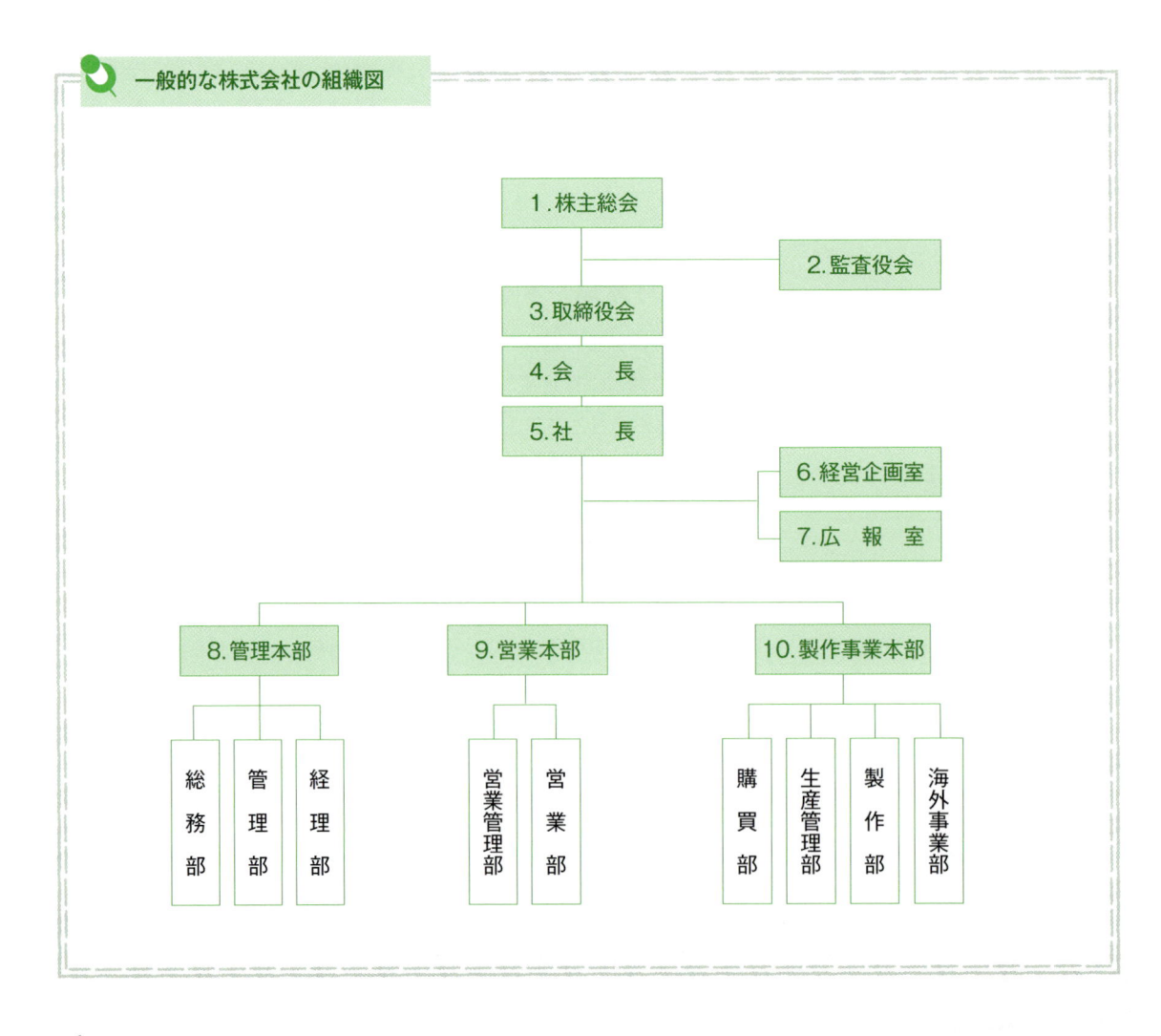

一般的な株式会社の組織図

- 1. 株主総会
- 2. 監査役会
- 3. 取締役会
- 4. 会　　長
- 5. 社　　長
- 6. 経営企画室
- 7. 広　報　室
- 8. 管理本部
  - 総務部
  - 管理部
  - 経理部
- 9. 営業本部
  - 営業管理部
  - 営業部
- 10. 製作事業本部
  - 購買部
  - 生産管理部
  - 製作部
  - 海外事業部

役割や業務について

1. 株主総会	株主による株式会社の意思を決定する最高機関です。毎決算期に定時株主総会（必要に応じて臨時株主総会）が開催され、その年の業績を報告し、役員選出や会社の定款（規則）変更などの承認をします。
2. 監査役会	大きな会社は監査役を置きます。通常、3人以上の監査役が必要であり、独立性を保つため半数以上は社外監査役でなければなりません。会社の不正行為などが懸念される場合は意見を述べることができます。
3. 取締役会	株主総会で任命された取締役による、会社の意思決定機関です。3名以上の取締役のうち、1名以上の代表取締役で構成されます。代表取締役の選任、新株の発行、資本金の組み入れなどを議決します。代表取締役は会社を代表して契約をし、業務を執行する役割があります。
4. 会　　長	代表取締役会長兼最高経営責任者のように呼ばれることがあります。社長の上に置かれる名誉職が強い会長ですが、会社の代表権を持つ会長は名実ともに社長よりも権限を持つ場合があります。
5. 社　　長	業務の最高決定権を持ち、CEO（Chief Executive Officer）あるいはCOO（Chief Operations Officer）とも。代表取締役を兼ねることがほとんどです。会社の業務の執行を決定・指揮する役割が社長です。
6. 経営企画室	社長の方針に従い経営計画を練り、全社に広める部署です。必要な情報を集め、分析し、会社が利益を上げるための提案をします。通常は社長の直轄部署で、他部署の影響を受けることが少ないです。
7. 広　報　室	広報活動を担う全社的な部署です。プレスリリース（報道機関向けのPR活動）や社内報の作成が主な業務でしたが、今はIR（投資家向け広報活動）、ブランド戦略、危機管理なども行います。
8. 管理本部 （総務部、管理部、経理部）	会社の業務を円滑にする事務管理部門のこと。経理部は会社のお金の流れや帳簿の記録、財務報告の作成ができているか確認します。総務部は社員の雇用や労働の管理、管理部は会社の備品などの管理をし、コンピューターやネットワークの情報漏洩を防ぎます。
9. 営業本部 （営業管理部、営業部）	会社の業績として売上げという数字が問われる部署です。営業管理部は売上げを経理部に報告、売買契約書などの書類を管理します。営業部は効率よく営業活動ができるようにします。
10. 製作事業本部 （購買部、生産管理部、製作部、海外事業部）	会社の製品を製作する部署です。購買部は、製作にあたり必要な材料などをまとめて買い付けます。生産管理部は購買部と協力し、必要な製品が効率的に生産できるようにします。製作部は営業部と同様に地域の製品ごとに分かれて製作活動をします。工場が海外にある場合は、海外事業部が統括します。

知っておきたい税金の知識

Tax 05

税金は国民の「健康で豊かな生活」を実現するためにある

警察や消防などの安全を守る仕事や、道路や水道、福祉、年金、医療や教育など、整っていないと安全な暮らしができず、国民が困る活動があります。これらの公共施設や公共サービスに必要なお金をまかなうために税金が使われます。日本人が海外に住む場合、または外国人が日本に住む場合には、条件によって日本で税金を払ったり、外国で税金を払ったりする必要が生じます。

☆ 税金の使い道

税金には、使い道の決まっていない「普通税（一般税とも）」と「目的税」があります。集められた税金は、国や自治体の予算となります。税金を集めた国、都道府県、市町村ごとに、国会や地方議会で議員が使い道を話し合って決めます。ちなみに消費税8％の場合は、国税（6.3%）と地方税（1.7%）の合計です。

> **国税の使い道トップ3**
>
> 1位「社会保障」年金や医療費、福祉など（32.7%）
> 2位「国債費」国の借金や利子（24.3%）
> 3位「地方交付税交付金等」地方自治体に配るお金（16.1%）
>
> 参考：数字は財務省　平成27年度「日本の財政関係資料」

☆ 税金がなかったら、生活はどうなる？

治安 事件や災害が起きても、警察や消防がきてくれず、自分でどうにかするしかありません。救急車も呼べず、高価な民間救急車を手配するしかありません。

医療 医療費が高騰します。病院によっては、利益の出ない治療を必要とする患者の受診を拒否し、追い返すところが出てきます。

環境 ゴミの収集や、樹木、公園や河川の管理をする人がいなくなります。衛生状態が悪くなり、安心して散歩もできなくなります。

助成 公立学校や保育園の運営など、様々な事業に税金が使われています。これらの助成金がなくなると教育を受けられず、仕事に就けない人が出てきます。

Resident tax
06

地域を支える住民税について

地方自治体が集めて、地域の生活を支えるための財源になる

都道府県民税（都道府県が徴収）と市町村民税（市町村が徴収）を合わせた税金のことを住民税といいます。個人住民税は、前年の所得金額に応じて税額が計算される「所得割」と、所得金額に関わらず一定額で課税される「均等割」を合算して納めます。生活保護受給者や専業主婦など、前年の所得が一定額に達しなかった場合は非課税となることもあります。

☆ 住民税の種類

個人住民税にはいくつか種類があります。前年の所得によって課税される「所得割」と所得金額とは無関係に一定額が課税される「均等割」に加え、「利子割」「配当割」「株式等譲渡所得割」という、預貯金や株式など、金融商品に関連する住民税があります。

☆ 住民税の計算方法と納め方

●計算方法
種類によって計算法が違い、所得割は一律10%、均等割は年額で市町村民税（特別区民税）は3,500円、道府県民税（都民税）1,500円です。

●支払方法
給与から源泉徴収される「特別徴収」と、自治体から届いた納税通知書と納付書を使って支払う「普通徴収」があります。会社員や公務員は特別徴収ですが、自営業や会社を退職した人は普通徴収で、毎年6月に納付書が送付されます。

東日本大震災の復興財源確保のための増税

《住民税》
均等割が増税され、
市町村民税（特別区民税）3,000⇒3,500円
道府県民税（都民税）1,000⇒1,500円
となっています。
平成26～35年の10年間で
年1,000円の増税です。

《所得税》
平成25年から49年まで復興特別所得税として、基準所得税額に2.1%をかけた税率分が加わります。

07 所得税について正しく理解する

Income tax

働いた収入から必要経費を引いた金額にかかる税金

多くの人が消費税の次に関わる税金が所得税です。1年間に一定金額以上の所得がある人は、所得税を支払います。例えば、アルバイト先で年末にもらう「給与所得の源泉徴収票」の「源泉徴収税額」にある数字が所得税額です。「源泉徴収」とは、自分で払うべき所得税を、アルバイト先の会社がまとめて支払ったことを意味します。所得税は、累進課税制度といって、所得によって税率が段階的に上がります。

☆ 所得税を計算する基本

「収入－控除＝課税所得（税金がかかる金額）」

自営業の収入は売上金額、会社員の収入は給与の総支給額から交通費を除いたものです。「所得」は、収入から必要経費を引いた金額です。税金は、収入から必要経費を引いた金額にかかります。

☆ 所得控除とは

所得控除には「基礎控除」「社会保険料控除」「扶養控除」「配偶者控除」などがあり、条件も様々です。個人の事情によって必要なお金を経費とみなして、税金がかからないようにします。

☆ 給与所得控除とは

会社員の収入のうち、一定部分を必要経費とみなして非課税とします。年収によって金額が変わりますが、だいたい収入の1/3ほどです。その他の所得控除を組み合わせて非課税分を計算します。

所得税率表

平成27年分以降

税率	課税所得金額	控除額
5%	195万円以下	0円
10%	195万円を超え330万円以下	97,500円
20%	330万円を超え695万円以下	427,500円
23%	695万円を超え900万円以下	636,000円
33%	900万円を超え1,800万円以下	1,536,000円
40%	1,800万円を超え4,000万円以下	2,796,000円
45%	4,000万円超	4,796,000円

知らないと損する様々な税金控除

Tax relief 08

知らないと損をする！ あなたを助ける様々な控除

国民には様々な税金が課せられていますが、所得控除や税額控除など、個人それぞれの条件に応じて一定の金額が差し引かれたものを税金として納めているのです。所得税は、所得から一定の金額を除いた額に課税されるもので、このように課税対象額から一定の金額を差し引く仕組みを所得控除といいます。また、所得控除を受けて算出されたあとの税額から一定の額を免除して最終的な課税額が決定する仕組みが税額控除です。

1 給与所得控除

給与や賞与といった給与所得に対して所得税や住民税を課税する際、勤務において必要となる概算経費が控除されます。しかし、注意してほしいのが、給与所得は「年収」ではないということ。年収から給与所得控除を引いたあとの金額が「給与所得」なのです。

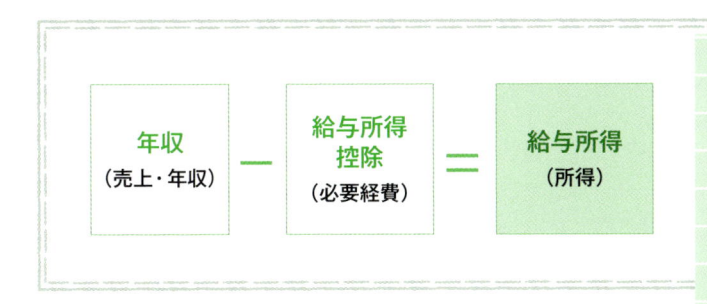

年収（売上・年収） － 給与所得控除（必要経費） ＝ 給与所得（所得）

控除できる特定支出

【通勤費】
一般の通勤者として認められる範囲内

【転勤の際の転居費】
引っ越し代金、宿泊費など

【研修費】
職務上必要な技術や知識を得るための受講費など

【資格取得費】
職務上必要な資格を取得するための費用

【単身赴任者の帰宅旅費】
単身赴任の場合、自宅に週1程度帰宅するための費用

【勤務必要経費】
職務に必要な書籍代、衣服代、交際費で会社が証明したもの、上限65万円

自営業の場合、売上金額から仕入原価や販売経費などの必要経費を差し引くことができますが、会社員の場合は、この必要経費の代わりに、給与所得控除が認められているわけです。

2 基礎控除

基礎控除とは、自営業でもサラリーマンでも収入のある人すべてが対象になっている所得控除のことをいいます。他の控除とは違い、一定の条件は必要なく無条件で認められています。基礎控除の金額は38万円です（国税庁HP　平成28年4月1日現在）。

3 社会保険料控除

所得者が所得者本人や所得者本人と生計を同じくする配偶者、その他の親族の負担すべき社会保険料を支払った場合や社会保険料を給与から控除された場合には、その社会保険料の全額が所得から控除されます。会社員の場合は勤務先で給料から源泉徴収してくれます。自営業の場合、国民年金の保険料や国民年金基金の掛け金については、これらを支払ったことを証明する書類を確定申告時に添付する必要があります。

社会保険料控除が認められているもの

- 国民健康保険の保険料または国民健康保険税
- 国民年金、厚生年金、船員保険の保険料
- 国民年金基金・厚生年金基金の掛け金
- 労働保険料
- 介護保険料
- 農業者年金の掛け金
- その他、国によって認められた保険料や掛け金

4 扶養控除

納税義務者に配偶者を除いた扶養家族にあたる人がいる場合、主に子どもの数に応じた額が控除されます。この扶養親族については、その年の12月31日時点で、次の4つをすべて満たしていると、扶養控除を受けることができます。

1. 配偶者以外の親族（6親等内の血族及び3親等内の姻族をいいます）または都道府県知事から養育を委託された児童（いわゆる里子）や市町村長から養護を委託された老人であること。
2. 納税者と生計を一にしていること。
3. 年間の合計所得金額が38万円以下であること。（給与のみの場合は給与収入が103万円以下）
4. 青色申告者の事業専従者としてその年を通じて一度も給与の支払を受けていないこと、または白色申告者の事業専従者でないこと。

参考：国税庁HP

白色申告と青色申告とは

法人・個人で事業を行う場合は確定申告が必要。原則的な申告は「白色申告」で、税務署に申請し承認を受け、税制上の優遇があるのが「青色申告」となる。

	帳簿つけ	事前の届け出
白色申告	必要（単式簿記）	不要
青色申告	必要	必要

5 配偶者控除

納税者に年収が103万円以下などの所定の要件に該当する配偶者がいる場合、配偶者特別控除とは別に、一定額が控除されます。この一定の条件とは、毎年12月31日時点で、次の4つをすべて満たしていることが必要です。

1. 民法の規定による配偶者であること（内縁関係の人は該当しません）。
2. 納税者と生計を一にしていること。
3. 年間の合計所得金額が38万円以下であること（給与のみの場合は給与収入が103万円以下）。
4. 青色申告者の事業専従者としてその年を通じて一度も給与の支払を受けていないこと、または白色申告者の事業専従者でないこと。

参考：国税庁HP

❻ 配偶者特別控除

納税者に、配偶者控除の対象外で所定の要件に該当する配偶者がいる場合、配偶者の所得に応じ最高38万円までが控除されます。納税者本人の合計所得金額が、1,000万円以下であることが必要です。次をすべて満たしていると、配偶者特別控除を受けることができます。

1　控除を受ける人のその年における合計所得金額が1千万円以下であること。
2　配偶者が、次の5つのすべてに当てはまること。
　①民法の規定による配偶者であること（内縁関係の人は該当しません）。
　②納税者と生計を一にしていること。
　③青色申告者の事業専従者としてその年を通じて一度も給与の支払いを受けていないこと、または白色申告者の事業専従者でないこと。
　④ほかの人の扶養親族となっていないこと。
　⑤年間の合計所得金額が38万円超76万円未満であること。

参考：国税庁HP

❼ 生命保険料控除

納税者が一定の生命保険料、介護医療保険料及び個人年金保険料を支払った場合に、所得から最高12万円が控除されます。

❽ 地震保険料控除

火災保険に地震保険を付帯すると、1年間（1月1日〜12月31日）に支払った保険料に応じて一定額が所得税や住民税から差し引かれることになります。対象となるのは居住用の住宅や家財の損害を目的とした保険で、契約者本人または生計を共にする配偶者・親族のみが控除を受けることができます。

	年間の支払い保険料の合計	控除額
地震保険料	5万円以下	支払金額
	5万円超	5万円

❾ 医療費控除〈確定申告で行う〉 ※p328参照

納税者や配偶者および、その他家族が支払った健康保険適応の医療費、通院のための交通費、薬代などが控除されます。サラリーマンの場合は、年末に勤務先から渡される源泉徴収票と、支払った医療費を証明できる書類（医療機関の領収書）を添付して確定申告を行います。自営業の場合は、確定申告書に、支払った医療費を証明できる書類を添付して、管轄の税務署に3月15日までに申告します。

10 雑損控除〈確定申告で行う〉

災害または盗難、横領によって、資産について損害を受けた場合などには、一定の金額の所得控除を受けることができます。

雑損控除の対象になる資産の要件

- 資産の所有者が納税者、または納税者と生計を一にする配偶者か親族で、その年の総所得金額などが38万円以下である者
- 通常の生活に必要な住宅、家具、衣類などの資産。該当外は別荘や貴金属、書画、骨董などで1個または1組で価格が30万円を超えるもの

> 控除は知らないと損してしまいます。自分が該当するものをチェックしましょう。

11 寄付金控除〈確定申告で行う〉

個人が国の定めた特定の公益団体に対して寄付金として支出した場合、その額に応じて一定の額が控除されます。欧米では多くの寄付がなされる理由として寄付金控除が充実しているという背景があります。

寄付金控除の対象となる特定寄付金

- 国や地方公共団体に対する寄付金
- 政党や政治資金団体などへの寄付金
- 財務大臣が指定した公益社団法人や公益財団法人などへの寄付金
- 学校法人や社会福祉法人、日本赤十字などに対する寄付金
- 認定NPO法人に対する寄付金
- 主務大臣の認定を受けた特定公益信託の信託財産への寄付金

12 住宅ローン控除

住宅ローン等を利用してマイホームの新築または増改築をした場合に、一定の要件を満たし、その取得にかかる住宅ローン等の年末残高の合計をもとにして計算した金額を、居住の用に供した年分以後の各年分の所得税額から控除する「住宅借入金等特別控除」または「特定増改築等住宅借入金特別控除」の適用を受けることができます。控除対象者は年収が3,000万円未満で、控除期間は住宅を購入した年によって変わりますが、平成27年11月時点では10年になります。控除額の計算方法は［年末のローン残高×1％］となりますが、控除限度額が定められています。サラリーマンの場合は購入した初年度は確定申告での申請になりますが、次年度以降は年末調整での申告も可能です。

13　勤労学生控除

勤労学生控除は、納税者本人が所得税法上の勤労学生に当てはまる場合に受けられる所得控除制度です。対象となる人（勤労学生）は「一定以上の学校の学生であること」「学生本人の労働による所得であること」「学生本人の給与所得（事業所得、給与所得、退職所得、雑所得）の合計が65万円以下で、なおかつ給与所得以外の所得が10万円以下であること」の3つの条件を満たしている必要があります。

14　寡婦（かふ）控除・寡夫控除

※寡婦・寡夫とは、配偶者と死別または離別して、再婚していない人のこと。

寡婦控除とは、納税者本人が寡婦である時に受けられる所得控除のことであり、一方、寡夫控除とは、納税者本人が寡夫の場合に受けられる所得控除のことです。

寡婦控除 寡婦控除を受けるには 次のいずれかの条件を満たしていることが必要	寡夫控除 寡夫控除を受けるには 以下の3つ条件をすべて満たしていることが必要
●夫と死別、あるいは離婚後に単身で生活している人や、夫の生死が不明の人。なおかつ、扶養親族あるいは生計を同じくする子どもがいる人で、その子どもの総所得金額が38万円以下の場合	●妻と死別、あるいは離婚後に単身で生活している人や、妻の生死が不明の人
	●生計を同じくする子どもがいる人で、その子どもの総所得金額が38万円以下の場合
●夫と死別、あるいは離婚後に単身で生活している人や、夫の生死が不明の人。なおかつ、合計所得金額が500万円以下の場合	●合計所得金額が500万円以下の場合

15　障害者控除

納税者本人や配偶者、扶養親族が障害者の場合（障害者手帳を持っている方）には一定額の所得控除がされます。一般障害者控除と特別障害控除の2種類があります。

16　公的年金控除

生命保険の個人年金、または公的年金を一定額以上受け取ると、その年金には雑所得が課税されます。公的年金として認められているものは、「国民年金」「厚生年金」「確定給付企業年金」「適格退職年金契約による年金」「確定拠出年金の老齢給付年金」などがあります。

Starting salary of tax

09 初任給で支払う税金額を把握

給与から引かれる税金について詳しく理解しておこう！

新入社員にとって待望の給料日。しかし、手取り額を見て「あれ？」と思ったことがある人も多いはず。給与額が決まっていても、そのままの金額が給料として口座に入るわけではありません。新入社員のうちから、給与額とそれに応じた控除や、引かれる税金について理解しておきましょう。

☆ 支給額－（税金＋保険料）＝手取り額

会社からもらう給与は支給額から税金や保険料を引いた額となります。給与20万円の場合、源泉徴収される主なものは厚生年金、所得税、健康保険、雇用保険など平均して約3万円。新入社員の場合、住民税（都民税）はかからず、2年目から住民税が引かれます。そのため、1年目よりも2年目のほうが（昇給がない場合）手取り額が少なくなります。

モデルケース

給与20万円の場合

基本給	200,000円
健康保険料	10,000円
厚生年金保険料	17,000円
所得税	3,000円
雇用保険料	1,000円
合計	約169,000円

支給額と手取り額にはこんなに差があるんですね。きちんと計画を立てて初任給は使いましょう。

☆ 社員1年目の4月より5月のほうが手取り額は低い！

4月に控除される法定控除は所得税（約3,000円）と雇用保険料（約1,000円）のみになります。健康保険と厚生年金の控除は5月から始まるので、ほとんど控除が発生しません。5月からは、社会保険料は前月分を控除するという仕組みですから、4月分の社会保険料の控除が始まります。初任給20万円と仮定して、健康保険料約10,000円、厚生年金料約17,000円です。給与20万円のうち、トータルで3万円ほど控除されることになります。

損をしないための給与明細書の見かた

Pay advice 10

正しい給与明細書の見かたを知り、社会とのつながりを把握しよう

給与の明細書には手取り額だけでなく、支給される金額の内容やそこから差し引かれる社会保険料、税金にはどのような項目があるのかが明記されています。各種手当や、社会保障、税金などの特徴と仕組みを把握して、日々の生活設計や将来設計に役立てましょう。家族構成が変わるなどの生活環境の変化に伴い、差し引かれるもの、支給されるものも違ってきますので注意して確認することが大切です。

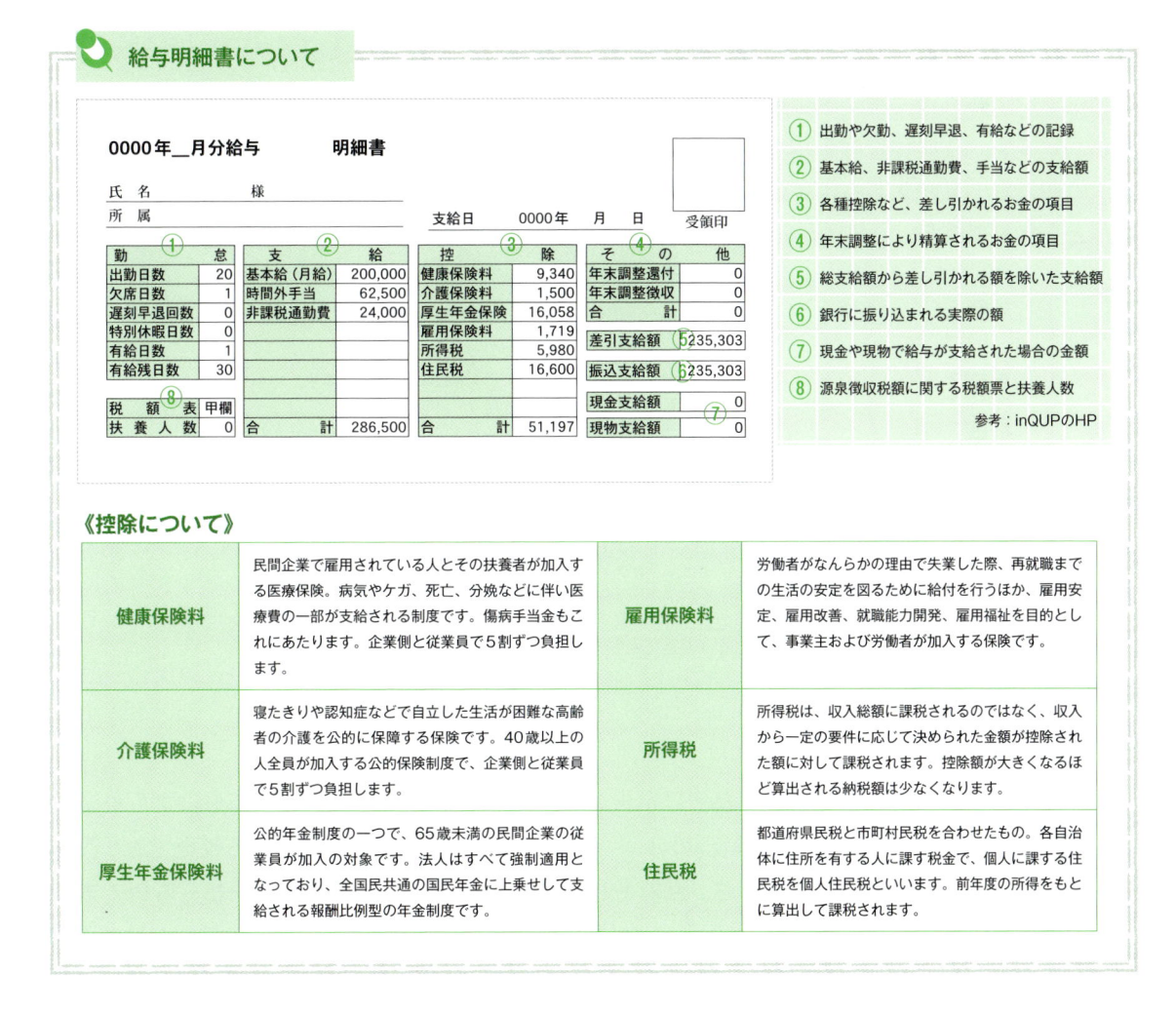

給与明細書について

0000年__月分給与　　明細書

氏　名　　　　様
所　属

支給日　0000年　　月　　日　　受領印

① 勤　怠		② 支　　給		③ 控　　除		④ その他	
出勤日数	20	基本給(月給)	200,000	健康保険料	9,340	年末調整還付	0
欠席日数	1	時間外手当	62,500	介護保険料	1,500	年末調整徴収	0
遅刻早退回数	0	非課税通勤費	24,000	厚生年金保険	16,058	合　　計	0
特別休暇日数	0			雇用保険料	1,719	差引支給額 ⑤	235,303
有給日数	1			所得税	5,980	振込支給額 ⑥	235,303
有給残日数	30			住民税	16,600	現金支給額	0
⑧ 税額表 甲欄						現物支給額 ⑦	0
扶養人数	0	合　計	286,500	合　計	51,197		

① 出勤や欠勤、遅刻早退、有給などの記録
② 基本給、非課税通勤費、手当などの支給額
③ 各種控除など、差し引かれるお金の項目
④ 年末調整により精算されるお金の項目
⑤ 総支給額から差し引かれる額を除いた支給額
⑥ 銀行に振り込まれる実際の額
⑦ 現金や現物で給与が支給された場合の金額
⑧ 源泉徴収税額に関する税額票と扶養人数

参考：inQUPのHP

《控除について》

健康保険料	民間企業で雇用されている人とその扶養者が加入する医療保険。病気やケガ、死亡、分娩などに伴い医療費の一部が支給される制度です。傷病手当金もこれにあたります。企業側と従業員で5割ずつ負担します。	雇用保険料	労働者がなんらかの理由で失業した際、再就職までの生活の安定を図るために給付を行うほか、雇用安定、雇用改善、就職能力開発、雇用福祉を目的として、事業主および労働者が加入する保険です。
介護保険料	寝たきりや認知症などで自立した生活が困難な高齢者の介護を公的に保障する保険です。40歳以上の人全員が加入する公的保険制度で、企業側と従業員で5割ずつ負担します。	所得税	所得税は、収入総額に課税されるのではなく、収入から一定の要件に応じて決められた金額が控除された額に対して課税されます。控除額が大きくなるほど算出される納税額は少なくなります。
厚生年金保険料	公的年金制度の一つで、65歳未満の民間企業の従業員が加入の対象です。法人はすべて強制適用となっており、全国民共通の国民年金に上乗せして支給される報酬比例型の年金制度です。	住民税	都道府県民税と市町村民税を合わせたもの。各自治体に住所を有する人に課す税金で、個人に課する住民税を個人住民税といいます。前年度の所得をもとに算出して課税されます。

Chaptar4　仕事ができる社会人になるための基礎知識　★　271

年末調整と確定申告の違いについて

11 Tax returns & year-end adjustment

年末に実施される所得税額の調整と税務署への申請手続き

確定申告は1年間の所得の申告、精算を経て納めるべき税額を確定する大変重要な手続きです。給与所得者（サラリーマン）は勤務先が年末調整を行うため、一部の例外を除き個人で申告する必要はありません。しかし、個人や法人が期間内に必要な申告をしなかった場合には、通常納付税額にプラスして延滞税や加算税、さらに悪質な滞納とみなされた場合には重加算税が課せられます。忘れずに、それぞれの立場に応じた申告をしましょう。

☆ 年末調整とは

給与の支払者は、給与所得者に代わり毎月の給与や賞与から所得税分を源泉徴収し、申告しています。各所得控除を適用することで、1年分の源泉所得税額と毎月支払う税額の合計との間に過不足が生じることがあります。年末の最後の給与支払い時にその差額を調整することを年末調整といいます。給与の年収総額が2,000万円以下の人が対象です。

控除項目

基礎控除	納税者すべてにおいて無条件で概算経費が控除されます。
配偶者控除	要件に該当する配偶者がいる場合に控除されます。
配偶者特別控除	配偶者控除対象外で該当する配偶者がいる場合に控除されます。
扶養控除	配偶者を除く扶養家族がいる場合、条件に応じた額が控除されます。
社会保険料控除	納税者や家族が負担している社会保険料の全額が控除されます。
生命保険控除	生命保険などに加入し支払った保険料に応じて控除されます。
地震保険料控除	地震保険に加入し支払った保険料の額に応じて控除されます。
勤労学生控除	納税者が法律上の勤労学生に該当する場合に受ける控除です。
障害者控除	納税者や配偶者、扶養親族が該当する場合に受ける控除です。
寡婦、寡夫控除	配偶者と別離した後、再婚していない人が受ける控除です。
小規模企業共済等掛け金控除	小規模企業共済法が定める各種支払掛金に応じて受ける控除です。
住宅借入金等特別控除（2年目以降）	居住者が住宅ローン等を利用した際、要件に応じ受ける控除です。

☆ 確定申告とは

算出した年間の所得と税額を税務署に申告します。確定申告で個人事業主が申告する税金は「所得税」「消費税」「復興特別所得税」の3つです。所得税は所得に対してかかる税金であり、消費税は収入に対してかかる税金で、原則として2年前の売上げが1,000万円を超える個人事業主に支払い義務があります。「住民税」「国民健康保険税」「事業税」の3つは、所得税を申告すれば、都道府県や市区町村から納付額が通知されてくるので申告の必要はありません。

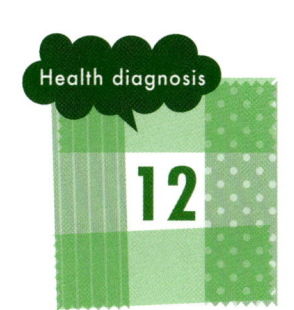

Health diagnosis

12 健康診断と人間ドック の違いについて

気づきにくい病を早期発見、自覚症状がなくてもぜひ診断を

健康診断や人間ドックは診断時の健康状態の評価や疾患の早期発見、健康保持には欠かせません。それぞれの特徴を把握して健康管理に役立ててください。主婦の方は、夫の会社に「家族健診」がある場合はそれを利用し、また、ない場合は住んでいる自治体で行っている健康診断を利用しましょう。自営業の方も、病院で健康診断を申し込めばどこでも受診可能で、6,000円から1万円の費用が必要です。基本的には問診、尿検査、心電図が入ります。必要に応じて胸腹部レントゲン、血液検査をプラスすると、トータルで15,000円程度の出費となります。心身異常の自覚の有無に関わらず、定期的に診察や検査を受けて健康状態を把握するように心がけましょう。

★ 健康診断とは

健康診断は、職場や各自治体で定期的に実施されるもので、労働安全衛生法で一年に一回以上行うことが義務付けられています。必要な検査項目も法律で定められていて、項目数は少なめです。

★ 人間ドックとは

人間ドックは、健康診断とは違い法的な義務はありません。より総合的で詳細な検査を受けたい方が任意で受診します。そのため、健康保険適用外となり費用は自己負担することになります。

> どんなに忙しくても、年に1回の健康診断は必ず受けましょう！
> 早期発見・早期治療が何よりも大事です。

Chaptar4　仕事ができる社会人になるための基礎知識　★　273

Social Security

13 最低限度の生活を維持する社会保障制度

暮らしの中に潜むリスクによる貧困から人々の生活を守る制度

私たちが営む暮らしの中には、病気・ケガ・障害・死亡・老後・介護・失業などの様々なリスクが潜んでいます。このような問題による貧困を予防し、生活が困窮した国民に対しては国の責任で現金の支給やサービスの提供などを行うのが社会保障制度です。自分の力で生活を支えていくことができなくなった人でも、最低限度の生活を維持していく権利があります。社会保障は、人々の生活に大きな安心を与えているのです。

1 社会保険（医療保険・年金など）

●医療保険

病気やケガなどで入院したり治療や手術を受けた場合に、必要な費用の一部が保険から支払われる仕組みです。病院で実際に支払うのは2〜3割ですむことにより、お金の心配が少なくなります。社会保障費の内訳では全体の約29.7％と、年金に続いて大きな割合を占めていて、今後も高齢化により増え続けると予想されています。

●年金

老後は自分で働いて稼ぐことができなくなるため、生活が不安定になりやすくなります。働けるうちに決まった額のお金を納めておくことで、65歳以上になった時に年金が受け取れるように国が用意した制度。また、障害があって働けなくなった人もお金を受け取ることができます。社会保障費の内訳では全体の約35.2％を占めています。

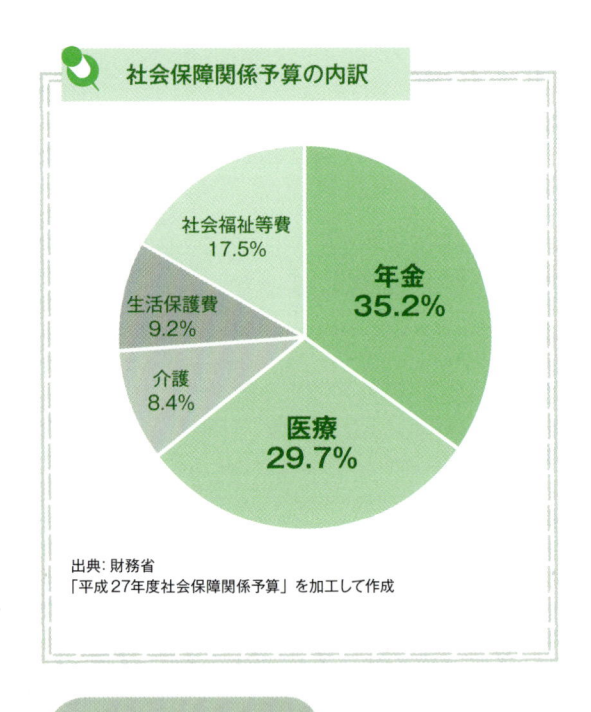

社会保障関係予算の内訳

- 年金 35.2%
- 医療 29.7%
- 社会福祉等費 17.5%
- 生活保護費 9.2%
- 介護 8.4%

出典：財務省
「平成27年度社会保障関係予算」を加工して作成

社会保障とは人々の生活を助け、守っていく制度のこと。自分自身でしっかりと理解しておきましょう。

2 社会福祉（母子・寡婦・高齢者・障害者福祉）

お年寄りや低所得者、障害者、児童など、社会的に援助を必要とする生活困窮者を助け、自立と社会参加を促すための制度です。特別養護老人ホームや保育所、心身に障害を持つ人のための施設建設や運営、社会福祉士による相談窓口の設置などが挙げられます。また、福祉を増進させる目的の活動や制度のことをいいます。

3 失業対策・生活保護

●失業対策

働く意欲があるにも関わらず、勤めていた会社の倒産や業績不振などにより会社都合で職を失ってしまうことがあります。ハローワークでの手続きを通して雇用保険からお金を給付することで、被保険者の再就職までの生活を支えます。また、技術や資格取得を目的とした職業技術専門学校があり、無料で受講することもできます。

●生活保護

職を失ってしまった人や、病気やケガなどで働けない人でも最低限度の生活が営めるよう、低所得者やその家族に対してお金を給付する制度。生活費や子どもが教育を受けるために必要なお金、医療費、出産に関わるお金などが給付されます。また、就職に向けた援助や、受給者が死亡した場合の遺族の支援なども行います。

4 保健衛生対策

健康で安全な暮らしのため、国民を病気から守ることを目的として環境を整えるなど、病気の原因をなくして予防する動きを保健衛生対策といいます。国や地方公共団体では、医療の質向上や地域格差の解消、健康診断と健康相談の実施、精神的健康に向けた援助などを行っています。

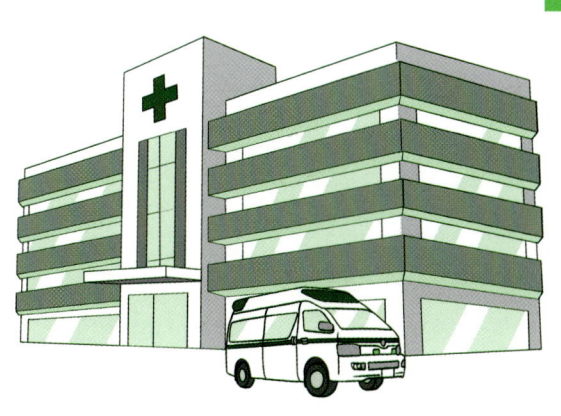

5 介護保険制度

介護保険制度とは、介護が必要な高齢者はもちろん、その家族を社会全体で支える制度のこと。65歳以上の方は、市区町村（保険者）が実施する要介護認定において介護が必要と認定された場合や、40歳から64歳までの方も、介護保険の対象となる特定疾病により介護が必要と認定された場合は、いつでも介護サービスを受けることができます。

生命保険の保障や種類・特徴について

Life insurance 14

保障の種類や特徴を知って自分にピッタリ合った保険を選ぼう

保険には、大きく分けて3つの保障があります。国民年金や厚生年金、国民健康保険などの国が設けている「公的保障」、企業年金や死亡による退職金など企業が従業員のために設けている「企業保障」、個人が自主的に備える保険や貯金などの「個人保障」です。国が設定した公的保障は確かに生活を営む上での支えとなりますが、それだけでは不安だと考え個人保障を各自でプラスする人も多いようです。ここでは生命保険についてご紹介します。

生命保険の基本

死亡保険	生存保険	生死混合保険
定期保険や終身保険など、被保険者が死亡したり、重い障害を負った時、遺族または特定の関係者に保険金が支払われます。被保険者の死亡による経済的な不安を減らし遺族を援助する保険です。	年金保険や子ども保険など、被保険者が契約してから満期に至るまでの一定期間生存していた場合に保険金が支払われます。死亡保険に対する保険です。	養老保険など、死亡保険と生存保険を組み合わせたもので、一定期間内に死亡したり重い障害を負った時は死亡保険金が、あらかじめ定めた時点まで生存した時は生存保険金が支払われます。

生命保険の種類

万一の時	定期保険	契約期間内のみ保障が有効で満期後は保険金が支払われず、掛け捨て型とも呼ばれます。
	終身保険	被保険者が死亡するまで終身にわたり保障が有効で、貯蓄型保険とも呼ばれます。
入院・手術	医療保険	ケガや病気などでの入院や所定の手術において給付金が支払われます。
	がん保険	医療保険の一部で、がんと診断された場合の入院・手術に対し給付金が支払われます。
将来の生活資金	養老保険	被保険者が満期前に死亡しても、満期まで生存しても同じ額の給付金が支払われます。
	年金保険	年金支払い開始日まで生存していれば年金が支払われます。死亡時保障は小さいです。
	子供保険	主に子どもの教育資金準備を目的とする保険で、年齢に応じて給付金が支払われます。

☆ オリックス生命に加入した場合の保険額シミュレーション

	単身者（男性）	単身者（女性）	既婚者（男性）
収入保障保険			5,900円
医療保険	1,312円	1,972円	1,842円
がん保険	1,970円	1,000円	2,970円
終身保険	4,329円		4,656円
合計	7,611円	2,972円	15,368円

提供：オリックス生命保険株式会社

《加入例の試算》

	保険名	内容	月払保険料
23歳単身者（男性）	終身保険ライズ	保険金300万円／60歳払済	4,329円
	医療保険 新キュア	60日型／三大疾病無制限プラン／入院日額5,000円／終身払い／先進医療特約付加	1,312円
	がん保険ビリーブ	基本プラン／入院日額10,000円／終身払い	1,970円
23歳単身者（女性）	医療保険 新キュアレディ	60日型／三大疾病無制限プラン／入院日額5,000円／終身払い／女性入院特約／先進医療特約付加	1,972円
	がん保険フォース	基本給付金日額10,000円／10年満了	1,000円
35歳既婚（男性）	収入保障保険キープ	年金月額20万円／60歳満了／支払保障期間1年	5,900円
	終身保険ライズ	保険金200万円／60歳払済	4,656円
	医療保険 新キュア	60日型／三大疾病無制限プラン／入院日額5,000円／終身払い／先進医療特約付加	1,842円
	がん保険ビリーブ	基本プラン／入院日額10,000円／終身払い	2,970円

☆ 掛け捨てと貯蓄型保険の違い

「掛け捨て」の場合、年齢が上がり更新するたびに保険料も上がっていきます。「貯蓄型」の場合は、保険料は年齢が上がっても変わりませんが、その分高額になる傾向があります。

掛け捨てと貯蓄型のメリット・デメリット

	掛け捨て型	貯蓄型
メリット	●保険料が安い ●商品が豊富にあり選択が広い ●商品がわかりやすい	●保険料がムダにならない ●生命保険料控除による控除額が大きい
デメリット	●入院などしなかった場合、保険料が掛け捨てになってしまう	●保険料が高い ●商品が少ないので選択が狭い ●途中解約すると損をする可能性が高い

Chaptar4　仕事ができる社会人になるための基礎知識　★　277

不測の事態のための損害保険について

Damage insurance 15

偶然に起きた様々な事故によって生じた損害を補う保険

日々生活を営んでいると、予期できない偶然の事故に遭遇することがあります。そのようなリスクによって生じた様々な損害をカバーするのが損害保険です。生命保険は、定めた時期に一定の保険料が支払われるのに対し、損害保険は損害額によって給付される保険金が違ってきます。生命保険以外の保険はすべて損害保険としての扱いで、「損保」とも呼ばれます。近年では新種の損害保険の発達が著しく、多彩な保険商品が出ています。

個人向けの保険

自動車保険	自動車保険とは、自動車の所有・管理・使用に伴って生じる損害を補てんする損害保険のことです。原則として公道を走る車両（原動機付自転車を含む）すべての保有者に加入が義務付けられている自賠責保険（強制保険）と、さらにプラスして自賠責保険の不足分を補うため加入する任意保険があります。
火災保険	火災などによって生じた財産上の損害を補てんするための損害保険です。建物や建物内の収容物（家財道具、商品、貴金属など）が対象となります。火災保険は落雷や風水害による損害に対しての補償はありますが、地震による火災の場合は補償対象にならないのが一般的なので、地震保険にも加入しておくと安心です。
地震保険	地震や津波、火山の噴火などによる損害を補てんするための損害保険です。火災保険とセットで契約する任意保険で、住宅や生活用動産（家財）の火災、損壊、埋没、流失損害が補償の対象となっています。火災保険のみでは、地震が原因で発生した火災による損害は補償されないので注意が必要です。
傷害保険	被保険者が、突然起こった偶然な外来の事故により身体に大きな傷害を受けた際、一定額の保険金が補てんされる損害保険です。その傷害が直接的な原因となり死亡した場合や日常生活に支障をきたすほどの後遺障害が発生した場合には設定した全額または一定割合が、医療機関を利用した際にはその医療費の一部が給付されます。
旅行保険	海外旅行傷害保険と国内旅行傷害保険に分かれていることが一般的ですが、いずれも旅行中に起こる可能性の高いリスクによる損害を補てんする損害保険です。病気やケガのほか、器物に損傷を与えてしまった時の賠償責任に伴う損害、所持品の破損や盗難による損害などを補償します。

☆ 事故発生から保険金受け取りまでの流れ

事故が起こった時、まず第一にケガ人の救護、損害拡大の防止、警察、消防、救急への連絡を行います。その後、保険会社へ事故の連絡をします。

《事故後、保険会社へ伝えること》

まずは契約者の名前と保険証券番号を伝えます。そして、事故発生時の日時、場所、原因、事故の状況や損害の程度などを細かく報告します。そして、他の支払いができる保険契約の有無などを伝えるといいでしょう。

家が火事になっちゃって…ど、どうしたら…

〇〇保険

保険についてきちんと学び、自分に何が必要なのかをよく考えて入りましょう！

《保険金の受け取りまで》

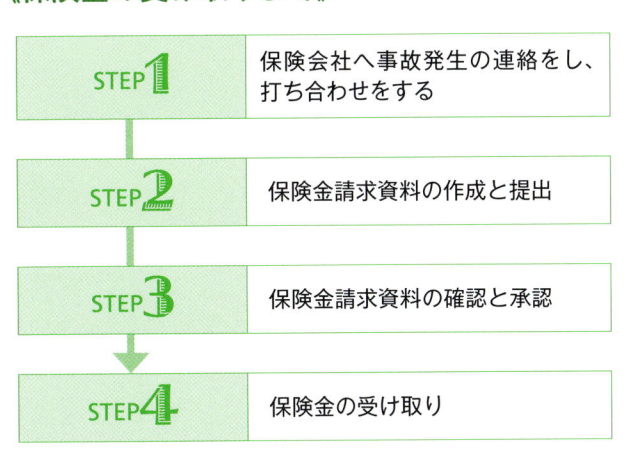

STEP1	保険会社へ事故発生の連絡をし、打ち合わせをする
STEP2	保険金請求資料の作成と提出
STEP3	保険金請求資料の確認と承認
STEP4	保険金の受け取り

Retirement 16

スムーズな退職で新たなステージへ

いろいろな職業を経験するのも人生勉強。円満退社を目指す！

転職は人生における一大イベントの一つです。しっかりと準備をし退職をスムーズに進めることで気持ちよく新たなスタートを切りたいものです。しかしながら、転職をしようと思った矢先に会社の方から引き止められる場合や、何かにつけて理由を挙げ退職に応じてもらえないこともあります。事態をこじらせることのないよう退職に関する法律を確認し、ルールに従って手続きを行いましょう。

☆ 退職は自由

労働者本人が自分の意向で退職をしたいと希望した場合、労働基準法では基本的にそれを受理しなくてはいけません。逆に、会社側が従業員を解雇する場合は厳しい規制があります。本来であれば、双方が同意の上、円満退社が望ましいのですが、万が一会社側が応じなくても、一方的に退社することは可能です。

☆ 退職願から退職まで

退職を希望する日の1ヵ月前に申し出て、2週間前までには退職届を提出しましょう。ここで気をつけたいのは「退職願」と「退職届」の違い。退職願というのは退職することをお願いをするという意味合いがあります。自分自身が退職する意志が固まっているのであれば「退職届」とし、それを提出するようにしましょう。

☆ 派遣や契約社員などの場合

期間契約で働く、派遣や契約社員については契約時に一定期間働くことを取り決めていますから、一方的な理由で退職を強行した時には、会社側から損害賠償などを求められる場合もあります。したがって契約期間内に退職するには「やむを得ない理由」が求められます。ケースバイケースですが、きちんと話し合う必要があります。

☆ 病気やケガで働けなくなった時

派遣や契約社員で本人が病気やケガなどで働けなくなった時や、家族の看護が必要になった場合などは「やむを得ない理由」として退職することができます。しかし、それ以外の理由で退職を希望する場合は、会社側に受け入れてもらえないケースもありますので法律の専門家に相談してみるのもいいでしょう。

退職願の書き方

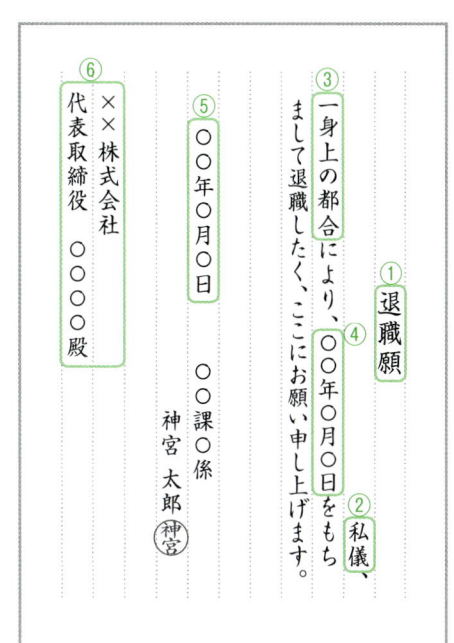

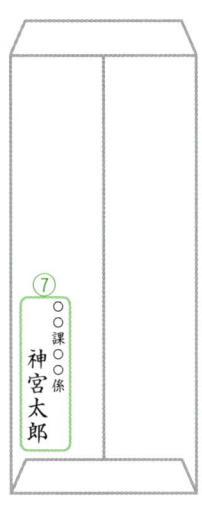

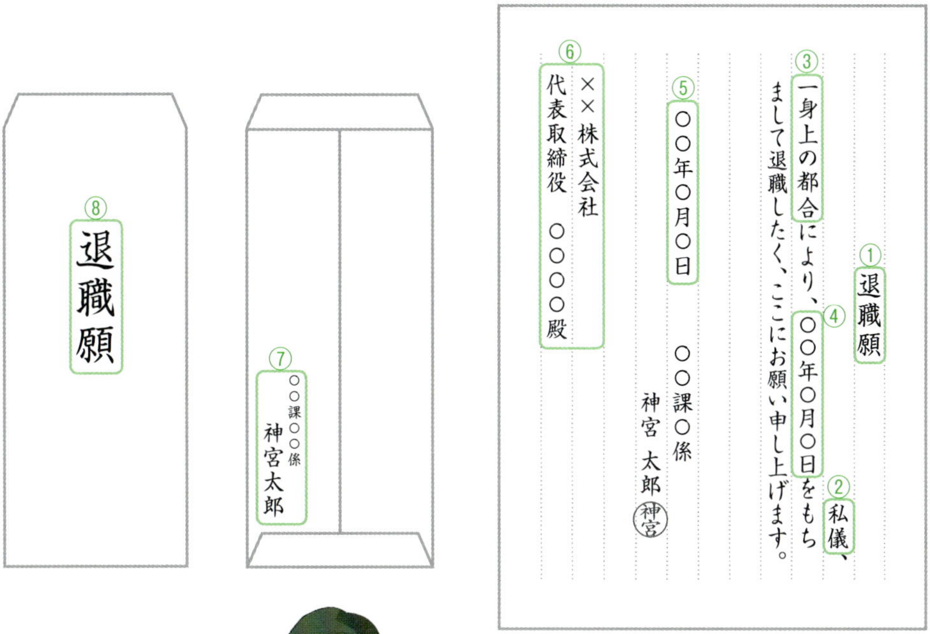

退職願本文（縦書き）:

① 退職願
③ 一身上の都合により、○○年○月○日をもちまして退職したく、ここにお願い申し上げます。
② 私儀、
⑤ ○○年○月○日
　　○○課○係
　　神宮 太郎 ㊞
⑥ ××株式会社
　　代表取締役 ○○○○殿

封筒表面：⑧ 退職願
封筒裏面：⑦ ○○課○○係　神宮太郎

① 一行目の上部、または中央に、本文より少し大きめの字で『退職願』と書きます。
② 二行目の一番下に「私事で恐縮ですが」という意味の『私儀、』または『私事、』と書きます。
③ 理由はどんな時でも『一身上の都合』で問題ありません。
④ 退職希望日は１ヵ月以上先が目安です。
⑤ 退職願の提出日と、所属部署名、自分の氏名を書いてその下に捺印します。
⑥ 宛名は必ず法人代表名または社長名で敬称に「殿」をつけます。
自分の氏名よりも高い位置に書きます。
⑦ 封筒の裏面には、自分の所属部署名と氏名を書きます。左下寄りに書くのが基本です。
⑧ 封筒の表面には、中央に大きめの字で『退職願』と書きます。

> 次にどんな仕事に就くか迷った時は、その仕事の人に話を聞いてみるのがベスト！

Chaptar4　仕事ができる社会人になるための基礎知識

☆ 退職後の手続き

1 失業保険

働く意欲と能力があるにも関わらず、仕事に就けないでいる人に一定金額を給付することで生活の安定を図り支援する制度です。あくまで求職活動の促進が目的となります。

●離職票が届いたら…

会社を辞めたあと、1週間前後で離職票が郵送されてきます。離職票が届いたら、失業給付を受給するための手続きをしましょう。住民票に記載がある市区町村のハローワークで行います。求職申込をすませたら、7日間の待期期間を経て、受給説明会に参加します。その後、指定された認定日に失業認定申込書を提出することで初めて失業保険料が受け取れます（認定後、銀行の5営業日以内に指定された銀行口座に保険料が振り込まれます）。

離職 → 受給資格決定 → 受給説明会 → 求職活動 → 資格の認定 → 受給

ハローワークHPをもとに作成

《自己都合退職の場合の所定給付日数》

雇用保険の加入期間	1年以上10年未満	10年以上20年未満	20年以上
所定給付日数	90日	120日	150日

出典：厚生労働省

退職理由が自己都合の場合は退職時の年齢は考慮されず、給付日数は雇用保険の加入期間のみによって決定します。また、自己都合の退職では、3ヵ月間の給付制限を経てから給付が開始されます。

《会社都合退職の場合の所定給付日数》

退職時の年齢	雇用保険の加入期間				
	1年未満	1年以上5年未満	5年以上10年未満	10年以上20年未満	20年以上
30歳未満	90日	90日	120日	180日	-
30歳以上35歳未満	90日	90日	180日	210日	240日
35歳以上45歳未満	90日	90日	180日	240日	270日
45歳以上60歳未満	90日	180日	240日	270日	330日
60歳以上65歳未満	90日	150日	180日	210日	240日

出典：厚生労働省

2 健康保険

退職後に忘れてならないのが健康保険です。病気やケガをしてあわてないためにも、退職後はすぐに健康保険に加入しましょう。退職後の健康保険の選択肢は「国民健康保険に加入する」「任意継続被保険者になる」「健康保険被扶養者になる」の3つがあります。

加入先	保険内容	加入条件
国民健康保険	自営業者や退職者などが加入している健康保険で、市町村が運営しているもの	前年の所得や保有財産などで保険料を計算。固定資産税を払っている人は、保険料が高くなる可能性もある
健康保険任意継続	それまで加入していた健康保険に継続して加入するもの	在職中の健康保険に引続き、2年間は加入することができる。ただし、退職した前日までに被保険者期間が継続して2ヵ月以上ないと任意継続被保険者になれない
健康保険被扶養者	家族が加入している健康保険の被扶養者になるもの	生計が同じ親や配偶者などが加入している健康保険の被扶養者（一定の条件がある）になる

3 年金

企業の従業員や公務員などが退職するにあたり、在職中に加入していた厚生年金や共済年金への加入資格は喪失します。退職日の翌日付で国民年金加入者に切り替わるため、所定の手続きが必要です。

●年金の種別変更をしなかったら…

厚生年金の加入者資格が喪失した場合、間を空けず翌日付で強制的に国民年金被保険者に切り替わります。20歳以上60歳未満の国民の中に年金の未加入者は存在しない仕組みになっています。しかし、手続きの必要がないというわけではなく、役所の事務処理が滞るなどの不都合が生じるため、決められた手続きが必要です。

Starting a business

17 起業する場合の手順＆費用について

いいアイデアが浮かんだら、新たに事業を始めるという働き方も

サラリーマンとして会社で仕事をする以外にも、働き方には様々なスタイルが存在します。ビジネスとして成り立つであろうアイデアが思いついたら、その事業で起業するという働き方も選択できます。信用面を考えると株式会社がおすすめですが、会社の種類や起業するにあたっての手続きとその手順、必要な費用など事前に確認しておくべき情報はたくさんあります。

☆ 個人事業と法人

事業には大きく分けて「個人事業」と「法人」の2つのパターンがあります。法人を選択した場合、登記を行う必要があります。法務局に登録することで、法人に法律上の権利や義務が帰属します。

☆ 株式会社と合同会社

会社の種類にはいくつかありますが、「株式会社」と「合同会社」のいずれかを選択するのが一般的です。株式会社をさらに小さくしたようなものが合同会社で、規模の小さい事業に向いています。

> 誰もが簡単に起業しやすい時代ですが、必ずしも成功するとは限りません。会社を運営するには広い知識と経験が必要です。いつか起業したいと思う人は、正社員で働いてみることも必要なのかもしれませんね。

	設立費用	定款の承認	登記	メリット
株式会社	25万円～	必要	必要	社会的認知度が高い
合同会社	約6万円～	不要 （定款の作成は必要）	必要	1人でも設立できる

☆ 株式会社を作る費用

株式会社を作るためには、最低でも約25万円がかかります。定款の認証には紙での認証と電子認証の2つの種類があります。電子認証のほうが安くすみますが、事前準備の手間がかからない、紙での認証を選択する方が多いです。

手続き	項目	紙の定款	電子定款
定款の認証	定款認証手数料	50,000 円	50,000 円
	印紙代	40,000 円	0 円
	定款の謄本	約 2,000 円	250 円～2,000 円
設立登記	登録免許税	150,000 円	150,000 円
	合計	242,000 円	200,250 円～202,000 円

🌱 設立登記までの流れ

①会社の概要を決定	発起人・役員・商号（社名）・事業年度・本店の所在地・資本金額など会社設立を進める上での必要事項を決定します。
②定款を作成する	定款とは、会社の基本的な決め事を記載した書類のこと。すべての会社において定款の作成は義務化されており、発起人によって作成された定款に全員の発起人が署名か記名捺印することが必要です。
③定款の認証依頼	公証役場へ持っていくものは、定款3通、発起人全員の印鑑証明、収入印紙（4万円）、公証人へ支払う手数料（5万円）、定款の謄本交付手数料（約2,000円）、代理人が定款認証を行う場合は委任状も必要。会社の本店所在地を管轄する公証役場に認証依頼をします。
④資本金の払込	定款において決めた資本金（定款記載の出資額と同額）を出資者自身の名義で払い込みます。まず資本金を自分名義の口座に自分名義で振り込み、通帳の表紙と1ページ目、上記払い込みをしたページのコピーを取ります。払込証明書を作成して上記のコピーを一緒につづり、上記書類の継ぎ目に会社代表印を押して終了です。
⑤設立登記を申請	資本金払込後、2週間以内に法務局へ登記申請をします。会社成立日は「登記申請をした日」になります。法務局の業務時間は平日の午前8時30分から午後5時15分で、この時間外には取り扱ってもらえないので注意が必要です。

知らないと恥をかくビジネスマナー

Business manner 18

社会人として最初に問われるのがビジネスマナー

ビジネスの世界で、若ければ若いほど問われるのがビジネスマナーです。社内の上司、営業先のお客様、取引先など、仕事で出会う人々に対して、ビジネスで重要なことを伝えようとしても、基本的なマナーを知らないと、たちまち信用を失います。以前は手厚い新人研修などがありましたが、今は学生もインターンとして会社で仕事ができる時代です。早いうちに基本を身につけ、即戦力になることを目指しましょう。

★ビジネスマナーの基本

1 身だしなみ

基本は清潔感です。長時間、多くの人と一緒に仕事をするので、相手を不快にさせないのが第一。客室乗務員のように口紅の色や髪型まで指定される仕事もあれば、スーツや制服が基本の銀行など様々です。ここでは一般的なオフィスの身だしなみを説明します。

《悪い例》

男性

- ヘアスタイル：目が隠れたり、ワイシャツの襟足につくような髪型はNG。色も自然な黒がおすすめ
- シャツ：基本は白です。色物ではブルーは鉄板。必ずクリーニングに出すか、きちんとアイロンをかけること
- スーツ：スタンダードな形のもので色は黒、濃紺など。よれよれのものはNG。プレスはしましょう
- アクセサリー：ピアスやネックレスなど、結婚指輪以外のアクセサリーはつけないこと
- 眉毛・ヒゲ：眉毛は不自然にならない程度に整えるのはOKです。ヒゲは毎日剃りましょう
- ネクタイ：色で遊ぶのはOKですが、派手すぎる柄はNG。シャツの色と組み合わせるとおしゃれです
- 靴・バッグ：どちらも基本は革製で、黒や茶色など。靴は歩きやすいものを選び、きちんと手入れします。バッグはナイロン製でも、しっかりとしたビジネスバッグであれば大丈夫

女性

- ヘアスタイル：カラーは明るすぎないように。長髪は結んだり、まとめたりします
- インナー：スーツやシャツの上から透けて見えるような柄や濃い色は避けます
- ファッション：腕や脚が完全に露出するような格好はNGです。スカート丈は長すぎても短すぎてもダメ
- メイク：ナチュラルメイクが基本。肌色を引き立て、健康そうに見えるように仕上げます
- ネイル：オフィスの場合、ネイルは派手すぎなければ問題ありませんが、職場の指示に従います
- アクセサリー：ネックレスやピアスなどはつけていても問題ありませんが、作業の邪魔になるような大きなもの、カジュアルすぎるものは避けます
- 靴：黒や濃紺のパンプスは必須です。つま先のあいたものやミュールなどはNG

2 敬語の種類と使い方

敬語はビジネスの基本です。敬語は大まかに尊敬語、謙譲語、丁寧語の3つに分けられますが、相手が自分より上か下かという立場の違いで使い分けます。正しい知識を身につけ、自然な敬語が口から出るよう、日頃から練習しておくといいでしょう。

尊敬語 … 相手を自分より高く示すことで尊敬の気持ちを表します。取引先やお客様など目上の方に使い、社外の人に社内の人のことを話す時は使いません。
例)「鈴木社長はいらっしゃいます」→「鈴木はおります」

謙譲語 … 周りに対して自分のことをへりくだって言うことで、間接的に相手への尊敬を表現します。「お〜する」「ご〜する」などをつけます。

丁寧語 … 相手を問わず「です」「ます」「ございます」を使って丁寧に話したり書いたりすることで、話している相手や文章を書く相手への敬意を表します。

よく使うビジネス敬語

基本	尊敬語	謙譲語	丁寧語
行く	いらっしゃる	伺う／参る	行きます
見る	ご覧になる	拝見する	見ます
言う	おっしゃる	申し上げる	言います
する	される／なさる	いたす	します
来る	いらっしゃる／お越しになる	伺う／参る	来ます
食べる	召し上がる	いただく	食べます
知る	ご存じ	存じ上げる	知ります
聞く	お聞きになる	伺う／承る	聞きます
待つ	お待ちになる	お待ちする	待ちます
思う	思われる	存じる	思います
会う	お会いになる	お目にかかる	会います
伝える	お伝えになる	申し伝える	伝えます
休む	お休みになる	お休みさせていただく	休みます

3 会社でよく使う基本の挨拶

ビジネスの場においては、どのような挨拶をするかによって印象が大きく変わります。誰でもできるコミュニケーションの基本だからこそ、誰もが目を光らせるポイントです。取引相手や尊敬する人、職場の中で評価や信頼を高め、自分の意欲をかき立てるためにも、積極的に挨拶するようにしましょう。

《会社での挨拶言葉》

出社した時	（大きな声で）おはようございます
外出する時／帰社した時	行って参ります／ただいま戻りました
用事を頼む時	お手数ですが、お願いいたします
用事を頼まれた時	かしこまりました／承知いたしました
会議室などに入退室する時	失礼いたします（ました）
注意された時	申し訳ございません／以後気をつけます
同僚が帰社した時	お帰りなさい／お疲れ様でした
退社する時	お先に失礼します

《おじぎの種類》

会釈　人とすれ違う時や、入退出の際に言葉を発せずにするもの。笑顔とセットで行いましょう。角度は15度でおじぎします。

敬礼　初対面の人との挨拶やお客様の出迎えなどの際にするもの。角度は30度でおじぎします。

最敬礼　深い感謝や謝罪などもっとも礼を尽くす場面で使います。角度は45度でおじぎします。

> **POINT**
> おじぎの姿勢だけでなく、目線にも注意しましょう。しっかりと相手の目を見て挨拶をします。その際に、指先、つま先まで気を抜かずにおじぎしましょう。おじぎの角度は相手に対する気持ちの表れになるので状況に合わせて使い分けましょう。

4 電話やメールのマナー

ビジネスの世界では、直接会って話をする、電話で話す、メールで連絡する、の順番で丁寧さの度合いが弱くなっていきます。しかし、取引先やお客様も忙しいですから、いつも直接会いに行くわけにもいきません。また、ちょっとした話し方やメールの書き方で人間性が表れます。きちんとしたマナーを心得た対応でお互いに気持ちよく連絡が取れるようにしましょう。

《電話》

●電話をかける前
相手の名前と用件（確認したいこと）などを書いたメモを用意して、言い忘れや聞き漏れがないようにします。用件に入る前に挨拶を。電話をかけた相手が、会議に入る直前かもしれません。「いまお時間いただいてもよろしいでしょうか」と確認しましょう。

●電話を切る時
「失礼いたします」と言って、一呼吸おいてからそっと受話器を置きます。自分からかけた場合は相手が切るのを聞いてから受話器を置きます。

●コールは2回まで
電話がかかってきた場合は、2コールまでに電話に出ること。3コールからは「お待たせいたしました、○○でございます」と挨拶します。

●相手を確認
相手の名前が聞き取れなかった場合には「失礼ですが、お名前を伺ってもよろしいでしょうか」と確認します。

●取り次ぎ
「営業部の△△さん、○○社の☆☆様から、先週の提案の件でお電話です」と相手のお名前や用件をきちんと伝えます。

《メール》

① **件名**：どんな内容のメールなのかを一目で見てわかる件名をつけます。例：「○○の打ち合わせの件」「○○のスケジュールについて」など。

② **宛名**：社名や氏名、役職を間違えないよう、重々、注意します。また会社によっては同姓の人がいます。宛先のアドレスの記入ミスにも気をつけます。

③ **冒頭挨拶**：基本は「いつもお世話になっております」「平素より大変お世話になっております」などです。

④ **名乗り**：「○○社の△△です」と毎回書きます。名乗らないと相手にはアドレスだけでは誰だかわからないことが多いです。

⑤ **本文（用件）**：挨拶文のあとに用件を書きます。文頭から用件を書かないようにしましょう。

⑥ **結びの挨拶**：「引き続きよろしくお願いいたします」など。ここでメールが終わることを示します。

⑦ **署名**：氏名、社名、メールアドレス、電話・ファクス番号などを書いておきます。

```
📄 メッセージの作成

宛先：  ●●●-●● @●●●●.ne.jp
CC：
件名：  ●月●日打ち合わせの件  ①

●●株式会社　▲▲様 ――②

いつもお世話になっております。――③
●●社の××です。――④

●月●日のお打ち合わせの件ですが、
●●●●●●●●●●●●●●●●●●●
●●●●●●●●●●●●●●●●●●● ⑤
●●●●●●●●●●●●●●●●●●●

では、引き続きよろしくお願いいたします。⑥

●●社　××××
携帯　090-▲▲▲-▲▲▲▲
電話　03-▲▲▲▲-▲▲▲        ⑦
FAX　03-▲▲▲▲-▲▲▲
メールアドレス　●●●-●● @●●●●.ne.jp
```

5　職場や社内のマナー

職場では、仕事を通じて長時間、たくさんの人たちと一緒に過ごします。お互いに気持ちよく業務が円滑に進むよう、一定の職場マナーは守りましょう。特に社内のコミュニケーションは組織力の強化にもなる重要なことです。遅刻や欠勤は早めに連絡するなど、日頃から丁寧なコミュニケーションを心がけることが重要です。

●遅刻・早退・欠勤のマナー
遅刻や欠勤など、当日、やむを得ない事情がある場合には電話で直属の上司に連絡します。電話ができない場合のみメールでもかまわないですが、その後、必ず電話をしましょう。手続きを踏めば早退はできますが、当日会う予定だった取引先などには電話できちんと連絡をしておきます。

●ほうれんそう（報告・連絡・相談）
ビジネスの基本です。上司や同僚への報告、他の部署やチームへの連絡、上司への相談はこまめに行い、自分だけが知っている情報がないように心がけます。

●5分前行動
社会人として、遅刻をする人は「ルーズな人」と思われがち。一般的なビジネスシーンでは、5分前には待ち合わせ場所にいるなど、余裕を持った行動が必要です。

●会議参加のマナー
会議時間前に会議室に到着する、事前資料には目を通しておく、自分がプレゼンをする場合には十分な準備をしておく、などが基本行動です。

●社内の過ごし方（態度・飲食）
出社早々に疲れ切っていたりするのは準備ができていないと思われます。デスクでの飲食は禁物で、休憩スペースなどがある職場では、そちらを使います。においが強い食べ物はNGです。

●社内の呼称
後輩でも基本的には「〇〇さん」と呼びます。役職がある方は「△△部長」と呼びますが、役職を使わずに誰でも（社長でも）「さん付け」で呼ぶのがルールの職場もあります。

●人間関係
お互いに社会人として、目上・目下関係なく、敬意をもって接します。また、「聞くは一時の恥、聞かぬは一生の恥」です。わからないことがあったらそのままにせず、その場で質問して確認しましょう。

●情報漏洩・危機管理
職場によって規定があるのでそれに従います。仕事で知り得た業務上の秘密、データ、情報は他人に漏らしてはいけません。情報漏洩を起こして解雇され、損害賠償を求められることがありますので、情報の取り扱いには十分注意してください。

❻ 上座・下座のマナー

目上の方に対する敬意やおもてなしの気持ちを席順で示すのが上座と下座のマナーです。上座はより安全で過ごしやすい席、下座は目下の人や接待する側が着く席です。案内する場合には「奥へどうぞ」と案内します。

《会議室の席次》

●座る順番で相手の立場がわかります

扉から遠い、一番奥の席（①）が上座です。その近くの左右の席から立場が上の人が座っていきます（②から⑦）。出入り口に一番近い席が下座（⑧）です。

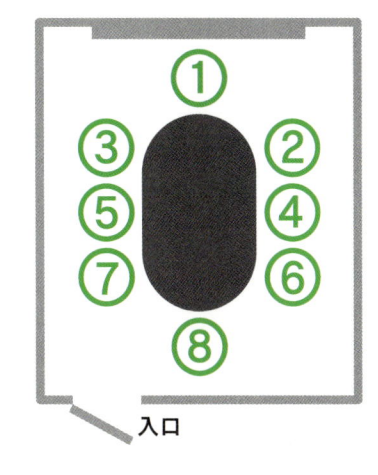

《タクシー・飛行機》

●居心地がよい席が上座です

タクシーに3名で乗る場合、後部座席の中央を使わず、運転席のすぐ後ろが上座、次いで助手席の後ろ、助手席の順です。4名で乗る場合は、運転席の後ろが上座で、次いで助手席の後ろ、後部座席の中央、助手席の順になります。飛行機や新幹線は窓側が上座、次いで通路側、中央の座席の順で下座になります。

《エレベーター》

●エレベーターにも上座があります

操作盤のすぐ近く④が下座です。その後ろ①が上座。お客様をエレベーターで案内する場合には、先に乗って「開く」ボタンを押しつつ、「奥へどうぞ」と招き入れましょう。お客様だけをエレベーターに乗せる場合には、外からボタンを操作します。

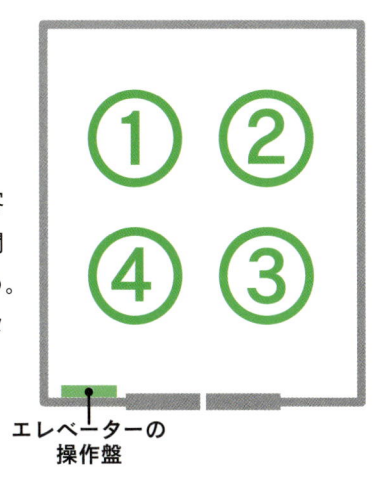

7 取引先やお客様対応マナー

一期一会の気持ちで接することで真心を伝えます。日々のやりとりが積み重なってビジネスになります。お互いに利益が上がる「ウィン・ウィン」の関係になることが理想ですが、取引が成立しなかった相手でも、別の機会に大きな利益をもたらしてくれることもありますので、貴重な出会いと思って取引先やお客様の対応をしましょう。

《訪問する場合の準備》

▼ **アポイントを取る**
突撃訪問はNGです。必ず事前に日時を決めてアポイントメントを取ってから訪問します。

▼ **相手の会社所在地、経路を確認**
訪問先までの地図や経路を調べ、移動にかかる時間を確認しておきます。

▼ **資料を用意**
自分の分と、訪問先の打ち合わせに出る人の部数を用意します。

▼ **前日に確認メールか電話**
特に初めての訪問先の場合には、前日にアポイントメント確認のメールや電話をします。

《受付についたら》

▼ **コートを脱ぐ**
コートは会社に入る前（玄関前）に脱ぎましょう。

▼ **受付で登録**
受付で「○○部の△△様と15時でお約束いただいている、××社の■■です」とハッキリ名乗りましょう。来客名簿の記入やバッジなどの準備が必要な場合がありますので、早めに声をかけます。

● **早く着きすぎた場合**
受付で待っていることもできますが、あまりに時間が早すぎる場合には近辺のコーヒーショップなどで待機します。

● **遅刻しそうな場合**
あってはならないことですが、できるだけ早めに電話で連絡します。大幅な遅刻の場合には、アポイントメントを取り直すことも考えましょう。

《名刺交換の基本マナー》

名刺交換をする時は、目下の者が先に名刺を渡すのがマナー。しかし、会社を訪問する時は役職に関わりなく訪問者が先に渡すようにしましょう。

● **名刺交換の手順**

名刺を渡す時は「△△社の○○と申します」と名乗りながら渡します。その際、名刺の名前などを相手に読めるほうへ向け、両手で差し出しましょう。

自分の名刺を名刺入れの上にして差し出す
はじめまして神宮でございます

相手の名刺は両手で丁寧に受け取ります。名刺入れをお盆代わりにして受け取るのが理想的でしょう。

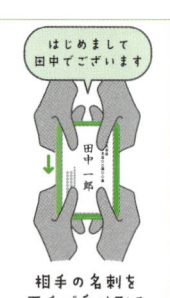

はじめまして田中でございます
相手の名刺を両手で受け取る

好感の持てる名刺交換でビジネスチャンスをつかもう！

Chapter 5

マネーで損をしないための家庭生活の常識

結婚・出産編

Marriage & Childbirth

01 知っておきたい今どきの結婚事情

結婚式とは当人同士だけでなく、家族の結びつきを強めるもの

結婚式のカタチは様々な要因もあり、昔に比べると多様化しています。
「私たちらしさ」にこだわった会場や演出、
料理選びなどをするカップルも増えています。
しかし、結婚式とは新郎新婦が輝くだけでなく、両親や親戚、
親しい友人に感謝する日でもあることを忘れずにいたいものです。

》進む晩婚化傾向

☆ 初婚年齢が男性は67年間で約5歳、女性は約6歳上昇

昭和22年の平均初婚年齢は男性が26.1歳、女性が22.9歳でした。最新のデータ(平成26年)では、男性が31.1歳、女性が29.4歳という結果に。つまりこの67年間で、男性は約5歳、女性は約6歳も上昇しています。理由として考えられるのは、女性の社会進出による晩婚化や、不況により家族を養う余裕がない、などが挙げられます。また、男女ともに「独身でいるほうが自由で気楽である」という生き方の多様化もあります。しかし、このまま晩婚化が進めば少子高齢化にも拍車がかかるという深刻な問題もあります。

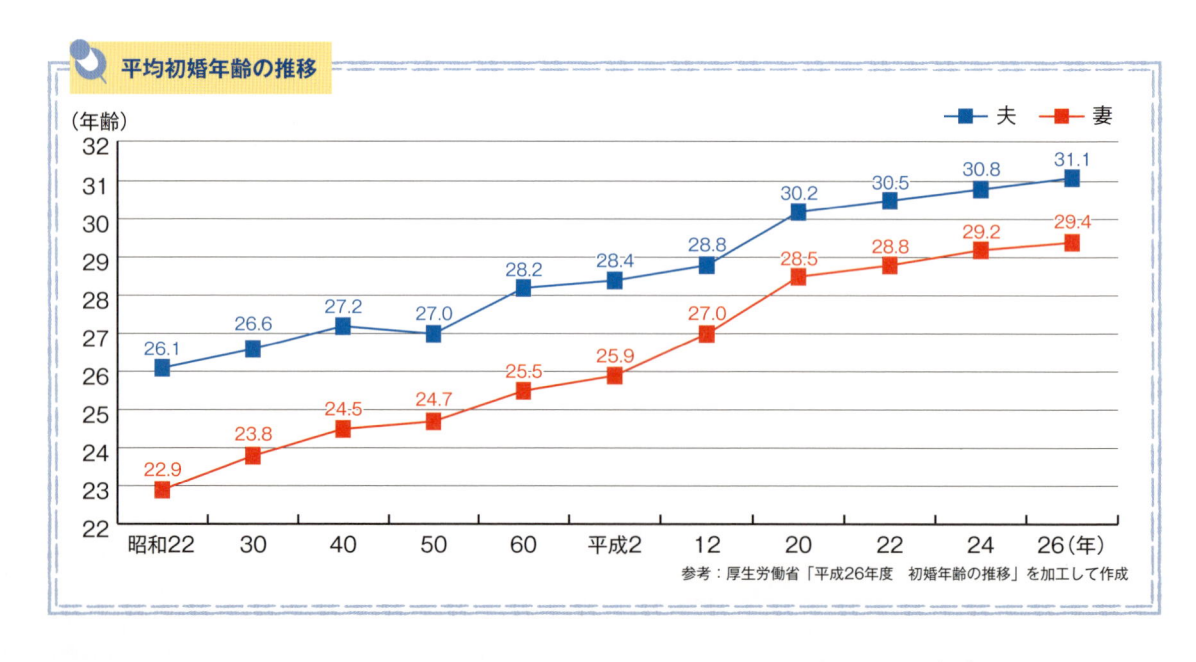

平均初婚年齢の推移

年	夫	妻
昭和22	26.1	22.9
30	26.6	23.8
40	27.2	24.5
50	27.0	24.7
60	28.2	25.5
平成2	28.4	25.9
12	28.8	27.0
20	30.2	28.5
22	30.5	28.8
24	30.8	29.2
26	31.1	29.4

参考:厚生労働省「平成26年度 初婚年齢の推移」を加工して作成

年収と未婚率の関連性

★ 年収300万円未満は約9割が未婚

平成25年度版厚生労働白書によると、年収300万円以下の30代は約1割が既婚、年収600万円以上の30代は約4割が既婚という結果となっています。年収が高くても独身でいる理由としては「そもそも結婚願望がない」という男性が増えているという思考の多様化もあります。

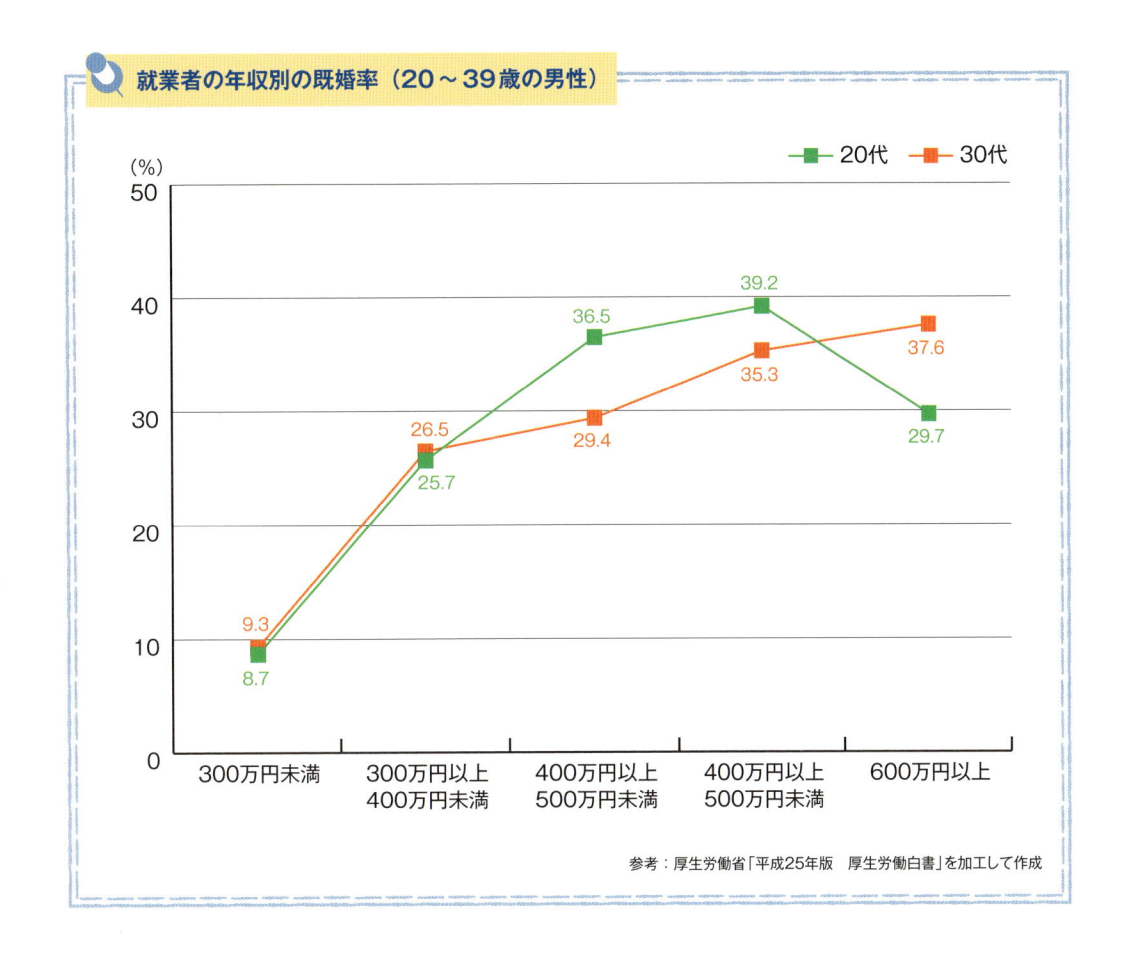

就業者の年収別の既婚率（20～39歳の男性）

年収	20代	30代
300万円未満	8.7	9.3
300万円以上400万円未満	25.7	26.5
400万円以上500万円未満	36.5	29.4
400万円以上500万円未満	39.2	35.3
600万円以上	29.7	37.6

参考：厚生労働省「平成25年版　厚生労働白書」を加工して作成

労働政策研究機構によると、年収1,000万円以上の20代後半男性は7割以上が既婚。しかし、平成22年の国勢調査では30代前半の男性の過半数が未婚という結果に。また、厚生労働省によると年収300万未満は20代も30代も既婚率は10％以下という結果です。要するに、年収の高い男性以外は結婚もむずかしいということになります。

Marriage & Childbirth
02

日本のおひとりさま事情について

「おひとりさま」が増えている、その背景とは

おひとりさまが増えているという理由の一つとして、自立した女性が増えたこと、または彼女がいなくてもいいやという草食系男子が増えたという背景があります。誰かといて気を遣うより一人でいたほうが気がラクと感じ、そう思うことが「恥ずかしくない、後ろめたくない」そんな世の中になったのではないでしょうか。ここでは、そんな「おひとりさま」たちの現状をご紹介します。

A 豊富！ おひとりさま旅プラン

最近は一人旅プランが充実しています。女性一人でもセキュリティーが高い、一人参加でも追加料金なしのツアーや、温泉とエステのセットプラン、豪華な夕食や朝食などバリエーションも様々。また、パワースポット巡りも人気を博しています。

B 自分のペースでゆっくり！ 一人ディナー

マイペースに一人でお肉を堪能することができる一人焼肉、一人しゃぶしゃぶなども増えてきていますが、カフェやバー、居酒屋などで一人飲みをする女性も増えています。一人でも気軽に楽しめるような席や料理の量などの配慮もされています。

C 究極のおひとりさま 一人ウエディング

最近、一人でウエディングドレスを着て撮影をする「ソロウエディング」が話題です。「結婚する予定も願望もないけれど、一生に一度はウエディングドレスを着てみたい」という思いが、一人ウエディングへとかきたてるようです。

最近ではおひとりさまを楽しむための様々なプランがあります！

まとめ

旅行やディナーなど、一人でいても寂しくないのは、スマホやSNSの発達が影響しています。いつでも友人と「つながり」を持てることがおひとりさまの寂しさを感じさせないといった時代背景も影響しているのかもしれません。

column 1 今どきの「おひとりさま」体験談

おひとりさまになりたいわけではなく、気づいたらおひとりさまになっていた……という女性も多いはず。しかし、一人に慣れてしまうと「一人は二人より気がラク」という女性も増加の傾向にあるといえます。ここでは、まさに「おひとりさま」を満喫している藤田澄子さん（仮名・41歳・独身）にクローズアップしてみました。

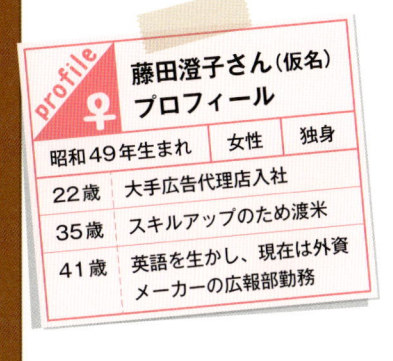

profile 藤田澄子さん（仮名）プロフィール

昭和49年生まれ	女性	独身
22歳	大手広告代理店入社	
35歳	スキルアップのため渡米	
41歳	英語を生かし、現在は外資メーカーの広報部勤務	

30歳までには絶対に結婚して子どもを産みたい！……しかし

そう思い描いた夢は35歳を過ぎても叶うこともなく、結婚・出産していく友達の背中を見守りつつ過ごした30代も終わりを告げました。私自身も「30代でなんとか結婚だけでも……」と願っていたのですが、なかなか良い縁に恵まれず。そして、40歳を過ぎると「結婚は？」などと聞いてくる友人はいなくなり、一人でいることの心地良さに気づき始め、あらゆる婚活をやめることにしたのです。

40歳を過ぎてから出会った「おひとりさま友達」

英語を活かした職場でそれなりに認められ、自分一人で生活するだけの経済力はあります。年に1度は一人旅に行き、そこで知り合ったお友達との出会いが私の「おひとりさま道」に拍車をかけました。というのも、昨年一人で初めて京都に行ったのですが、そこで私と同じく一人旅に来ていた女性（B子）と出会い、意気投合。家が近いこともあって、その後B子とは週1で会うほどの仲になりました。彼女も同じように「おひとりさま」を満喫中。一人でも行けるおすすめスポットなどの情報を教えあったりしています。そして、「将来は高級な老人ホームで老後をエンジョイしようね！」なんて話しています。もちろん、私もB子も「結婚しない」と決めているわけじゃありません。いい人がいたら、結婚はしたいと思っていますよ。そのためにも、私がB子と出会えたように、一人でいる自分を満喫しなくっちゃと思っています。

Marriage & Childbirth
03

多様化する婚活・結婚事情

出会いを求めて……多様化する婚活事業

婚活とは、結婚するためにいろいろな活動を通して伴侶を得るための結婚活動のこと。
その略語で世間では「婚活」と呼ばれています。
男女の出会いの場としての婚活事業も盛んに展開されていますが、
最近の婚活はどんなことが行われているのでしょうか。

1 お見合いパーティー

会員制、非会員制の2種類があります。職業別、年代別、結婚歴、子どもの有無など自分に合った内容を選べるという点も人気。料理教室、陶芸教室など趣味を通じての出会いの場を提供するお見合い企画も増えています。

2 コンパ

親睦を深めるためにする飲み会のこと、合コンともいいます。コンパにもいろいろ種類がありますが、最近では「街コン（街ぐるみで行われる大型の合コンイベント）」が人気で、出会いの場と地域活性化が融合したイベントとして注目を浴びています。

3 結婚情報サービス会社

会員情報がメインであり、男女を会わせるということはしません。入会金は30～40万円が相場ですが、入会後のサポートや相談などがすべてオプションになるため、その分自己負担額も増えます。

4 結婚相談所

担当者がつき、個々の会員の活動状況を把握してくれます。担当のアドバイザーに相談できる点がメリットであり、成婚率としては一番高いようですが、お見合い料は1回1万円程度、成婚料は20～50万円ほどかかります（入会金は10～30万円が相場）。

5 仲人（仲人の紹介によるお見合い）

丁寧なお世話をしてくれるため、男女の出会いに消極的な人にもおすすめです。出会いから結納（挙式）まですべてに仲人が入るため様々な面で安心といえます。成婚料は結納の10％といわれており、月会費は3,000～5,000円とリーズナブル。入会金は3～50万円とまちまちです。

6 ネットお見合い

出会い系サイトとも呼ばれています。パソコンや携帯で簡単にできますが、悪質なものも多いため、自己防衛が必要です（入会金や成婚料がない場合が多い）。

column 2 今どきの「街コン」体験談

最近よく聞く「街コン」。男女に出会いの場を提供し、少子化に歯止めをかけるためという目的もありますが、地域の活性化という意味合いもあり、増加傾向にあるといえます。そして独身の男女なら誰でも気軽に参加できるという点でも人気のようです。そんな街コンに参加した恩田美由紀さん（仮名・39歳）のお話を伺ってみました。

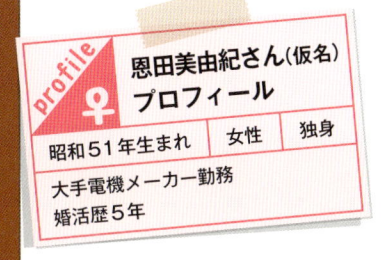

profile
恩田美由紀さん（仮名） プロフィール

| 昭和51年生まれ | 女性 | 独身 |

大手電機メーカー勤務
婚活歴5年

いつか良い縁があれば……結婚への思いはさほどなかった30代

30代後半を過ぎても私のまわりにはまだまだ独身の女性はたくさんいたので、週末になると「女子会」やパーティーや合コンなど、楽しい独身ライフを謳歌していました。もちろん「いつか結婚はしたい」と思っていましたし、彼氏だっていたほうがいいと思っていたので、男女の出会いの場には積極的に参加するように心がけていました。ですが、真剣にお見合いをしたいとか何歳までに結婚したい！　という明確な目標はなく、ただ良い縁があれば、という軽い気持ちで過ごしていました。

友達と一緒に行動できるのも街コンのメリットですね！

そんななか見かけた「街コン」のイベント。出会いの場があり、その街の美味しいお店を知ることができるという利点もあり、友達3人とすぐに申し込みました。都心より少し離れたある街で行われたのですが、雨にも関わらず多くの男女が参加していました。1軒目のお店では3人の男性と盛り上がり、その後も何軒か店を移動し、色々な男性とお話をすることができました。一緒に参加した友達と行動を共にできる点も街コンのメリットだといえますね。男女の出会いに消極的な人も、友達と一緒なら安心です。この街コンに参加して、友達も増え、またその土地の美味しい料理やその街について知ることができました。気軽に参加できる街コン、またぜひ参加したいと思います。

結婚が決まったら……

★ お互いに結婚の意思を固めたら……さてその後どうする？

2人で結婚の約束をしたら、まずはお互いの両親へ報告をしましょう。感謝の気持ちも含め、メールではなくきちんと自分の言葉で伝えたいものです。その後は、女性の両親へ挨拶、そして男性の両親へ挨拶となります。お互いの両親の承諾を得たら、その後は両家顔合わせの食事会や結納をどうするか、などを決めていくという流れになっていきます。

STEP 1　両親への挨拶と紹介

● 日程を決める

両親の日程に合わせることが基本です。時間帯は食事の準備の手間をかけないようお昼過ぎに設定しましょう。2人の出会いのきっかけなどを話すことで、両親と親密になれるチャンスといえます。

point
相手の情報（出身地・出身校・食べ物の好み・趣味など）を事前に話しておきましょう。できれば両親の情報も伝えておくと当日の会話もスムーズに。

● 事前の準備をする

結婚後はどこに住むのか？　同居はあるのか？　妻は結婚後も仕事を続けるのか？　などを2人で事前に話し合っておくと良いでしょう。万が一結婚に反対された場合、どう答えるべきかを考えておくといいでしょう。

point
普段はお互いニックネームで呼んでいても、両親の前では「○△さん」と下の名前で呼び合いましょう。

● 挨拶日の服装

清潔な服装を心がけましょう。男性なら黒や紺のスーツ、女性なら明るい色のワンピースが無難でしょう。胸元が大きく開いたものや短すぎる丈のスカートなどは避けるようにします。髪型や爪、靴なども気をつけましょう。

point
手土産は事前に用意しましょう。3,000～5,000円くらいがベスト。話題のご当地グルメやスイーツなどが喜ばれます。

STEP 2　訪問日の流れ

● あえて数分遅れて到着する

自宅に伺う場合は、約束の時間よりも1〜2分遅れて到着するようにしましょう。早すぎる到着だと先方の準備もありますし、それ以上に遅れると失礼にあたるので気をつけましょう。また、お店などを予約した場合は早めに着くようにしましょう。遅れた場合は言い訳をせず、素直に遅れた理由を伝え謝罪しましょう。

席次と席順（①が上座）

和室の場合

洋室の場合

● 第一印象を決める玄関でのマナー

コートを着ている場合は玄関の前で脱ぐのがマナーです。玄関では相手にお尻が見えないようドアを閉めてから挨拶をしましょう。雨が降っていた場合、傘は玄関の前でたたんでおきましょう。

● 座る位置

部屋に通されて「こちらにどうぞ」と進められたらその席に素直に座りましょう。座る位置を指定されなかったら、下座に座りましょう（1が上座、4が下座）。和室の場合は、敷居は踏まないよう注意しましょう。

● いよいよご挨拶スタート

参加する方が全員そろったタイミングをみて「本日はお時間を頂きましてありがとうございます。△△と申します。よろしくお願いいたします」と正式に挨拶をし、手土産を渡しましょう。

● 結婚の申し込み

男性が報告するのが一般的です。会話が弾んできた時にタイミングを見て結婚のお願いをしましょう。その時は背筋を伸ばして、しっかりと相手の目をみて「○○さんと結婚させてください」と正式に伝えましょう。

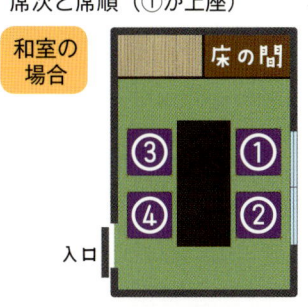

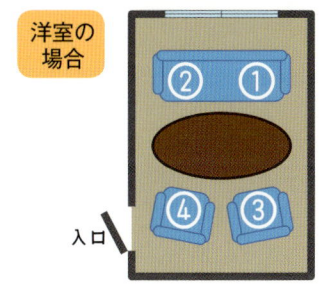

point

相手の親を「お義父さん、お義母さん」と呼ぶのではなく「○○さんのお父さん、お母さん」と呼びましょう。お互いを呼び捨てにしたり、必要以上にベタベタするのも避けましょう。

STEP 3　挨拶後にしておきたいこと

● ひと通り話し終えたら早めに退室を

話が盛り上がったからといって長居するのはNG。早めに退室しましょう。
帰宅後、お礼の電話をしておけばさらに礼儀正しい印象を与えます。

● 両親同士が初めて会う「顔合わせ食事会」

☆ 結婚式の3〜6ヵ月前になるよう準備をスタート

結婚報告をし、お互いの両親からの了解が出たら両親同士が初めて会う、顔合わせ食事会の日程を決めましょう。両家のスケジュールを合わせて日程を決め、場所を確定させます。

- **場　所**　どちらかの実家に呼んで行うというよりも、個室つきの料亭などで行うことが多いです。結婚式の場所が決まっている場合はアクセスや式場の下見もかねて式場内のレストランで行う場合もあります。ご両親の好みなどを考慮して選ぶと良いでしょう。

- **座り方**　出入口から遠い上座に男性側、近い下座に女性側が座ります。席順は奥から父・母・本人となります。

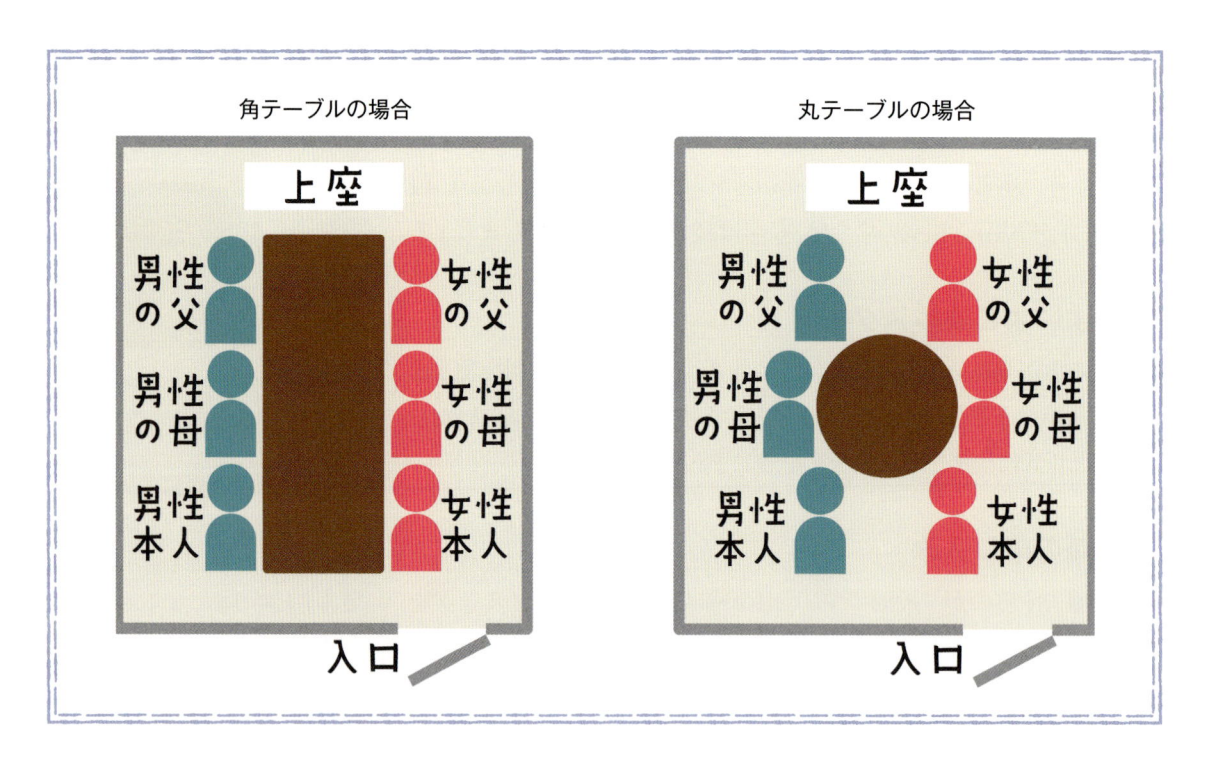

```
角テーブルの場合                    丸テーブルの場合

         上座                            上座
 男性の父 ┃ 女性の父          男性の父         女性の父
 男性の母 ┃ 女性の母          男性の母  ○    女性の母
 男性本人 ┃ 女性本人          男性本人         女性本人
         入口                            入口
```

- **費　用**　顔合わせ食事会にかかる食事代は両家で折半するのか、2人が負担するのか事前に話し合っておきましょう。

- **会　話**　緊張してしまい会話が途切れがちになりそうな場合は、全員がリラックスして楽しめる会話を事前に用意しておきましょう。例えば2人の幼少期の話や、ご両親の故郷の話、2人の趣味などの話は、両家とも共通に楽しめますしリラックスできるでしょう。

顔合わせ食事会と結納の違いとは

☆ 歓談中心か、儀式重視か、両家の意向を聞いて判断を

顔合わせ食事会は、料亭や個室のあるレストランで行われる両家の親睦を深めるために行う食事会のこと。結納品などは用意せず、婚約指輪や時計などの記念品を交換するケースが多いようです。一方、結納は、正式に婚約を調える「儀式」のこと。その土地の古くからのしきたりに沿って結納品などを取り交わしたり地域によってやり方は様々です。最近では、式場やホテルなどで「結納パック」を利用することも一般化しています。

	結納	顔合わせ食事会
時期	結婚式の時期を話し合い、その3ヵ月～6ヵ月前の吉日を選びましょう。	
場所	料亭や個室のあるレストラン、またはホテルや式場などが多いです。男性が女性宅を訪問する場合もあります。	料亭や個室のあるレストランが多いです。和食が多いようですが、両家の親の好みなども聞いた上で予約をしましょう。
参加者	本人同士と双方の両親で行うのが一般的ですが、祖父母や兄弟姉妹が出席したい場合はお互いに話し合っておきましょう。本人と両親以外が出席する場合は、事前に相手の家族へ連絡しておくといいでしょう。両家で人数を合わせる必要はありません。	
服装	女性は振袖や華やかなワンピースなどの準礼服以上、男性はダークな色のスーツで。父親も同じくスーツ、母親は留袖などの和服が多いですが、洋装でもOK。事前に話し合い、親の服装は格をそろえておきましょう。	男性はスーツ、女性は振袖やワンピースがおすすめ。両家の服装が違いすぎると気まずいので、事前に話し合い、格をそろえましょう。料亭やレストランの格式にふさわしい服装を心がけるようにします。
進行役	仲人がいる場合は仲人が進行役をつとめます。いない場合は男性の父親が進行役となります。結納パックなどがある会場では、会場スタッフが進行役をつとめる場合もあります。	男性が両家の親を紹介してもいいです。両家の父親が最初に挨拶をし、お互いの家族を紹介し、締めの挨拶もする場合もあります。
費用	結納パックなどの会場費総額平均は約16万円。ほかにも結納品、結納金、結納返しなどありますが、両家で話し合っておくといいでしょう。	料理や飲物など会場費の平均額は5.7万円。婚約記念品は、男性からの指輪などが平均約33万円、女性からの時計などがその半額くらいが相場です。

参考：ゼクシィネット

結婚式について

★ 新郎新婦が主体となり式の準備を進めるスタイルが主流に

結婚式とは、今まで育ててくれた両親やお世話になった方たちへ感謝の気持ちを表す日でもあります。だからこそ、新郎新婦が輝くだけでなく、招待したゲストに心から楽しんでもらいたいものです。近年は仲人を立てず、新郎新婦が主体となって式の準備を進めるのが主流です。「2人らしさ」にこだわったオリジナルのプランでゲストにおもてなしをしましょう。

挙式について

★ キリスト教式スタイルが1番人気！

最も人気が高いスタイルは、キリスト教式です。結婚式といえば「ウエディングドレス」というイメージが定着していることもあるせいか、根強い人気となっています。また、和婚（和の要素を取り入れた結婚式）も注目されており、神前式スタイルも相変わらず人気があります。

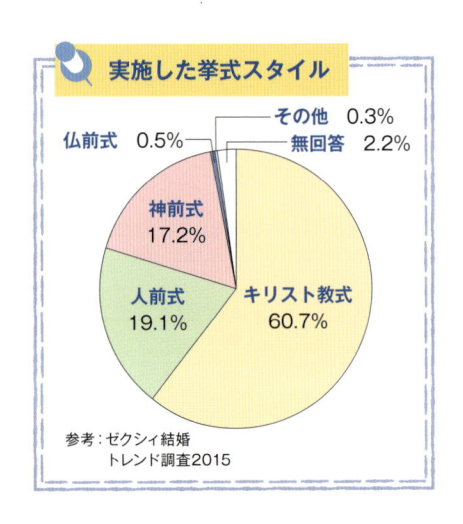

実施した挙式スタイル

- キリスト教式 60.7%
- 人前式 19.1%
- 神前式 17.2%
- 仏前式 0.5%
- その他 0.3%
- 無回答 2.2%

参考：ゼクシィ結婚トレンド調査2015

STYLE 1　キリスト教式

キリスト教の教義に則って執り行うキリスト教式は、多くのカップルが行う人気の挙式スタイル。ウエディングドレスでバージンロードを歩くことは花嫁の憧れの一つでもあり、厳粛な雰囲気で行われるセレモニーは多くの方に列席してもらえるという点も人気の理由。教会の宗派には大きく分けてカトリックとプロテスタントの2種類があり、プロテスタント教派は誰でも挙式できます。カトリック教派では両名、あるいはどちらかが信者でなければ挙式はできませんが、カトリック信者でなくても挙式ができる教会はあります。

カトリックとプロテスタントの違い

参考：ゼクシィネット

	カトリック	プロテスタント
司式者	神父	牧師
バージンロード	赤か緑の布	白の布
十字架	キリスト像がついた十字架	キリスト像がなく、十字架のみ
神を拝す式	ミサ	礼拝
再婚者の結婚	死別以外は不可	可（離婚理由による）
神を拝す場所	御堂	礼拝堂

STYLE 2　神前式

日本古来の伝統美が印象的な挙式スタイルです。最近は、和婚ブームもあって、ホテルや式場の中にある神殿で本格的な式が可能になりました。親族しか列席してもらえない、和装が似合うか自信がないなど、敬遠されがちだった神前式ですが、最近では伝統を重んじるスタイルが新鮮だと、人気は上昇中。簡単に着脱できる着物も増え、お色直しの時間は短縮が可能となったため、洋髪や洋花ブーケと和装をコーディネートする新しいスタイルも続々登場しています。

STYLE 3　人前式

神仏ではなく参列したゲストへ結婚を誓い、証人になってもらうという結婚スタイル。形式や格式にとらわれないので、衣裳はもちろん、式次第も特に決まったものはありません。自由にプランニングできるのが最大の特徴といえます。宣誓文は自分たちの言葉で2人らしく、挙式場所も自由に選ぶことができます。演出次第で、格調高い挙式にも、アットホームな挙式にもアレンジできます。

STYLE 4　仏前式

仏様や先祖に結婚の報告をして、ふたりの出会いを感謝する気持ちを先祖に伝えるウエディングのこと。式では、結婚指輪の代わりに数珠を授与、焼香、誓杯をし、新郎新婦が仏の前で来世までの結びつきを誓います。一般的には、新郎新婦や家族が仏教を信仰している場合に行われますが、最近は、教会式とは違う結婚式のあり方や考え方に賛同する人も多く、仏前式を挙げるカップルも増えてきており、宗派や主教に関係なく、無宗教のカップルでも仏前式を行ってくれるお寺も増えているようです。

披露宴について

☆ 多種多様な披露宴会場　自分たちらしさを大切にして選ぼう

神社や教会で本格的な挙式を行ったあと、披露宴だけをレストランやホテルで行うケースもありますが、ホテルや専門式場の中にあるチャペルや神殿で式を挙げた場合は、そのまま館内のバンケットホールに移動するのが一般的な流れになっています。遠方からのゲストにとっても、式場と披露宴会場が1ヵ所のほうが楽だという意見が多いため、式場とバンケットホールが一体型の施設が人気となっています。

披露宴4つのスタイル

1 ホテル

ホテルスタッフの一流のおもてなしと優雅な空間、多種多様なバンケットホールが特徴。挙式や披露宴、宿泊施設まで完備しているので遠方のゲストにも安心です。

2 総合結婚式場

挙式や披露宴を専門に行っているため、2人の理想の結婚式を細かくサポートしてくれます。本格的な神殿やチャペルなども充実。スタッフの幅広い経験とノウハウが人気の理由です。

3 レストランウエディング

レストラン専門のシェフによる料理が味わえます。味にこだわるカップルに人気。店を貸し切りにすれば、アットホームな結婚式を演出できます。

4 ハウスウエディング

オシャレな邸宅を貸し切り、まるで2人の自宅にゲストを招いたような結婚式を演出できます。少人数でも大人数でも対応ができ、人気も上昇中です。

結婚式の費用あれこれランキング

参考：ゼクシィ結婚トレンド調査2015（首都圏）

挙式・披露宴費用

- **1位** 350〜400万円…18.0%
- **2位** 400〜450万円…17.1%
- **3位** 300〜350万円…14.4%

最も多いのは350〜400万円ですが、1位〜3位を占める合計つまり約5割が300〜450万円の費用がかかっていることがわかります。

ゲスト数

- **1位** 80〜90人…15.3%
- **2位** 60〜70人…13.1%
- **3位** 70〜80人…12.9%

少人数派か、大人数派か、標準か、幅広く分布しています。いかに自分たちに合ったゲスト数選びをしているかがわかる結果となっています。

ご祝儀総額

- **1位** 200〜250万円…21.1%
- **2位** 300〜350万円…15.9%
- **3位** 250〜300万円…15.0%

ご祝儀総額の平均は200〜250万円が約20％という結果になりました。約半数が200〜350万円のご祝儀を手にするということは、費用の半数以上をご祝儀でまかなえるということにつながります。

> 結婚式はお金がかかりますが、ご祝儀という収入があることも忘れずに。

● 結婚式に出席する際のマナー

☆ これだけは知っておきたい　結婚式の基本マナーについて

結婚式でのマナーはいろいろありますが、知られているところでは「花嫁と同じ白の服はNG」というマナーがあります。そのほかにも守るべきマナーがありますのでご紹介します。

1　ファッションの基本マナー

女性編 NG

- 白い服
- 肌の露出の高い服
- 個性的すぎる奇抜な服装
- カジュアルすぎる服装
- 足先が出る靴（オープントウ）
- かかとのないミュールやサンダル
- ブーツ
- は虫類革のバッグ
- ファーを使った装飾品

肩が見えるワンピースならば、羽織り物を。パーティーならば許容されるキラキラなゴージャスドレスはゲストの服装としては目立ちすぎなので、フォーマルにふさわしい素材のドレスを着ることも大切です。は虫類革のバッグやファーは「殺生」をイメージさせるのでNG。足元はフォーマルな場にふさわしいヒールのあるパンプスが基本です。

男性編 NG

- 奇抜で個性的なスタイル
- 派手なスーツやシャツ
- 革モノや毛皮など
- サンダルやスニーカーなどのカジュアルスタイル

女性と同様に男性ゲストも新郎新婦より控えめな服装を心がけましょう。とはいえ、ビジネススーツでは場違いになってしまうのでNG。ネクタイの色は「白」または「シルバーグレー」。タキシードならば「黒の蝶タイ」が基本。一般的には準礼装で出席するのが無難です。

2　持ち物について

まずは、「バッグに入れるもの」とそのほか「クロークに預けてよいもの」を分けて考えてリストにしてみましょう。

バッグに入れるもの	クロークに預けるもの
ご祝儀　招待状　財布　携帯電話　カメラ　ハンカチ、ティッシュ　メイク道具	ストッキング（予備）　エコバッグ　ヘアピンやスプレーワックス　携帯薬、胃腸薬　絆創膏

3 ご祝儀袋の書き方

お札は新札を用意し、ボールペンではなく筆か筆ペンで書くといいでしょう。

★ 表書き

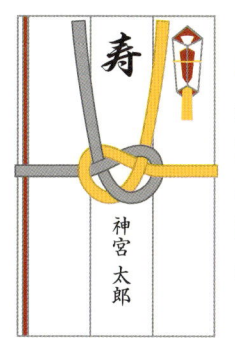

A 個人名の場合
表書きは水引の結び目の中央上に大きめの字で「寿」や「御祝」と書き、送り主の名前は中央下にフルネーム（姓と名）で書きます。

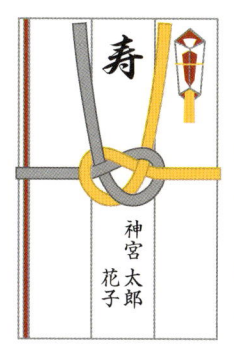

（寿／神宮 太郎）

B 夫婦の場合
表書きは水引の結び目の中央上に大きめの字で「寿」や「御祝」と書き、夫はフルネーム（姓と名）で中央に書き、妻は名前だけを夫の名前に揃えて左側に書きます。

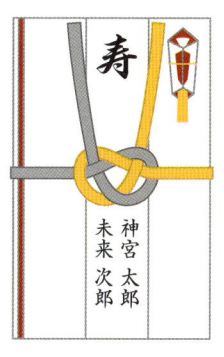

（寿／神宮 太郎 花子）

C 連名の場合
3名までが基準となります。水引の中央下から左側に向けて、年長者順にフルネーム（姓と名）で記入します。地位や年齢の関係がない場合は、五十音順に記入します。

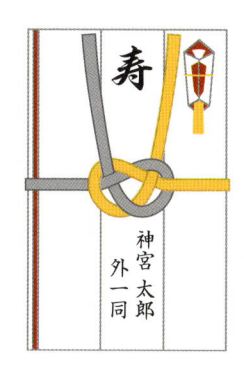

（寿／神宮 太郎 未来 次郎）

D 多人数で贈る場合
人数が多くて連名では書けない場合は、代表者の氏名を書いた左側に「外一同」と書き添え、全員の氏名は半紙や奉書紙など、別紙に書いて中包みに入れます。この場合も右側より地位・年齢が上の人から順に書きます。

（寿／神宮 太郎 外一同）

★ 中袋

（表：金参萬円也／裏：〒000-0000 神宮 太郎）

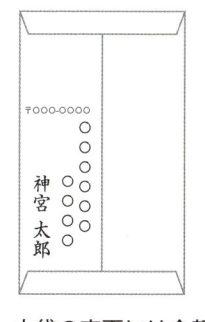

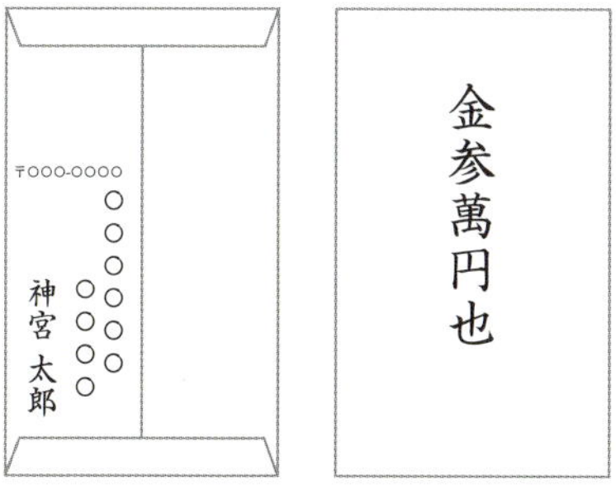

中袋の表面には金額を中央に漢数字で書きます。その時の金額表記は、「一万円」でも誤りではないですが、「壱萬圓」「壱萬円」のほうが望ましいでしょう。中袋の裏面には、先方があとで整理する時に困るので、できるだけ住所は書きましょう。

4 余興に関するマナー

・10分以上の余興はゲストが飽きてしまう可能性があります。一つの余興は5分以内がベストでしょう。

・新郎新婦に「こんな一面があったの？」というネタは新鮮に感じるゲストも多いですが、内容には気をつけましょう。余興自体「お祝いをする」という気持ちを忘れないように。

・結婚披露宴には様々なゲストがいますので「体育会系のノリ」で服を脱いだりするのはやめましょう。当然ながら下ネタなども厳禁です。

結婚生活を始める前に やっておくべきこと

Marriage & Childbirth 04

結婚生活を始める前に2人できちんと話しておきたいこと

日本は妻側が家計を管理するというケースが多いので、後々のやりくりで頭を悩ませないためにも、お金のことをきちんと知っておく必要があります。「収入」「貯蓄」「保険」の3つについて、具体的に説明していきます。

1 収入のこと

生活を共にする上で、お金のことは避けては通れません。結婚前は財布が別々なので相手の金銭感覚についてあまり気にしてない方も多いですが、結婚後、お金を共同で家計管理するようになってから相手と自分の金銭感覚の違いに悩む人も多いと聞きます。そうならないように、結婚前からお金についてはきちんと話し合っておくといいでしょう。

2 貯蓄のこと

最近は結婚しても仕事を続ける女性が多く、共働きをする夫婦が増えています。しかし、妊娠や出産などで共働きを続けられなくなる可能性もありますので「夫の収入で生活費がまかなえて、妻の収入はそのまま貯蓄へ」というスタイルが理想的といえます。妻が専業主婦の場合は、夫の年収の2割は貯蓄するようにしましょう。

3 保険のこと

独身時代に保険に入らなかった人、または保険に入りすぎている人は、結婚を機に保険を見直しましょう。夫婦のどちらかに万が一のことがあった時や、ケガや事故、病気などで入院した時にパートナーの経済的負担を軽くできるようにしておくのも一つの愛情です。健康で若いうちに保険に加入しておきたいものです。

● 結婚前後の手続き

★ 婚姻届

2人が結婚したことの届け出ではありますが、これをもとに2人の新戸籍が自動的に作成される仕組みになっているので手続き内容も厳格になっています。

STEP 1 婚姻届をもらう

最寄りの役所や出張所の戸籍課でもらうことができます。（住んでいる住所の近くでなくても可）

STEP 2　用意しておくもの

■ 届出人の印鑑
万が一、記入事項に間違いがあった場合、その場で直し、訂正印として必要になることがありますので提出時にも持参しましょう。

■ 戸籍謄本
結婚前の本籍地とは違う役所へ婚姻届を提出する場合は戸籍謄本が必要です。2人とも本籍地と違う役所に提出する場合はそれぞれ1通ずつ必要。

■ 身分証明書
自分の顔写真が貼ってある官公署等発行の身分証明書を必ず持参しましょう。運転免許証やパスポートなどが一般的です。

STEP 3　必要事項を記入

記入する時は、書き損じがないよう慎重に書きましょう。役所で用紙をもらってくる際、しっかり確認してくるといいでしょう。

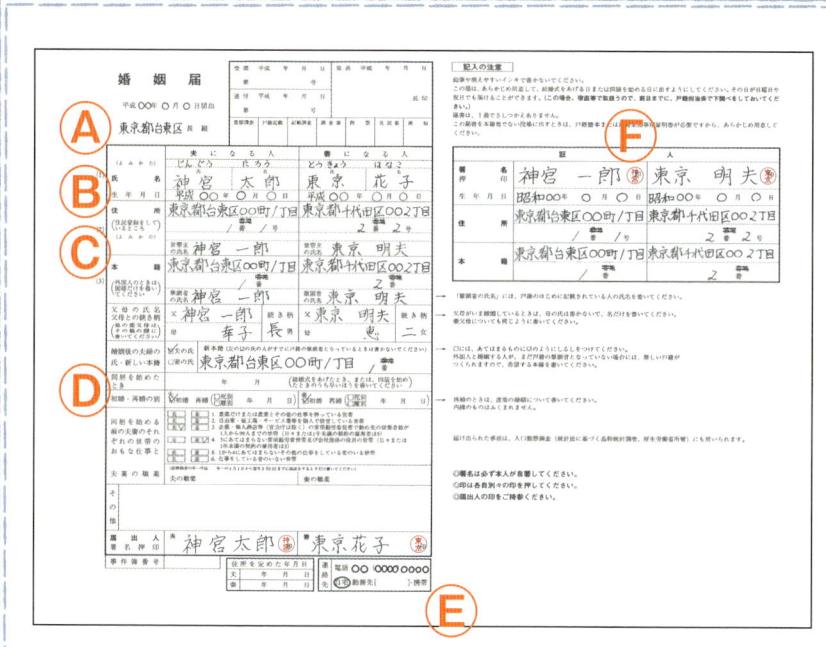

A 届出日
役所に提出する日（土・日曜・祝日も可）を記入します。休日や夜間など役所の窓口が閉まっている時間帯に提出すると、内容の確認は週明けや翌日になることもありますので要注意。

B 氏名・届出人署名押印欄
すべて旧姓で記入。署名欄は必ず本人が記入をします。印鑑登録をした実印ではなく、認め印（普段使う略式の物）でもかまいません。ゴム印は使用できないので注意しましょう。

C 住所
それぞれが住民登録をしている住所を記入。婚姻届と同時に転入届を出す場合は新住所を記入。

D 婚姻後の夫婦の氏・新しい本籍
夫婦の希望する本籍を記入します。どちらかの本籍地や新居の住所にするケースが多いです。ただし、すでに戸籍筆頭者になって新しい戸籍がある時はこの欄は記入せずに空白のままにしておきましょう。

E 連絡先
自宅や勤務先など昼間連絡が取れる電話番号を記入。提出した書類に不備があった時連絡がきます。

F 証人欄
20歳以上の成人2人に自筆で記入（氏名、生年月日、住所、本籍）し、押印してもらいます。親、兄弟、友人など信頼できる人なら誰でもOKです。

STEP 4　婚姻届を提出

婚姻届を提出する日は自由に決めることができます。どちらかの誕生日や2人の記念日にする人も多いようです。婚姻届は24時間、土日祝も受け付けてもらえますが、休日や夜間は宿直に預かってもらうことになり内容確認ができないので間違いがあった場合は後日訂正に行かなければならず受理日（入籍日）もずれてしまうので要注意。また結婚式当日に入籍をしたい場合や、本人が提出に行けない場合は代理人でもOKです。事務的な効率化を考えると引っ越し後のほうが転入届と一緒に出すことができますので楽です。

Chapter5　マネーで損をしないための家庭生活の常識　★　311

結婚後のお金の管理 家計のやりくりについて

Marriage & Childbirth 05

ライフプランに合わせた家計管理を行うこと

家計管理で一番重要なことは「支出を把握する」ことです。
毎月、何にどれくらいお金がかかるのかを理解していれば、生活費の予算を組むことができますし、無駄な支出や使いすぎも防ぐことができます。そのためには家計簿をつけることをおすすめします。
面倒や手間がかかると思うかもしれませんが、お金の流れを知る上では大切なものです。
最近ではパソコンやスマートフォンで手軽に家計簿をつけられるものもあるので活用しましょう。

★ 生活費とは…

一般に生活費は「固定費」と「流動費」に分けて考えることが多いです。固定費は住居費や公共料金、通信費、マイカー費、教育費にあたります。流動費は食費や日用品購入費、医療費、レジャー費、冠婚葬祭費になります。

生活費（具体例）

- 食費
- 公共料金（水道・光熱費）
- 通信費（固定電話代、携帯電話代、インターネット代、新聞代など）
- 車関連維持費（ガソリン代、自動車保険、自動車税など）
- その他（被服費、雑貨、外食費、レジャー費など）

30代夫婦の1ヵ月の家計簿

家賃	75,000円
水道光熱費	8,000円
食費	40,000円
携帯電話代	15,000円（2人合わせて）
保険料	20,000円
お小遣い（夫）	30,000円
お小遣い（妻）	10,000円
ガソリン代	5,000円
毎月の貯金	50,000円
総貯金額	600万円

生活費の目安

家賃	手取りの30％までにおさえる
食費	手取りの10％程度 子どもがいる場合は15％におさえる
臨時出費	15％程度。医療費や冠婚葬祭費など、いざという時のためのお金
光熱費	夏と冬は上がってしまうのは仕方ないが年平均10％程度に
貯蓄	最低でも10％は貯蓄へ 共働きなら30％を目指して
交際費	10％程度におさえる
その他	日用雑貨、小遣い、衣類など15％程度におさえる

★ 先取り貯蓄のすすめ

「先取り貯蓄」とは必要な貯蓄分を先に別口座へ自動的に移してしまうというもの。給与振込口座にはすでに貯蓄分が差し引かれた金額だけが残ることになるので、その範囲で生活すればいいでしょう。貯蓄分は自動的に別口座に貯まっていきますので、使い込んでしまう心配がないのです。

先取り貯蓄

月々の収入（夫・妻の給与）

- **自動振替** → 貯蓄口座へ → **先取り貯蓄**（収入の10〜20％）
- **銀行引き落とし**: 家のローン／水道光熱費／通信費／習いごと／保険 など
- **現金管理**: 生活費（食事・雑費）／小遣い など

先取り貯蓄におすすめの預金

自動積立定期預金	各金融機関	指定日に、指定金額が普通口座から定期預金に自動的に振り替えられる
財形貯蓄	会社（勤務先）	給与や賞与から天引される、手間がかからない堅実貯蓄 税金面での優遇や融資制度もある。積み立て期間は3年以上だが積み立て開始から1年を過ぎると自由に払い戻しができる
社内預金	会社（勤務先）	指定日に、指定金額が普通口座から定期預金に自動的に振り替えられる 金融機関よりも金利が高いことが多い

> きちんと家計簿がつけられる人ってなかなかいませんよね。忙しい主婦は家計簿をつける時間すら取れないものです。そのように計画的な貯蓄ができない人はぜひ先取り貯蓄を試してみてはいかがでしょうか。

Marriage & Childbirth

06 結婚したら考える マイホームについて

マイホーム購入！……の前に押さえておきたいポイント

結婚したら考えるのがマイホーム。
ところが、最近では「一生賃貸派」という人も増えています。
ここでは、マイホームと賃貸、また、買うなら戸建かマンションか？
など、メリット・デメリットをまとめてみました。

マイホームと賃貸のメリット・デメリット

	メリット	デメリット
賃貸	・家族の都合や環境の変化によって気軽に住み替えができる ・住宅ローンに縛られない	・老後の家賃負担 ・リフォームなどがしにくい
マイホーム	・老後、家賃の負担がない ・リフォームしやすい ・自己資産になる	・住宅ローンに縛られる ・住み替えがしにくい ・固定資産税がかかる

point マイホーム購入のメリットはなんといっても「自分の資産になる」ということ。将来住む場所に困ることもなくなり、ゆくゆくは家族に財産として遺すこともできます。しかし、転勤や転職などで転居しなければならない時は、それが逆にデメリットにもなります。一方、身軽に引っ越しができるというのが賃貸の最大のメリットですが、やはり賃貸物件は他人のもの。老後の家賃の心配もあります。

一戸建てとマンションのメリット・デメリット

	メリット	デメリット
一戸建て	・家族が増えた時、リフォームしやすい ・土地も含め財産になる ・管理費や修繕積立金がかからない ・ペットを自由に飼える	・駅から遠いことが多い ・他者が侵入しやすい ・家のメンテナンス費用は自己負担 ・気密性や断熱性が劣る
マンション	・敷地内の掃除などは管理人がやってくれる ・共有施設が充実している ・部屋の中に階段がないので住みやすい（バリアフリー） ・セキュリティが優れている	・管理費や修繕積立金がかかる ・音に気を遣う ・ペットに制限がある ・管理組合の参加義務がある

point マンションはいわゆる共同住宅ですので周囲との協調性が必要とされます。しかしセキュリティという点からいうとマンションに軍配が上がります。住環境全体を外から守りやすい構造になっているマンションに対し、戸建ては構造的に限界があります。ランニングコストですが、マンションの場合は管理費のほかに、修繕積立金が毎月必要になります。一方、一戸建てにはマンションのような管理費や修繕積立金はありません。しかし、その分、日々の清掃やメンテナンスは自己責任。将来を考えると、毎年建築費用の1％程度は積み立てておきたいところです。

★ 住宅購入時の諸費用

土地建物の価格とは別にかかってくる費用があります。新築物件では、物件価格の3〜7％、中古物件では物件価格の8〜10％を現金で準備しておきましょう。

住宅購入時の諸費用（一例）

- 中古物件では物件価格のおおよそ8〜10％が諸費用として必要
- 中古マンション（築20年程度）：価格…3400万円
- 固定資産税　課税標準額：建物…660万円　土地…108万円
- 借り入れ額（融資額）：3000万円

※固定資産税・都市計画税・不動産取得税は各不動産ごとの評価額などにより異なる。したがって各費用も物件ごとに違いがあるので、購入する際には確認が必要

※引っ越し費用や内装費用、家具家電などについては別途予算が必要

項目	金額	備考
印紙税	10,000円	売買契約書に貼付するもの（軽減措置の金額）。契約金額によって異なる
登録免許税・司法書士報酬	400,000円	移転登記、抵当権設定の際にかかる税金。登記手続きを依頼した司法書士への報酬
固定資産税及び都市計画税（1年分）	※130,000円	土地と建物の課税標準額により決定。実際は物件の引渡し日を基準に日割り精算となる。不動産取得後は毎年必要。都市計画税のかからない市町村もある
不動産取得税	※214,000円	土地と建物の課税標準額により決定。面積や建築日時などで軽減該当の場合もある
融資事務手数料	32,000円	金融機関によって異なる。融資実行の金融機関へ支払う
保証料	600,000〜900,000円	保証会社・ローン審査内容により異なる。保証料は借り入れ額の2％（税別）の場合もある。「フラット35」などの場合は不要だが、融資手数料が高額になる。
火災保険料	100,000円	概算10年分。保険金額は建物1,560万円、家財1,000万円の場合。建物の構造や築年数、面積などで計算。保険会社により料金は異なり、保険期間は最長10年
地震保険料	26,000円	概算1年分。保険金額は建物780万円、家財500万円の場合。地震保険だけの契約はできず、地域により保険料に差がある。火災保険金の30〜50％の範囲で地震保険金を設定できる
団体信用生命保険料	107,000円	1年分の金額で、毎年必要。民間ローンの場合は金利に含み、「フラット35」の場合は必須
仲介手数料	1,166,000円	仲介業者へ支払う報酬。売主からの直接購入の場合は不要
上記諸費用合計	2,785,000〜3,085,000円	すべて概算（目安）となる

★ 住宅ローン

大きく分けると、①公的住宅ローン（公的融資）、②民間住宅ローン（民間融資）の2つになります。住宅ローンを組む際は、返済期間や返済方法も視野に入れ、シミュレーションしておくべきです。また、住宅ローンの金利は定期的に見直されるので最新の金利をチェックしておきましょう。

公的住宅ローン	財形住宅融資	財形貯蓄1年以上、貯蓄残高50万円以上あるのが条件。金利は5年間固定、最高4,000万円まで。
	自治体融資	地方自治体が窓口になり住民に対して提供する融資のこと。借入限度額や物件には制限がありますが金利面は比較的有利。
民間住宅ローン	都市銀行・信託銀行　地方銀行・信用金庫　信用組合・労働金庫　JA（農協）	金利タイプは、変動金利型、固定金利選択型、全期間固定金利型と様々。年齢、収入、勤続年数など条件をクリアすれば融資が受けられる。
	ノンバンクローン	信販会社、クレジット会社、住宅ローン専門会社などの銀行以外の金融機関が提供する住宅ローンのこと。
	フラット35	住宅金融支援機構と民間金融機関が提携した住宅ローン。住宅ローンを民間の金融機関等で提供できるようにするための仕組みで借入期間は15年以上35年以下で金利タイプは全期間固定。

Marriage & Childbirth

07 知っておきたい今どきの出産事情

少子化を食い止めるため、母親を経済的に救う給付対策

高齢出産は増加傾向にありますが、高齢ならではの人生経験やそれによって培われた精神力もあり「ゆったりとした気持ちで子育てができる」という30〜40代の母親も多いようです。
少子化を食い止めるためにも、母親たちが余裕を持って働けるよう様々な対策が進むなか、出産・子育て事情の最新情報をまとめてみます。

第一子出生時の母の平均年齢の推移

（厚生労働省平成26年度人口動態統計月報年計より）

年	年齢
昭和50	25.7
60	26.7
平成7	27.5
17	29.1
20	29.5
22	29.9
24	30.4
26	30.6

どの国も、子どもを産んでも女性が社会復帰しやすい国でなければ少子化を食い止めることはできませんね。

☆この10年間は5年に1歳のペースで上昇中

平成26年の人口動態調査によると、初めて出産する人の全国平均年齢は30.6歳という結果になりました。昭和50年以降ゆるやかに上がり続けてきましたが、この10年間は5年に1歳のペースというかなりのスピードで上がっています。

☆日本だけじゃない！ 少子化は先進国全体に共通する現象

出生率が低下するという現象は先進国全体に共通する社会現象といえます。しかし、出生率の低下は国によって大きくばらついています。主要先進国（アメリカ、フランス、韓国、イギリス、スウェーデン、ドイツなど）は、1970年代頃から少子化が続いておりますが、出生率をある程度維持できている国、あるいは増加に転じた国、日本のように低迷を続けている国と多様です。原因は日本と同じで女性の社会進出など様々な理由が挙げられます。

☆ 出産費用

平均して約49万円ですが、出産育児一時金の支給により実際に負担する額は約7万円という結果に。そのほかにも、出産準備品購入費や内祝（お祝い返し）などの支出があります。

486,734円
（厚生労働省平成26年度保険局調査より）

出産育児一時金との差額　**約69,670円**

公的な補助制度を使うとかなり費用が抑えられますね。

☆ 出産・育児に関する給付例

● 出産

出産育児一時金	子ども1人につき42万円	出産費用の負担軽減のため、出産後に一時金が支給されます

● 休業・退職した場合

出産手当金	1日につき、標準報酬額の2/3にあたる金額	出産のために会社を休み、報酬が受けられない場合に支給されます
育児休業給付金	休業開始時賃金月額の50%	1歳未満の子どもを養育するために育児休業を取得したなどの一定の要件を満たした時に支給されます

● 育児

児童手当	0〜3歳未満 ………… 月額1.5万円 3歳〜小学校修了前 　（第1子・2子）……… 月額1万円 　（第3子以降）……… 月額1.5万円 中学生 ……………… 月額1万円

妊娠から出産までの注意事項と手続き

Marriage & Childbirth 08

初めての妊娠はうれしい反面、不安なことも……

妊娠が判明した日から、生活は大きく変わります。
特に、女性にとって初めての妊娠は何をどうしたらいいのかわからないという人も多いはずです。
ここでは、妊娠が判明した日から出産までの流れや身体の変化、赤ちゃんの様子、
また妊娠中に気をつけたいことやポイントなどをご紹介します。

STEP 1　妊娠したと思ったら…

自分が妊娠したと思ったら、まずは病院で検査をしましょう。市販の検査薬の場合、正確な判定が出ないこともあるので必ず産婦人科で検査しましょう。そして、その日からタバコやお酒はやめるようにしましょう。妊娠初期は赤ちゃんにとってもお母さんにとっても大事な時期です。無理をせず、安静に過ごしましょう。

STEP 2　周りの人へ報告は…

初めての妊娠はうれしさのあまり、多くの人に話してしまいたくなりますが、人によっては不妊症で苦しんでいる方もたくさんいます。報告する人との関係性やタイミングをよく考えてから報告するようにしましょう。妊娠したからといっても、安定期に入るまでは何が起こるかわかりません。妊娠5ヵ月以降の安定期に入り、赤ちゃんが順調に育っているとわかってから周囲の人たちに報告するのがおすすめです。

STEP 3　病院を決めましょう

家の近くで出産するか、里帰り出産をするかは自由ですが、最近は働いている女性も多いので家の近くの病院を選ぶ人が多いようです。最初に妊娠を診断された病院が出産の設備も付随している場合は、そのまま出産までお世話になる人もいますが、病院を選べる場合、いくつかの病院を見学して自分に合いそうな病院を選ぶと良いでしょう。

病院の種類

総合病院・大学病院	設備が充実しており、安心感があります。ベッド数も多いため分娩予約は取りやすいですが、担当医が変わることが多いので不安を抱くこともあります。
産科専門病院・診療所	初診から分娩まで担当医が変わらないのでコミュニケーションを取りやすいのがメリットですが、ベッド数が少ないで分娩予約が取りにくいこともあります。
助産院	助産院とは9床以下の入院設備のある施設で、医師ではなく助産師による介助のみでお産をします。家庭的な雰囲気の中でお産できるので、自宅にいるような安心感があるのがメリットです。

STEP 4　母子健康手帳交付

母子健康手帳は一般的に「母子手帳」と呼ばれるもので、妊娠や出産の経過から、小学校入学までの健康状態や予防接種の記録などが書かれます。交付の仕方は各市町村によって手続きの方法は異なりますが、医者に妊娠証明書をもらい、住んでいる役所や保健センターなどに届けを出し、交付してもらうという流れが一般的です。

STEP 5　勤務先への報告

勤務先に妊娠したことを報告する時は「出産予定日」「産休の期間」「育児休暇の期間」「業務の引き継ぎ」「出産後も働きたいのか」などについて話し合いましょう。上司と相談しながら決して無理をせず体調に合わせた仕事をしましょう。

CLOSE UP

妊婦健康診査とは

お母さんと赤ちゃんの健康を守り、妊娠が順調かどうかをチェックするためのものです。妊娠中は身体に様々な変化が起こります。自覚症状がなく、特に気がかりなことがなくても、少なくとも次のような間隔で妊婦健康診査を受けて、胎児の育ち具合や、自身の健康状態（血圧、尿など）をチェックしてもらいましょう。健診日以外でも、出血や腹痛などがあった場合はすぐに受診しましょう。

● 健診の目安

妊娠23週（6ヵ月末）まで	4週間に1回
妊娠24週～35週（7～9ヵ月末）	2週間に1回
妊娠36週（10ヵ月）以後出産まで	毎週1回

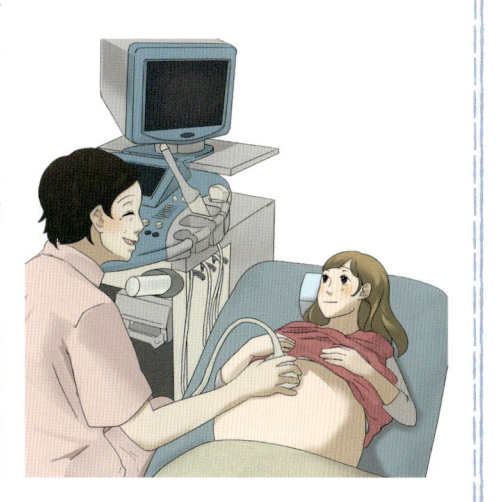

妊娠中の過ごし方
★ リラックスしながらマタニティライフを楽しむ

妊娠初期はつわりなどの症状も出始め、経過とともにお腹も大きくなり、自分の思い通りには動けなくなります。体調管理を行うことが第一ですが、気持ちをリラックスさせ安定した精神状態を保つことが大切です。

食事

1日3回、きちんと食事をとりましょう。鉄分、カルシウム、タンパク質をとるようにし、逆に脂肪分や糖分は抑えるよう意識しましょう。間食はなるべく控えて。つわりなどで偏食になりがちな時期も、サプリメントなどで必要な栄養素を摂取しましょう。

冷暖房

冷房は身体を冷やすので注意しましょう。直接冷気が当たらないようにして、室内温度をできるだけ冷やしすぎないこと。妊娠中はなるべく冷たい飲み物も控えて、温かい飲み物を飲むようにしましょう。冬はできるだけ身体を温めて、冷えないように心がけます。腹巻などでお腹を冷やさないようにしましょう。

家事

安静第一と考えて、あまり動かないでいると脂肪が蓄積してしまいます。安定期（16～28週）に入ったら、掃除やお料理、洗濯など自分で動ける範囲のことはなるべく普段通りに行い、適度に身体を動かしましょう。お散歩なども気分転換になります。

虫歯

妊娠中に歯科治療を受けてはいけない時期というもはありませんが、妊娠初期はつわりでどうしても歯磨きが不十分になり、虫歯が増えやすい状態になります。また、妊娠後期は仰向けで寝ることが苦しくなりますので、虫歯治療は妊娠中期までに終わらせておくのがいいでしょう。

飲酒・喫煙

妊娠がわかったらすぐにタバコ・お酒はやめましょう。妊娠初期は赤ちゃんの身体を作られる過程でも一番大切な時期です。赤ちゃんに障害をもたらす可能性がありますのですぐにやめましょう。

服装

ゆったりとした服を着て、お腹を締めつけないようにしましょう。温度の変化に対応しやすい前開きで羽織るものがいいでしょう。生地は伸びやすいものを選ぶと楽に着られます。身体を冷やさないように心がけ、下着も妊婦用の物を着用しましょう。

運動

運動を始めるには、安定期以降が最適です。個人差はありますが、つわりも治まり、食欲も出始めたころに体重コントロールも兼ねて行うといいでしょう。しかし、始める時は必ず担当医に了承を得てからにしてください。

薬

妊娠しているとは気づかず、薬を飲んでしまった、という体験をしたことがある人は少なくありません。一般の薬であれば問題ないものが多いといわれていますが、妊娠に気づいた時点で薬の服用はやめましょう。万が一、飲んでしまった時は主治医に相談しましょう。

妊娠中毒症

高血圧、尿たんぱく、むくみ（浮腫）のうち1つ、もしくは2つ以上の症状が見られ、それが妊娠前から持っている症状でないものを妊娠中毒症といいます。
症状が出やすいのは妊娠後期で、約1割程度の妊婦が発症します。妊娠中期で発症したほうが悪化する傾向があり、重症になると母子共に大変危険な状態になります。

⭐ 出産準備

妊娠後期（28〜40週）になったら、いつ生まれてもいいように準備をします。出産間近ですと身体が重くなり、思うように動けなくなるので早めに準備をしておきましょう。入院時に必要なものはバッグにまとめておき、いつでも持ち出せる場所に置いておきましょう。

陣痛はいつ始まるかわかりませんので、母子手帳や健康保険証は常に持ち歩くようにしましょう。家族がいない時でもタクシーを呼べるように、タクシー会社の電話番号を登録しておきましょう。

出産準備品リスト

母乳関連
- ☐ 母乳パッド
- ☐ さく乳器
- ☐ 授乳用ブラジャー
- ☐ 授乳クッション

ミルク関連
- ☐ 粉ミルク
- ☐ 哺乳瓶
- ☐ 哺乳瓶用ブラシ
- ☐ 哺乳瓶消毒ケース
- ☐ 哺乳瓶消毒剤
- ☐ 消毒用トング

お風呂関連
- ☐ ベビーバス
- ☐ 湯温計
- ☐ ベビーせっけん
- ☐ 沐浴剤
- ☐ 沐浴布

ヘルスケア関連
- ☐ 体温計
- ☐ 冷却湿布
- ☐ 鼻水吸い器

お手入れ用品
- ☐ ベビー綿棒
- ☐ ベビー用爪切り
- ☐ ベビーローション
- ☐ ベビーオイル

ベビー服（衣類）
- ☐ 短肌着
- ☐ 長肌着
- ☐ コンビ肌着
- ☐ カバーオール・ロンパースなど
- ☐ おくるみ
- ☐ よだれかけ
- ☐ ガーゼ
- ☐ スリーパー

おむつ類
- ☐ 紙おむつ
- ☐ おしりふき
- ☐ おむつかえシート

寝具
- ☐ ベビーベッド
- ☐ ベビー布団
- ☐ ベビー用枕

おでかけ用品
- ☐ 帽子
- ☐ 抱っこひも
- ☐ ベビーカー
- ☐ 授乳用ストール・ケープ
- ☐ チャイルドシート
- ☐ おむつポーチ
- ☐ マザーズバッグ
- ☐ 授乳服

産後用品（入院準備）
- ☐ 産褥パッド・生理用品
- ☐ 産褥ショーツ
- ☐ 授乳口付パジャマ（前開きパジャマ）
- ☐ 円クッション

その他
- ☐ 母子手帳ケース
- ☐ バウンサー
- ☐ ハイローチェア
- ☐ ストローマグ
- ☐ 育児書

☆ 多様化する出産スタイル

近年、出産のスタイルは多様化しています。出産スタイルを考えることで、お産に対して前向きに取り組めるだけでなく、育児に対する姿勢にも違いが出てくることでしょう。産院の方針などもありますし、すべて自分の思い通りの出産ができるとは限りませんが、どのくらい自分の希望が通るのか、どういう出産スタイルがあるのかを知っておくことはとても大切です。

A ラマーズ法

フランスのラマーズ医師が広めた分娩方法。自然分娩で最も多く採用されている方法で、心と体の緊張をほぐし、リラックスして産むことができます。産前教育、呼吸法、弛緩法など出産の立ち合いによってお産に対する恐怖心を失くし、気持ちを和らげ、自然な形でお産をし、生まれてくる赤ちゃんの負担も少なくします。

B 無痛分娩

全身麻酔や局部麻酔を打ち、出産時の痛みを感じないように産む方法です。局部麻酔は下半身をマヒさせる方法が一般的です。人工的に行うので、実施している病院も限られてきます。

C 陣痛促進剤による分娩

陣痛がくる前に計画的に促進剤を使ってお産にもっていくことを誘発分娩または計画分娩といいます。それに対して微弱陣痛などでお産を強めることを陣痛促進といっています。予定日を大幅に過ぎた場合や破水して数日が過ぎた場合は、母子に危険が伴うので、人工的に陣痛を促す薬を使って出産をコントロールします。

D アクティブバース

アクティブバースはフリースタイル出産ともいい、産む人の主体性を尊重した出産方法で、環境や産み方を自由に選択して自然に出産します。安全と医療の力を最優先する病院ではあまり行われていません。立った姿勢や座った姿勢で重力を利用したり、水中で出産するなど体内の自然なリズムに合わせた産み方が特徴です。

E LDR

LDRとは、陣痛（Labor）、分娩（Delivery）、産後の回復（Recovery）の略で、すべてを同じ部屋で過ごすお産のスタイルです。すべての設備が整い、分娩時にはベッドが分娩台になります。産後もそこでそのまま入院生活を送るという病院もあります。お産の進行によって移動することがないので、精神的にも肉体的にも楽に過ごせます。

★ 立ち合い出産について

赤ちゃんが誕生するまでの間、夫婦（または家族）で支え合いながら乗り越え、誕生の喜びを分かち合う出産のスタイルです。陣痛の間だけ付き添ったり、誕生の瞬間まで一緒にいたりと形は様々ですが、パパがママのサポートをすることで夫婦の絆も強まり、その後の育児も助け合っていけるといわれています。

立ち合い出産でパパができること

長丁場になるお産において、パパのサポートは肉体的にも精神面においてもママの大きな支えになります。ママの気持ちに寄り添うようにして、できることをしてあげましょう。

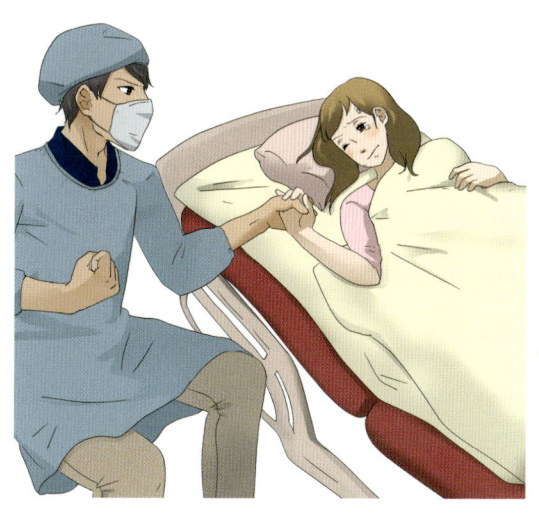

1 ママの気持ちをリラックスさせて

肩の力を抜いて会話をしたり、手を握ってスキンシップを。決して「眠い」「疲れた」などは言わないこと！

2 気持ちいいところをマッサージ

お産の進行に合わせて、マッサージをしたり、痛いところを押してあげたり、呼吸法を一緒に行うのもいいでしょう。

3 汗をふいたり水分補給をして

汗をふいてあげる、のどが渇いているようなら飲み物を飲ませる、などの気配りを。でも必要以上にお世話をするのはNG。

4 赤ちゃん誕生後にはねぎらいの言葉を

赤ちゃんへの言葉がけも大事ですが、「ママ、お疲れさま、ありがとう」など、ママへの言葉がけも忘れずに。

出産に立ち合うパパが増えているようですが、なかには出産に立ち合ってほしくないママもいるので、話し合って決めておきましょう。

★ 妊娠月別　胎児の様子とママの身体

妊娠中はいろいろな身体の変化に戸惑うことも多いものです。しかし、妊娠月別に赤ちゃんの様子がわかっていると安心できます。ここでは妊娠月別のママの身体と胎児の様子を紹介します。穏やかなマタニティライフを過ごすためのポイントもチェックしておきましょう。

	妊娠3ヵ月 8〜11週	妊娠4ヵ月 12〜15週	妊娠5ヵ月 16〜19週	妊娠6ヵ月 20〜23週
Mama	● お腹はまったく目立ちません ● 子宮は握りこぶし大の大きさ ● つわりが本格化します ● 便秘やおりものが増えます ● 膀胱（ぼうこう）の圧迫による頻尿になる人も ● 乳房の張りを感じます	● 子宮の大きさは新生児の頭くらいになりお腹が膨らんできます ● 14〜15週には胎盤もほぼ完成 安定期に入ります ● つわりから解放されると食欲が増してくるので体重コントロールに注意	● 妊娠中でもっとも安定する時期 ● 子宮の大きさは大人の頭くらいになり、体重が増加しはじめます ● 18週くらいになると胎動を感じることもあります ● 乳房が大きくなり乳頭の色も変化します	● 大きくなった子宮が心臓や肺を圧迫するため動悸や息切れなどが起こりやすくなります ● 乳腺が発達し、乳房も大きくなります ● お腹の膨らみも目立ってきます
Baby	● 内臓がほぼ完成します ● 胴と手足が発達し三頭身に ● 爪が作られます ● 顔立ちが整います ● 腎臓と尿管がつながり排泄ができるようになります	● 内臓や手足などの器官がほぼ完成 ● 骨や筋肉も発達して、羊水の中でクルリと回転することも ● 皮膚が厚みを増して、産毛も生えてきます	● 身体の器官が発達し、動く様子が胎動として伝わってきます ● 心臓が2心房心室に分かれているのが確認できます	● 排泄機能が発達し、羊水を飲んでおしっこをするようになります ● 20週になると耳が聞こえるようになるといわれています
Point	● 母子健康手帳の交付をしましょう ● つわりで水分もとれない場合は「妊娠悪阻」の疑いもあります ● 流産しやすいので安静に過ごしましょう	● 妊娠15週くらいからマタニティビクスなどを始めてもOK その際は医師と相談してから始めましょう	● 子宮収縮が頻繁にある時は安静にしましょう ● 歯科検診を受け、虫歯があれば早めに治療をしましょう ● 胎動が弱まった場合はすぐに受診を ● この時期に両親学級へ参加しましょう	● 妊娠中期から末期は貧血や妊娠高血圧症候群になりやすいので注意しましょう ● 乳首のお手入れを始めておきましょう

> マタニティブルーという言葉があるように、妊娠中のママは気持ちが不安定になる方も多いようです。ママの身体を労わってあげるためにもママの身体の変化を知っておく必要があります。

妊娠7ヵ月 24〜27週	妊娠8ヵ月 28〜31週	妊娠9ヵ月 32〜35週	妊娠10ヵ月 36〜39週
● お腹が上腹部までせり出します ● 背中や腰の痛み、ひどい便秘が原因で痔に苦しむ人も ● この時期からお腹が張りやすくなるという人も多いようです	● 胎動を強く感じるようになるため、不眠になる方もいます ● 血液量も増えるため、貧血になりやすくなります ● 妊娠高血圧症候群の予兆にも注意をしましょう	● 子宮が大きくなりみぞおちまで上がり、胃や肺、心臓を圧迫します ● 動悸や息切れなどで食欲が減る人も ● 頻尿や尿漏れも多くなり、おりものもさらに増えます ● お腹の張りを感じやすくなります	● 赤ちゃんが下がってくるので、胃もたれや動悸が軽くなります ● 膀胱や直腸への圧迫が強くなり、頻尿や便秘がちになる人も
● まぶたができ、まばたきができるようになります ● 鼻の穴も開通し、25週には聴覚が完成しますのでママの心音や声も聞こえています ● 自分の意思で身体を伸ばしたり縮めたり細かい動きも上手に	● 筋肉と聴覚、神経の動きも活発になります ● ぐるぐる回っていた赤ちゃんも次第に位置や姿勢が定まってきます ● 外性器が見えるようになり、超音波で性別の推定も可能になります	● 皮下脂肪も増え、透けていた肌も弾力あるピンク色に変化します ● 羊水を飲んでたくさんの尿を出すこともできるようになり、おっぱいを飲んで排泄をする準備に入ります	● 20〜30分周期で寝たり起きたりを繰り返しています ● 頭を下にした頭位で骨盤内に固定されるため胎動が減少します ● 神経系も発達して、呼吸や体温調節などの準備が整います
● 24週から妊婦健診は2週に1回受けましょう ● 足にむくみや静脈瘤が出やすいので注意しましょう	● 入院に必要なものをまとめて、誰にでもわかるようにしておきましょう ● 里帰り出産をするなら35週までに移動しておきましょう	● 入院中の家事手伝いや退院後の計画など出産後の生活を計画しておきましょう	● 定期健診は週に1回受けましょう ● いつお産が始まってもいいように、入院に必要な物品の確認をしておきましょう

妊娠・出産のお金と赤ちゃんの成長過程について

Marriage & Childbirth 09

もらい忘れのないように、きちんと把握して申請しましょう

赤ちゃんを産み、育てる家庭をサポートするために、国や自治体、社会保険制度から様々なお金が給付されます。
しかし、どの制度も自分で申請しなければもらえないものばかりなので、きちんと把握し申請しましょう。

1 出産育児一時金

妊娠・出産は病気ではないため健康保険が使えない代わりに、健康保険から出産育児一時金が支給されます。

1児につき42万円（双子なら倍の84万円、三つ子なら3倍の126万円）が支給されます。ただし、産科医療補償制度に加入されていない医療機関等で出産された場合は40.4万円となります。出産育児一時金を請求できるのは出産の翌日から2年以内と決められています。1日でも過ぎると手続きができなくなってしまいますので、もらい忘れていた場合はすぐに手続きをしましょう。また、流産や死産の場合も出産育児一時金はもらえます。ただし流産の場合は妊娠85日以上が経っていることが条件になります。

手続きの仕方

手続きには「直接支払制度」「受取代理制度」の2つがあります。
出産予定の分娩機関がどちらを導入しているか確認しましょう。

- **直接支払制度**……健保組合が直接、出産された医療機関に対して出産育児一時金を支払う制度。退院の際の支払いは、出産育児一時金を上回った金額だけで、あらかじめ多額の出産費用を用意しなくてもすみます。

- **受取代理制度**……医療機関が被保険者（被扶養者）に代わって出産育児一時金を受け取る制度。これにより、直接支払制度を導入していない医療機関で出産する被保険者（被扶養者）も退院の際に出産費用と出産育児一時金の差額だけを支払うことが可能になりました。

2 出産費（貸付）制度

出産の大きな出費を支援するために健康保険から出産育児一時金が給付されますが、どうしても出産費用が準備できない場合には出産育児一時金が出るまで無利子で融資を受けられる制度としてこの「出産費（貸付）制度」があります。利息はなく、返済は出産育児一時金で精算をします。精算後、残った金額が融資を受けた人の指定口座に振り込まれます。

手続きの仕方

出産育児一時金の支給を受ける見込みのある人で、さらに以下に該当する母親が融資を受けられます。

- 出産予定日まで1ヵ月以内の母親
- 妊娠4ヵ月（85日）以上で、医療機関に一時的な支払いをしなければならない母親

3 児童手当

子どもが産まれると支出が増えます。子どものいる家庭を経済的にサポートするために作られた手当です。民主党政権下で「子ども手当」となり、増額されましたが、自公政権に戻って元の児童手当になりました。

手続きの仕方

世帯主が公務員の場合は職場で、それ以外の場合は住んでいる地域の市区町村役場で申請します。赤ちゃんの出生届を提出したその足で児童手当の手続きをすると効率的です。里帰り出産の人は、里帰り先ではなく、現在住んでいる地域の市区町村役所で申請します。

対象年齢	支給額（月額）
0～3歳未満	15,000円
3歳～小学校修了前	10,000円（第1子・2子） 15,000円（第3子以降）
中学生	10,000円

※支給には所得制限がある

> 上記以外にも子どもの医療費助成という控除もあります。控除は様々ありますが、きちんと確認して、もらい忘れのないようにチェックしましょう！

Chapter5　マネーで損をしないための家庭生活の常識

5 医療費控除 （➡P267参照）

医療費控除とは「かかった医療費の一部を所得税から控除する」という制度のことです。所得税を納めている家族（給与所得者なら年収103万円を超えた人）で家族全員の1年間（1月1日〜12月31日）の医療費が10万円を超えた場合、または所得が200万円未満の人の1年間の医療費が所得金額の5％を超えた場合が対象となります。戻る金額は、医療費から出産育児一時金や生命保険の入院給付金などの給付金を引き、さらに足切り額10万円を引いたものに所得税率をかけて計算します。

手続きの仕方

所得税を払っている人が確定申告します。やり方がわからない人は申告時期になると税務署や公共施設などで確定申告のための相談コーナーなどがあるので利用してみてください。申告の際に提出するために、1年分の領収書やレシートを集めておく必要があります。医療費控除による減税額は申告後、約1ヵ月後に指定口座に振り込まれます。

医療費として認められるもの	医療費として認められないもの
・病院、歯科の治療費、薬代 ・薬局で買った市販の薬 ・入院の部屋代、食事の費用 ・妊娠の定期検診、検査費用 ・出産の入院費 ・病院までの交通費 ・子どもの治療のための歯科矯正 ・在宅で介護保険を使った時の介護費用 など	・妊婦用下着 ・妊娠検査薬 ・自分の都合で利用する差額ベッド代 ・健康増進のビタミン剤や漢方薬 ・病院までマイカーで行った時のガソリン代 ・里帰り出産のために乗った飛行機代 ・美容整形 など

例：医療費30万円のAさんと医療費60万円のBさんの場合

治療費（内科と歯医者）で 30万円かかったAさん	出産と夫の入院で 60万円かかったBさん
医療費控除の対象になる医療費が30万円。そこから10万円を引くと、医療費控除は20万円になります。	医療費控除の対象になる医療費が60万円。しかし、出産育児一時金や保険金などを引くと、残りは7万円となり、医療費控除額は0円となります。

6 出産手当金

産休とは出産休業のことで産前42日・産後56日の休みを指します。一般的に産休中は給料が出ないことがほとんどです。産休中の生活を支えるために、勤め先の健康保険から支給されるのが出産手当金です。もらえる条件としては、産後も今の仕事を続けるということで、会社員や公務員として働き、勤め先の健康保険に加入して保険料を払っていた母親だけが出産手当金をもらえます。

計算の仕方

月給÷30＝日給
日給×2/3×産休で休んだ日数＝出産手当金

具体例：Aさん（月給27万円）の場合
月給27万円÷30＝日給9,000円
9,000円×2/3×98日＝588,000円がもらえる

7 育児休業給付金

育児休業として、働く母親や父親は産休最終日の翌日から子どもの1歳の誕生日の前日までにとりたい日数を休めます。育児休業給付金は会社が加入している社会保険（雇用保険）から支給され、一定の条件を満たしていれば派遣社員やパートでも支給対象になります。平成26年4月からは、67％に引き上げられました。

例：収入のイメージ（給与23万円の場合）

育児休業前		育児休業中	
給与	230,000円	育児休業給付金	154,100円
所得税	5,000円	所得税	0円
社会保険料	30,000円	社会保険料	0円
雇用保険料	1,200円	雇用保険料	0円
住民税	15,000円	住民税	15,000円
手取り	178,800円	手取り	139,100円

※育児休業給付金は非課税のため、所得税はかかりません（翌年度の住民税算定額にも含まれません）。
※育児休業中の社会保険料は、労使ともに免除されます。給与所得がなければ、雇用保険料も生じません。

出典：厚生労働省リーフレット　育児休業給付金が引き上げられました!!（平成26年6月作成リーフレットNo. 11）

子どもの成長について

☆ 赤ちゃんの成長について

赤ちゃんは産まれてから特に1歳にかけて、急速に成長していきます。楽しみながら育児ができるよう、変化する赤ちゃんのライフスタイルを知っておきましょう。

新生児（生後4週間まで）

首がグラグラしているので、横抱っこが基本です。まだ昼と夜の区別がないので、一日中眠ったり起きたりし、2～3時間ごとに目を覚まします。腎臓の働きも未熟なので、頻繁におしっこやうんちをします。へその緒は、生後1～2週間で自然に取れます。沐浴のあとは、へその緒をよく乾かしてからおむつをあてるようにしてください。まだ抵抗力が弱く体温調節もうまくできないので、外出はできるだけ避け室温にも注意しましょう。

乳児期（生後1ヵ月～満1歳）

● 生後1～2ヵ月

そろそろ外気に触れさせてあげましょう。その頃から少しずつ抵抗力もつき、外出しても心配なくなります。母乳は、赤ちゃんが欲しがる時に時間にこだわらずにあげましょう。赤ちゃんの吸う刺激で自然と母乳の分泌量が増えてきます。

● 生後3～4ヵ月

皮脂の分泌が減り、肌が乾燥しやすくなりますので保湿を忘れずに。この頃は生まれた時と比べて体重が2倍くらいになります。おもちゃを持たせると口へ持っていくようになり、自分の手をじっと見つめるというしぐさも見え始めます。ミルクを飲むのも上手になり、1回の授乳でたっぷりと飲めるようになります。首が座るのもこの時期から、動くものを目で追う「追視」が始まります。

● 生後5～6ヵ月

興味を持ったものに自分から手をのばしてつかみ始めます。いろいろなものをつかんだり、触ったりすることによって、手のひらの感覚がどんどん発達していきます。寝返りにより、足腰や背骨がしっかりしてきます。また、この頃から離乳食を始めましょう。離乳食が始まっても、母乳は赤ちゃんが欲しがるだけあげましょう。免疫抗体が、ほとんどなくなるのがこの頃からなので、外出の時に細菌等の感染で風邪などにかかりやすくなります。記憶力がついてくるのもこの時期。母親と他の人とを区別できるようになるため、人見知りが始まります。

● 生後7〜9ヵ月

だんだんと前歯が生えてきます。歯磨きの習慣づけを始めましょう。生え始めの時期は歯茎がむずがゆい様子が見られ、よだれが増え、おもちゃなどをかみたがる様子が出てきます。おすわりが安定しますので、両手を自由に使えるようになり、やがて前のめりになったり、腹ばいから前に進んだりして、ハイハイができるようになります。
つかまり立ちもこの頃から始まり、好奇心旺盛に動き回りだしますので十分に注意が必要です。そして、朝昼晩の1日3回とリズムを持った食事になっていきます。手づかみしやすい食事を用意してあげるようにしましょう。

● 生後10〜12ヵ月

手先が器用になり、小さなものも指でつまめるようになります。クレヨンなどでお絵描きをしたりと積極性が発達します。手づかみ食べが急激に上達し、スプーンやコップ、ストローも上手に使えるようになってきます。食べ物の好き嫌いが出てきますが、1日の中で栄養バランスのいい食事がとれていれば大丈夫ですので、あまり神経質にならないようにしましょう。また、つかまり立ちや伝い歩きを始めます。一人立ちやよちよち歩きを始める子もいます。マンマやワンワンなどの言葉をいい始める赤ちゃんも多くなります。

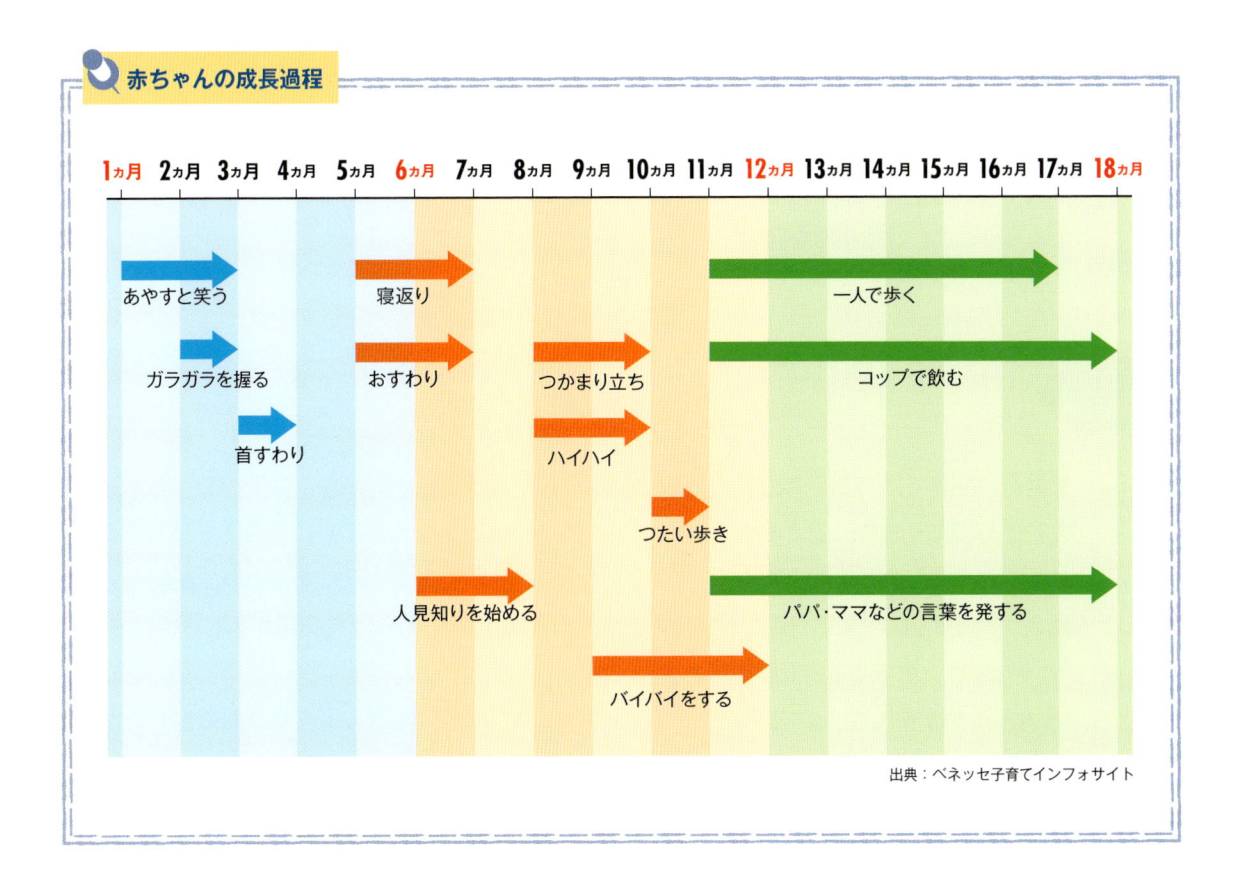

赤ちゃんの成長過程

時期	1ヵ月	2ヵ月	3ヵ月	4ヵ月	5ヵ月	6ヵ月	7ヵ月	8ヵ月	9ヵ月	10ヵ月	11ヵ月	12ヵ月	13ヵ月	14ヵ月	15ヵ月	16ヵ月	17ヵ月	18ヵ月
あやすと笑う	→	→	→	→														
ガラガラを握る		→	→	→														
首すわり			→	→														
寝返り					→	→	→											
おすわり						→	→	→										
人見知りを始める					→	→	→	→	→	→								
つかまり立ち								→	→	→								
ハイハイ								→	→	→								
つたい歩き										→	→							
バイバイをする									→	→	→	→						
一人で歩く												→	→	→	→	→	→	→
コップで飲む												→	→	→	→	→	→	→
パパ・ママなどの言葉を発する											→	→	→	→	→	→	→	→

出典：ベネッセ子育てインフォサイト

1歳～

1歳になると「自分に名前があり、自分は自分なんだ」ということを認識してきます。これが自我の芽生えです。この頃になると、つかまり立ちや一人歩きができるようになりますのでさらに活発になっていきます。親の想像を超える行動をとる子どもも出てきますので、外出の際は、必ず手をつなぎましょう。身体が自由に動かせるようになると、家の中の遊びだけでは物足りなくなってきますので、晴れた日は公園など、外で遊ばせてあげるといいでしょう。「マンマ」「ブーブ」「バイバイ」「パパ」など簡単な言葉を話すようになります。何を言っているのか、何を伝えたいのか、よく耳を傾けて「そうだね」「うんうん」などと答えてあげることで子どもとのコミュニケーションをとることができます。

2歳～

「魔の2歳児」といわれる時期に入ります。それは母親になんでも与えてもらった今までとは違い「自分でやりたい」を要求し始める時期だからです。そして2歳になると、ママがいないと何もできなかった存在ではなく、自分が意思を持って、自分の欲求をママに伝えて満たしてもらう、という積極的な存在に変わっていくのです。

3歳～

運動面の発達ではバランス感覚が養われ、片足立ちやつま先立ち歩き、階段の昇り降りができるようになります。動く範囲が広くなり、目が離せなくなりますが、運動する機会を多く与えるようにしましょう。手先も器用になり、はさみが使えるようになったり、動物や人の顔などの簡単な絵や文字や数字が書けるようになります。様々なことに興味を示し、「なんで？」「どうして？」が増えるのも特徴です。
「どうして風が吹くの？」「なんでリンゴは赤いの？」と答えに困るような質問をすることが多くなりますが、子どもの好奇心を伸ばすためにも適当に答えたり、怒ることはさけましょう。オムツが外れるのもこの時期ですので、外出するのも楽になります。

4歳～

自分で思ったことを言葉で表現できるようになり、おしゃべりになる時期です。言葉数も多くなるので会話もうまくできるようになります。自分の衣服をたためるなど簡単なお手伝いをしたり、順番を理解して待つことを覚えたり、上手に箸を使うこともできます。運動面では、高い所から飛び降りたり、両足をそろえてのジャンプやケンケン飛びもできるようになります。

5歳～

食事やトイレ、歯磨き、着替えなど自分のことは一人でほとんどできるようになります。また相手の喜怒哀楽の感情も理解できるようになり、社会性も芽生えてくるのがこの時期です。公共の場でのマナーも意識できるようにもなります。自分より小さい子や高齢者に優しく、思いやりを持った接し方ができるようになります。

手先もさらに器用になるので、はさみを使って線や点に沿って切ることができたり、折り紙も上手に折って遊ぶこともできます。

筋肉も発達してくるので、スキップをしたり、ブランコを力強く漕いだり、ジャングルジムに登ったりと冒険的な行動をとりますので、注意深く見守るようにしましょう。

6歳～

ひらがなを覚え、読んだり書いたりし始めます。また、カレンダーを見て曜日や日にちを理解でき、ものの数え方や単位の違いがわかるようになります。友達との遊びの中でルールを理解することができるので、さらに人間関係の幅が広がります。擬音を使った言葉の表現ができるようになるのもこの時期です。小学校に入学することでさらに世界が広がり、大人と変わらない認識を持つことができるようになります。

子どもに受けさせたい予防接種一覧

予防接種法に基づく定期の予防接種は、本図に示したように政令で接種対象年齢が定められています。この年齢以外で接種する場合は、任意接種として受けることになります。ただしワクチン毎に定められた接種年齢がありますのでご注意ください。

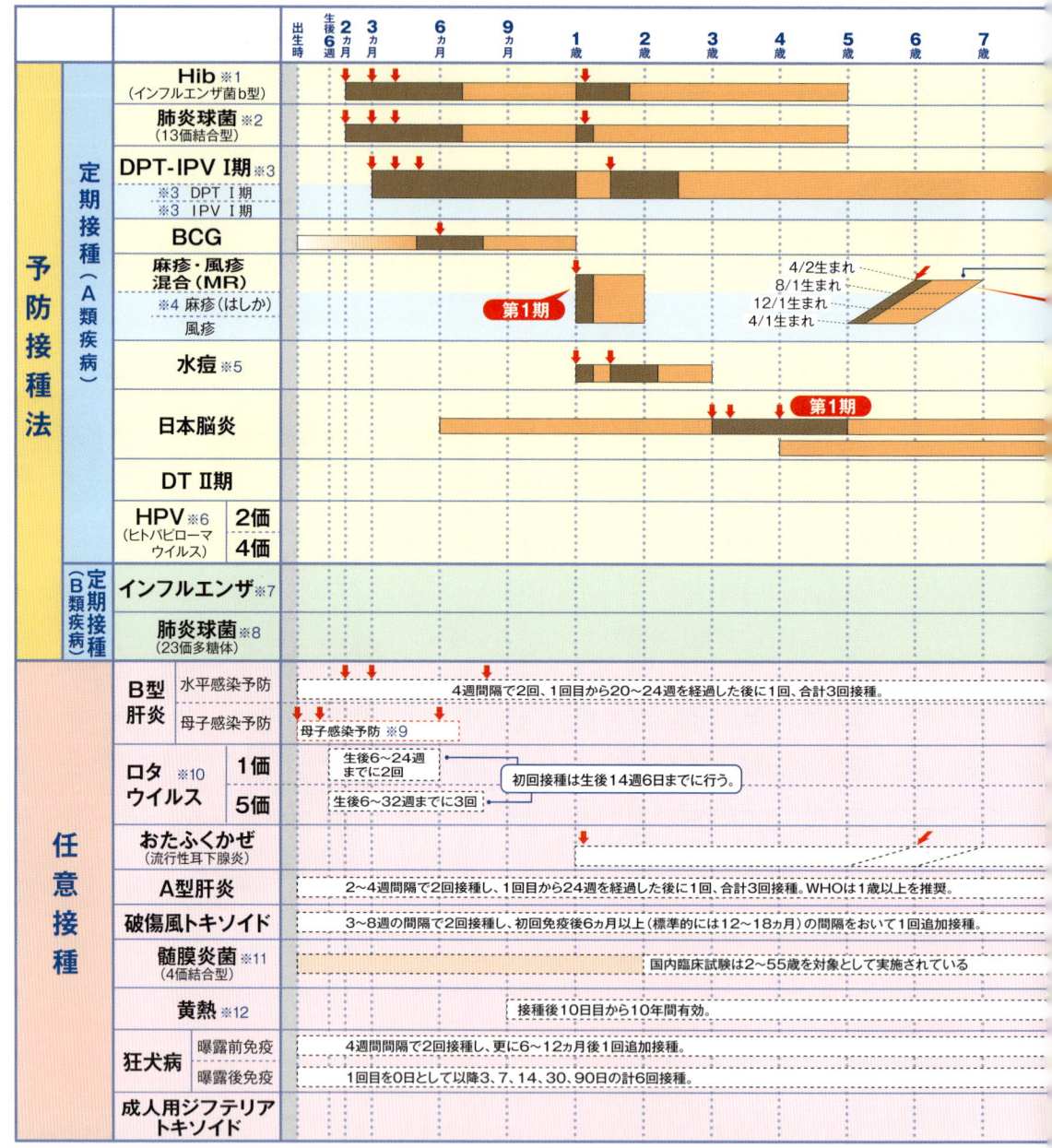

区分		ワクチン	出生時	生後6週	2ヵ月	3ヵ月	6ヵ月	9ヵ月	1歳	2歳	3歳	4歳	5歳	6歳	7歳
予防接種法	定期接種（A類疾病）	Hib ※1（インフルエンザ菌b型）													
		肺炎球菌 ※2（13価結合型）													
		DPT-IPV I期 ※3 / ※3 DPT I期 / ※3 IPV I期													
		BCG													
		麻疹・風疹混合（MR） / ※4 麻疹（はしか） / 風疹							第1期			4/2生まれ / 8/1生まれ / 12/1生まれ / 4/1生まれ			
		水痘 ※5													
		日本脳炎									第1期				
		DT II期													
		HPV ※6（ヒトパピローマウイルス） 2価 / 4価													
	定期接種（B類疾病）	インフルエンザ ※7													
		肺炎球菌 ※8（23価多糖体）													
任意接種		B型肝炎 水平感染予防 / 母子感染予防			母子感染予防 ※9			4週間隔で2回、1回目から20～24週を経過した後に1回、合計3回接種。							
		ロタウイルス ※10 1価 / 5価				生後6～24週までに2回 / 生後6～32週までに3回	初回接種は生後14週6日までに行う。								
		おたふくかぜ（流行性耳下腺炎）													
		A型肝炎				2～4週間隔で2回接種し、1回目から24週を経過した後に1回、合計3回接種。WHOは1歳以上を推奨。									
		破傷風トキソイド				3～8週の間隔で2回接種し、初回免疫後6ヵ月以上（標準的には12～18ヵ月）の間隔をおいて1回追加接種。									
		髄膜炎菌 ※11（4価結合型）								国内臨床試験は2～55歳を対象として実施されている					
		黄熱 ※12				接種後10日目から10年間有効。									
		狂犬病 曝露前免疫 / 曝露後免疫				4週間間隔で2回接種し、更に6～12ヵ月後1回追加接種。 / 1回目を0日として以降3、7、14、30、90日の計6回接種。									
		成人用ジフテリアトキソイド													

※1 2008年12月19日から国内での接種開始。生後2ヵ月以上5歳未満の間にある者に行うが、標準として生後2ヵ月以上7ヵ月未満で接種を開始すること。接種方法は、通常、生後12ヵ月に至るまでの間に27日以上の間隔で3回皮下接種（医師が必要と認めた場合には20日間隔で接種可能）。接種開始が生後7ヵ月以上12ヵ月未満の場合は、通常、生後12ヵ月に至るまでの間に27日以上の間隔で2回皮下接種（医師が必要と認めた場合には20日間隔で接種可能）。初回接種から7ヵ月以上あけて、1回皮下接種（追加）。接種開始が1歳以上5歳未満の場合、通常、1回皮下接種。

※2 2013年11月1日から7価結合型にかわって定期接種に導入。7価を1回受けている人は残り3回を13価で。7価を2回受けている人は残り2回を13価で。7価を3回受けている人は残り1回を13価で受ける。7価を1回も受けていない生後2ヵ月以上7ヵ月未満で接種開始、27日以上の間隔で3回接種。追加免疫は通常、生後12～15ヵ月に1回接種の合計4回接種。接種もれ者は、次のようなスケジュールで接種。生後7ヵ月以上12ヵ月未満の場合：27日以上の間隔で2回接種したのち、60日間以上あけてかつ1歳以降に1回追加接種。1歳：60日間以上の間隔で2回接種。2歳以上6歳未満：1回接種。なお60日以上は、任意接種。

※3 D：ジフテリア、P：百日咳、T：破傷風、IPV：不活化ポリオを表す。IPVは2012年9月1日から、DPT-IPV混合ワクチンは2012年11月1日から定期接種に導入。回数は4回接種だが、OPV（生ポリオワクチン）を1回接種している場合は、IPVをあと3回接種。OPVは2012年9月1日以降定期接種としては使用できなくなった。IPVで接種を開始した場合、DPT-IPVで接種を開始した場合は、それぞれ原則として同じワクチンで接種を完了。

※4 原則としてMRワクチンを接種。なお、同じ期間内で麻疹ワクチンまたは風疹ワクチンのいずれか一方を受けた者、あるいは特に単抗原ワクチンの接種を希望する者は単抗原ワクチンを接種。

大切な子どもを病気から守るためには必要です。
どの予防接種を受けたかわかるようにしておきましょう

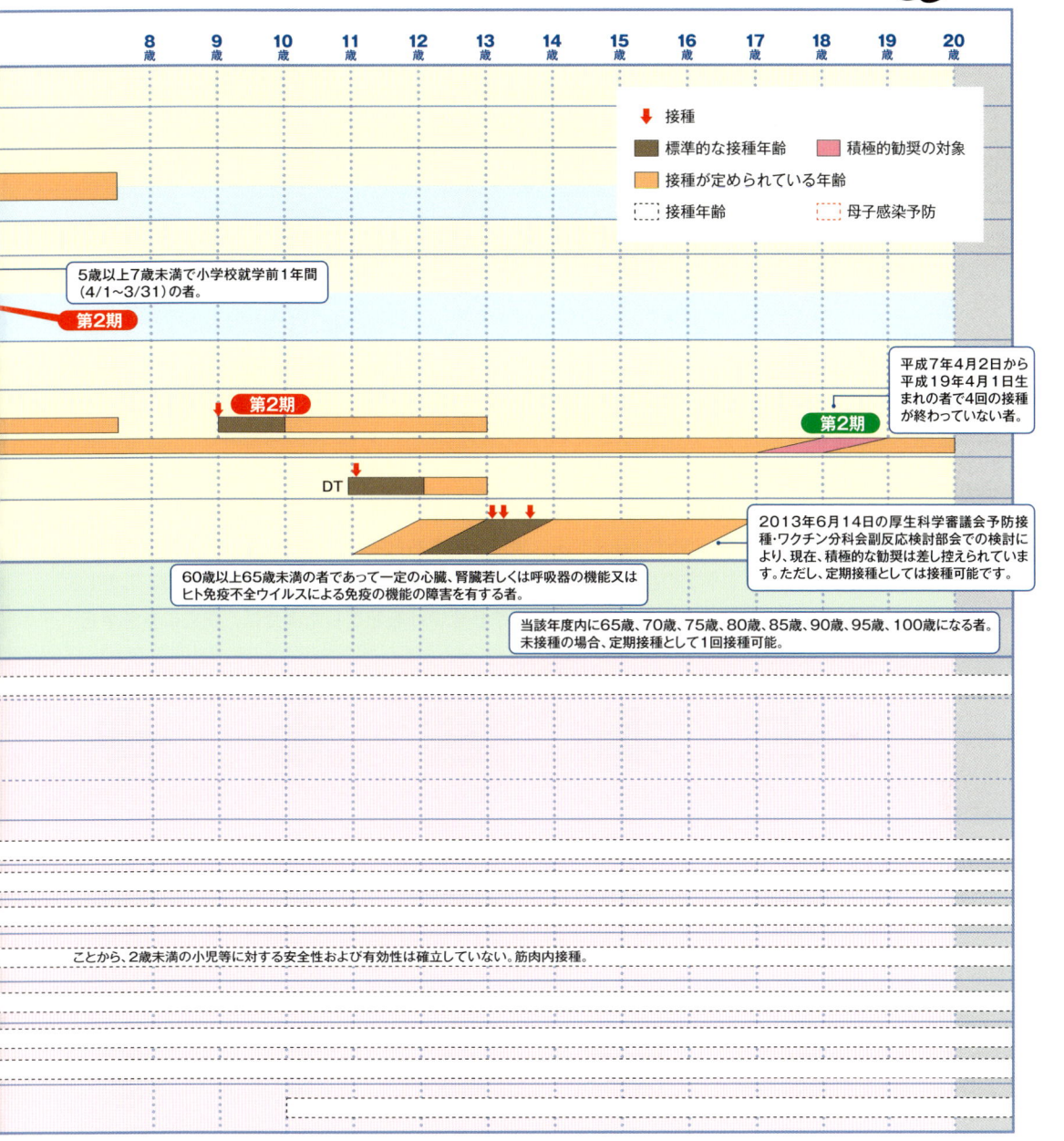

| | 8歳 | 9歳 | 10歳 | 11歳 | 12歳 | 13歳 | 14歳 | 15歳 | 16歳 | 17歳 | 18歳 | 19歳 | 20歳 |

凡例:
- ↓ 接種
- 標準的な接種年齢
- 積極的勧奨の対象
- 接種が定められている年齢
- 接種年齢
- 母子感染予防

第2期：5歳以上7歳未満で小学校就学前1年間（4/1～3/31）の者。

第2期

DT

第2期：平成7年4月2日から平成19年4月1日生まれの者で4回の接種が終わっていない者。

60歳以上65歳未満の者であって一定の心臓、腎臓若しくは呼吸器の機能又はヒト免疫不全ウイルスによる免疫の機能の障害を有する者。

2013年6月14日の厚生科学審議会予防接種・ワクチン分科会副反応検討部会での検討により、現在、積極的な勧奨は差し控えられています。ただし、定期接種としては接種可能です。

当該年度内に65歳、70歳、75歳、80歳、85歳、90歳、95歳、100歳になる者。未接種の場合、定期接種として1回接種可能。

ことから、2歳未満の小児等に対する安全性および有効性は確立していない。筋肉内接種。

※5　2014年10月1日から定期接種導入。　※6　互換性に関するデータがないため、同一のワクチンを3回続けて筋肉内に接種。接種間隔はワクチンによって異なる。
※7　6ヵ月～13歳未満：毎年2回（2～4週間隔）。13歳以上毎年1または2回（1～4週間隔）。定期接種は毎年1回。
※8　2014年10月1日から定期接種導入。脾臓摘出患者における肺炎球菌感染症予防には健康保険適用有。接種年齢は2歳以上。
※9　健康保険適用：【HBワクチン】通常、0.25mLを1回、生後12時間以内を目安に皮下接種（被接種者の状況に応じて生後12時間以降とすることも可能。その場合であっても生後できるだけ早期に行う）。更に、0.25mLずつを初回接種の1ヵ月後及び6ヵ月後の2回、皮下接種。ただし、能動的HBs抗体が獲得されていない場合には追加接種。【HBIG（原則としてHBワクチンとの併用）】初回注射は0.5～1.0mLを筋肉内注射。時期は生後5日以内（なお、生後12時間以内が望ましい）。また、追加注射には0.16～0.24mL/kgを投与。2013年10月18日から接種時期変更（厚労省課長通知）。
※10　ロタウイルスワクチンは初回接種を1価で始めた場合は「1価の2回接種」。5価で始めた場合は「5価の3回接種」。1回目の接種は生後14週+6日までに行うことが推奨されている。
※11　2015年5月18日から国内での接種開始。発作性夜間ヘモグロビン尿症に用いるエクリズマブ（製品名：ソリリス点滴静注）投与対象者は健康保険適用有。
※12　一般医療機関での接種は行われておらず、検疫所での接種

出典：国立感染症研究所　日本の定期/任意予防接種スケジュール（平成27年5月18日以降）を加工して作成

Chapter5　マネーで損をしないための家庭生活の常識　★　335

10 子どものケガや病気の応急処置について知りたい

Marriage & Childbirth

「何か」が起こった時、救急車がくる前にできること

子どもたちは夢中で遊んでいるうちに転んでしまったり、傷を負ったり、やけどをしたりすることも多いものです。
普段からちょっとしたケガなどの応急手当を知っておけば「いざ」という時にあわてずに適切な応急処置ができます。

★ 頭を強く打ったら…

1 意識がはっきりしているかどうかを確認

頭を打った直後は、大泣きしていて状況をつかみにくいと思いますが、落ち着いてきたらきちんと受け答えができるかどうかを確認しましょう。乳児や幼児の場合も、いつも通りの反応があればまず心配はいりません。大泣きしたあと疲れて寝てしまう子どもも多いですが、いつも通りすやすやと寝ている状態であれば問題ないと考えていいでしょう。しかし、ぐったりして、呼びかけに反応がない場合やひきつけを起こした場合は、すぐに救急車を呼びましょう。

2 たんこぶがあるか、出血しているところがないか確認

たんこぶが大きい場合は、頭蓋骨の骨折や脳内出血などの可能性を考えてすぐに検査を受けましょう。受診するまでの間、たんこぶは軽く冷やしておきましょう。皮膚からの出血が多い場合も縫合処置や傷の消毒が必要ですので必ず受診してください。

3 一晩は近くで経過をみましょう

子どものケガは夕方に起こることが多いので、その日の夜は近くで様子を見てあげましょう。子どもは、嘔吐中枢が敏感ですので嘔吐することもありますが、全身状態が良いのであれば、一度くらい吐いても心配はいりません。翌日、普段通り元気ならば大丈夫。打った部位やその周囲の痛みは数日間続くこともありますが、次第に軽くなっていきます。

★ 目にゴミが入ったら…

目をこすると角膜が傷ついてしまうので要注意

痛くて泣いている場合は、涙と一緒にゴミが流れ出ることがあります。赤ちゃんの場合、スポイトなどを使って目に水をさし、洗い流してあげるといいでしょう。それでも充血がひどかったり痛がっているようなら、すぐに眼科を受診しましょう。

★ 鼻血が出たら…

まず、鼻血が出た時に一番大事なのは、まわりの人があわてないことです。子どもが鼻血を出した時、心の中はあわてていても「大丈夫だよ」と優しく声をかけてあげましょう。そして、清潔なティッシュや脱脂綿を3cmくらいの長さにし、鼻の穴に入れます。この時、少し回しながら入れると入れやすくなります。出血している部分にきちんと密着するように入れましょう。もし、処置をしても15分以上鼻血が止まらない時は、耳鼻咽喉科で見てもらいましょう。

誤飲

タバコ	何も飲ませず吐かせ、すぐに病院へ行きましょう（水や牛乳はニコチンを体内に吸収しやすくするので絶対にNG）。なめてしまっただけでもすぐに救急車を呼びましょう。
塩素系の洗浄剤や漂白剤	すぐに水で口をゆすぎ、牛乳があれば1〜2杯飲ませましょう。 無理に吐かせずすぐに病院へ行きましょう。
防虫剤	水をたくさん飲ませて吐かせましょう。 牛乳は飲ませてはいけません（牛乳は防虫剤の成分を体内に吸収しやすくするので絶対にNG）。
電池	何も飲ませず吐かせ、すぐに救急車を呼びましょう。
化粧品	大量に飲んでしまった場合、水か牛乳を飲ませて吐かせ、すぐに救急車を呼びましょう。 少量の場合は、水か牛乳を飲ませて様子を見てください。
口紅	数時間注意深く様子を見ましょう。嘔吐や下痢があったら病院へ行きましょう。
シャンプー ボディシャンプー リンス 石けん 絵具 ハンドソープ トリートメント	大量に飲んでしまった場合、水か牛乳を飲ませて吐かせ、すぐに救急車を呼びましょう。 少量の場合は、水か牛乳を飲ませて様子を見てください。
乾燥剤	水やお茶やジュースなどの水分を多めに飲ませて様子を見てください。 様子がおかしいと思ったら病院へ行きましょう。
食器用・洗濯洗剤	大量に飲んでしまった場合、水か牛乳を飲ませて吐かせ、すぐに救急車を呼びましょう。 少量の場合は、水か牛乳を飲ませて様子を見てください。
お酒	1口以上飲んだ場合は、吐かせて病院へ行きましょう。 なめた程度であれば、水か牛乳を飲ませて様子を見てください。
異物	息も苦しそうで話もできない状態なら、すぐに救急車を呼びましょう。 息をしている状態なら、すぐに病院を受診しましょう。

★ 溺れてしまったら…

ぐったりしている時や泣かない場合は、すぐに救急車を呼びましょう。救急車がくるまでの間、「人工呼吸」と「心臓マッサージ」を行います。大声で泣いたり、せき込んでいる場合は、背中を叩いて水を吐かせ、タオルなどで身体を温めてあげましょう。

★ やけどをしたら…

氷や水道水を使って、20〜30分以上は冷やしましょう。やけどの範囲が広い場合はすぐに救急車を呼びましょう。やけどの範囲がそれほど広くない場合は、冷やし続けながら皮膚科を受診しましょう。素人判断で市販の薬を塗ったり、包帯やばんそうこうを貼るのはNG。服の上からやけどをした場合は服を脱がず、服の上から冷やすようにしてください。

☆ 感電してしまったら…

自分自身が感電しないように素手では触れず、子どもの衣服をつかんで電気のある場所から遠ざけ、すぐに救急車を呼びましょう。呼吸が停止している場合は、すぐに「人工呼吸」と「心臓マッサージ」を行ってください。

☆ ハチなどに刺されたら…

顔色が悪かったり、冷や汗が出る場合はすぐに救急車を呼びましょう。意識がしっかりしていたら針が残っていないか確認し、残っていたら抜き、水で洗い流しましょう。腫れたり、痛みがひどかったりした場合はすぐに皮膚科へ受診しましょう。

☆ 動物にかまれたら…

傷口を水で洗い流し、消毒をしましょう。出血が止まらない時はガーゼなどでしっかりと押さえて止血して、すぐに病院へ行きましょう。

☆ 指を挟んでしまったら…

指が動かせない、出血が止まらないなどの場合はすぐに病院へ行きましょう。大きな傷ではない場合は水で冷やしましょう。腫れも痛みもそれほどなく、指も曲がるようなら心配ありません。

☆ 捻挫したら…

腫れてくると、あとで靴が脱げなくなりますので、靴をすぐに脱がせましょう。氷のうや湿布、ぬらしたタオルで患部を冷やしながら、すぐに病院へ行きましょう。医師の診療を受けてください。

☆ ガラスなどが刺さったら…

破片が刺さって取れない場合は、すぐに病院へ行きましょう。破片がすぐに抜けた時は、傷口を水で洗い、消毒をしてください。傷口が開いている場合は、ばんそうこうを貼ったり、ガーゼや包帯を巻いてください。

☆ 画びょうや釘を踏んでしまったら…

深く刺さった場合は、すぐに病院へ行きましょう。刺さったものがすぐに抜けた時は、傷口を水で洗い、消毒をしてください。傷口が開いている場合は、ばんそうこうを貼ったり、ガーゼや包帯を巻いてください。

> あわてず冷静になって応急処置を!!
> 異変を感じたらすぐに病院へ

★ 発熱

食欲もなく、ぐったりと顔色が悪い場合は、すぐに病院を受診しましょう。夜間であれば救急車を呼びましょう。高熱があっても機嫌が良く、いつもと変わらない様子であれば、心配ない場合が多いので、しばらく様子を見ましょう。

★ 嘔吐

血を吐いたり、黄緑色の液体を吐いたり、呼びかけても反応が悪いという場合は、救急車を呼びましょう。食べては吐くを繰り返す場合や、食後に勢いよく吐いた場合はすぐに病院を受診しましょう。吐くだけで、熱や下痢もなく、その他の症状がない場合は、しばらく様子を見ましょう。

★ けいれん

落ち着いて、衣服をゆるめ、顔を横向きにしましょう。時間を計りながら様子を見てください。高熱があったり、10分以上ひきつけを繰り返す場合は、救急車を呼びましょう。一時的にひきつけ、その後は異常が見られない場合は、それほど心配はありませんが、念のため病院で診察を受けるといいでしょう。

★ 下痢

血便や黒い便が出たり、1日10回以上下痢をしたり、呼びかけても反応が悪い場合は、すぐに病院を受診しましょう。下痢をしていても、その他に異常が見られなく、いつもと変わらない様子であれば、心配ない場合が多いので、しばらく様子を見ましょう。

CLOSE UP

熱性けいれん

生後6ヵ月から6歳未満の間に初めての発作が起こることが多いようです。発作の継続は20分以内であり、けいれんは左右対称性で、発作終了後、持続性意識障害はありません。てんかん発症危険因子を持たずてんかんの発症率が少ないので脳波検査は推奨されません。

● 単純型熱性けいれん

初回の発作は生後6ヵ月から4歳くらいに見られ、再発は3分の1といわれています。全身のふるえが続くのは15分未満ですが、てんかんの発症率は少ないため、脳波検査は推奨しません。

● 複雑型熱性けいれん

発作の継続が20分以上で、体の片側だけがふるえたり、持続時間が長い、1回の発熱で数回のけいれんが起きる、24時間以内に繰り返す発作があるという場合を「複雑型熱性けいれん」といいます。複雑型熱性けいれんが起きる子どもはわずかですが、脳波でてんかん発作を認めることが多いです。けいれん持ちの場合は普段から主治医とよく相談しておきましょう。また、保育園や幼稚園などにもけいれん持ちだということを伝え、万が一の時のために備えておくことをおすすめします。

Marriage & Childbirth 11

よくみられる子どもの病気・症状について

事前に知っておけば、冷静に対処ができる！

子どもの病気は多くが感染症です。感染症には特徴がありますので、
事前に知っておけば落ち着いて対処することができます。登園許可が必要なもの、
必要でないものなどもポイントですのでしっかりと覚えておきましょう。
また、かかってしまうとちょっと怖い病気も特徴を押さえておけば冷静に対処ができます。

★ ウィルスによる主な病気

● マイコプラズマ肺炎

▶**どんな病気**…病原菌はマイコプラズマという微生物で、細菌に分類されるがウイルスよりも大きく、細菌よりも小さいのが特徴。感染経路は咳や唾液など感染患者からの飛沫（ひまつ）感染です。発症年齢は8～9歳がピークとされており、小学校での流行が多いです。

▶**症状・特徴**…発熱、全身倦怠（けんたい）、頭痛などが初期症状になります。それとともに、乾いた咳が出始め、徐々に強い咳になります。咳は解熱後も約1ヵ月続きます。高熱が数日間続くこともありますが、個人差があり微熱程度の人もいます。熱が下がっても咳がなかなか治まらない場合は、マイコプラズマ肺炎を疑いましょう。

▶**治療**…マクロライド系の抗生物質が処方されます。予防接種などの予防方法はなく、手洗い、うがいなどの一般的な予防方法を行い、患者との濃厚な接触をさけるようにします。

▶**保育所・学校**…全身状態が良くなれば登校可能ですが、治癒証明が必要です。

● 咽頭結膜熱（アデノウイルス感染症）

▶**どんな病気**…アデノウイルスは咽頭結膜熱（プール熱）と呼ばれており、発熱、喉の痛み、目に炎症が起こる急性のウイルス感染症です。プールに入らなくても感染します。

▶**症状・特徴**…39℃以上の高熱が約5日間続きます。のどの痛みが強く、吐き気、下痢を伴うこともあります。個人差はありますが、人によっては目ヤニや充血など目に症状が出ることもあります。

▶**治療**…特効薬はありませんが、熱やのどの痛みを抑える解熱鎮痛薬を使うことがあります。高い熱が何日も続くので不安になりますが、あまり水分がとれない時は、かかりつけ医を受診しましょう。

▶**保育所・学校**…全身状態が良くなれば登校可能ですが、治癒証明が必要です。

● インフルエンザ

▶ **どんな病気**…インフルエンザウイルスを病原とし、突然の高熱、悪寒で始まります。普通の風邪と違って症状が重いのが特徴。毎年流行しますが、毎年型が違います。

▶ **症状・特徴**…潜伏期間は１～５日。発熱（38℃以上の高熱）と筋肉痛・関節痛などが突然現われ、咳、鼻汁などの上気道炎症状がこれに続き、約１週間の経過で軽快します。気管支炎や肺炎を併発する場合もあります。

▶ **治療**…タミフル、リレンザなどが主流です。タミフルとリレンザはＡ型にもＢ型にも有効。発症後48時間以内に服用すれば症状を軽くするといわれています。できるだけ安静にし、充分な睡眠と栄養、そして水分をとるようにしましょう。

▶ **保育所・学校**…解熱後２日を経過するまで出席停止となります。

● 手足口病

▶ **どんな病気**…コクサッキーウイルスA-16、A-10、エンテロウイルス71などが病原で、手、足、口の中や性器周辺に水胞ができるウイルス性の発疹症。

▶ **症状・特徴**…手や足にできる水疱と口の中にできる粘膜疹が特徴。手足の発疹は痛みやかゆみを伴うことがあり、足の裏の発疹のために歩けなくなることもあります。口の中にできる水泡により充分な食事や水分がとれない場合は点滴が必要な場合もあります。

▶ **治療**…特効薬はなく、自然に治る場合がほとんどです。夏に流行することが多く、口の中が痛くて水分をとれない場合はかかりつけ医に受診しましょう。

▶ **保育所・学校**…熱がなければ学校などへ行ってもいいですが、痛みが強い場合は免疫力も下がっていますので無理をせずに休ませましょう。

● みずぼうそう

▶ **どんな病気**…身体に水疱ができます。感染力の強い水痘・帯状疱疹ウイルスが体液や水疱の飛沫などにより次々と人に感染させます。

▶ **症状・特徴**…潜伏期間は約２週間。微熱のあと、紅斑が散らばって現れ、すぐその中心に水泡ができます。発疹は口の中から陰部、頭皮まで全身に現れます。次第にかさぶたになって２～３週間で治ります。個人差はありますが高熱が出る人もいます。

▶ **治療**…かゆみ止めのぬり薬や飲み薬が処方されます。化膿した時は抗菌薬を飲みます。症状によっては、ウイルスに対する薬を処方することもあります。

▶ **保育所・学校**…登園・登校は、発疹がすべてかさぶたになってからとされています。

溶連菌感染症

▶**どんな病気**…溶血性連鎖球菌という細菌による感染症です。感染力が非常に強いため、家族全員が発症することもあります。

▶**症状・特徴**…のどの強い痛み、発熱（38℃以上）が特徴。3歳未満だと、目が赤く充血して、イチゴ舌になることも。発疹のあとや指先の皮がぼろぼろになってめくれてきます。潜伏期間は2～4日。

▶**治療**…速診断キットでのどについた粘液を調べると、すぐに診断がつきます。10～14日間、抗生物質を飲みます。解熱し、1～2週間後に腎炎を引き起こしていないか調べるために再診し、尿検査をします。

▶**保育所・学校**…抗生物質を飲み始めて1日以上たち、かかりつけ医師の許可をもらっていれば、登園・登校できます。

ノロウイルス感染症

▶**どんな病気**…冬（10～2月）を中心に流行します。飲食物からの感染（食中毒）と感染した人から人へのの空気感染の2種類があります。感染力が非常に強く、保育園、幼稚園、学校、施設などでドアノブなどを介した感染がよく見られます。

▶**症状・特徴**…潜伏期間が12～48時間で、急な嘔吐・下痢が特徴的です。軽症の場合は「なんとなく気持ち悪い」程度で終わることもありますが、乳幼児の場合は発熱をともなうこともあります。ほとんどの人が1～2日で回復します。重症になると脱水症状が現れたり、まれに熱性けいれん、腸重積などが起こります。

▶**治療**…治療法は特にありません。症状が治まるのを待ちます。脱水症状がひどい場合は病院で点滴をします。ほとんどが整腸剤を処方されます。水分補給に注意しましょう。

▶**保育所・学校**…嘔吐や下痢の症状が治まれば登園・登校が可能です。

ヘルパンギーナ

▶**どんな病気**…乳幼児の夏風邪の一種。コクサッキーウイルス群、エンテロウイルス群などの原因ウイルスが数種類あるので一度かかっても免疫がつかず何度も感染します。感染経路は飛沫感染が主ですが、便にも排泄されますので接触感染もあります。潜伏期は早くて2日。

▶**症状・特徴**…高熱を発症し、のどの強い痛みがあります。乳児は不機嫌、食欲が落ちるなどの症状が見られます。熱は数日で下がりますが、のどの痛みはそれよりさらに2～3日続き、ひどい時は水分もとれなくなり、脱水症になることがあります。

▶**治療**…特効薬はなく、自然に治る場合がほとんどです。熱やのどの痛みをおさえる解熱鎮痛薬を使うことがあります。

▶**保育所・学校**…熱が下がって口の痛みがなくなるまで休ませましょう。

● りんご病（伝染性紅斑）

▶**どんな病気**…ヒトパルボウイルスB19が原因のウイルス感染症で、頬がりんごのように赤くなるのでりんご病といわれています。

▶**症状・特徴**…頬にできる紅斑、太腿や上腕に赤い斑点や、レース状のまだら模様ができます。頬がかゆくなることもあります。

▶**治療**…特効薬がないので、自然治癒を待ちます。かゆみが強い時はかゆみ止めを使用します。長時間、光に当たったり、お風呂に入ったりすると発赤が強くなってきますので注意が必要です。

▶**保育所・学校**…発疹が出てきた時点では感染力はありませんので、登園・登校が可能です。

● おたふくかぜ（流行性耳下腺炎）

▶**どんな病気**…パラミクソウイルス科に属するムンプスウイルスの感染によって起こる病気。耳の下にある耳下腺（じかせん）という組織が腫れて痛みが出ます。

▶**症状・特徴**…潜伏期は2〜3週間です。個人差はありますが、高熱が続くこともあります。通常1〜2週間で完治します。

▶**治療**…特効薬はないので頬を冷やすなどして安静にしましょう。痛みなどの症状に応じた治療を行いますが、合併症もありますので注意が必要です。予防接種がありますので必ず受けましょう。

▶**保育所・学校**…耳下腺の腫れがある間は登園や登校は停止です。

CLOSE UP

子どもの歯の生え方と時期

乳歯が生え始めるのは一般的に、生後3〜9ヵ月くらいといわれています。1歳を過ぎてようやく1本目が生えてくる子もいれば、まれに生まれた時から1本生えていたなんて子もいたりと個人差があります。乳歯の数は全部で20本で、通常は右のような順序で生えてくることが一般的です。すべての歯が生えそろうのは2歳半頃といわれています。なかなか歯が生えてこないと悩むお母さんもいますが、3歳半を過ぎて生えそろえば問題はありませんので、あまり心配する必要はありません。

生後6〜9ヵ月	下の前歯が生えてくる
生後9〜10ヵ月	上の前歯が生えてくる
生後11ヵ月〜1歳頃	上下の歯が4本ずつに
1歳2ヵ月〜1歳6ヵ月	奥歯（第一乳臼歯）が生える
1歳5ヵ月〜2歳頃	犬歯が生える
2歳5ヵ月〜6ヵ月頃	奥歯（第二乳臼歯）が生える

健やかな成長を祝う行事について

Marriage & Childbirth 12

誕生から小学校入学までは、日本古来の儀式がほとんど

子どもが誕生し、成長する過程には様々なお祝いごとがあります。
最近はこうした行事を行わない家庭も増えていますが、子どもが健やかに育ってほしいという願いや、無事に成長したことへの感謝のためにも行うといいでしょう。
ここではお祝い行事に込められた意味や仕方について説明します。

1 帯祝い（おびいわい）

妊娠して初めてのお祝いごとが「帯祝い」です。妊娠5ヵ月に入った時期に、子だくさんの犬にあやかり、安産を祈って戌（いぬ）の日に行う行事です。腹帯を巻く「着帯（ちゃくたい）の儀式」がメインで、神社に安産祈願のお参りをします。腹帯はただ儀式としてだけでなく、大きくなったお腹の保温や保護もしています。最近では腹巻型や、ガードルタイプのものを使用する人も多いです。

? 何をするの

戌の日に腹帯（岩田帯ともいわれる）を巻き、水天宮、鬼子母神、子安観音などに参拝します。また、腹帯は妻の実家から贈るのが習わしとされています。

2 産湯（うぶゆ）

赤ちゃんはけがれを持って生まれてくると考えられていました。産湯は、そのけがれを流し清めるためのお湯をいいますが、実際は生まれて袖のある「手通し」といわれる産着を着せて行う「三日祝」という儀式です。また、赤ちゃんが誕生した直後に炊いたご飯を産土神（うぶすながみ）にお供えし、そのごはんを下げていただく「産飯」は、神様の御霊がこもったお下がりを分かちいただくことで、赤ちゃんが無事に育つようにと願う意味があります。

③ お七夜

出産七日目に行われるお祝いのこと。「お七夜の祝い」「命名式」「名づけ祝い」ともいわれ、命名式を兼ねた儀式です。昔は乳児の死亡率が高かったので、生後7日を迎えるとようやく名前をつけてもらい一人の人間として迎えられたのです。命名書は神棚や床の間に供えますが、ない場合は鴨居や壁、またはベビーベッドや赤ちゃんの枕元など、目立つ場所に貼りましょう。

命名 太郎
〇〇〇〇 長男
〇〇年〇月〇日生

④ お宮参り

赤ちゃんが誕生後初めて、土地の守り神である氏神様（うじがみさま）、産土神をお参りする行事です。初めてお参りするので「初宮参り（はつみやまいり）」「初宮詣（はつみやもうで）」「産土参り（うぶすなまいり）」ともいわれます。お宮参りを行う時期は地域によって異なる場合もありますが、男児が生後30日目、女児が生後31日目にお参りするのが目安になります。ただし、現在は父親の仕事の都合や母親と赤ちゃんの体調を見ながら日程調整をします。遠くの有名な神社まで出向く方もいますが、本来のお宮参りの意味を考えても、できるだけ近い神社にお参りするのがいいでしょう。

お宮参りの服装は、父親はスーツ、母親はスーツかワンピースなどを着るといいでしょう。授乳中の方も多いので、前開きのブラウスなどでもかまいません。最近ではフォーマルな授乳服も数多く売っていますので、用意しておくといいでしょう。

❓ お母さんが抱っこしない理由

昔はお産は「赤不浄（あかふじょう）」なので「けがれ」と考えられており、お母さんや赤ちゃんには身を慎んで過ごす「忌み」の期間がありました。お母さんは出産の「忌み」の期間が終わらず、神様を詣でることができなかったため、母方の祖母が抱いてお参りする習わしになったといわれています。また、出産後のお母さんの体調を気遣ってという説もあります。

⑤ お食い初め

赤ちゃんに初めてご飯を食べさせるお祝いの行事。赤ちゃんが一生食べ物に困らないようにという願いを込め、赤ちゃんに食事のまねごとをさせる儀式です。起源や由来ははっきりとはわかりませんが、その歴史は古く平安時代から行われていたようです。地域によって「百日祝（ももかいわ）い」や「箸祝い」とも呼ばれています。

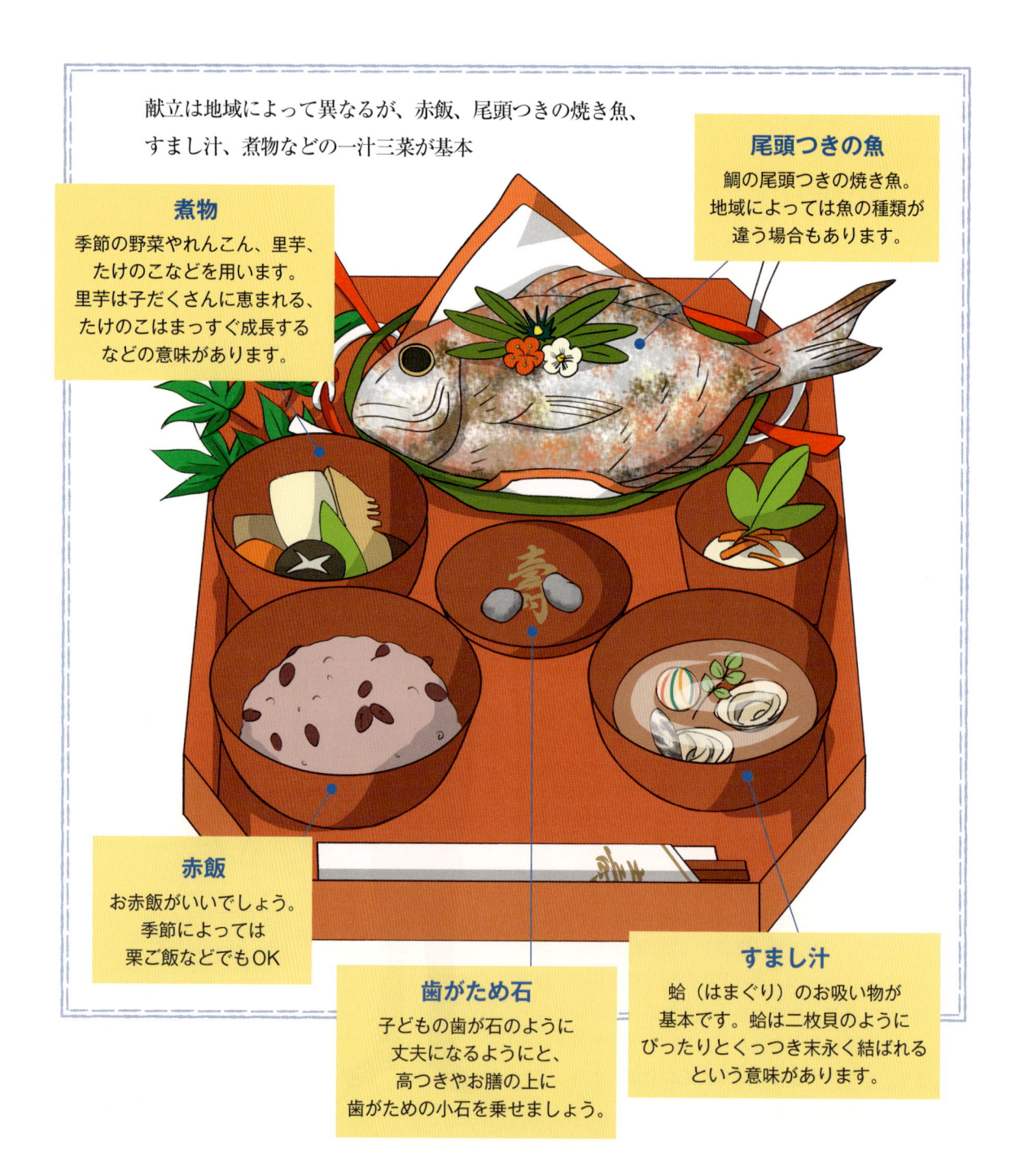

献立は地域によって異なるが、赤飯、尾頭つきの焼き魚、すまし汁、煮物などの一汁三菜が基本

尾頭つきの魚
鯛の尾頭つきの焼き魚。地域によっては魚の種類が違う場合もあります。

煮物
季節の野菜やれんこん、里芋、たけのこなどを用います。里芋は子だくさんに恵まれる、たけのこはまっすぐ成長するなどの意味があります。

赤飯
お赤飯がいいでしょう。季節によっては栗ご飯などでもOK

歯がため石
子どもの歯が石のように丈夫になるようにと、高つきやお膳の上に歯がための小石を乗せましょう。

すまし汁
蛤（はまぐり）のお吸い物が基本です。蛤は二枚貝のようにぴったりとくっつき末永く結ばれるという意味があります。

⑥ 初正月

赤ちゃんが誕生して初めて迎えるお正月のこと。初正月のしきたりは男の子には破魔矢（はまや）、女の子には羽子板がお祝い品として贈られます。毎年12月中旬から飾り始め、1月15日くらいになると片づけるのが一般的です。正月だけでなく節句に飾ってもいいでしょう。

⑦ 初節句

赤ちゃんが生まれて最初に迎える節句を初節句といい、赤ちゃんの健やかな成長をお祝いする儀式です。女の子は3月3日の上巳（じょうし）の節句に成長と幸せを願います。男の子は5月5日の端午（たんご）の節句に厄除けと健康を願いお祝いをするのがしきたりです。

節句は古代中国の厄払いの儀式が始まりといわれています。

女の子はひな人形を飾り、災難や病気を避けるように祈ります。地域によっては、身代わりの紙の人形を流す「流し雛」という風習が残っているところもあります。

男の子は「鯉が竜門の滝を登り竜となる」という中国の故事にならい出世するようにと鯉のぼりを上げ、兜や武者人形を飾ります。

❓ 生まれてすぐに初節句を迎える場合

2月生まれの女の子や4月生まれの男の子のように、赤ちゃんが誕生して1～2ヵ月以内などに初節句を迎える場合は、赤ちゃんやお母さんの負担になることも考えられます。そのような場合は翌年まで延ばしてもかまいません。節句人形などを贈られた場合は飾りつけだけ行い、お祝いの集まりは翌年に行いましょう。

> 赤ちゃんが生まれたあとのお祝いの行事は多々ありますね。ですが、決して無理せず赤ちゃんやお母さんの体調を見て行いましょう！

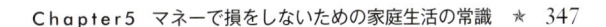

⭐ ひな人形の飾り方と名称

伝統的なのは七段飾りのひな人形ですが、最近では住宅事情もあり、男女一対の親王飾りや三段飾りなどが増えています。前日に飾る一夜飾りは縁起が悪いとされており、3月3日の2週間前から飾るのが一般的です。また節句が終わった翌日には片づけたほうがいいといわれています。また、ひな人形は、一人一つのものなので子どもにつき一つずつ用意するのが理想です。しかし、経済的な問題やスペースなども考え次女・三女には「市松人形」などを用意する場合も多いようです。

● 1段目（最上段）
飾りの最上段には、内裏びなの男雛（お殿さま）と、女雛（お姫さま）がきます。一般的に、向かって左に男雛、右に女雛を飾りますが地方によって異なります。後ろに金屏風を立て、両脇にぼんぼりと、2人の間には桃の花をさした瓶子（へいし）をのせた三方飾りを置きます。

● 2段目
三人官女が並びます。これには両側が立つものと、真ん中が立つものとの2通りがあります。もし、座っている官女が1人なら、それを中央に配置し、立っている官女が1人なら、それをまん中に置きます。左右の官女が持つ銚子は結婚式の三三九度で使われています。

● 3段目
三段目は、五人囃子を飾ります。向かって左から「太鼓」「大皮鼓」「小鼓」「笛」と並び、そして「扇」を持つ「謡い手」が右端にくるようにします。

● 4段目
随身（ずいじん）を飾ります。随身は向かって右が左大臣でおじいさん、左が右大臣で若者がきます。

● 5段目
内裏様のお供をしたり雑用などをする仕丁（じちょう）を飾ります。それぞれ、泣き上戸、笑い上戸、怒り上戸と表情豊かなところが特徴です。

● 6段目
お道具を飾ります。茶道具、火鉢、裁縫箱、鏡台、長持、たんすなど。

● 7段目
お道具を飾ります。向かって右から牛車、重箱、籠。

☆ 端午の節句の飾り

室内に飾る鎧兜や武者人形を内飾りといい、鯉のぼりや幟端（のぼりばた）など屋外に飾るものを外飾りといいます。五月飾りもひな人形と同様に節句の2週間前から飾り、節句が終わったら早めに片づけたほうがいいといわれています。また2番目以降の子どもも同じようにお祝いしましょう。長男のものを飾ってもいいですが、飾りや道具を買い足すのが理想です。

● 内飾り
鎧兜や武者人形のように屋内に飾ることをいいます。
最近は住宅事情などから一段の平飾りの家庭も増えています。

● 外飾り
屋外に飾ることで鯉のぼりがこれに当たります。男児の立身出世を願います。
最近ではベランダに飾るタイプも多いです。

● 鯉のぼり
鯉のぼりは江戸時代に始まった習慣で、鯉が滝を登って竜になるという中国の故事から、男児の立身出世を願って庭先に鯉のぼりを飾るようになったと考えられます。
鯉のぼりの一番上につける吹き流しの色は古代中国から五行説を元にしており、緑（青）、赤、黄、白、黒の5つの色が合わさると魔除けになると信じられています。

節句のお祝いは子どもの厄除けと成長を願うものなのでぜひやりましょう！

⑧ 初誕生

生後一年目に迎える初めての誕生日を「初誕生」といいます。古くから、初誕生には餅をついて子どもの成長を祝う習慣があったため「誕生餅」ともいわれます。赤ちゃんが自立して歩き始める時期に「立ち餅」とか「力餅」といわれる一升（約2kg）の餅を赤ちゃんに背負わせたり、踏ませたり、または一升のお米を背負わせるなど、いろいろな形でお祝いをします。

★ お祝いの仕方

初誕生日には「立ち餅」「力餅」といわれるお餅をついて赤ちゃんに背負わせてお祝いする風習があります。「歩き祝い」などとも呼ばれるお祝いの仕方は地域によっても様々。一升は「一生」、餅は「力持ち」を意味し、一生食べ物に困らず丈夫に育ってほしいという願いが込められています。

? なぜ「餅」なの

餅を風呂敷に包んで背負ったり踏ませたりするのは、前述したように、一生食べ物に困らず丈夫に育ってほしいという願いが込められているからです。しかし、なかなか餅つきができない家庭もありますのでその場合は和菓子屋さんで注文することも可能です。最近では、バースディケーキや赤ちゃんの好きなものを用意して家族みんなでお祝いすることが一般的となっています。

初誕生の記念例

生まれてからちょうど1年を迎える初誕生日は家族にとってもうれしい行事です。
記念として何かつくるのもいい思い出になるでしょう。

手形や足型をとる	家族で記念写真をとる	赤ちゃん筆を作る
誕生した際に病院などで手形や足型をとることもありますが初誕生で手形や足型をとり比較してみると驚くほど成長しているはずです。	家族だけでなく、おじいちゃんおばあちゃんなどもそろって家族写真を撮ればとてもいい記念になります。	赤ちゃんが生まれて初めて切った髪はとても柔らかいです。一度ハサミを入れると毛先が変わるのでこの時がチャンスです。

⑨ 七五三

満3歳の男女、満5歳の男の子、満7歳の女の子が11月15日に神社へお参りをし、その年まで育ったことに感謝をして、今後の成長を願うというお祝い。子どもたちは晴れ着に身を包み、千歳飴を持って家族に連れられて地元の氏神様の神社にお参りし、記念撮影するのが一般的です。最近は、両親の仕事の都合などもあり、必ずしも11月15日ではなく、10月下旬から11月下旬の吉日や土日祝日などを利用してお祝い、お参りをするという家庭が多いです。

● 3歳のお祝い
平安時代は、男女ともに生後7日で髪を剃り、3歳までは坊主で過ごしていましたが、3歳になると髪を伸ばし始めるという「髪置（かみおき）の儀」が起源とされています。晴れ着に兵児帯（へこおび）を結んで「被布（ひふ）」という襟付き袖なしの上着を着ます。

● 5歳のお祝い
初めて袴をはく「袴着（はかまぎ）のお祝い」が始まりとされています。宮中では今も「着袴（ちゃっこ）の儀」と呼ばれています。女性も袴を履いていた平安時代は、女の子も祝っていたようです。

● 7歳のお祝い
それまで着物についていた紐を結んで兵児帯をしていましたが、7歳になると初めて帯を使って着物を着るようになる儀式をいいます。これを「帯解（おびとき）の儀」といいます。

❓ お祝いの衣装について

七五三の衣装は一度しか着ないということもあり、和装でなく洋装にする人も増えています。最近では購入するのではなくレンタルが一般的です。付き添い人の服装は、お父さんはスーツ、お母さんは訪問着や付下げ、またスーツやワンピースでもかまいません。祖父母は両親とちぐはぐにならないように格をそろえましょう。

⑩ 入園

3年保育なら3歳（年少）から、2年保育なら4歳（年中）で幼稚園に入園します。初めて両親と離れ、集団生活を送る子どもたちにとって「入園式」は不安で泣いてしまう子もいますが、徐々に新生活に慣れていきますので、大きな気持ちで見守りましょう。保育園の場合は、途中入園するケースが多いので、入園の時期は子どもによって違います。そういう場合は家族で入園のお祝いをしてあげましょう。

❓ 入園式の持ち物

入園前の説明会で、持ち物の説明があります。子どもにとって、忘れ物があるととても不安になりますので、きちんと用意してあげましょう。子どもは通園バッグ、上履き、ハンカチ、ティッシュなど。保護者は、提出書類、スリッパ、カメラ、ビデオなどが一般的です。

⑪ 卒園

卒園式の朝は、何かとあわただしいので準備は前日までにしてきましょう。当日は余裕を持って出かけ、お世話になった人への感謝を忘れず、子どもの成長を祝いましょう。

⑫ 小学校入学

入学式は、新しく始まる小学校での生活をスタートするための大切なイベントです。親子で出席して子どもの門出を祝いましょう。子ども自身も喜びと不安で緊張しますが、子どもが自信を持って小学校に通えるよう励ましてあげたいものです。また、入学式に行く際は、親子で一緒に通学路を歩いて学校へ向かいましょう。通学路の下見ができるだけでなく、危ない交差点や通路がないかの確認もできます。通学にかかる時間も把握できるでしょう。

❓ 入学式では何をするの

入学式の前にクラス発表があります。それを見て子どもたちはそれぞれの教室に行き担任の先生と対面します。保護者は式の行われる体育館やホールへ行き、式の開始を待ちます。入学式では新入生入場を拍手で迎え、校長先生の挨拶、在校生の歓迎の言葉、校歌斉唱などが行われ、新入生を歓迎します。入学式終了後は記念撮影があり、各クラスに分かれて連絡事項などを聞いて解散となるのが一般的な流れです。

入学準備品

- ランドセル
- おつかい袋（レッスンバッグ）
- 文房具（ペンケース、鉛筆や消しゴム、折り紙、はさみ、のりなど）
- 体操服・紅白帽
- 給食袋
- 上履き・上履き袋
- 雨具（レインコート・傘）

持ち物すべてに名前の記入をします。鉛筆や算数セットなどは必要以上に名前書きが大変です。
名前シールなどを利用するのもいいでしょう。

13 小学校卒業

卒業式は、小学校生活の思い出を胸に、巣立っていく節目の儀式です。子どもの成長を家族で祝い、中学校へ送り出してあげましょう。お世話になった先生への御礼は個人的にしないのがマナーです。御礼を贈りたいのであれば、クラス全員に声をかけたり、仲の良いお友達に声をかけたりしてみんなで記念品などを贈るのがいいでしょう。

14 中学・高校・大学進学

進学はそれぞれ大人になるための大切な節目にあたります。勉強や部活、友人関係など夢中になることも格段と増え、様々な可能性を秘めている大事な時期です。

15 成人式

現在では1月の第2月曜日が成人の日と決められています。満20歳になると、飲酒や喫煙などの社会的権利が認められます。それと同時に社会人としての義務や責任を負うことにもなります。

成人式は、そういった大人の社会へ仲間入りすることを自覚するための儀式ともいえます。各地方自治体で成人の日に行われる成人式では、女性は振袖、男性はスーツや羽織袴などの正装に身を包み、市長などから祝福の言葉を贈られます。

子ども・子育て支援新制度について

Marriage & Childbirth 13

新制度「子ども・子育て支援新制度」がスタート！

2015年4月から「子ども・子育て支援新制度」が導入されたことにより、幼稚園や保育園の利用方法が大きく変わります。
今後、入園を希望している人はこの制度を知っておくことが重要ですが、「子ども・子育て支援新制度」とはいったいどんな制度なのでしょうか。

☆ 子ども・子育て支援新制度について

1. 子育て中のすべての家庭を支援
2. 認定こども園の普及の推進
3. 待機児童の解消への取り組み
4. 地域の様々な子育ての支援の充実

子ども・子育て関連法の主なポイント

出典：内閣府ホームページを加工して作成

1	認定こども園、幼稚園、保育所を通じた共通の給付	➡ 待機児童解消とともに、子どもの数が減少傾向にある地域における保育機能の確保に対応
2	認定こども園制度の改善	➡ 幼保連携型認定こども園について、認可・指導監督を一本化し、学校及び児童福祉施設として法的に位置づけ ➡ 認定こども園の財政措置を「施設型給付」に一本化
3	地域の実情に応じた子ども・子育て支援の充実	➡ 教育・保育施設を利用する子どもの家庭だけでなく、在宅の子育て家庭を含むすべての家庭及び子どもを対象とする事業として、市町村が地域の実情に応じて実施
4	基礎自治体（市町村）が実施主体	➡ 市町村は地域のニーズに基づき計画を策定、給付・事業を実施 ➡ 国、都道府県は実施主体の市町村を重層的に支える
5	社会全体による費用負担	➡ 消費税率の引き上げによる、国及び地方の恒久財源の確保
6	政府の推進体制	➡ 制度ごとにバラバラな政府の推進体制を整備（内閣府に子ども・子育て本部を設置）
7	子ども・子育て会議の設置	➡ 有識者、地方公共団体、事業主代表・労働者代表、子育て当事者、子育て支援当事者等（子ども・子育て支援に関する事業に従事する者）が、子育て支援の政策プロセスなどに参画・関与することができる仕組みとして、国に子ども・子育て会議を設置 ➡ 市町村等の合議制機関（地方版子ども・子育て会議）の設置努力義務

★ まずは、支給認定を受けましょう

子どもを保育園や幼稚園、認定こども園、小規模保育などに預けたいと思ったら、施設や自治体に申し込む前に、まず「支給認定」（要保育度認定のようなもの）を受けることが必要になります。3つの認定の区分は、子どもの年齢や保育の必要性、親の働く時間によって変わります。手続きは、これまでと時期や流れが大きく異なるものではありませんが、お住まいの市町村や施設などから提供される情報をよく確認してください。

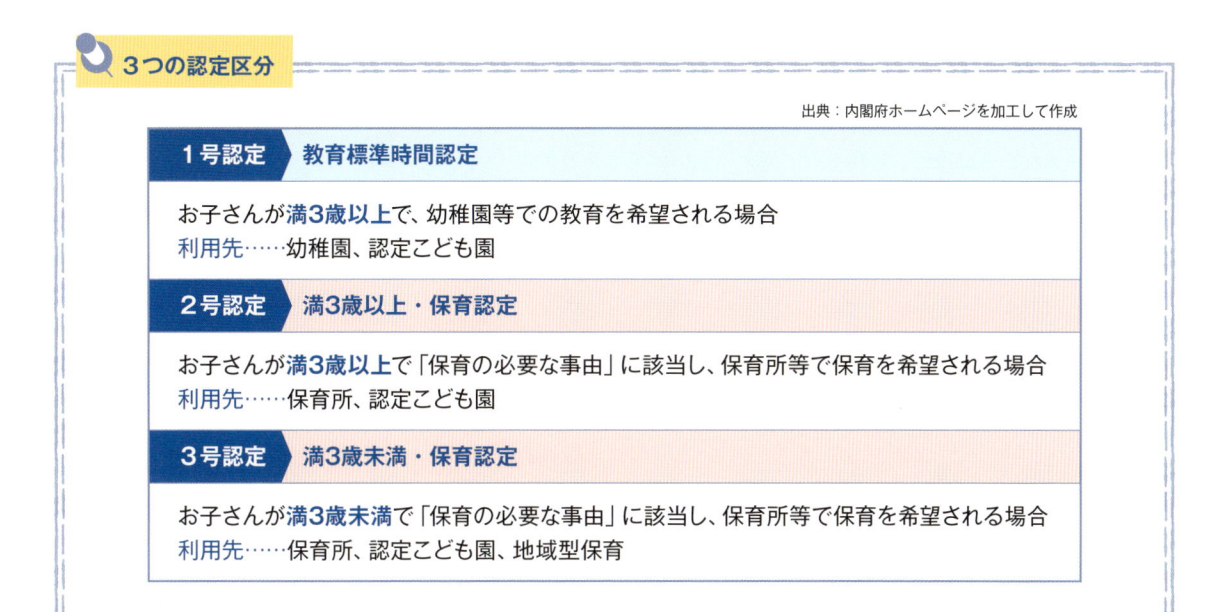

3つの認定区分

出典：内閣府ホームページを加工して作成

1号認定　教育標準時間認定
お子さんが満3歳以上で、幼稚園等での教育を希望される場合
利用先……幼稚園、認定こども園

2号認定　満3歳以上・保育認定
お子さんが満3歳以上で「保育の必要な事由」に該当し、保育所等で保育を希望される場合
利用先……保育所、認定こども園

3号認定　満3歳未満・保育認定
お子さんが満3歳未満で「保育の必要な事由」に該当し、保育所等で保育を希望される場合
利用先……保育所、認定こども園、地域型保育

子ども・子育て支援新制度の利用の流れ

出典：内閣府「なるほどBOOKすくすくジャパン」を加工して作成

幼稚園等を利用希望の場合

1. 幼稚園等に直接利用申し込みをします
   ※市町村が必要に応じて利用支援をします
2. 幼稚園等から入園の内定を受けます
   （定員超過の場合などには面接などの選考あり）
3. 幼稚園等を通じて利用のための認定を申請します
4. 幼稚園等を通じて市町村から認定証が交付されます
   （1号認定）
5. 幼稚園等と契約をします

保育所等を利用希望の場合

1. 市町村に「保育の必要性」の認定を申請します
   ※利用希望の申込み(3)も同時にできます
2. 市町村から認定証が交付されます。
   （2号・3号認定）
3. 保育所等の利用希望の申込みをします
   （希望する施設名などを記載）
4. 申請者の希望、保育所等の状況などにより、市町村が利用調整をします
   ※保育を必要とする子ども（2号、3号認定）の場合、必要に応じ、市町村が利用可能な保育所等のあっせんなどもします
5. 利用先の決定後、契約となります

Marriage & Childbirth

14 子育てにかかる教育費について

一人の子ども（22歳まで）を育てる費用の総額は約1,300万円

内閣府の調べによると、幼稚園（保育園）〜大学4年（22歳）までにかかる教育費をまとめてみると、一人の子どもを育てる費用の総額は約1,300万円かかるという結果になりました。
二人目の子どもを育てる追加費用は一人目の8割弱、三人目は一人目の6割弱にまで減ることがわかりました。子どもが生まれたら計画的に貯蓄をして備えるといいでしょう。

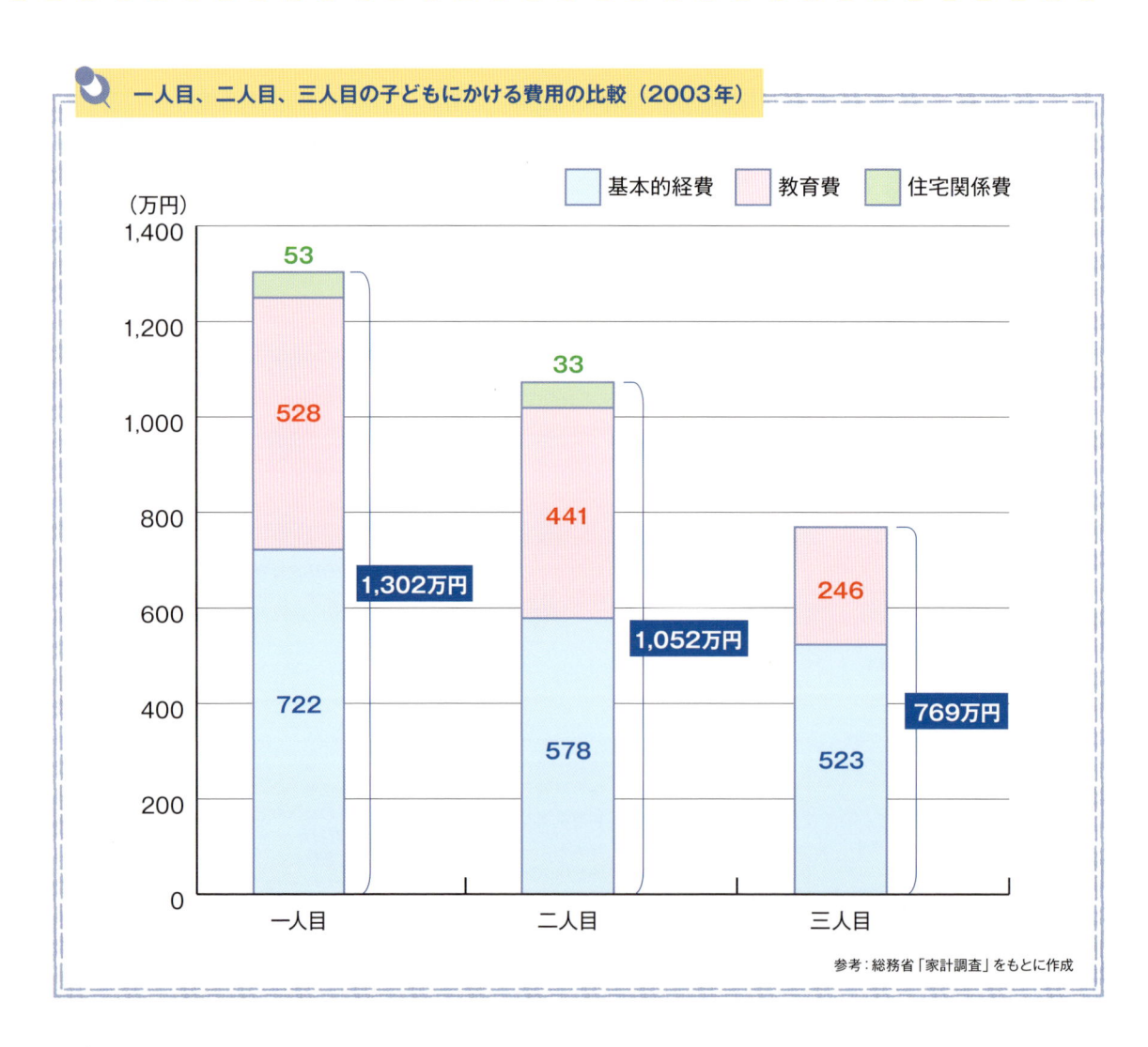

一人目、二人目、三人目の子どもにかける費用の比較（2003年）

（万円）

凡例：基本的経費　教育費　住宅関係費

	基本的経費	教育費	住宅関係費	合計
一人目	722	528	53	1,302万円
二人目	578	441	33	1,052万円
三人目	523	246		769万円

参考：総務省「家計調査」をもとに作成

column 3 今どきの「ママ友問題」体験談

子どもを通してできる友達を「ママ友」といいます。つまり、学生時代からの友達とは違い、子どもありきのお友達ということになります。子ども同士の相性もからんでくるため、いろいろな思惑が交錯する関係といえます。最近では、フェイスブックやLINEなどの普及により、知りたくない情報までイヤでも耳に入ってきてしまいます。そんなママ友の世界で悩む加藤さくらさん（仮名・35歳）のお話を伺ってみました。

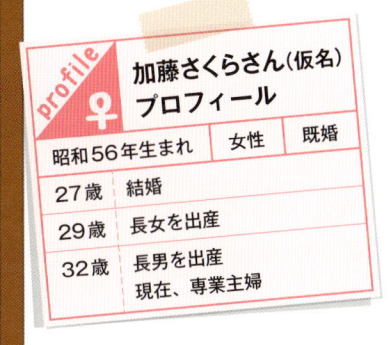

profile 加藤さくらさん（仮名）プロフィール

昭和56年生まれ	女性	既婚
27歳	結婚	
29歳	長女を出産	
32歳	長男を出産 現在、専業主婦	

ママ友が欲しい！ あらゆるサークルに所属して友達探しに必死だった私

長女を妊娠した時から、妊婦さんが集まるサークルに入りました。初めての妊娠・出産で分からないことだらけだったので予定日が近い仲間と話す時間がとても楽しくて。その時に「ママ友はとにかくたくさん作らなくちゃ」って思ったんです。その後、長女が産まれてからも子どものサークル活動には積極的に参加しました。子どものためということもあったし、何よりも子どもの悩みや相談を分かち合えるのはとてもありがたかったです。

たくさんのママ友ができた分、それだけ孤独を感じることも増え…

ママ友達はたくさんできたのですが、その分、孤独を感じることも増えてきました。例えば、仲の良いママ友がFacebookなどで「○○へ行ってきました♪」という記事をアップしているのを見れば「誰と行ったの？」と気になって、共通のお友達のFacebookをチェックしてみたり。そういう小さなストレスが蓄積し、ママ友の世界にだんだん疲れてきてしまったのです。ママ友ではなくても、大人になってからの友達作りって難しいですよね。その頃から、ママ友とはあまり深入りしなくてもいいのかな、と思い始めました。今では「ママ友とは腹5分の付き合い」を意識しています。そうすることで、ママ友に依存することもなく自分は自分、と割り切れ、穏やかに生活することができます。ママ友って、子どものために作らなきゃ！ って思っていましたが、それは間違い。自分のためだったのかなって今では思いますね。

なかなか人には聞けない最近の離婚事情について

Marriage & Childbirth 15

3組に1組の夫婦が離婚する時代

一生を添い遂げるつもりで結婚したものの、様々な理由で離婚してしまうカップルもいます。
なかでも若年層の離婚率は上昇傾向ですが、一方で熟年離婚者も増え続けています。
時代とともに、離婚のハードルが下がり、世間体を気にしない社会になってきているのも
理由の一つといえるのではないでしょうか。

★ 離婚の種類

● 協議離婚

夫婦での話し合いによる離婚のこと。離婚する人の約90％は協議離婚が占めています。合意ができれば、離婚届を提出するだけで離婚が成立します。未成年の子どもがいる場合は親権者が決定していないと離婚できません。

● 調停離婚

夫婦での話し合いがまとまらない場合、家庭裁判所に申し出て、調停委員が夫婦の間に入って調停が行われますが、裁判ではありません。お互いが離婚やその他の条件に合意した場合、離婚が成立します。

● 裁判離婚

協議離婚や調停・審判離婚（調停離婚でも話がまとまらず家庭裁判所の審判によるもの）でも離婚成立に至らなかった場合、家庭裁判所に離婚の訴えを提起し、離婚を認める判決が確定すると離婚が成立します。

☆ 離婚を考える際のポイント

Point 1　相手が離婚に同意しているか

大前提として、相手が離婚に同意しているかどうかがポイントになります。相手方が離婚に同意していれば、あとは財産と親権に関して話し合うことになります。しかし、相手が離婚に応じていない場合でも、不貞行為などはっきりとした離婚原因があれば離婚することは可能です。

Point 2　共有財産（財産分与）をどうするか

財産分与の請求はいつでもできるというものではなく、離婚から2年経過すると、請求権が消滅してしまいます。「請求したら、期限が過ぎていて財産分与がもらえなかった」ということがないように、必ず2年以内に請求することを忘れないようにしましょう！

3つの財産分与

① **清算的財産分与**
清算的財産分与とは、通常の財産分与と呼ばれているものです。原則として2分の1ルール（夫婦で築いてきた財産を5：5の割合で分割する方法）に則って判断されることが多いです。

② **扶養的財産分与**
清算的財産分与、また慰謝料を支払った場合においてもなお、他方の配偶者の生活が経済的に厳しいという場合、自立支援という意味で、経済的に厳しい状況が続く配偶者に支払われるものです。離婚の際に夫婦の片方が病気だったり、経済力に乏しい専業主婦であったりする場合に認められることがあります。

③ **慰謝料的財産分与**
慰謝料は財産分与とは性質が異なるもので、本来は、財産分与とは別に主張されるものです。しかし、両者とも金銭の支払いが問題になるものですから、慰謝料と財産分与を区別せずに財産分与としてまとめて請求されるようなことがあり、このような慰謝料を含む財産分与については慰謝料的財産分与と呼ばれています。

Point 3　親権

未成年の子どもがいる場合、離婚に際して必ず夫婦の一方を親権者として定めます。

親権を決めるポイント

① **母親優先** ………… 子どもが幼い場合は、母親への親権を優先
② **経済的能力** ……… 養育費、生活費を確保できるかどうか
③ **監護の継続性** …… 実際に子どもを教育監護しているものを優先
④ **子の意思の尊重** … 15歳以上の未成年の子どもについては、子どもの意思を尊重させる
⑤ **兄弟姉妹不分離** … 血のつながった兄弟姉妹を分離することは、子どもの人格形成に深刻な影響を及ぼすため

Point 4　慰謝料

慰謝料とは、相手の有責行為（不貞や暴力など）によって離婚を余儀なくされた場合、精神的苦痛に対して支払われるお金です。ただし、単なる性格の不一致や価値観の違いでは、有責行為とはいえない場合が多く、慰謝料請求は当然に認められるものではありません。慰謝料の金額は、250万円程度が平均的。1000万円以上の高額な慰謝料が成立されたケースはほとんどありません。

慰謝料を請求できる場合	慰謝料を請求できない場合
● 不倫や浮気があった場合 ● 配偶者に対するDV（暴力行為）があった場合 ● 生活費を渡さず配偶者としての義務を果たしていない場合 ● 通常の性的交渉の拒否をする場合	● 相手側に離婚の原因がない場合 ● お互いに離婚原因の責任がある場合 ● 価値観の違い、性格の不一致など、離婚原因に有責行為がない場合

Point 5　婚姻費用分担義務

夫婦生活が破綻し、夫婦のどちらかが家を出てしまったり、同居していても生活費を渡さないなどの場合、婚姻費用の問題が発生します。別居中でも夫が妻子に生活費を渡さないのは法律的にも許されませんし、離婚協議中の別居だとしても婚姻費用分担の義務（衣食住の費用、養育費、医療費、交際費などの生活費）は生じます。

Point 6　養育費

養育費とは、子どもが社会人として自立するまでに必要になる費用で、子どもの衣食住の経費や教育費はもちろん、子どもがケガや病気をした際の医療費や娯楽費なども養育費になります。養育費の期間としては、従来は高校卒業の18歳までというのが一般的でしたが、現在では、20歳まで養育費を支払うケースが多く、大学を卒業する22歳まで支払うというケースもあります。また、一度、養育費額を決めても、増額請求、減額請求が可能です。

☆ 養育費の算定方法

養育費の金額は、負担する側の経済力や生活水準によって変わりますが、基本的には、双方の収入を考慮して養育費の算定が行われます。養育費は財産分与、慰謝料などと違い1回では支払われず、定期的に支払いが行われていきます。養育費の目安としては「養育費算定表」という早見表がありますので、それを参考に金額を決定します。

Point 7　子どもとの面接交渉

離婚後、親権者にならなかった親が子どもに会い、一緒に時間を過ごすことを面接交渉といい、その権利を面接交渉権といいます。離婚しても親子関係であることには変わりなく、自分の子どもに会うのは当然の権利として認められています。

ただし、親子なら当然の権利と認められるものではなく、子どもに悪い影響を及ぼす場合はその権利を得ることが難しい場合もあります。例えば、DVが離婚の原因であったり、それ以外の理由で子どもに悪影響と判断されれば、面接交渉権は認められません。

面接交渉が認められない場合

① 暴力や薬物、精神的疾患など親権喪失の事由がある場合
② 養育費を支払う取り決めをしたのに、支払いに応じない場合
③ 子どもと生活をしている親に対する暴力の危険が予想される場合
④ 子ども自身が離れて暮らす親と会うことを拒む場合

※**面接交渉権の濫用**
子どもとの面接時に連れ去る、精神・肉体的な苦痛を与える可能性があれば面接交渉権の制限ができます。そのほかに元配偶者に復縁を迫ったり、金銭の要求をする行為があった時も含まれます。その際には家庭裁判所に申し立てをする必要があります。

★ 面接交渉を拒否された場合

父親が、子どもを引き取っている母親に面接交渉を拒否された場合は、家庭裁判所へ面接交渉の調停申し立てをします。調停が不成立であれば、手続きは移行して審判になります。ただし、親であれば無制限に認められるという権利ではなく、子どもの福祉を害したり、子どもの意思に反する場合は、制限される場合があります。いったん認められた面接交渉も、子どもに悪影響を与えたり、子どものためにならないと認められる場合には、一時停止される場合があります。

> 離婚は親の都合であり、どんな理由であれ子どもは被害者だと思います。年齢とともに子どもの気持ちも変化していくでしょう。子どもの意見を重視し、面接交渉をするようにしましょう。

シングルマザー（シングルファザー）に対する公的補助

Marriage & Childbirth 16

未婚数も増加、シングルファザーはシングルマザーの5分の1

「総務省統計局　2010年国勢調査産業等基本集計29条・33条」によると、シングルマザーの数は、約108.2万人となっており、100万人を大きく超えています。
また、シングルファザーの総数は、約20.4万人で、シングルマザーの約5分の1となっています。
そして現在では未婚のシングルマザー、シングルファザーの数が急増しています。

☆ シングルマザー、シングルファザーが活用できる助成や手当について

1 児童扶養手当

父母の離婚などで、父親または母親と生計を同じくしていない子どもが育成される家庭（ひとり親家庭）の生活の安定と自立の促進に寄与し、子どもの福祉の増進を図ることを目的として支給される手当のこと。これまで公的年金を受給する方は児童扶養手当を受給できませんでしたが、平成26年12月以降は年金額が児童扶養手当より低い方はその差額分の児童扶養手当を受給できるようになります。また、平成22年8月からは父子家庭の方にも支給され、平成24年8月からは支給要件に「配偶者からの暴力（DV）で裁判所からの保護命令が出された場合」が加わりました（厚生労働省HPより）。

手当金（月額）　参考：厚生労働省ホームページ（平成26年12月時点）
- 児童1人の場合
  全部支給：41,020円、一部支給：41,010円～9,680円
- 児童2人以上の加算額
  2人目：5,000円　3人目以降1人につき：3,000円

2 特別児童扶養手当

20歳未満の精神または身体に著しい障害のある児童を扶養する障害児童への扶養手当。所得制限額を超える場合には支給されません。

| 1級 | 月額51,100円 | 2級 | 月額34,030円 |

厚生労働省HPより

3 児童育成手当

18歳まで（18歳になった最初の3月31日まで）の児童を扶養するひとり親家庭に支給されます。都道府県単位で独自の制度になります（この金額は東京都の手当額です）。

- 父母が離婚
- 父または母が死亡
- 父または母が生死不明
- 父または母に1年以上遺棄されている
- 婚姻によらないで生まれたなど

支給額は子ども1人につき月額13,500円

参考：公益財団法人　東京都福祉保健財団

4 児童手当（➡P317参照）

5 母子・父子家庭のための住宅手当

自治体により様々ですが、20歳未満の児童を養育している父母で、自ら居住するための住宅を借り受け、家賃を支払っている方に支給される場合があります。

6 ひとり親家庭等医療費助成制度

ひとり親家庭等医療費助成金制度は、ひとり親家庭の母または父、およびその児童等に対し、医療費の一部を助成することにより、母子家庭、父子家庭の福祉の増進に寄与することを目的とした制度です。「ひとり親家庭等医療費受給資格者証」が必要です。助成内容は市町村によって異なります。

7 乳幼児・義務教育就学児の子ども医療費助成

子どもが18歳に達する年度の末日まで、医療費の一部が助成されます。「こども医療費受給資格者証」が必要になります。助成内容は市町村によって異なります。

8 生活保護

健康で文化的な最低限度の生活を保障するとともに、自立を支援することを目的として支給されます。生活保護は、世帯単位での生活保護費の支給になります。生活保護には、生活扶助・住宅扶助・教育扶助・医療扶助・介護扶助・出産扶助・生業扶助・葬祭扶助の8種類があり、各種費用に対応して扶助が支給されます。

9 遺族年金

18歳に達して最初の3月31日（ただし一定の障害の場合は20歳）までの子どもを持つ妻（または夫）に対して、子どもの人数に応じて支給されます。

支給額（平成26年度）

遺族基礎年金	772,800円+子の加算

● 子の加算
第1子・第2子：各 222,400円
第3子：各 74,100円

参考：厚生労働省 年金制度のポイント（平成26年度）

これだけ離婚率が増えるなか、母子・父子家庭に対する公的補助も時代に合った見直しが必要ではないでしょうか。法律を変えるのは私たちですから、いつでも気軽に相談できる自治体の設備の充実をすることが第一歩なのかもしれません。

column 4　今どきの「シングルマザー」体験談

死別や離婚などによって、夫（配偶者）がいない子どもを持った女性のことをシングルマザーといいます。離婚率は増加傾向で、シングルマザーも増え続けています。ここでは、そんな時代を生きる1人のシングルマザー山瀬恵美子さん（39歳・仮名）にお話を聞いてみました。

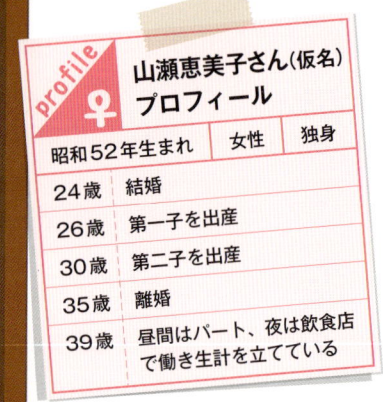

Profile　山瀬恵美子さん（仮名）プロフィール

昭和52年生まれ	女性	独身
24歳	結婚	
26歳	第一子を出産	
30歳	第二子を出産	
35歳	離婚	
39歳	昼間はパート、夜は飲食店で働き生計を立てている	

離婚した時は、子ども2人を育てる自信はあったのですが……

結婚した時は、まさか自分がシングルマザーになるとは思いもよらなかったです。学生時代からお付き合いをしていたので、お互いの良いところも悪いところも分かり合って結婚したはずだったのですが……。離婚の原因は、度重なる浮気です。3度目の浮気が発覚した時に、もう駄目だと思い離婚を切り出しました。その時私は35歳。まだまだ働ける年齢だったので、子ども2人を育てる自信はありました。

勤務していた会社が倒産。突然、職を失うことに

離婚して間もなく、勤めていた会社が倒産。突然、職を失うことになりました。両親は地方在住のため、引っ越すわけにもいかず、すぐに近所でパートを始めました。デスクワークしかしたことがなかったのですが、仕事を選んでいる時間などなかったので、とりあえず近場で働こうと思いました。しかし、育ち盛りの子どもは食費もかかります。貯金を切り崩して働く日々が続きました。それでもやはり家計は赤字。やむを得ず、深夜もバイトすることに。シングルマザーがこれだけ増えているのに、どんなに頑張っても厳しい生活から抜け出せない人がまだまだ多いです。シングルマザーを救う手だては「再婚」しかないとよく聞きますが、このような生活では「出会いの場」すらありません。それが現実なのです。

Chapter
6

定年後も安心な
第二の人生の送り方

シニアライフ編

01 定年退職の現実と準備・心構え

Reality of retirement

定年退職後に向けた早めの対策で充実した第二の人生を

近い将来、日本が超高齢化社会に突入するという実情に伴い、雇用環境は大きく変化しようとしています。定年後はリタイアして働かないことを希望する人は減少し、多くの人は元気なうちは働き続けたいと考えているようです。国や企業の対策と取り組みはどうなっているのでしょうか。また、定年退職にあたり必要になってくる手続きはたくさんありますので、早めの準備と心構えが大切です。自分に合った生き方、働き方を上手に選択し、快適で充実した第二の人生を目指しましょう。

★ 高年齢者雇用に向けた国や企業の取り組みと今後の動向

厚生労働省では生涯現役社会実現に向け、高齢者が希望すれば年齢に関係なく働き続けることが可能な環境を整えるため、企業に高年齢者雇用確保措置を義務付けました。内容は「定年制の廃止」「定年の引き上げ」「継続雇用制度の導入」のいずれかです。最も比率の高い「継続雇用制度の導入」を講じている企業の中でも、65歳までの希望者全員が対象となる企業と、対象者を限定する基準を設けている企業があります。雇用先が自社か自社以外になるかという違いもあります。措置が義務化されたあとの高年齢労働者数は義務化前の平成17年と比較すると約155万人増加しました（従業員51人以上の企業を対象）。厚生労働省は、今後は措置を講じていない企業に対する個別指導強化などの動きを活発化させていく方針です。

60歳以上の常用労働者の推移

年	31人以上規模企業	51人以上規模企業
平成17年		105.0
18年		113.9
19年		138.5
20年		177.7
21年	216.0	196.2
22年	242.8	221.6
23年	253.6	230.8
24年	264.2	240.4
25年	272.0	246.5
26年	287.2	260.2

（万人）

参考：厚生労働省 平成26年「高年齢者の雇用状況」集計結果

★ 定年退職前に準備しておくこと

定年退職前後はたくさんの手続きを各自で行う必要があります。年金や保険、税金などは定年を迎えれば自動的に切り替わるわけではありません。必要な手続きがなんなのか、期日はいつなのかを把握し、定められた対応を行わないと、利用できるはずの有益な制度が利用できない、受け取れるはずのお金がもらえないといった事態が起きてしまいます。期日が過ぎたり、ギリギリになってあせったりする前にしっかりと準備しておきましょう。

1 年金

種別の変更・請求申請は各自で手続きを

60歳未満で退職した場合、離職日の翌日から14日以内に国民年金への種別変更を行い、年金を受け取れる年齢に達したら自ら裁定請求をします。本人だけでなく配偶者の手続きも忘れずに行ってください。

Point
- 年金手帳があるか確認する
- 国民年金への種別変更は、離職日翌日から14日以内
- 年金が受け取れる年齢に達したら、裁定請求を行う
- 配偶者の手続きも同時期に行う必要がある

2 雇用保険

再就職の意思があれば失業保険受給手続きを

会社から離職票を受け取った際、退職直前の給与明細書と比較し内容を確認しておきましょう。誤りがなければハローワークで受給資格者決定手続きを行います。待機期間が終了し失業認定を受けると、失業給付が得られます。

Point
- 退職直前の6ヵ月分の給与明細書は保管しておく
- 退職後10日以内に会社から離職票を受け取り、早めに手続きを行う
- あくまで再就職の意思があり、就職活動をしている人が対象
- 諸事情によりしばらく働くことができない場合は、受給期間の延長が可能

3 健康保険

空白期間を作らぬよう退職後速やかな手続きを

健康保険については、定年退職をしたらすぐに所定の手続きをしなければなりません。事前にどの健康保険に加入するのか検討しておきます。国民健康保険への加入なら14日以内、任意継続なら20日以内に手続きを。

Point
- 退職前に健康保険被保険者証を会社に返却しておく
- 健康保険の被保険者資格喪失日は離職日の翌日となる
- 国民健康保険に切り替えるか、健康保険の任意継続かを選択する
- 年収が少ない場合、家族が加入している健康保険の被扶養者となることも可能

4 税金

確定申告で払い過ぎた税金の取り戻しを

会社から退職金を受給する場合、退職所得の受給に関する申告書を会社に提出しましょう。源泉徴収時に退職所得控除額が考慮されます。住民税は前年度の収入に対するものなので、再就職していなくても支払いが必要です。

Point
- 退職金が支給される場合、退職所得の源泉徴収票と給与所得の源泉徴収票の2つを受け取る
- 退職金を受給した際、退職所得の受給に関する申告書を会社に提出しないと、自分で確定申告をしなければ還付が受けられない
- 確定申告は、退職した翌年の2月16日から3月15日に行う
- 住民税は前年度の収入に対してかかるので、その分を別途用意しておく

会社に返却するもの・受け取るもの

退職者が会社に返却するもの
- 健康保険被保険者証
- 社員証、名刺、身分証明書など
- 鍵類、会社の携帯電話、制服、作業服、備品など
- その他、社費で購入したものや会社から支給されたもの

会社から受け取るもの
- 離職票1（失業手当などの振込先金融指定用紙）と2（退職直前の6ヵ月間の給与、退職理由が記してある紙）
- 雇用保険被保険者証
- 社会保険資格喪失等確認通知書（必要に応じて）
- 年金手帳 ●源泉徴収票

定年退職後の
タイプ別過ごし方

Post-retirement 02

定年後は就労の継続やプライベートの充実で生きがいを持とう

定年退職後もそれまでの経験を活かした仕事をしたり、新たな分野に挑戦して働き続けたいという人が増えています。一方で、趣味の充実や社会貢献を目的としたボランティア参加を考える人など希望する過ごし方は様々です。定年後も生きがいを持って生活することはとても大切なことです。

☆ 自分に合った働き方は？　ライフスタイルは？　いろいろな選択肢

年金やそれまでの貯蓄のみでは充実した生活を営めるか不安だという人や、収入の額にはこだわらないが、生きがいや健康維持のためにもっと働きたいという人も、再就職・再雇用を希望するでしょう。雇用されるだけでなく、自ら事業を起こしたり、自給自足や農作物の販売での収入を望んで農業を始める人も増えているようです。また、収入にはならなくても自分の知識や技能を活かして社会貢献がしたいと考え、ボランティアに参加したり、大学院の講座へ通ったり、時間をかけて趣味に打ち込むという選択もあります。

定年退職

- **A 再就職・再雇用** 自分に合った働き方をみつけよう
- **B 起業** 今までの経験や人脈を活かそう
- **C 定年帰農** 自給自足の生活で節約と健康を
- **D ボランティア** 社会貢献で生きがいをみつけよう
- **E 趣味** 新しいことやできなかったことにチャレンジ
- **F 勉強・進学** 若者と一緒に学生時代学べなかったことを学習する

A 再就職 再雇用	**働く意思を強く持つ「アクティブシニア」の選択**	最近の60代はまだ知力や体力もあるため、働き続けたいという声を多く聞きます。現役時代と同様のペースで働きたい人や、必要性や目的・意義を考え、自分に合わせた無理のない働き方を望む人もいます。働いて得た収入で生活資金を補うためや、自分の特技を活かして仕事をしたいといった生きがいを持つ目的もあります。フルタイムだけでなく、パートタイムや契約社員で就労時間や収入を調整しながら働く方法もありますので、体力の低下や、判断力・注意力の低下が生じることを考え、負担を軽減した選択を心がけましょう。
B 起業	**定年後に夢の独立開業をするという道も**	企業に雇われて仕事をする働き方のほかに、定年後に独立開業をするという道もあります。これまでの経験が活かせる仕事や、好きなことや若いころからの夢をもとにした仕事で独立することに憧れを抱く人もいるでしょう。ただ、起業には大変リスクが伴います。退職後にいきなり始めることはおすすめできません。退職前からの情報収集や家族との話し合い、開業形態の選択、資金準備など少しずつ計画をし、準備が整ったところで行動に移すといいでしょう。夢に向かって暴走してしまわないよう、綿密に計画を立てて実現させましょう。
C 定年帰農	**新規就農者の多くは会社員からの転身組**	「定年帰農」とは、定年退職をきっかけに農村に土地を購入して移り住んだりして農業を始めることをいいます。未経験から農業を始める人にとって、慣れない土地での初めての農作業は想像以上に負担が大きいものです。その土地での生活に馴染んでから少しずつ農業を進めるようにしましょう。農水省の調べでは60歳以上の人が農業に転身する例は増加傾向にあるといいますが、農業だけで生活費のすべてをまかなえるだけの利益を上げている人は少ないのが現状です。自分たちの農作物のセールスポイントをアピールしたり、直売所を利用したり、インターネットを使うなど、利益を得るためのアイデアを駆使しましょう。
D ボランティア	**社会貢献や生きがいを求めボランティア参加**	収入のためばかりでなく、社会のために活動して「頼られている」「期待されている」と感じれば大きな生きがいとなります。ボランティア活動を運営するNPO（非営利団体）は様々ありますので、活動内容や理念などよく調べた上で参加を申し込みましょう。会社員時代の仲間とは違うメンバーとのコミュニケーションはとてもいい刺激となり、視野の拡大にもつながります。増加する高齢者のボランティア参加希望者を考慮して、負担軽減や危険回避などに留意した環境の整備と現場の充実が求められています。
E 趣味	**ゆとりある時間を利用して思い切り趣味を楽しむ**	現役で仕事をしていた時には、趣味の時間がなかなか確保できずに歯がゆい思いをした人は少なくないでしょう。一方で、思い当たる趣味が特になく時間を持てあましたり、新しいことに挑戦しようとしても、なかなか楽しめるものが見つからないという声も聞かれます。趣味生活を楽しんでいる人に積極的に話を聞くなどして情報収集するといいでしょう。初めは小さな興味でもそれをプロの域まで上達させることを目標にすればやりがいは大きく膨らみます。
F 勉強・進学	**知識を深め自分の可能性を広げるために学ぶ**	定年後に資格取得のための勉強を始める人や、学校に通う人が増えています。それまでの経験を活かした転職や再就職を有利にするため、元々あった知識を深め証明するために資格取得を目指す人。新しい分野で活躍するためゼロから学び始める人。趣味を持っている人はそれに関連する知識を増やすことでさらに趣味を充実させることができます。目標を持つことで、モチベーションが上がり学びは生きがいにもなります。進学をして再び学生を経験することもいい刺激になります。

知らないと損をする年金の基礎知識

Basic knowledge of pension 03

自立した第二の人生を送るため生活の糧となる年金を知ろう

若いうちから老後のことを考え、計画的に人生設計をしている人はそう多くはありません。第二の人生を誰にも負担をかけずに自立して生きていくために、生活の糧となるのが年金収入です。高齢になってからあわてることのないように、しっかりと保険料を納め、年金制度についての知識も得ておきましょう。

☆ 年金の3つの分類と公的年金の仕組み

年金は管轄運営機関の違いにより公的年金、企業年金、個人年金の3つに分類されます。公的年金には「国民年金（基礎年金）」と「厚生年金」があります。国民年金は20歳以上60歳未満のすべての人が加入し、厚生年金は会社員や公務員が加入します。厚生年金には納付する保険料に国民年金料も含まれているので、受給時に国民年金分と厚生年金分の両方を受け取ることができます。

公的年金には高齢になった時に受け取れる「老齢給付」、障害を負い一定の障害等級に該当した時に受け取れる「障害給付」、加入している人が死亡した時に遺族に支給される「遺族給付」があります。

年金の種類

1. 公的年金
法律に基づいて国が管理運営をしている年金です。現役世代は全員が国民年金の被保険者となり加入するか否かを選択することはできません。国民年金、厚生年金があります。

2. 企業年金
サラリーマンが会社の福利厚生として加入する年金です。企業年金制度がある会社の社員は必ず加入します。公的年金の補てんなどの目的があります。

3. 個人年金
公的年金や企業年金だけでは不十分だと感じる人が、自ら選択して加入する年金です。民間の生命保険会社、信託銀行などが営利目的で運営を行っているものです。

公的年金の種類

	基礎年金	厚生年金
老齢給付	●老齢基礎年金 保険料納付済期間などに応じた金額	●老齢厚生年金 保険料納付期間・賃金に応じた金額
障害給付	●障害基礎年金 障害等級に応じた金額	●障害厚生年金 賃金・加入期間・障害等級に応じた金額
遺族給付	●遺族基礎年金 老齢基礎年金の額と同額	●遺族厚生年金 亡くなった方の老齢厚生年金の4分の3の金額

★ 年金受給に必要な加入期間は原則25年以上

会社員が将来年金を受け取る時に、年金の基礎として考えるのが老齢基礎年金です。老齢基礎年金は国民年金の第1号被保険者、第2号被保険者、第3号被保険者の人が一定の要件を満たしていれば誰でも受けられる給付です。老齢基礎年金を受け取るには各要件を満たした上で生存の証として各自で請求をします。年齢については65歳に達している必要があります。加入期間は原則として25年以上なければなりません（平成29年4月の消費税引き上げにより10年に短縮予定）。ここでいう25年以上の加入期間は、保険料納付済み期間と、保険料免除期間、または合算対象期間の合計です。そのため、加入すべき時に保険料を納めなかった期間は、加入期間に含まれないので注意が必要です。

●20歳から60歳までに保険料を納めた期間

保険料を納めるべき20歳から60歳までの40年間のうち、保険料を実際に納めた期間を保険料納付期間といいます。そして納めなかった期間は保険料滞納期間となります。サラリーマンや公務員に扶養されていた配偶者は、本人が保険料を納めなくても保険料納付期間となります。

第1号被保険者	第2号被保険者	第3号被保険者
会社員や公務員以外の自ら国民年金保険料を納める自営業者など	会社員や公務員など給与から天引きされる形で保険料を納める人	被保険者に扶養されている配偶者で保険料を自ら納めていない人

●基礎年金の繰り上げ支給と繰り下げ支給

老齢基礎年金は原則として65歳から受け取るものですが、本人の意思で60歳から64歳までの間であれば早めに支給してもらうことができ、これを繰り上げ支給といいます。65歳からもらう場合の額より少ない額をずっと受け取っていく仕組みです。逆に本人の意思で70歳までの間に遅れてもらうことで本来よりも増額された年金をずっと受け取る仕組みが繰り下げ支給です。

●高齢になってから支給される厚生年金

厚生年金保険から支給される老齢給付を老齢厚生年金といいます。老齢厚生年金には一般的に65歳から受け取る本来の老齢厚生年金と、60歳から受け取る特別支給の老齢厚生年金があります。昭和61年に年金支給が65歳からと定められた年金大改定に伴い、その既得権を保護するために設けられた特別支給の老齢厚生年金は、段階的に消滅していく仕組みになっています。平成13年度からは定額部分が、平成25年度からは報酬比例部分が徐々に消滅し、将来的には65歳からの支給に統一されます。給与が高額だった人はその分老齢厚生年金額も増加します。

※支給開始年齢は生年月日により異なる

Money plan of old age

04

年金の現実と老後のマネープラン

お金と生きがいと健康のバランスを考えながら老後の生活設計を

老後の生活にはお金がいくらかかるのか、自分は年金をどれだけ受け取ることができるのか…漠然とした不安を抱えながらも早いうちから具体的に老後の生活設計をしている人は少ないのではないでしょうか。年齢とともに変化する収入と支出、項目の内訳など実態を見ていきましょう。

★ 年金額改定による年金受取額の変動

公的年金制度は、現在働いている人が納める保険料を高齢者などへ給付する年金に充てる仕組みです。平成27年度は年金額改定により、前年度の特例水準の年金額との比較では0.9％の引き上げとなりました。それには、特例水準の段階的な解消とマクロ経済スライドによる調整が影響しています。特例水準とは、物価の下落を考慮せず本来よりも高い水準（特例水準）で年金額が定められることで、平成27年以降完全に解消されます。マクロ経済スライドとは、年金の物価スライド率を調整することで徐々に年金の給付水準を調整していく仕組みです。

> 将来、年金受取額は年々、少なくなる。年金に頼らずに自分でしっかり老後に向けて積み立てていくことが大事！

★ 年金への影響は多大、少子高齢化の対策とは

上記で述べたように、現在の年金は現役世代が納める保険料を高齢者への支給に回すという仕組みをとっています。そのため保険料を納める現役世代数が減少し、受け取る側の高齢者数が増加する少子高齢化は、年金財政を悪化させます。実際、マクロ経済スライドにより負担が過大になることを防ぎながらも保険料率が引き上げられ、受給開始年齢が引き上げられているという状態です。そこで近年検討されているのが、自分が老後に受け取る年金を自分自身で積み立てるという制度です。制度の転換は簡単ではありませんが、早急な対策が日々検討されています。

★ 思い描いた老後を送るにはいくら必要なのか

第二の人生はゆっくりと過ごしたい…漠然とそう考える人は多いと思います。理想とする老後の生活にはどのくらいの資金が必要なのでしょうか。総務省統計局家計調査率表（平成26年）によると、無職の高齢夫婦世帯の生活費用は、月額約21万円（持ち家率約90％）です。厚生年金も受け取れる元会社員世帯か、国民年金のみの世帯なのかで条件は違ってきますが、特に国民年金のみの世帯では年金収入だけでは毎月多くの不足が生じてしまうのが現状です。例えば65歳から85歳までの20年間を過ごすとして不足額はトータルでいくらになるのか、貯蓄や退職金だけでまかなっていけるのか試算し、不足を補う目途が立たない場合は早めに準備をすることが必要です。

資金管理の Point

① 無駄な支出を抑える
② 働けるうちは働いて少しでも収入を増やす
③ 資産の運用はローリスクを心がける
④ メディアの情報に振り回されない
⑤ 金融資産の口座などはシンプルにしておく

定年後の家計シミュレーション

《現役時代と定年退職後の収支の変化を把握する》

食費や光熱費、医療費、娯楽費など、生活に必要な経費が現役世代と比較して、定年退職後どのように変化するのか、その収支を考えてみましょう。

当然、定年退職後は収入が大きく減少しますが、支出額の合計も減少します。

支出の中で目立って変化しているのが生命保険料、医療費、教育娯楽費、住宅ローンです。

毎月支出するわけではありませんが、介護が必要になった時のリフォーム費や施設入居費などの予算も必要経費として計上しておきましょう。

単位：円

	項目	現在56歳	定年後66歳
収入	年金収入	0	160,000
	給与他（手取り）	430,000	20,000
	収入合計	430,000	180,000
支出	食費	76,000	54,000
	水道光熱費	26,000	20,000
	被服費	15,000	7,000
	交通・通信費	35,000	23,000
	娯楽費	50,000	24,000
	生命保険・医療費	40,000	12,000
	健康保険料	0	13,000
	税金（固定資産税を含む）	40,000	40,000
	住宅ローン	60,000	0
	雑費	28,000	8,000
	その他	10,000	8,000
	貯金	50,000	0
	支出合計	430,000	209,000

column 1 これだけは知っておこう 相続＆贈与

相続とは身内が亡くなった時、その人の遺産（財産）を相続人が受け継ぐことです。誰が相続人になるかの決定にあたってはかなり複雑な問題が発生する場合も。お金がからむことですから、後に大きなトラブルに発展してしまわないよう、専門家を交えて関係者同士でしっかりと話し合うことが大切です。

被相続人の死亡で発生する相続と本人の意思決定による契約の贈与

被相続人とは財産や権利の元の所有者（亡くなった人）で、相続人とは財産上の地位を受け継ぐ人のことをいいます。何かの手続きを経て相続がスタートするのではなく、被相続人が死亡した時点で遺産に関する権利は相続人に移転するのです。相続財産といってもプラスの財産（積極財産）だけではありません。借金やローンなどのマイナスの財産（消極財産）も含まれますので、相続するかどうかは慎重に検討する必要があるでしょう。

相続が人の死亡時に生じるのに対し、贈与は本人が生前に自分の財産を無償で相手方に与えるという意思を示し、相手方がそれを受け入れることによって成立する契約のことです。1年間にもらった財産の合計金額が110万円以下であれば贈与税はかかりません。

一定の範囲に定められた相続人とその順位

相続人は、親族の中でも一定の範囲内の人＝法定相続人と民法で定められており、範囲外の人が相続人になることは一切ありません。法定相続人の順位は、第1順位は被相続人の子ども、第2順位は被相続人の直系尊属、第3順位は被相続人の兄弟姉妹となります。
この相続順位内にある人を推定相続人といいます。被相続人の配偶者（婚姻届が提出されている正式な配偶者）は常に法定相続人になると定められていますが、長年夫婦同然に暮らしていたとしても、内縁の夫か妻の立場である人には相続の資格はありません。しかし、被相続人が法定されている通りに相続させたくないという旨を遺言した場合には、原則として遺言の内容が優先的に処理されます。

法定相続人の範囲

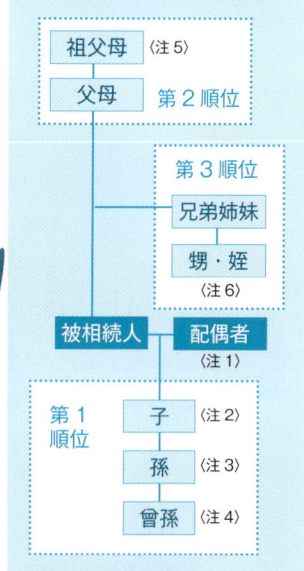

```
祖父母 〈注5〉
  │
父母      第2順位
          │
          第3順位
          │
          兄弟姉妹
          │
          甥・姪
          〈注6〉
被相続人 ─ 配偶者
           〈注1〉
第1       子  〈注2〉
順位      │
          孫  〈注3〉
          │
          曾孫 〈注4〉
```

〈注1〉常に相続人となる
〈注2〉胎児も含まれる
〈注3〉子が死亡・相続権を失ったとき相続人となる
〈注4〉孫が死亡・相続権を失ったとき相続人となる。孫以降代襲は続く
〈注5〉父母が死亡・相続権を失ったとき相続人となる
〈注6〉兄弟姉妹が死亡・相続権を失ったとき相続人となる。被相続人を代襲するのは甥、姪まで

相続税と贈与税の改正

改正により相続税・贈与税はどう変わるのか把握しよう

平成27年1月1日から、相続や遺贈により得られる資産についての相続税や、贈与により得られる資産についての贈与税に対して、改正が適用されています。多くの人が影響を受けるといわれるこの改正。変更された内容をご紹介しますので把握しておきましょう。

相続税の改正

1. 基礎控除額の引き下げ

定額控除額が5,000万円から3,000万円に変更、法定相続人1人当たりの比例控除額が1,000万円から600万円に引き下げになります。

	改正前	改正後
定額控除	5,000万円	3,000万円
法定相続人比例控除	1,000万円×法定相続人の数	600万円×法定相続人の数

3. 未成年者控除と障害者控除の控除額引き上げ

相続人が未成年者や障害者の場合、本来の相続税から税額を控除できますが、その控除額が引き上げになります。

	改正前	改正後
未成年者控除	20歳までの1年につき6万円	20歳までの1年につき10万円
障害者控除	85歳までの1年につき6万円（特別障害者については12万円）	85歳までの1年につき10万円（特別障害者については20万円）

2. 最高税率の引き上げ

税率区分が8段階になり、2億円超3億円以下の場合は最高税率が40％から45％に引き上げ、6億円超の場合は50％から55％に引き上げになります。

法定相続分に応じる取得金額	改正前(税率)	改正後(税率)
～1,000万円以下	10%	10%
1,000万円超～3,000万円以下	15%	15%
3,000万円超～5,000万円以下	20%	20%
5,000万円超～1億円以下	30%	30%
1億円超～2億円以下	40%	40%
2億円超～3億円以下	40%	45%
3億円超～6億円以下	50%	50%
6億円超～	50%	55%

4. 小規模宅地等における特例

居住用宅地（特定居住用宅地）等の限度面積拡大と、居住用宅地と事業用宅地を選択する際の適用面積が拡大されます。

	改正前（限度面積）	改正後（限度面積）
居住用	240㎡以下	330㎡以下
事業用	400㎡以下	400㎡以下
選択時	合計400㎡まで適用可能	合計730㎡まで適用可能

贈与税の改正

1. 相続時精算課税の適用要件変更

贈与者の年齢に対する要件が65歳以上から60歳以上に引き下げられ、20歳以上の孫が受贈者要件に追加されます。

	改正前	改正後
贈与者	65歳以上	60歳以上
受贈者	20歳以上の子である推定相続人（代襲相続人である孫を含む）	20歳以上の子である推定相続人 20歳以上の孫

2. 贈与税の税率構造変更

1,000万円超～の税率段階の細分化や最高税率の引き上げ、20歳以上の人が直系尊属（父母や祖父母など）から贈与を受けた資産を「特例贈与財産」として特例税率を新設します。

基礎控除後の課税価格	改正前(税率)	改正後(税率) 一般贈与財産	改正後(税率) 特例贈与財産
200万円以下	10%	10%	10%
200万円超～300万円以下	15%	15%	15%
300万円超～400万円以下	20%	20%	15%
400万円超～600万円以下	30%	30%	20%
600万円超～1,000万円以下	40%	40%	30%
1,000万円超～1,500万円以下	50%	45%	40%
1,500万円超～3,000万円以下	50%	50%	45%
3,000万円超～4,500万円以下	50%	55%	50%
4,500万円超～	50%	55%	55%

参考：国税庁「相続税及び贈与税の税制改正のあらまし（平成27年1月1日施行）」

05 今どきの介護事情と介護保険制度

Nursing-care insurance system

誰しもが直面する介護について知っておこう

日本人の平均寿命は世界トップレベルです。長寿国であるのは素晴らしいことですが、すべての人が健康な状態で寿命を全うしているわけではなく、介護を必要としながら老後の生活を送っている人が多いのも実情です。現在の介護を取り巻く状況はどうなっているのでしょうか。

☆ 平均寿命と健康寿命のはざまに介護がある

厚生労働省の発表によると平成26年の日本人の平均寿命は、男性が80.50歳、女性が86.83歳で、いずれも過去最高を更新しました。医療技術の進歩が平均寿命を延ばした大きな要因のひとつとされていて、長寿国の一員として大変喜ばしいことです。しかしながら、寿命を全うする間、すべての人が健康な状態で生活できていたかというとそうではありません。70代にもなれば、約7割の人がなんらかの治療のために通院しているというデータがありますし、要介護認定者は毎年増加を続けています。

介護を必要とせずに健康的な生活が送れる期間がどれだけあるかを表す「健康寿命」は、男性71.19歳、女性74.21歳（平成25年）で、平均寿命と比較すると男性9.31年、女性は12.62年の差が生じています。平均寿命と健康寿命の差として表された期間は、介護などのサポートを必要としながら生活していく「健康ではない期間」ということになります。健康寿命が延びると生活の質が向上するだけでなく、医療費や介護費の削減にもつながることから、政府は健康・医療戦略推進法に基づき2020年までに健康寿命を1歳以上延ばすことを目標としています。健康な体でいきいきと生活し、幸せな老後を送れる期間を延ばしていきましょう。

参考資料：『1 主な年齢の平均余命』(厚生労働省HPより)

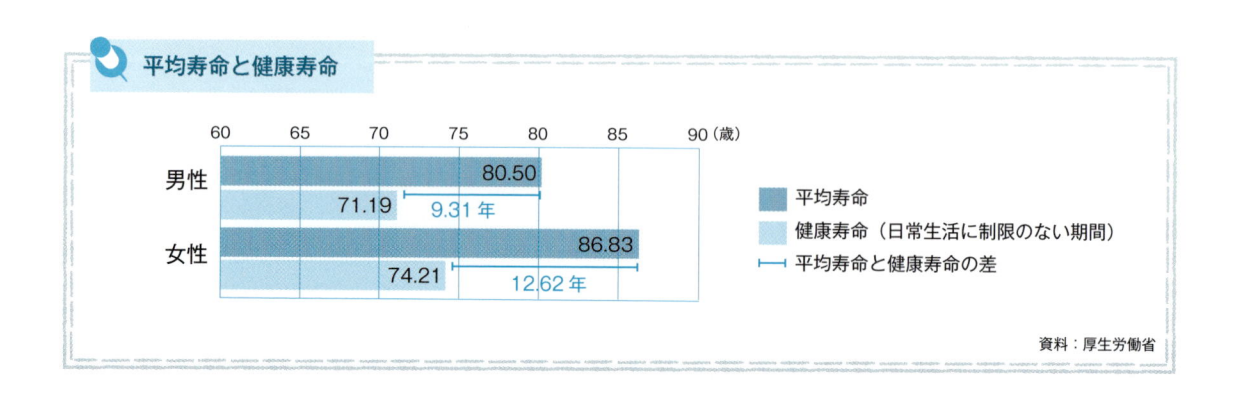

平均寿命と健康寿命

	健康寿命	平均寿命	差
男性	71.19	80.50	9.31年
女性	74.21	86.83	12.62年

■ 平均寿命
■ 健康寿命（日常生活に制限のない期間）
├─┤ 平均寿命と健康寿命の差

資料：厚生労働省

★ 介護保険制度を知り自分の状況に合ったサービスを選択しよう

介護保険制度は、行政側が高齢者に提供する施策であった従来の制度の不自由さを改善し、急増する要介護者、家族介護者の負担を軽減させるために制定されました。利用しやすく公平な制度を目的に導入され、高齢者本人が受ける介護サービスを自由に選択できるようになりました。一方で、定められた年齢に達すると自動的に誰でも介護サービスを利用できるわけではなく、市区町村が実施する要介護度認定を受ける必要があります。受けられる給付は介護給付と予防給付の大きく2つに分けられます。

介護が必要な人に対するサービスの提供だけでなく、要支援と認定された人が状態を悪化させ要介護者にならないような予防も目的としています。

要介護度の区分の目安

予防給付	要支援1	全般的な介護は必要とせず、ほぼ自分で日常生活を送れるレベル。今後、要介護状態にならないように予防やケアが必要な状態。
	要支援2	日常生活を送る能力は要支援1より低下しているが、要介護にはならないレベル。引き続き支援を続けていけば、改善の可能性がある状態。
介護給付	要介護1	日常生活はほぼ送れるが、歩行や立ち上がるときに不安定になるレベル。入浴や排泄などにおいて部分的に介護を要する状態。
	要介護2	排泄や入浴などにおいて介助が全般的に必要なレベル。日常で歩行や立ち上がる時に介助がないと、生活ができない状態。
	要介護3	衣服の着替え、入浴や排泄など、ほぼ全般的に介護が必要なレベル。歩行や立ち上がる時も自分一人ではできない状態。
	要介護4	日常生活で全般的に介助を要するレベル。介護がないと生活ができず、食事をとる際も、介護が一部に必要な状態。
	要介護5	言葉でのコミュニケーションが困難で、寝返りができないレベル。日常生活において全般的な介助がないと生活できない状態。

介護サービスの種類とその内容を把握する

介護サービスを受けるには介護認定を受けてから、それぞれの立場に必要となるサービスを事業者と契約します。認定にはある程度の目安はありますが、認定審査会の判定を受けるまでわかりません。

この区分により利用可能なサービスや給付される介護サービスの上限が変わってきます。サービス利用にかかる費用は国や自治体からの補助があるため1割[※]の自己負担となります。施設サービスの利用には日常生活にかかる費用の負担が発生します。

申請することにより、利用者の所得に応じて住居費や食費の減額を受けることが可能となります。

不明な点がある場合には、地域包括支援センターの相談窓口で福祉や医療の専門家に相談してみるのもいいでしょう。

※所得によって2割負担の場合もある

介護サービスと介護にかかる費用

Nursing-care & costs 06

利用できるサービスを理解して自分に合った介護を

介護サービスには自宅で受けるサービス、事業所に出向いて受けるサービス、施設への入所やショートステイによって受けるものなどいろいろあります。誰でも受けたいサービスが利用できるわけではなく、要介護度により利用可能なサービスの種類や自己負担額が違ってきますので確認してみましょう。

1 訪問サービス

自宅でサービスを受けられる在宅サービスのことを訪問サービスといいます。ホームヘルパーが要介護者の自宅を訪問し、入浴や排泄、日常生活の手助けをします。要介護者の自宅で理学療法士や作業療法士によるリハビリテーションなども含まれます。そのほかに医師などの専門家による療養上の管理指導を行う在宅療養管理指導などもあります。

2 通所サービス

通所介護サービスと通所リハビリステーションの2つがあり、都道府県から指定を受けた事業所に要介護者が出向いてサービスを受けます。通所介護サービスには要介護者の送迎、入浴や食事、コミュニケーションの場の提供があり、通所リハビリステーションはプログラムに応じたリハビリが提供されます。事業所に短期入所するショートステイも含まれます。

3 施設サービス

施設サービスの特別養護老人ホームへの入所対象者は、寝たきりや認知症が進行し在宅での生活が困難な人です。要支援の人が予防給付としてサービスを受けることはできません。入浴や食事、排泄、体位変換などの支援が受けられます。また要介護者が自立した生活に向けて改善を図るための機能訓練や健康管理が受けられます。

4 地域密着型サービス

地域密着型サービスとは、市区町村が中心となってその地域に住む要支援者や要介護者に対して行うサービスです。認知症や高齢者が、できるだけ住み慣れた土地で暮らしを継続させることを目的として提供されています。その地域にある施設での介護や在宅介護、夜間訪問介護、グループホーム、デイサービスなどがあります。

✶ 在宅介護にかかる費用はいくらか

在宅介護には、介護保険による訪問ヘルパーやデイサービスの利用料と、介護サービス以外の医療費やおむつ代などの費用がかかります。両者の合計額の1ヵ月平均は69,000円で、要介護度が高くなるほど介護サービス利用料は高額になり、サービス利用以外の費用は要介護4が最も高額です。

家計経済研究所・在宅介護にかかる費用

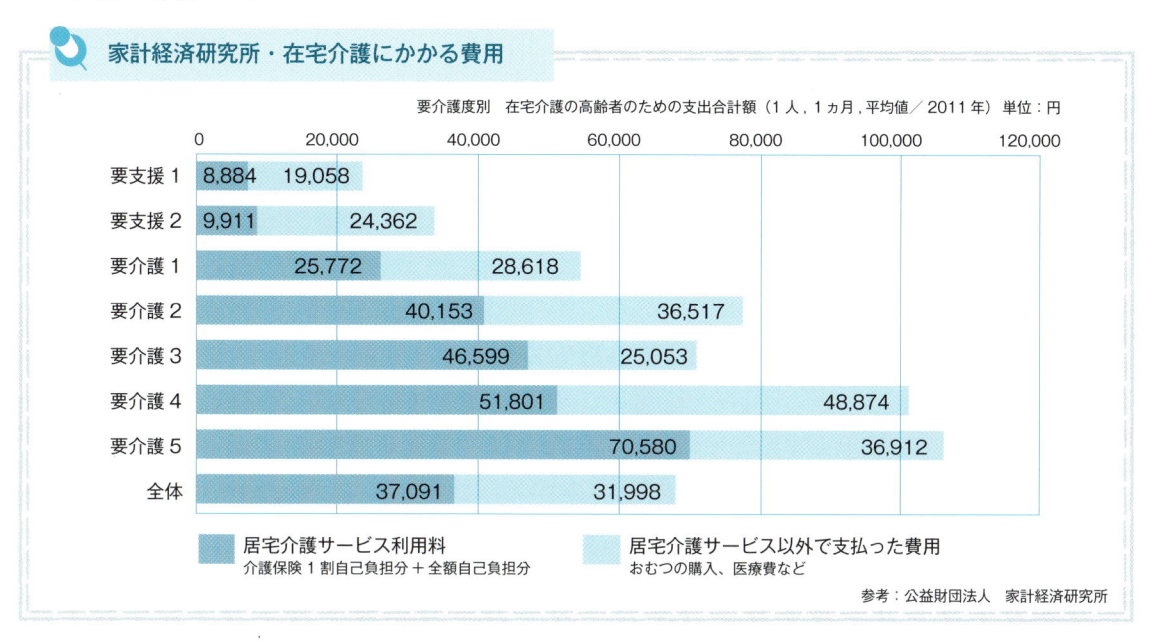

要介護度別　在宅介護の高齢者のための支出合計額（1人，1ヵ月，平均値／2011年）単位：円

要介護度	居宅介護サービス利用料	居宅介護サービス以外で支払った費用
要支援1	8,884	19,058
要支援2	9,911	24,362
要介護1	25,772	28,618
要介護2	40,153	36,517
要介護3	46,599	25,053
要介護4	51,801	48,874
要介護5	70,580	36,912
全体	37,091	31,998

■ 居宅介護サービス利用料　介護保険1割自己負担分＋全額自己負担分
■ 居宅介護サービス以外で支払った費用　おむつの購入、医療費など

参考：公益財団法人　家計経済研究所

●利用限度額の把握と適切な補助制度の利用を

介護保険によりサービスの利用に対する自己負担額は1割[※]ですが、要介護度に応じて月の支払限度額が決められているので注意が必要です。限度を超えた場合は原則的に自己負担になります。要介護度が高いほど介護保険ではまかなえない部分が増えて自己負担額での出費が発生しているのが現状です。

負担額を軽減させるために「高額医療・高額介護合算療養費制度」があります。これは医療費と介護費の自己負担の合計が限度を超えた場合、超過分が申請により払い戻されます。また自治体による介護用品費用の補助や現物支給などを受けて負担を軽くすることも可能です。介護期間は長期にわたることも少なくないので、費用面だけでなく介護にあたる家族の精神的・肉体的負担を考え、制度はどんどん利用していきましょう。

※所得によって2割負担の場合もある

介護サービス以外の支出の内訳

〈1人，1ヵ月，平均値〉

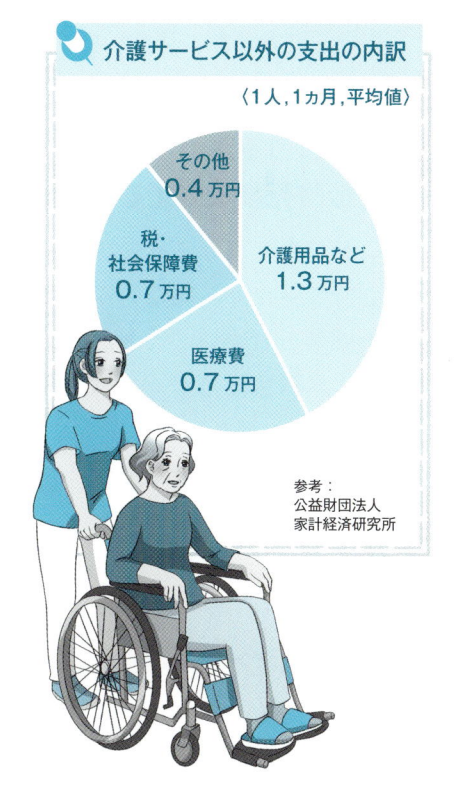

- その他　0.4万円
- 税・社会保障費　0.7万円
- 介護用品など　1.3万円
- 医療費　0.7万円

参考：公益財団法人　家計経済研究所

Activities to finish well

07 人生をより良く締めくくるための終活

人生を見つめ直すための終活

今や日本は、世界トップクラスの長寿国となりました。しかし、誰もが最後まで周囲の人の手を借りず、自分のことは自分できちんとできる状態で人生の終わりを迎えられるとは限りません。もしもの時に備え、自分の希望や思いを記録しておく「終活」が今、話題となっています。

☆ なぜ、終活が注目されるようになったのか

これからの自分の人生をシミュレーションした時、終盤をどう生きていきたいのか、最期をどのように迎えたいのかを考えることでしょう。そして、家族や親しい人に対する感謝の気持ちや、いざという時にどう対応してほしいのかなどを伝えておくことの重要性に気づくと思います。終活とは、人生の終わりを考えることを通して今をより良く生きるため、また、自分の死後遺された家族が困ったり、後悔したりしないで行動できるように事前に準備しておくことです。終活を縁起の悪いものとしてとらえるのではなく、自分の人生を見つめるための大切な要素として考える人が増えてきています。

☆ 何が起こるかわからない老後や死後に備える

高齢になり思うように体が動かなくなったり、記憶力や判断能力が低下していくことに不安を抱えている人は少なくありません。

また死後に、葬儀やお墓、遺産相続などで起こりうるトラブルを懸念する声も多く聞かれます。その不安を解消していく活動、終活についての世間の意識は年々高まっているようです。

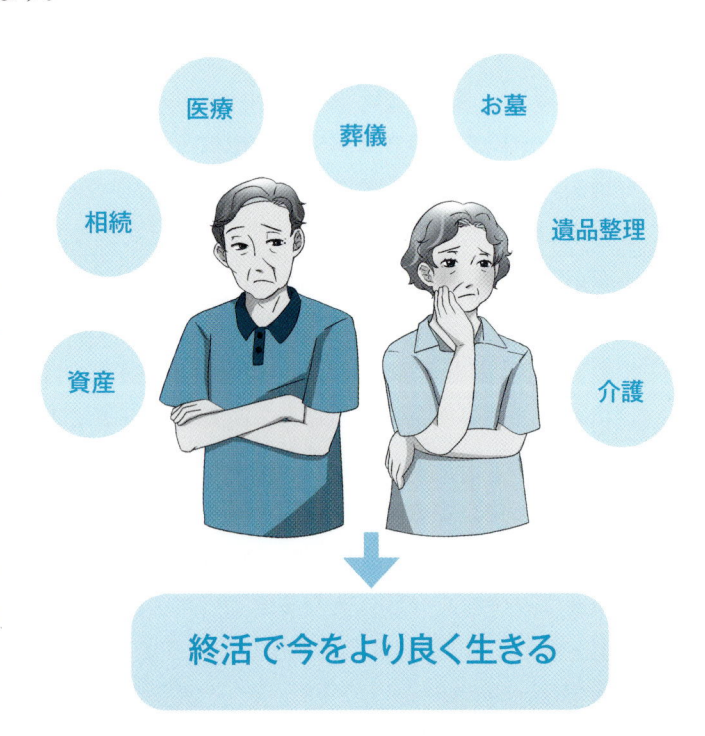

医療　葬儀　お墓
相続　　　　遺品整理
資産　　　　介護

→ 終活で今をより良く生きる

★ 「終活」を約5割の人が「知っていた」「必要」と回答

最近では、「終活」という言葉をよく耳にするようになりました。平成21年に週刊朝日が造ったこの言葉は、高齢化社会に対する意識の高まりとともに認知度を上げ、今では多くの人が知るところとなりました。60歳以上の男女2,000人を対象に「終活」についてのアンケートを行った結果にも、人々の関心度の高さと必要性が反映されています。

Q1 あなたは「終活」という言葉を知っていますか？
※単一回答/60歳以上の全国男女（アンケート回答数＝2,000人）

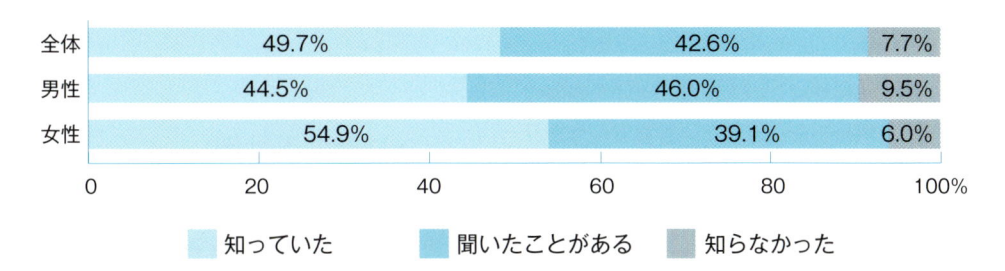

	知っていた	聞いたことがある	知らなかった
全体	49.7%	42.6%	7.7%
男性	44.5%	46.0%	9.5%
女性	54.9%	39.1%	6.0%

Q2 あなたは「終活」が必要だと思っていますか？
※単一回答/60歳以上の全国男女（アンケート回答数＝2,000人）

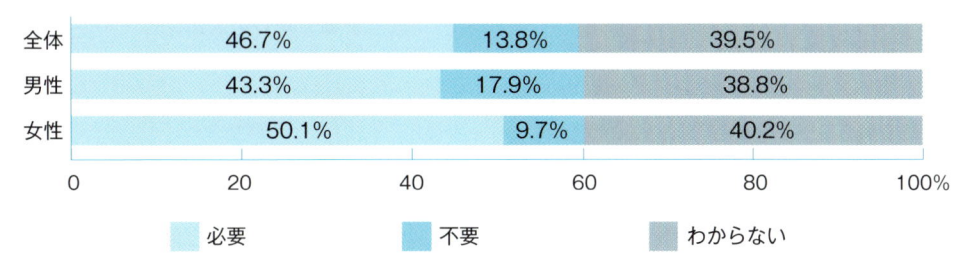

	必要	不要	わからない
全体	46.7%	13.8%	39.5%
男性	43.3%	17.9%	38.8%
女性	50.1%	9.7%	40.2%

〈参考：ライフメディアリサーチバンク 2015年調べ〉
小数点第2位以下は四捨五入のため100％にはなりません

《年々高まりを見せる「終活」知名度と関心》

「終活」という言葉を知っていますか、という質問には、約50％が「知っていた」と回答しました。続いて「終活」が必要だと思いますか、という質問には、約47％が「必要」と回答。男女の比較では女性のほうが終活を必要と考えている人がやや多いという結果でした。このアンケートは2012年から毎年実施されており、「終活」を知っている人の割合は2012年が10.2％、2013年は27.0％、2014年は40.7％と年々目に見えて上昇しています。メディアで取り上げられることも多くなり、今後、ますます人々の関心は高まりそうです。

☆「終活」はどうして重要か、どんなメリットがあるのか

具体的に「終活」は私たちにとってどんなメリットがあるのでしょうか。

《終活のメリット》

メリット1 自分が介護を必要とする身体になった時、誰に、どこで、どのようにサポートしてもらいたいのか、希望を事前に伝えておくことができる。

メリット2 自分が亡くなったあとのお葬式やお墓を準備しておけば、のちに家族の手をわずらわすことを避けることができる。

メリット3 家族や親しい人たちに向けた感謝の気持ちを、伝えたい言葉でしっかりと届けることができる。

メリット4 自分の人生を振り返った自分史を作成し、生きた証を残すことができる。

つまり、老後や死後に対して備えておくことは、突然問題が発生した時でも大あわてせずに安心して過ごせる余生につながります。自分らしく人生を終えるためには欠かすことのできない活動が「終活」なのです。

《終活の活動例》
- 介護についての考えや希望を伝える
- 告知や延命治療を望むか否かを伝える
- 信頼できる葬儀社を選んでおく
- お墓はどうするかを決めておく
- 遺品や遺産相続についての希望を伝える
- 自分史を残す
- 家族や親しい人に向けてのメッセージを伝える

これらを「エンディングノート」にまとめる

☆家族を困らせないために伝えておくべきこと

「終活」は本人のためだけでなく、遺された家族のための活動でもあります。本人が自分の意思を伝えられない状況になった時、代わりに家族が重要な判断を下さなければなりません。これが本当に本人の望む方法なのかと悩むことは家族にとっての大きな心の負担となります。事前に希望を聞いておけば、その負担を軽減させることができます。遺産相続などで後に遺族間で起こりうるトラブルに備えることもできます。故人からの感謝の気持ちを改めて知ることもあるでしょう。「終活」は先逝く者の家族に対する愛情ともいえます。

Ending Notes 08

自分らしい最期を迎えるためのエンディングノート

家族の負担を軽くするエンディングノートの効用

遺された家族のためにも終活は必要であると思っても、何から始めればいいのかわからない、という人も少なくありません。まずは終活の第一歩として、エンディングノートを書いてみましょう。ここではエンディングノートの書き方やメリットなどを紹介していきます。

★ 必要だと思ったら少しずつ書き始めてみる

エンディングノートとは、終活によって決めたこと、家族や親しい人たちに伝えたいことなどをまとめて記しておくノートです。アンケート結果によるとエンディングノートの認知度は49.9％で、約5割の人が知っているということでした（ライフメディアリサーチバンク調べ）。ただ、実際に書いている人はわずか6.9％と少なく、知っているけど書いていないという人が多いため、まず一歩を踏み出して書き始めてみるといいでしょう。

Q あなたは「エンディングノート」を書いていますか？
※単一回答 /60歳以上の全国男女（アンケート回答数＝2,000人）

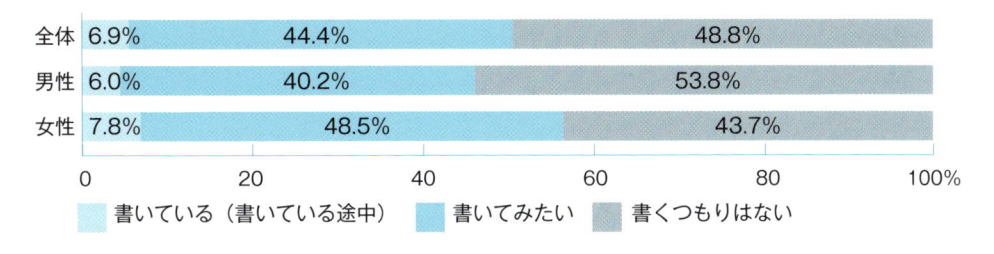

	書いている（書いている途中）	書いてみたい	書くつもりはない
全体	6.9%	44.4%	48.8%
男性	6.0%	40.2%	53.8%
女性	7.8%	48.5%	43.7%

《法的効力のないエンディングノート》

エンディングノートと遺言書は、家族や親しい人に向けて伝えたいことを記載するという点では共通です。しかし、遺言書は財産管理や相続などについての法的効力を持ち、エンディングノートは法的効力を持ちません。そのため、アンケート結果によると、遺言書を残す予定の人は2.2％と少数で、ハードルが高いと感じている人が多いようです。エンディングノートは法的効力がない分、気楽に書き始められるのもいい点なのかもしれません。

60歳以上の男女で遺言書を残す予定の人

2.2%

男性：2.2%
女性：2.1%

（参考：ライフメディアリサーチバンク2015年調べ）
小数点第2位以下は四捨五入のため100％にはなりません

Chapter6　定年後も安心な第二の人生の送り方　★　383

★ エンディングノートには何を書けばいいのか

エンディングノートに書く内容は基本的に自由です。特に定められた形式はなく、自分が家族や親しい人に伝えておきたいと思うことや残したい記録、遺された人たちが知っておいたほうがいい情報など、まずは思いつくままに書いてみましょう。エンディングノートというと、どうしても「死」を強く意識して重い気持ちになりがちですが、未来の自分に向けて「残りの人生を安心して生きていく」ための記録をするものと考えながら書いてみましょう。

エンディングノートの主な項目と書き方

1. 自分の歴史
これまで自分が歩んできた人生の記録です。親や兄弟、配偶者、子ども、友人との思い出、学歴、職歴、エピソードなど、どのようなテーマを中心にするか決めて、当時を思い出しながら書いてみてください。

2. 介護や治療に関する要望
介護を誰に頼みたいか、どこで介護をするのか、治療に関しては告知の有無、延命治療、臓器提供や献体の希望なども記しておきましょう。自分で管理できなくなった時の資産管理をお願いしたい人を指名しておけば、家族間のトラブルも防げます。

3. 葬儀とお墓についての要望
葬儀の形式の多様化により、遺された家族が迷わないように、葬儀の形式、宗派、葬儀会社、予算、参列者、喪主などを記しておきましょう。お墓に関しては既存のお墓に入るか、今後作るのであれば、場所、デザイン、費用の希望を書きましょう。

4. 資産情報
本人が遺した資産は、遺された家族にとって生活の糧になる場合も多いです。預貯金（銀行口座・カード・印鑑）、株式、不動産、会員権、金融資産などの情報はわかりやすくまとめておきます。借入金、ローンなどのマイナス資産、パソコンやネット上の情報なども忘れずに伝えておきましょう。

5. 遺言のこと
遺言書の有無や、遺言書の内容、相談先リストを書きましょう。エンディングノートには法的効力はありませんので、遺産分割について強い希望がある場合は、遺言書に記載することをおすすめします。

6. 形見分け・寄付について
高価な品物については遺言書への記載をおすすめしますが、通常のものについてはリストを作成しましょう。寄付を希望するのであれば、寄付先なども書きましょう。

7. 家族・親族リスト
家族や親族のつながりを家系図のようにして載せるのもいいでしょう。自分のルーツを再確認できますし、遺産分割や形見分けの際の参考資料にもなります。

8. 友人・知人リスト
友人・知人・お世話になった人の連絡先や葬儀告知の有無を記載しておけば、家族が誰を葬儀に呼べばいいか迷うことがなくなります。関係性も記載しておけば備忘録として日常生活でも使えます。

9. 大切な人への感謝のメッセージ
エンディングノートに欠かせないのは、家族や親しい人など大切な人たちに向けたメッセージです。介護や遺産のことを伝えるのも必要ですが、感謝の気持ちを伝えることは最も重要な部分でしょう。

☆ 肩の力を抜いて書きやすいところから少しずつ書き進める

いざ書くとなるとなかなかペンが進まないという時は、あまり難しく考えず、書きやすいところ、興味が持てる内容から少しずつ書いてみてください。現在では、様々な種類のエンディングノートが市販されていますし、オリジナルに作成したものを使ってもまったく問題ありません。何度書き直してもいいので、完璧を目指そう、上手く書こうなどと思わずに取り組みましょう。最終的には遺された家族に読んでもらうことが目的なので、保管する場所は事前に伝えておくことをおすすめします。

Point

- 緊急時に必要なこと（延命治療の希望、資産や保険の情報、親しい人の連絡先など）を最初に書いておくと安心。
- 内容によっては遺族が実現させるのが困難な場合や、驚いたり不快に感じたりすることもあるので、事前に話し合いをしておくとよい。
- 家族や親しい人への感謝の気持ちを大切にする。
- エンディングノートの存在を家族や周りの人に伝えておく。
- 資産管理、相続など確実に履行させたい内容は、契約書や遺言書に記載する。

《エンディングノートを書くメリットはたくさんある》

メリット1 家族に対しての感謝や愛情を自分の言葉でしっかりと残しておける

メリット2 自分にもしものことがあっても、家族の負担を最小限に抑えられる

メリット3 日常生活でも便利に使える住所録などの記録帳代わりにもなる

エンディングノートは人生の終わりに向けた身辺整理だけを目的としているわけではありません。もしものことがあった時、介護や治療、死後の対応で家族が困ったり、迷ったりすることは多くあります。本人が事前に希望を残しておけば家族が対応で迷うことが少なくなります。

大切な情報をきちんと記録しておくと、日常生活における様々な場面でその情報が必要になった時、記録帳として確認することができます。そして、普段なかなか伝えられない感謝の気持ちを残しておけるのも大きなメリットです。あなたからのメッセージが悲しむ家族をやさしく癒してくれることでしょう。

Meaning of the funeral & flow

09

葬儀の意味と一般的な流れについて

「もしも」の時のために、知っておけば必ず役に立つ葬儀の意味や流れ

人が死亡すると遺族は深い悲しみの中で、葬儀に関する様々な決めごとや準備をしなければなりません。葬儀をする必要があるということはわかっていても、準備から葬儀後までの流れや細かい対応のことまでを把握している人は少ないでしょう。ここでは葬儀の意味や流れをみていきます。

★ 葬儀は「死」と向き合い、受け入れるための大切な儀式

人の死は、遺された者にとって大変衝撃的なことであり、社会的にも大きな影響を与えます。「葬送儀礼」は、関係者それぞれがその事実を受け止め、精神的に回復していくのをサポートする役目を担っています。葬送儀礼の形式は、時代の流れの中で様々な移り変わりを見せています。地域や文化によっても違いますが、長引く景気低迷の影響や近隣住民とのつながりの薄れ、さらには血縁関係も希薄になっていることなどから、規模は徐々に縮小傾向にあるようです。

一般にお葬式は「葬儀・告別式」と呼ばれることが多いですが、厳密には本来「葬儀式」と「告別式」は別のものです。「葬儀式」は宗教的な意味合いが強く、遺族やごく親しい知人により故人の冥福を祈るために行われる儀式です。「告別式」は、友人や知人などが故人と最後のお別れをするための社会に向けた式典です。最近では、一般の会葬者全員が火葬場まで行くことはなくなったため、代わりに会葬者の焼香を中心に行われるようになっています。

★ 葬儀は死者を弔う大切な儀式

葬儀とは、すべての人が避けて通れない「死」というものを、身内だけでなく社会的にも受け入れるための儀式、という意味があります。不条理な死を認めて死者の魂を弔う意味もあります。また、遺された者が死者のために最期まできちんとお見送りをすることで、心のどこかに区切りをつける意味合いもあります。最近では生前葬を行ったり、終活の中で自分のお葬式の要望を出すケースなどもあり、様々なパターンが増えています。

葬儀の意味

①葬儀を行うことによって死者の魂を弔います。死者と遺族との間に精神的な関係を作り、心情を切り替える意味合いがあります。また、遺族の深い悲しみを癒す役割もあります。

②死後、死者の尊厳を守るため、また衛生面での対処のため、現在は火葬を行います。

③死者の死を社会へ通知し、その後、年金や健康保険など公的機関への手続きや相続などの処理を行います。

★ 臨終直後から葬儀までの全体の流れ

遺族がやらなければならないことはたくさんあります。ここでは死亡してから葬儀終了までの大まかな流れをみてみましょう。

葬儀までの一般的な段取り（仏式の場合）

臨終直後	医師より家族に死亡が通知されたあとに、死亡診断書が作られます。葬儀社に連絡をして通夜・葬儀の相談をします。葬儀社がご遺体を自宅に搬送するので、ご遺体を安置する布団を用意します。
枕飾り	ご遺体の枕元に設置する祭壇を「枕飾り」といいます。納棺するまでご遺体は北枕で安置します。枕元には白い布をかけた台を用意し「三具足（みつぐそく）」と呼ばれる花瓶、香炉、燭台を飾ります。
葬儀内容・喪主の決定	一般的に喪主は世帯主や配偶者がつとめることが多く、配偶者がいない時は子ども、子どもがいない時は親族が担当。喪主はその後の仏事の施主になり、通夜、葬儀で故人のそばにいながら、弔問客の応対をします。
通夜・葬儀の手配	葬儀会場をはじめ、火葬場、僧侶のスケジュールを確認し、日時を決定します。また、遺影や返礼品の準備、移動のバスやタクシー、葬儀に参加した方々への御礼状の手配などをします。
通夜	通夜は一般的に午後6時以降に始めます。僧侶の読経、焼香を行ったあと、喪主が挨拶をします。翌日の葬儀の式典のための配車や乗車配分についても、親族と相談しておきましょう。
葬儀	宗派によって葬儀の形式に違いはありますが、全体的な所要時間はおよそ1時間から1時間半。式典の準備は葬儀社に任せるのが一般的ですが、来賓のお迎えや僧侶への挨拶などは喪主や親族の役目になります。
出棺	葬儀の終了後、喪主や親族、参列者が棺の中のご遺体まわりを生花で飾り、故人の愛用品なども納めていきます。故人とお別れの挨拶をしたあと、近親者で棺を霊柩車へ運びます。
火葬・骨上げ	火葬場の炉前で僧侶の読経のあと、故人と最後のお別れをします。火葬時間は2時間程度かかるので、その間は休憩室で待機します。その後、二人一組になって遺骨を箸で拾い「骨上げ」をします。
初七日	初七日とは故人が亡くなった日から7日目に行う法要のことです。親族や近親者を招いて、僧侶の読経後、焼香します。最近では、葬儀と一緒に初七日の法要を行うことも増えてきているようです。

☆ 一般的な通夜の流れ

葬儀社との打ち合わせが終わると、まず最初に執り行われる通夜の流れをみていきましょう。

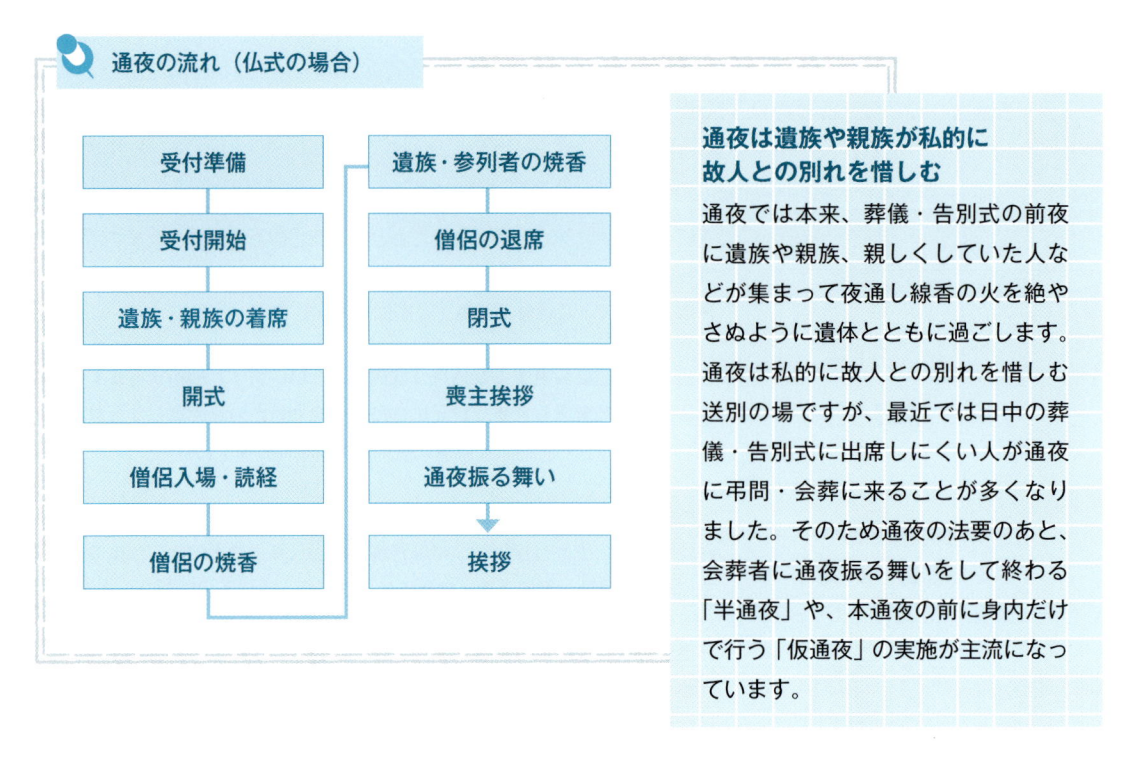

通夜の流れ（仏式の場合）

受付準備 → 受付開始 → 遺族・親族の着席 → 開式 → 僧侶入場・読経 → 僧侶の焼香 → 遺族・参列者の焼香 → 僧侶の退席 → 閉式 → 喪主挨拶 → 通夜振る舞い → 挨拶

通夜は遺族や親族が私的に故人との別れを惜しむ

通夜では本来、葬儀・告別式の前夜に遺族や親族、親しくしていた人などが集まって夜通し線香の火を絶やさぬように遺体とともに過ごします。通夜は私的に故人との別れを惜しむ送別の場ですが、最近では日中の葬儀・告別式に出席しにくい人が通夜に弔問・会葬に来ることが多くなりました。そのため通夜の法要のあと、会葬者に通夜振る舞いをして終わる「半通夜」や、本通夜の前に身内だけで行う「仮通夜」の実施が主流になっています。

☆ 一般的な葬儀・告別式の流れ

葬儀は故人の地位や宗旨により規模や内容が異なりますが、一般的な流れは次の通りです。

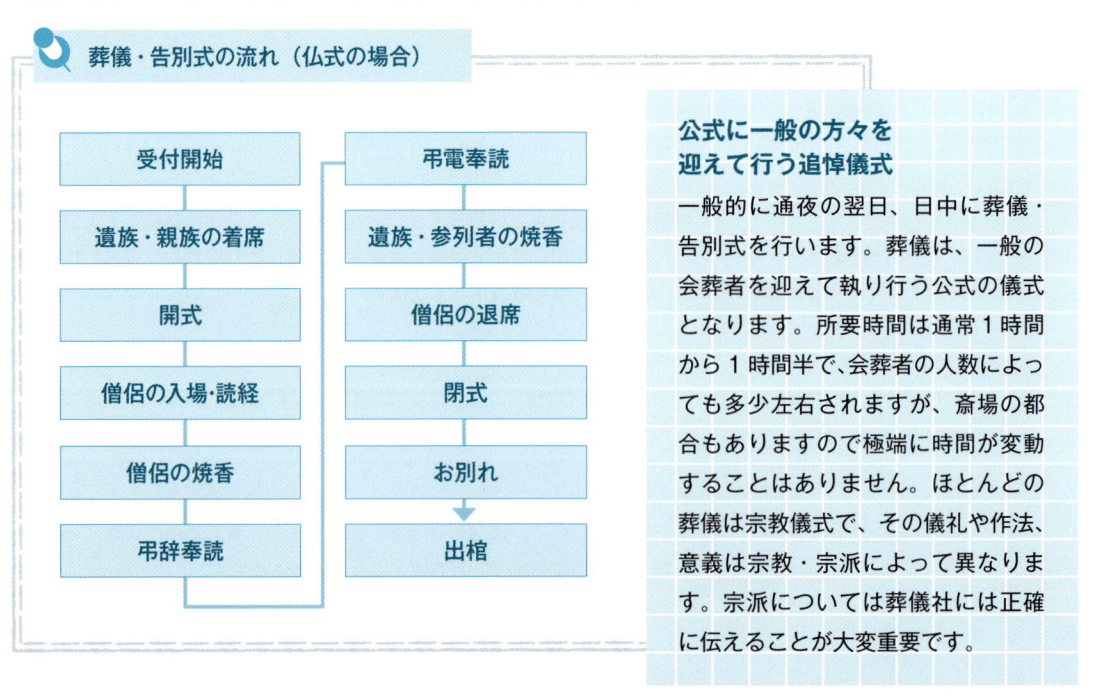

葬儀・告別式の流れ（仏式の場合）

受付開始 → 遺族・親族の着席 → 開式 → 僧侶の入場・読経 → 僧侶の焼香 → 弔辞奉読 → 弔電奉読 → 遺族・参列者の焼香 → 僧侶の退席 → 閉式 → お別れ → 出棺

公式に一般の方々を迎えて行う追悼儀式

一般的に通夜の翌日、日中に葬儀・告別式を行います。葬儀は、一般の会葬者を迎えて執り行う公式の儀式となります。所要時間は通常1時間から1時間半で、会葬者の人数によっても多少左右されますが、斎場の都合もありますので極端に時間が変動することはありません。ほとんどの葬儀は宗教儀式で、その儀礼や作法、意義は宗教・宗派によって異なります。宗派については葬儀社には正確に伝えることが大変重要です。

知っておきたい葬儀用語

【お布施】僧侶から読経や戒名を頂いた謝礼にお渡しする金品のことです。基本的にはお布施の額に決まりはありませんが、お寺によってはお布施の料金を決めているところもあるようです。

【戒名】仏の弟子となった者につけられる名前の総称です。天台宗、真言宗、曹洞宗、臨済宗、浄土宗は「戒名」と呼びますが、浄土真宗は「法名」、日蓮宗は「法号」と呼びます。

【弔問】遺族を訪問してお悔やみを述べることです。時間があれば故人の思い出を語ったり、遺族をいたわるような言葉がけができるといいでしょう。

【弔辞】故人が生前に親しくしていた友人などが葬儀の際に霊前で述べる最後の別れの言葉です。内容は故人への追悼や人柄、業績をたたえるもの、遺族の心を癒す言葉などにします。

【散骨】遺骨を細かく粉状にして海や山、空中などにまくことです。散骨する場所はどこでもいいというわけではありませんので、事前に葬儀社などに確認を取りましょう。

【精進落とし】本来は、仏教の教えにより四十九日を過ぎてから遺族が肉や魚を食べ始めることを指しますが、昨今は僧侶や参列者をねぎらうため、火葬場から戻ったあとに料理を振る舞うことを指す場合が多くなりました。遺族が席を回ってお礼を伝えます。

【後飾り】葬儀が終わったあと、遺骨を家に持ち帰り四十九日の法要が行われるまで安置する祭壇のことです。通常は二段か三段で設置し上段には遺骨を、下段には位牌や遺影、香炉、お供え物を置きます。

【法要】故人のために行う「追善供養」のことです。僧侶の読経や食べ物や飲み物などのお供えをして故人や先祖の霊にたむけることで冥福を祈ります。

【葬祭ディレクター】「葬儀・法事・宗教・相続」などの知識を身につけ、その専門性を認定された人のことで、厚生労働省が認定している葬儀ディレクター技能審査制度があります。

精進落とし

Chapter6　定年後も安心な第二の人生の送り方　★　389

Funeral circumstances 10

今どきの葬儀事情について

多様化している葬儀の形式

これまでの葬儀は主に僧侶が読経する形で行われてきましたが、最近は葬儀も多様化して、故人の意向を尊重する形式に変わりつつあります。生前から終活やエンディングノートに、自分の希望する葬儀をオーダーするケースも増えました。宗教・宗派によっていろいろなパターンがあるので、事前にどんな葬儀の形態があるのか調べておくといいでしょう。

☆ どんな形で送られたいのか、どんな形で送りたいのか

葬儀の形が多様化している現在、いろいろなパターンの葬儀内容が選べる時代になっています。選ぶポイントとしては、宗教色の有無や規模、会場、スタイル、費用など、こだわりが強い条件から優先的に決定し、全体の流れを考えていくといいでしょう。喪主や遺影の写真、葬儀の連絡をする人のリストなど、詳細まで準備しておくと遺族の負担は軽くなります。

故人の死後に遺族が葬儀内容を検討する場合が一般的ですが、余裕がない中で希望通りの葬儀を選択することは難しいものです。そのため、エンディングノートに葬儀内容に関する自分の要望を書き残しておく人が増えてきています。また、本人が生前に葬儀社と相談して希望の葬儀内容を決定し、予約までしておく人も出てきました。遺族の意向もありますので、事前に話し合いをして最終的に決定することをおすすめします。

どこで行うかで葬儀の形式は変わる

	スタイル	収容人数	葬儀費用	準備・片付け	時間
自宅	会場費用がかからず、故人の思い入れが深い場所が自宅です。自宅葬に適した対応を準備する葬儀社も増えています。ご近所への配慮も忘れないようにしましょう。	少	小	自分たちで行う	長い
セレモニーホール斉場	会場費用はかかりますが、設備は整っていて葬儀社側も慣れている斎場は安心して利用できます。	多	大	手伝い必要なし	短い
寺院・教会	宗教性の高い寺院や教会での葬儀では崇高なお別れができます。各宗教にもそれぞれの形式があります。	多	中	手伝い必要なし	規模によって異なる
ホテル	近親者のみで密葬を行ったあと、後日改めてホテルを会場にしてお別れ会などを行う場合が多いです。	多	大	手伝い必要なし	規模によって異なる

いろいろな選択肢がある中で、まずは葬儀を行う場所をもとに他の要素を選んでいくという方法があります。最も一般的で設備も整っているのは、葬儀も行える会館やセレモニーホールなどの斎場です。仏教宗派の方やキリスト教徒の方が宗教色を強く出した葬儀を行いたい場合は寺院葬・教会葬。お別れの会や偲ぶ会などホテルを会場として行うことをホテル葬といいます。ホテル葬は遺族以外の知人・友人が呼びかけ人となる場合もあります。

☆ 故人の社会性に重きをおいて人とのご縁を大切にする一般葬

一般葬は、会葬者を遺族や親族などに特定せず、故人や遺族と親交のある多くの方々に参列いただくための葬儀です。広くお知らせしなければならず、費用がかさむ可能性もあって、喪主や遺族にとっては負担が大きくなることもあります。しかし、あとになって会葬したかったのにできなかったという人が出てくるのを防げるメリットがあります。葬儀が終わっても自宅へお悔やみに訪れる人が度々いて対応に追われたり、葬儀に呼ばなかったことで先方に不愉快な思いをさせてしまうのは後味が悪いものです。一般葬は人間関係や社会関係でのつながりを尊重した伝統的な葬儀の形なのです。

● 親しい人たちだけでゆっくりと故人を偲ぶ規模の小さな葬儀

家族葬と密葬はどちらも主に故人と親しい人たちだけで行う葬儀ですが、同じものではありません。「家族葬」は、外部からの会葬者に気兼ねすることなく親しい人たちが故人とお別れする時間に重点をおいています。精神的、経済的な負担を軽くしたいという希望から家族葬は年々増加傾向にあります。親密な雰囲気で心を込めて送れるというメリットがある一方で、注意点もあります。葬儀の連絡を誰にするのかといった判断や、連絡しなかった人への対応が難しいのも事実です。

「密葬」は本葬と合わせて行うもので、故人が著名人であったり、社葬などで多くの会葬者が訪れる場合、その一般参列者を招く主たる葬儀が本葬、本葬に先行して親しい人たちだけで故人とのお別れをするための葬儀が密葬です。また、葬儀を行わず身内だけが火葬場へ行き、故人とお別れをする形を「直葬」といいます。経済的負担を軽くしたいため、選択する人は増えています。

☆ 宗教色の有無が葬儀スタイルを決める大きなポイント

葬儀の内容を決める上で、宗教色を出すか否かは大きなポイントになります。特定の宗教により形式が決まっていることがほとんどなので、信仰しているものがある場合はその形式に従います。日本では約9割が仏教形式の葬儀を選択していますが、特別信仰を持っていない人が仏式の葬儀に違和感を覚えるようになったこともあり、無宗教葬を選ぶ人は増加傾向にあります。

★ 宗教にとらわれない無宗教葬と宗教色も含めてプロデュースできる自由葬

無宗教派の増加や、昔のようなお寺との付き合いが減少したことから伝統的な宗教的儀式としての葬儀に疑問を持ったり、個性を尊重したいという志向の高まりが影響して無宗教葬が増えてきています。無宗教葬は自由葬といわれることもありますが、二つは同じものではありません。無宗教葬は、特定の宗教により定められた形式にとらわれない自由なスタイルの葬儀で、自由葬は内容も自由に企画しますが、場合によっては宗教の葬祭儀礼も葬儀内容に盛り込むという選択もできるのです。

無宗教葬・自由葬のメリットとデメリット

《メリット》
- 形式にとらわれず故人にふさわしい自由な演出ができる
- 不要と思うことを除いて時間の割り振りが自由にできる
- 祭壇を飾るかどうか、飾る場合は飾り方も自由にできる
- 献花や焼香はしてもしなくてもよい
- 予算に合わせて規模や内容を調整できる

《デメリット》
- 一般的な葬儀と比較して細かな打ち合わせに手間がかかる
- 葬儀後の法要にあたるものなどをどうするのかが定まっていない
- 形式がないので流れがわからず会葬者が困惑する
- 年配者などの理解を得ることが難しい

●自由葬の中でも人気―故人の好きな曲で送る音楽葬

形式が定まっていない自由葬は、葬儀というより告別式や追悼式に近いスタイルの儀式になります。祭壇は花で飾って遺影を置き、線香ではなく献花をして故人の思い出の曲や動画を流すといったスタイルが多いようです。なかでも故人が生前に好んだ曲や思い入れの深かった音楽をCDで式場に流したり、演奏家やバンドを呼んで生演奏するなどして音楽を中心に構成する葬儀のことを音楽葬といい、特に人気となっています。音楽葬はなんの楽曲をどのような流れで使用して葬儀全体をプログラムするかという企画センスが重要になります。また、音響不可の斎場も多いことから、会場選びにも注意が必要です。自由葬は決まった形がないだけに、度を越してこだわると斬新すぎる企画になりかねません。参列者が戸惑ったりせず違和感なく受け入れてもらうために、葬儀社ともよく話し合う必要があります。

☆ 故人を自然に返して弔う自然葬の認知が広まる

自然葬は、海や川、山などに細かく砕いた遺骨を散骨し、自然に返すことで故人に別れを告げる方法をいいます。一般的には通常の葬儀をすませたあと、簡単な儀式を行いながら散骨することが多く、遺骨の一部または全部をまきます。自然葬には、いろいろなスタイルがありますが、人気があるのが散骨と、埋葬の際、墓石代わりに樹木を植える樹木葬です。

● 散骨は家族の理解を得ておくことが大切

散骨はむやみにしてもいいというわけではないので、個人で判断して実施するのではなく、必ず散骨を扱う葬儀社か専門業者に依頼してサポートを受けるようにしましょう。

また、全部の遺骨を散骨する場合は、通常の埋葬方法とは違い、手元に遺骨が残りません。墓地に入るという扱いでもなくなるため、親族の理解を得にくい場合があります。家族や親族とは事前に十分話し合い、同意してもらうことが大切です。手元に遺骨を残す弔い方として、手元供養という方法もあります。

故人をいつも身近に感じていたいという理由から、ペンダントや小さな容器に遺骨を入れて身につけたり身近に置いたりします。遺骨の代わりに髪の毛などを収めることもあります。

● 生きているうちに自分の葬儀をする生前葬

生前葬は、本人が生きているうちに自分で行う葬儀のことです。親しい人やお世話になった人を招いて直接感謝を伝えることができる、社会人としての活動を終えたタイミングで第二の人生に向けた区切りにしたい、家族の負担を軽減させたいなどといった目的があるようです。生前葬を行う人は徐々に増えているものの、周知のスタイルではないため招待される人が戸惑ったりしないような配慮が必要です。

● 首都圏で始まった新しい形のワンデーセレモニー

葬儀のシンプル化が進む中、近年誕生した形がワンデーセレモニーです。通常は、通夜から告別式、そして火葬までは2日間以上かけて行われますが、それを1日のうちにすませてしまうスタイルです。遺族の身体的、精神的、経済的負担や、会葬者の負担の軽減を主な目的としています。

Cost of funeral 11

葬儀にかかる費用について

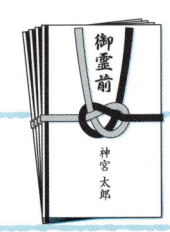

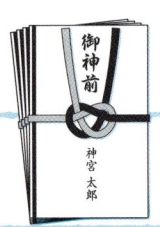

葬儀に必要な費用（仏式の場合）

葬儀にかかる主な費用は「葬儀社に支払う葬儀費」「葬儀での飲食代、霊柩車代、火葬代、骨壷、遺影などの実費」「僧侶などへのお布施」「香典返し」があります。最近では「葬儀セット」などのパッケージ式もありますが、葬儀社が代行で立て替えた実費が含まれないこともあるので確認が必要です。このように葬儀のために用意しなければならない費用は、規模や内容によって様々です。具体的にどんな費用がかかるのか、事前に理解しておくと、いざというときあわてずにすむでしょう。ここでは具体的な費用について説明していきます。

葬儀一式費
・通夜、斎場使用料
・火葬料
・棺の費用など

＋

接待・飲食費
・返礼品代
・通夜・告別式飲食代

＋

僧侶関係費
・読経料
・戒名料
・初七日法要費

☆ 支出と収入の差を考慮し冷静な予算計画を

通夜を含めた葬儀をどのくらいの規模で行うかは、故人が生前、どのような葬儀を希望したか、会葬者はどのくらい集まりそうか、また仏式、神式、キリスト教なのか、など宗教による違いなどで、かかる費用は異なってきます。通常は上の図にもあるように、葬儀に関する実費、寺院関連費、接待に関わる費用などがかかります。ただ実際には会葬者などからいただく香典があるので、かかった費用から香典でいただいた金額を引いたものが、葬儀にかかる費用といえます。香典の総額を予想するのは難しいことではありますが、事前に葬儀の収支について見通しを立てるのは必要なことでしょう。

☆ 葬儀費用に関する最近の傾向とは

最近では、終活の中で生前、自分が亡くなったあとの葬儀について希望を出すことが増えたことで、「葬儀はシンプルにすませたい」「必要最低限の葬儀で費用は抑えたい」というケースが増えました。具体的には、家族だけで行う家族葬やワンデーセレモニー、海や山に散骨する自然葬など、様々な形式が増えたことも大きいでしょう。葬儀に関して故人の意向に沿う形が理想ではあるので、生前、本人に確認するケースも増えています。

column 2 お墓について知っておこう

多様化するお墓―継承する人がいるかどうかがお墓のタイプを決めるカギ
最近では、人々の価値観やニーズに合わせてお墓のタイプは多様化し、管理に負担がかからない形を望む傾向にあります。自然葬を行ったためお墓自体を持たない人もいれば、お墓を継ぐ子どもがいないなど、いろいろな家庭の事情により、個人や夫婦だけの墓、永代供養墓、ロッカー形式の納骨堂といった多くのタイプがあります。

お墓のタイプ

【家墓】「○○家」「○○家代々の墓」といった墓碑銘が刻まれる、先祖代々同一姓の子孫が受け継いでいく最もベーシックな形のお墓。「南無阿弥陀仏」などの名号や菩薩の名を刻む場合もあります。

【個人・夫婦墓】個人や夫婦二人で入るお墓。ほとんどの場合、墓を継ぐ後継者がいないため、継承を必要としない永代供養墓にする人が多いです。故人や夫婦の人柄を表現した個性的な墓にする傾向もあります。

【両家墓】少子化により増加した一人っ子同士、長男長女同士の結婚などにより、両家族をまとめて祀る形となったお墓。墓石には両家の姓を刻むこともありますが、最近では「絆」「ありがとう」などという好きな言葉や花の模様を入れるものも増えています。

【合葬墓】お墓の中でも合同で埋葬される墓を「合葬墓」といい、遺骨を骨壺ごと収納するお墓と、骨壺から遺骨を取り出して、故人を特定できない形で納骨するお墓があります。納骨堂のように専用施設、共同墓地などの様々な形式があります。

【永代供養墓】核家族化や少子化の影響によりお墓の維持・管理ができなくなることを予測して、寺院や墓地管理者が永代にわたって供養するという意味のお墓。各家による承継はしないことを前提とし、供養・管理は寺院や墓地管理者で行います。

お墓にはどのくらいの費用がかかるの？

お墓を建てるのに必要な費用は、墓地を使用する権利を得るために支払う永代使用料と墓石代、墓石を据え付ける工事費、参道や墓地内の共同部分についての管理・メンテナンス費用の合計となります。墓石代は墓の形や大きさ、石の種類によって変わります。墓地はどこにどのくらいの広さを用意するかによって永代使用料が決まります。墓地には自治体が管理運営している公営墓地と、お寺などの宗教法人が管理運営している民営墓地があります。公営墓地は、民営墓地よりも永代使用料が低額で宗派が自由という傾向が強いです。

参考文献＆サイト

参考文献

- 『赤ちゃん・子どものお祝いごと』（成美堂出版部編、成美堂出版刊）
- 『あこがれ仕事百科』（NHK ラジオ第1「きらり10代！」制作班編、実業之日本社刊）
- 『アニマル・セラピーとは何か』（横山章光著、NHK出版刊）
- 『池上彰のこれだけは知っておきたい！消費税のしくみ①消費税ってなに？』（監修・池上彰 文・稲葉茂勝、ポプラ社刊）
- 『池上彰のこれだけは知っておきたい！消費税のしくみ②消費税の歴史』（監修・池上彰 文・稲葉茂勝、ポプラ社刊）
- 『医療崩壊の真実』（勝又健一著、アスキー・メディアワークス刊）
- 『栄冠めざして SPECIAL VOL.1 学部・学科ガイド』（河合塾/KEIアドバンス）
- 『親子でたのしむ日本の行事』（平凡社刊）
- 『会社設立のしかたがよくわかる本』（鎌田幸子・北川真貴・山口絵理子・今井多恵子著、ソーテック社刊）
- 『冠婚葬祭のすべて』（神宮館刊）
- 『企業IT動向調査報告書2015』（日本情報システム・ユーザー協会著、日経BP社刊）
- 『季節の行事と日本のしきたり』（新谷尚紀監修、毎日コミュニケーションズ刊）
- 『基本のビジネスマナー』（相部博子監修、西東社刊）
- 『キャリア教育支援ガイドお仕事ナビ5 スポーツをする仕事』（お仕事ナビ編集室編、理論社刊）
- 『Q&A 政治のしくみ50』（日本経済新聞社編、日本経済新聞社刊）
- 『業界シェア＆市場規模』（松井睦著、日本実業出版社刊）
- 『国のお金は何に使われているの？』（永井進著、ポプラ社刊）
- 『暮らしのしきたり十二か月』（神宮館刊）
- 『結婚一年生』（入江久絵著、サンクチュアリ出版刊）
- 『検察官になるには』（三木賢治著、ぺりかん社刊）
- 『こう動く！就職活動オールガイド16年度版』（高嶌悠人監修、成美堂出版刊）
- 『高校生留学マニュアル—交換留学の派遣と受入のすべて』（全国高校生留学交流団体連絡協議会著、英治出版刊）
- 『コンピュータ技術者になるには』（宍戸周夫著、ぺりかん社刊）
- 『最新業界の常識 よくわかる情報システム＆IT業界』（新井進著、日本実業出版社刊）
- 『裁判官・検察官・弁護士の仕事』（中央大学法学会編、法学書院刊）
- 『裁判官になるには』（三木賢治著、ぺりかん社刊）
- 『市議会議員に転職しました』（伊藤大貴・遠藤ちひろ著、小学館刊）
- 『仕事以前のビジネスマナーの常識』（西松眞子著、講談社刊）
- 『仕事のカタログ 2015-16年版』（自由国民社編集部編、自由国民社刊）
- 『仕事のカタログ 2016-17年版』（自由国民社編集部編、自由国民社刊）
- 『仕事・職業』（渡辺三枝子監修、ポプラ社）
- 『ジャーナリストになるには』（河内孝・岡元隆治著、ぺりかん社）
- 『13歳のハローワーク』（村上龍著、幻冬舎刊）
- 『12ヶ月のしきたり』（新谷尚紀監修、PHP研究所刊）
- 『18歳から考える日本の政治［第2版］』（五十嵐仁著、法律文化社刊）
- 『首都圏高校受験案内 2016年度用』（晶文学校案内編集部編、晶文社刊）
- 『職業ガイド・ナビ1〜3』（ヴィットインターナショナル企画室編、ほるぷ出版刊）
- 『職場体験学習にすぐ役立つ本14 マスコミの職場 ケーブルTV局/新聞社/出版社』（森茂樹監修、学習研究社刊）
- 『職場体験完全ガイド6 野球選手・サッカー選手・プロフィギュアスケーター』（ポプラ社刊）
- 『職場体験完全ガイド17 新聞記者・テレビディレクター・CMプランナー』（ポプラ社刊）
- 『職場体験完全ガイド24 ゴルファー・バレーボール選手・テニス選手・卓球選手』（ポプラ社刊）
- 『職場体験完全ガイド36 花火職人・筆職人・鋳物職人・桐たんす職人』（ポプラ社刊）
- 『図解で早わかり 税金のしくみ』（石原奈津子著、三修社刊）
- 『好きから見つけるなりたい職業ガイドブック』（PHP研究所編、PHP研究所刊）
- 『世界一わかりやすい業界と職種がわかる本2016』（イノウ編著、自由国民社刊）
- 『世界一わかりやすいIT（情報システム）業界 その「しくみ」と「ながれ」』（イノウ編著、自由国民社刊）
- 『選手をささえる人たち〈1〉技術をささえる』（大熊廣明監修、中嶋舞子著、ベースボール・マガジン社刊）
- 『選手をささえる人たち（4）用具でささえる』（大熊廣明監修、中嶋舞子著、ベースボール・マガジン社刊）
- 『大学受験案内 2016年度用』（晶文社学校案内編集部編、晶文社刊）
- 『地球の歩き方 成功する留学 中・高校生の留学』（地球の歩き方編集室編、ダイヤモンド社刊）
- 『知識ゼロからの神社入門』（櫻井治男著、幻冬舎刊）
- 『中学生・高校生の仕事ガイド2015-2016年版』（進路情報研究会編、桐書房刊）
- 『テレビ業界で働く』（小張アキコ・山中伊知郎著、ぺりかん社刊）
- 『テレビ作家たちの50年』（日本放送作家協会編、NHK出版刊）
- 『20代、コネなしで市議会議員になる方法』（佐藤大吾著、ダイヤモンド社刊）
- 『2012：デジタルコンテンツ市場の調査と研究』（コンテンツビジネス研究室制作、日本社会システムラボラトリー刊）
- 『2015年入試用 公立中高一貫校に入る！』（学研教育出版編、学研教育出版刊）
- 『2015年度版 東京都専修学校概要』（公益社団法人東京都専修学校各種学校協会 私立専門学校振興会刊）
- 『2016年度版 東京都専修学校案内』（公益社団法人東京都専修学校各種学校協会 私立専門学校振興会刊）
- 『2016 東京都内私立中学校・高等学校案内』（一般財団法人東京私立中学高等学校協会刊）
- 『日本の政治がよ〜くわかる本』（辻雅之著、秀和システム刊）
- 『人気の職業早わかり！マスコミ・芸能・創作のしごと』（PHP研究所編、PHP研究所刊）
- 『人気の職業早わかり！宇宙・環境・動物のしごと』（PHP研究所編、PHP研究所刊）
- 『人気の職業早わかり！料理・旅行・スポーツのしごと』（PHP研究所編、PHP研究所刊）
- 『声優になる！最強BOOK 改訂版』（雷鳥社編集部編、雷鳥社刊）
- 『平成26年度 専修学校各種学校調査統計資料』（公益社団法人東京都専修学校各種学校協会 公益財団法人東京都私学財団刊）
- 『弁護士になるには』（田中宏・山中伊知郎著、ぺりかん社刊）
- 『編集者になるには』（山口雄二著、ぺりかん社刊）
- 『やってみたいこんなしごと20 新聞記者』（綱島正人著、あかね書房刊）
- 『やりたい仕事がある！』（池上彰編著、小学館刊）
- 『ライターになるには』（大前仁・木村由香里著、ぺりかん社刊）
- 『私らしく結婚＆新生活ブック』（有賀明美監修、ナツメ社刊）
- 『「和の仕事」で働く』（簱智優子著、ぺりかん社刊）

- 映画 『ディオールと私』（配給/アルシネテラン、オープンセサミ）

参考サイト

- ISS 国際交流センター
- 愛知県警察
- 会津漆器技術後継者訓練校
- IT コーディネータ協会
- ITmedia ニュース 「楽天と幻冬舎、スマホで読む無料女性ファッション誌「GINGER mirror」創刊 1タップで直接購入」
- ITmedia 「音楽配信サービス7社徹底比較」
- ITmedia 「今さら聞けない産業用ロボット入門」
- 赤ちゃんBOOK
- 赤ちゃん成長ナビ
- 赤ちゃんの部屋
- Academy of Motion Picture Arts and Sciences 「OSCARS/AWARDS DATABASES」
- アカデミーナ
- 明るい終活事務局
- あさひ鍼灸院
- 朝日航洋株式会社
- 朝日新聞 「採用情報」
- 朝日新聞DIGITAL 「織物を救え！北斎の浮世絵を現代風に ep.3」
- 朝日学情ナビ 親カツッ!!「就活用語解説」
- 朝日新聞 WEB新書
- アドバンスニュース
- ANA 「先輩紹介 結ぶ人たち」
- あなただけの結婚式
- ECCコンピュータ専門学校
- e-資格＆スキルガイド 「保育・福祉・リハビリ・心理」
- いい葬儀
- 飯豊町 農林振興課 「新規就農支援制度」
- E 妊版
- イエマミレ
- イクシル
- 育ラボ
- 石川県 「石川県立輪島漆芸技術研修所」
- 医者になる方法
- 一般財団法人 電気技術者試験センター
- 一般社団法人 日本学校歯科医会
- 一般社団法人 全国保育士養成協議会
- 一般社団法人 日本損害保険協会 「損害保険Q&A」「損保代理店試験」
- 一般社団法人 生命保険協会
- 一般社団法人 日本ボイストレーナー連盟
- 一般社団法人 日本ピアノ調律師協会
- 一般社団法人 日本ソムリエ協会
- 一般社団法人 日本バリスタ協会
- 一般社団法人 日本バーテンダー協会
- 一般社団法人 FLAネットワーク協会
- 一般社団法人 全国栄養士養成施設協会
- 一般社団法人 日本調教師会
- 一般社団法人 全国森林レクリエーション協会
- 一般社団法人 日本森林インストラクター協会
- 一般社団法人 日本添乗サービス協会 「添乗員になるためには」
- 一般社団法人 全国旅行業協会 「旅程管理研修とは」
- 一般社団法人 航空医学研究センター 「航空身体検査」
- 一般社団法人 航空医学研究センター 「航空身体検査 よくある質問」
- 一般財団法人 ITS サービス高度化機構
- 一般社団法人 衛星放送協会
- 一般社団法人 日本女子プロゴルフ協会 「プロテスト制度について」
- 一般社団法人 気象業務支援センター 「試験概要」
- 一般社団法人 終活カウンセラー協会
- 一般社団法人 日本訪問歯科協会
- 医道の日本社 「医道の日本オンライン」
- イノベーションズアイ 「経営者のためのビジネスマナー」
- 茨城県教育委員会 ハイスクールガイド
- 岩島のり子法律事務所
- inQUP 「知ってて損はない給与明細の正しい見方8つのポイントと基礎知識」
- インターンシップ・キャンパスウェブ
- Wedding Park
- Weblio 辞書
- 宇宙航空研究開発機構（JAXA）「宇宙飛行士候補者募集」「宇宙開発プロジェクト」
- 宇宙旅行代理店 SPACE TRAVEL
- 浦和レッズレディースオフィシャルサイト
- HR Pro 用語集 HR Glossary
- エイベックス・グループ・ホールディングス 「AWA」に関するリリース 2015年6月

- 29日発信
- ■エコナビ 「自然を守る仕事」
- ■NHK 視点・論点 「宇宙開発をめぐる世界の動き」
- ■NHK 解説委員室 「時論公論 "派遣法" 改正で雇用はどうなる」
- ■NHK ニュースおはよう日本 "サラリーマン議員" 地方議会は変わるか」「"天然を超えろ" 養殖産業の最新事情」
- ■NHK クローズアップ現代 「スペース・ベンチャー 加速する民間宇宙開発」
- ■NHK「職員採用情報」
- ■NTT タウンページ株式会社 ｉタウンページ
- ■NPO 手話技能検定協会
- ■NPO 法人 日本FP協会
- ■NPO 法人 日本サービスマナー協会「ビジネスマナー～マナー辞典～」
- ■NPO 法人 ドットジェイピー
- ■NPO 法人 全国山村留学協会
- ■M3Q
- ■ELLE girl 「FASHION」
- ■en エン転職 「限定正社員ってどんな働き方？」
- ■en エン転職 「システムエンジニアの仕事」
- ■大阪府ホームページ
- ■大阪市 わくわく市税教室
- ■All About 「子育て支援制度／子ども・子育て支援新制度」
- ■All About 「仕事・給与・退職・失業後の保険・年金の手続き」
- ■All About 「他社を訪問する際のマナー」
- ■All About 「派遣で働く／派遣の基礎知識」
- ■All About 「特定派遣と一般派遣の違い」
- ■All About 「住民税とは？住民税の基本を知ろう」
- ■All About 「社会人の常識？！所得税のいろは」
- ■All About 「復興特別税とは？税率・計算・実施期間」
- ■All About 「慰謝料の相場はいくら？」
- ■All About 「支出が3割減るってホント？ 定年退職後の家計簿」
- ■All About 「大学に負けない！専門学校が就職にナゼ強いのか？」
- ■All About 「3歳の言葉や身体の発達の様子」
- ■All About 「5歳児 言葉や身体の発達のポイント」
- ■All About 「助かる！出産育児一時金」
- ■All About 「出産手当金の上手なもらい方」
- ■All About 「これで決まり！披露宴での余興」
- ■All About 「熱性けいれんの症状・治療・予防」
- ■All About 「一人暮らしの引越時に必要な連絡と手続きリスト」
- ■Ogata Investment 株式会社「経営企画室の役割」
- ■お葬儀マナーと知識
- ■お葬式ガイド
- ■おひとりさまの心構えと老後の対策
- ■オリエンタルランド 「採用情報」
- ■音楽業界仕事 Navi
- ■海外旅行と国際免許ガイド
- ■外資系への道標 「大学生のための確定申告と還付申告（バイト代の税金が戻ってきます。）」
- ■海上保安庁
- ■外務省 「採用情報」
- ■家計のポータルサイト
- ■学研進学サイト ガクセイト
- ■学研キッズネット 「コンシェルジュ」
- ■学校法人日本ホテル学院 専門学校日本ホテルスクール
- ■学校法人東放学園 「テレビドラマができるまで」
- ■神奈川県 「県の職員採用」
- ■神奈川県ホームページ
- ■神奈川県立秦野総合高等学校ホームページ
- ■株式会社ユーグレナ
- ■株式会社 JS コーポレーション 「コンシェルジュになるには」
- ■株式会社 和一
- ■CAMERA JAPAN FESTIVAL
- ■カラダの教科書
- ■河合塾「学部・学科ガイド」
- ■河合塾 Kei-Net
- ■河合塾「第3の入試 AO 入試」
- ■環境省 「採用・キャリア形成支援情報」
- ■考える葬儀屋さんのブログ
- ■冠婚葬祭マナー＆ビジネス知識
- ■冠婚葬祭贈答マナー
- ■逆引き大学辞典
- ■Career Garden
- ■X BRAND
- ■キャリアパーク
- ■キャンパスナビネットワーク
- ■京都調理師専門学校
- ■漁業行動組合 JF しまね 「西ノ島町で漁師になろう！」
- ■近畿大学附属福岡高等学校通信制課程
- ■金融広報中央委員会「知るぽると」
- ■航空自衛隊 「自衛官採用情報」
- ■航空実用事典
- ■官公庁 「通訳ガイド制度」
- ■「くちコミくらぶ」知りたい講座
- ■cookpad ベビー
- ■くらし塾 きんゆう塾〈春号〉
- ■暮らしづくり終活
- ■クラブツーリズム 「宇宙旅行」
- ■グリーンサン企画「ビジネスマナー講座」
- ■ぐるなび Wedding

- ■クレオ法務行政書士事務所
- ■群馬県教育委員会 群馬県ハイスクールガイド
- ■経営ハッカー 「青色申告・白色申告」
- ■経営ハッカー 「税金の種類と分類をわかりやすく解説｜企業に最も大きな影響を及ぼす税金は何か？」
- ■敬語の使い方マニュアル 「丁寧語とは」
- ■経済産業省 「キッズページ」
- ■経済法令 GROUP 「銀行業務検定協会」
- ■経済広報センター 「広報部門の役割」
- ■経済産業省 商務情報政策局 情報処理振興課 「次世代高度 IT 人材の人材像と能力」平成 24 年 4 月 26 日
- ■経済産業省 「現在のロボットの分類」
- ■経済産業省 「伝統工芸の未来を担う人材育成講座 伝産アカデミー2015 開講」
- ■警察庁
- ■警視庁
- ■芸能花伝舎
- ■結婚白書
- ■結婚式出席者支援サイト 「GoGo Wedding」
- ■結婚 STYLE Magazine
- ■結婚準備室
- ■健康 Salad
- ■検察庁 「検察庁の役割」
- ■検察庁 「検察官・検察事務官の資格、採用について」
- ■現代ビジネス 「地方議員は年 85 日だけ議会に出て、議員提出議案は全体のわずか 10% ＜データから見る地方議会の実態＞」
- ■公益社団法人 東京都医師会 「医療に携わる」
- ■公益財団法人 日本臨床心理士資格認定協会
- ■公益社団法人 日本薬剤師会
- ■公益社団法人 日本歯科医師会
- ■公益社団法人 日本あん摩マッサージ指圧師会
- ■公益財団法人 社会福祉振興・試験センター 「介護福祉士国家試験」
- ■公益社団法人 全国保育サービス協会
- ■公益社団法人 日本アクチュアリー会
- ■公益社団法人 日本栄養士会
- ■公益社団法人 日本動物園水族館協会
- ■公益社団法人 日本生態系協会
- ■公益社団法人 日本調停協会連合会 「裁判所の調停とは」
- ■公益財団法人 KDDI 財団 「衛星通信年報」
- ■公益財団法人 日本テニス協会
- ■公益財団法人 日本プロゴルフ協会 「トーナメントプレーヤー資格取得のための「資格認定プロテストとは」
- ■公益財団法人 日本体育協会 「公認スポーツ指導者制度オフィシャルガイド 2015」
- ■公益財団法人 日本水泳連盟 「水泳指導者」
- ■公益財団法人 全日本スキー連盟 「教育本部」
- ■公益社団法人 京都伝統技芸振興財団 「舞妓募集」
- ■公益社団法人 落語芸術協会 「落語はじめの一歩」
- ■公益財団法人 家計経済研究所 「介護にかかる費用」
- ■公益財団法人 家庭問題情報センター
- ■公益財団法人 東京都福祉保健財団
- ■公益財団法人 日本サッカー協会
- ■公益社団法人 日本産科婦人科医会
- ■高校受験ナビ
- ■厚生労働省 「先進医療の概要について」
- ■厚生労働省 「介護サービス情報公表システム」
- ■厚生労働省 「手話奉仕員及び手話通訳者の養成カリキュラム等について」
- ■厚生労働省 「保育士試験の実施状況（平成 26 年度）」
- ■厚生労働省 地方厚生局 麻薬取締部
- ■埼玉労働局 「ハローワーク」
- ■厚生労働省 「公的年金の給付の種類」
- ■厚生労働省 平成 26 年度 「大学等卒業者の就職状況調査」
- ■厚生労働省 平成 23 年人口動態統計月報年計（概数）の概況：結果の概要
- ■厚生労働省 平成 26 年版 厚生労働白書
- ■厚生労働省 平成 26 年 「高齢者の雇用状況」集計結果
- ■厚生労働省 平成 27 年度の年金額改定について
- ■厚生労働省 平成 25 年版 厚生労働白書
- ■厚生労働省 「児童扶養手当について」
- ■厚生労働省 平成 26 年度 「初婚年齢の推移」
- ■厚生労働省 平成 26 年度人口動態統計月報年計
- ■厚生労働省 平成 26 年度保険料調査
- ■厚生労働省 「出産育児一時金の支給額・支払方法について」
- ■厚生労働省 「児童手当について」
- ■厚生労働省 「子ども・子育て支援」
- ■厚生労働省 「特別児童扶養手当について」
- ■厚生労働省 「公正な採用選考について」
- ■厚生労働省リーフレット 「一句時休業給付金が引き上げられました!!（平成 26 年 6 月作成リーフレット No.11)」
- ■厚生労働省年金局 「厚生年金保険・国民年金事業の概況」
- ■厚生労働省保険局 「出産育児一時金について」
- ■講談社 「コミック編集部各新人賞のご紹介」
- ■高知新聞 「新聞ができるまで」
- ■Kaunet 総務の森
- ■高齢者の就労に関するまとめと提言
- ■皇學館大学
- ■国税庁 「国税専門官試験採用」
- ■国税庁 「相続税・贈与税」
- ■国税庁 「所得税」
- ■国税庁 「税額控除」
- ■国税庁 「マイホームの取得等と所得税の税額控除」

参考文献 ★ 397

- 国税庁　税の学習コーナー　「私たちの生活と税」
- 国税庁タックスアンサー　「No.6303　消費税及び地方消費税の税率」「No.1100　所得控除のあらまし」
- 国税庁　「医療費控除の対象となる医療費」
- 国土交通省　「パイロットになるには」
- 国土交通省　「自動車整備士になるためには」
- 国立研究開発法人　国立がん研究センター　中央病院　「ロボット支援手術」
- 国立研究開発法人　科学技術振興機構　理数学習推進部
- こそだてハック
- 国会議員の秘書の給与等に関する法律（平成二年六月二十七日法律第四十九号）
- 子供の病気辞典
- コトバンク
- 子供と関わるお仕事図鑑
- 子ども応援便り WEB版
- 保険の教科書
- 子供の感染症
- 子供の病気. Net
- コナミスポーツクラブ　「採用情報」
- 小前田法律事務所
- コンビタウン
- The Pritzker Architecture Prize
- THE TENNIS DAILY　「ワールドツアーの仕組み」
- 財務省「税制改正の概要」「キッズコーナー」「平成27年度日本の財政関係資料」「平成27年度社会保障関係予算」
- 坂口こどもクリニック
- さくら総合法律事務所
- (有)佐藤商店社長佐藤達矢　「コラム：外国人が日本人を知り、日本人と信頼関係を作る方法」
- 参議院　「政策担当秘書資格試験」
- 産業能率大学　通信教育課程／自由が丘　産能短期大学　通信教育課程
- 産経ニュース　「経済インサイド」
- 産経ニュース　「天然を超えた？養殖トラフグ　エサの技術進歩で食味向上　明日「いいフグの日」」
- 産経ニュース　「ＵＳＪ「輸出」、日本のコンテンツ産業成長へ橋渡し」
- 産経ニュース　「経済インサイド」
- さんぽう進学ネット
- J.LEAGUE.jp　「Ｊリーグの人材育成」
- JRA　「競馬学校　騎手課程　募集要項」
- JS 日本の企業
- JF 全国漁業協同組合連合会
- 資格の学校 TAC　「公務員」
- 仕事の学校ナビ
- 知っておきたい冠婚葬祭
- 知って得する離婚マニュアル
- 実務教育出版　「公務員試験ガイド」
- じぶんコンパス　高校生と未来　進路マッチングサイト
- 島根県立　隠岐島前高等学校
- 社会福祉法人　全国手話研修センター
- 社会福祉法人　東京都社会福祉協議会
- 社会医療法人　阪南福祉医療センター
- ジャパンジュエリービジネススクール　「ジュエリー業界の仕事」
- Japanese Film Festival（India）(Singapore)
- Japan Cuts
- JAF　クルマ何でも質問箱
- 衆議院　「各常任委員会の名称、委員数、所管事項」
- 住宅サポート建築研究所
- 衆議院議員秘書協会　「国会議員秘書とは　公設秘書　私設秘書」
- 首相官邸　「内閣制度と歴代内閣」
- 首都圏模試センター
- 小学館　「新人コミック大賞」
- 職業ガイド　「なでしこリーグの選手」
- 女性のためのお仕事図鑑　「エステ・ネイル」
- 「知レ」トハ「最強」ナリ
- 進学研究会　高校受験生のための高校情報ステーション
- 新語時事用語辞典
- 人事院　「おしえて！人事院」
- 人事院　「国家公務員試験採用情報NAVI」
- 「神社と神道」総合サイト　「具体的に神職養成機関について教えて下さい」
- 國學院大學　「神道文化学部　カリキュラム・演習」
- 進路ナビ
- School Post
- スクスクのっぽくん®
- スタッフサービスグループ　「特定派遣と一般派遣の違いとは」
- ズバリ解決！違いが！　「代表取締役」と「代表取締役社長」の違い」
- スマートフォンアプリ開発会社 BEST5
- 政府広報オンライン　「官公庁サイト一覧」
- 生命保険の教科書
- ゼクシィ
- ゼクシィ結婚トレンド調査 2015
- 全国社会保険労務士会連合会試験センター　「社会保険労務士試験オフィシャルサイト」
- 全国高等専修学校協会
- 全国漁業就業者確保育成センター
- 全国農業会議所
- 全国永代供養 WEB
- 全国健康保険協会
- 全日本テレビ番組製作者連盟
- 葬儀・葬式・通夜・告別式のマナー　「葬儀参列者のためのマナーガイド」
- 葬儀・葬式がよくわかる
- 葬儀・葬式のマナーや基礎知識
- 葬儀・通夜・法要の大辞典
- 葬儀支援ネット
- 総合葬祭サービス　SHION
- 相続遺言 C 久留米
- 総務省「衆議院議員総選挙における年代別投票率の推移」
- 総務省「子供向け電波利用ホームページ」
- 総務省「採用情報」
- 総務省「家計調査」
- 総務省統計局
- 総務省統計局　労働力調査
- ソニー　「製品情報」
- DIAMONDonline　「地方議員の「成り手」はもはや絶滅危惧種に？統一地方選を前に考える地方選挙空洞化の危機」
- 大学選び！進学ナビ
- 大学タイムス
- 大学受験　パスナビ
- 退職したら最初に見るサイト
- DIME　「『iPod』を支えた日本の職人技　小林研業のワザに日本浮揚のヒントを探る(1)」
- DIAMONDonline　「スポーツと経営学第6回　オリンピックの存在意義とは──スポーツにおけるあるべき姿や理念の変化」
- TAIWA GAKUEN EDUCATION　「ホテル学科」
- 大和ハウス工業　「エコ未来設計図」
- ためになる雑学が5分で学べるブログ　「パートとアルバイトの違いは！？有休や扶養はどうなる？」
- 地方競馬全国協会　地方競馬情報サイト　「調教師の養成」
- 中外製薬　「バイオのはなし」
- 通信制高校 Searchi!
- 筑波大学　付属学校教育局　スーパーグローバルハイスクール
- ティップネス　「キャリアステップ」
- ディップの派遣情報はたらこねっと
- 定年退職ナビ
- 定年後の仕事と働き方
- TB 株式会社　B-FORM.biz ビジネスマナー
- TBS　「採用情報」
- tenki.jp
- デジゼン商事 .com　「人間関係」
- 手続き・届出 110
- TENNIS.jp　「ツアーの仕組みと大会のレベル」
- テレビ東京　「部署紹介」
- テレビ朝日　「採用情報」
- 東京都立高校偏差値 2016 年度高校入試版
- 東京海上日動ホームページ
- 東京都福祉保健局　「食品衛生管理者と食品衛生責任者の違い」
- 東京ズーネット
- 東京司法書士会　「司法書士の仕事」
- 東京新聞　「探訪　都の企業　＜第2部＞【3】細淵電球（荒川区西日暮里）　最先端の光技つなぐ」
- 東京海上日動グループ　「なるほど保険ガイド（基礎編）」
- 東京消防庁
- 東京都　「東京都の組織」
- 東京都　「東京都職員採用」
- 東京リーガルマインド　「公務員」
- 東大病院　「22世紀医療センター」
- 動物看護師統一認定機構
- Taking a Stand「困ったときに使いたい！＜ビジネスシーン別＞敬語一覧」
- TOSHIN TIMES on Web
- 特定非営利活動法人日本インターンシップ推進協会
- 特定非営利活動法人日本フードコーディネーター協会
- 特定非営利活動法人 OWS
- 特定非営利活動法人　メイド・イン・ジャパンプロジェクト
- 独立行政法人　情報処理推進機構　「情報処理技術者試験」
- 独立行政法人　国立特別支援教育総合研究所
- 独立行政法人　日本学生支援機構　「平成24年度学生生活調査について」
- 独立行政法人　日本芸術文化振興会　「歌舞伎俳優の研修について」
- 独立行政法人　日本芸術文化振興会　「能楽三役（ワキ方・囃子方・狂言方）の研修について」
- 独立行政法人　日本芸術文化振興会　「文化デジタルライブラリー」
- 特許庁　「ストリーミング配信の仕組」
- トライデントコンピュータ専門学校
- とらばーゆコラム　「職種図鑑」
- TRAVEL & Conductor College　「ツアーコンダクター講座」
- 都立高校への道
- 内閣府　科学技術政策　「再生医療の現状と未来」
- 内閣府／文部科学省　「幼稚園と保育所の比較一覧」
- 内閣府　「国民の祝日について」
- 内閣府　「子ども・子育て支援新制度　なるほどBOOK（平成26年9月改訂版）」
- 内閣府　「宇宙基本計画　平成27年1月9日　宇宙開発戦略本部決定」
- 内閣官房　「マイナンバー制度」
- 内閣府　「平成22年度高齢者の住宅と生活環境に関する意識調査結果（全体版）」
- 内閣府　「なるほどBOOKすくすくジャパン」
- 内閣府　「子ども・子育て支援新制度」
- 内閣法制局　「法律の原案作成から法律の公布まで」
- 名古屋市　「職員採用情報」
- ナレッジステーション
- 日経就職 NAVI
- 日経 BP ネット　「西出ひろ子の「ビジネスマナーのなぜ」」
- nikkei4946.com　「ペットビジネスの最新事情」「日本の農業の最新事情を知る」

- 日経ウーマンオンライン 「ネイチャーガイドの仕事」
- 日経就職ナビ 「就活を知る」
- 日経就職ナビ 2015年調査
- Nippon Connection
- 日本経済新聞 「限定正社員」どんな制度？ 解雇ルールで労使対立（2013/5/25付）
- 日本法歯科医学会
- 日本アニマルセラピー協会
- 日本緑化センター
- 日本ビオトープ管理士会 「ビオトープ管理士の資格が活用されている事例の一部」
- 日本農業法人協会
- 日本経済新聞Web版 「農地バンク利用実績、目標の2割 14年度3万1千ヘクタール」
- 日本添乗サービス協会
- 日本コンシェルジュ協会
- 日本テレビ 「採用情報」
- 日本放送作家連盟
- 日本脚本家連盟
- 日本経済新聞Web版 「W杯予選203か国・地域 サッカーなぜ世界で人気？」
- 日本テニスリーグ 「実業団委員会」
- 日本商工会議所 「伝統工芸の未来を担う人材の育成講座を開講（経産省）」
- 日本気象協会 「事業紹介」
- 日本経済新聞
- 日本語教師.com 「日本語教師になろう」
- 日本工学院
- 日本生命保険 「保険の基礎知識」
- 日本ドリコム e-shinro
- 日本年金機構
- 日本文化いろは事典
- 日本ブライダル総合研究所
- 日本フリーランス協会 公式HP
- 日本弁護士連合会
- 日本の行事・暦
- 日本弁護士連合会
- NEWS WEEK 「インタビュー：「頑張る農業」支える流通必要＝オイシックス社長」
- 人間総合科学大学 人間科学部人間科学通信制
- 妊娠子育て応援サイト 「MARCH」
- 妊娠・出産のお金大辞典
- 妊娠出産をただただ記録するブログ
- 妊娠育児の情報マガジン 「ココマガ」
- NEVERまとめ
- 農林水産省 「新規就農を目指す皆さんへ！」
- 農林水産省 「「食料・農業・農村政策審議会」委員の公募について」
- ノロウィルスの症状と潜伏期間
- 八王子栄養専門学校
- 歯とお口のことなら何でもわかるテーマパーク8020
- パナソニック 「電気・建築設備エコソリューション」
- パルシステム 子育て応援！赤ちゃんとママのための育児情報サイト
- ぴあフィルムフェスティバル 「海外映画祭ニュース」
- ビオトープ管理士資格試験
- ビジネス図鑑「取引先・お客様対応のビジネスマナー」
- 日立ソリューションズ「ビジネスマナーのいろは」
- 一人暮らしの始め方と楽しみ方
- 美容経済新聞
- 兵庫県立飾磨工業高校多部制3部オフィシャルウェブサイト
- 兵庫県警察
- ファッションはこうして誕生する 「ファッション生活スタイル」
- Fashion HR｜ファッション業界のお仕事・転職求人情報サイト 「正社員と契約社員の違いとは？」
- FASHION PRESS
- フードコーディネーター養成スクール 祐成陽子クッキングアートセミナー
- 福井市租税教育推進協議会 「知ってみようよ！私たちのくらしと税」
- 福井県 「外国人おもてなしハンドブック」
- 福岡相続サポートセンター 「相続用語辞典」
- フジテレビ 「採用情報」
- 筆まめ Braidal.net
- FLAネットワーク協会
- bridal-style.net
- プラチナ就活スクール 「IT業界」
- 振り袖専門店しゃなり
- 振り袖レンタル三樹
- PRESIDENT Online 「ユニクロ正社員、「N社員」と「R社員」の給与は天と地か」
- プレママタウン
- 文化庁 「日本語教育」
- 平安町 「新規就農者用住宅管理規定」
- Baby Growth
- Benesse チャレンジ通信.net
- Benesse Learning Park
- Benesse WOMEN'S PARK
- Benesse マナビジョン
- Benesse みんなの専門学校
- Benesse 子育てインフォサイト
- Benesse たまひよnet
- 弁護士ドットコム 「会社のトップは社長？CEO？それとも代表取締役？それぞれの違いはどこにあるの？」
- 弁護士法人 二見・山田総合法律事務所
- 弁護士法人 アディーレ法律事務所
- 防衛省・自衛隊
- 宝石鑑定士の資格 「宝石鑑定士 GIA・GGになるには？」
- 法務省 「司法書士試験」

- 法務省 「司法試験」
- 法務省 「法曹人口に関する基礎的資料」
- ホームメイト専門学校リサーチ
- ホームメイト
- 北辰テスト
- 日本経営合理化協会
- 保険の教科書
- ホスピタリティ ツーリズム専門学校
- まいとプロジェクト
- マイナビ
- マイナビ進学 「職種」
- マイナビニュース 「出版業界の総売上高、5年間で1兆2500億円損失 ＿"書店経営業者"数が大幅減少」
- マイナビ 2016
- マイナビ 2012
- マイナビ 「就活マナー」
- Maternity & Childcare
- マネーフォワード 「【総まとめ】確定申告で所得税に適用される控除一覧」
- マネーの達人
- マネーライフハック
- mama's STYLE
- ママベビ
- mamari
- 三井住友銀行 「Web Banking College」
- 三井住友銀行「プライベートバンキング基礎講座」
- 三菱電機 「ニュースリリース」
- 民主党 「政治の不思議」調査隊 第1回 「議員秘書ってどんな仕事をしているの？」」
- みんなのウエディング
- メリットデメリット.com
- MODELBA
- もとはるの気になる話題
- MONOist「今さら聞けない産業用ロボット入門」
- 文部科学省 「特別支援教育について」
- 文部科学省 「幼稚園教員資格認定試験の案内」
- 文部科学省 「採用案内」
- 文部科学省 「今後の総合型地域スポーツクラブ振興の在り方について ~7つの提言~ 総合型地域スポーツクラブに関する有識者会審議のまとめ（概要）」
- 文部科学省 「学科系統分類表」
- 文部科学省 「教育」
- 文部科学省 「教員に求められる資質能力」
- 文部科学省 「スクールカウンセラー等活用事業実施要項」
- 文部科学省 「公立大学について」
- 文部科学省 「私立大学」
- 文部科学省 「平成23年度大学入学者選抜における推薦入試の実施状況について」
- 文部科学省 「AO入試の実施状況」
- 文部科学省・厚生労働省 幼保連携推進室／内閣府 子ども・子育て本部 「認定こども園」
- 文部科学省パンフレット 「教員を目指そう！」
- 結納辞典
- 優駿学園 競馬学校入学のための必読サイト
- Unicharm
- ユニナビ 文系大学受験・入試ガイド
- UNIVERSAL STUDIOS JAPAN 「採用情報」
- 読売教育ネットワーク 「読売新聞ができるまで」
- 読売新聞 「採用サイト」
- RISE UP CLUB 「農業の付加価値を高める6次産業化とは？」
- livedoor NEWS 「日本人の「おもてなし」を実感 中国人観光客が日本人の気配りに感動」
- Line Corporation NAVERまとめ 「上座下座」「会社の重役「代表取締役」「社長」「会長」「CEO」の違い」
- LIGブログ 「間違えやすいビジネス敬語の実例50選【模範解答付き】」
- リクナビ進学
- リクナビ
- リクルートマーケティングパートナーズ 「ゼクシィ結婚トレンド調査」
- りことも知恵袋
- 離婚の知識
- 離婚・慰謝料あんしん相談所
- 離婚完全ガイド
- 離婚総合情報サイト
- 離婚弁護士を探す前に。選び方と離活のススメ
- 「離婚をする」「離婚をしない」「離婚回避」「やり直す」について考えるサイト
- リサーチバンク 「終活・エンディングノートに関する調査。約50%が「終活」を認知している。」
- 留学ジャーナル
- レストランサービス技能検定
- 労働基準法違反を許すな！労働者 「嘱託社員とは？」
- ys media（ワイズメディア）

参考サイトには閉鎖されたサイトもありますので、ご了承ください。
また、多くの関係者各位より貴重な助言・助力を賜りました。改めて厚く御礼申し上げます。

参考文献 ★ 399

監 修

森永卓郎（もりながたくろう）

1957年生まれ、東京都出身。東京大学経済学部経済学科卒業。経済アナリスト。獨協大学経済学部教授。テレビ「がっちりマンデー!!」「情報ライブ ミヤネ屋」などに出演。講演、執筆、博物館経営など幅広く活躍中。

御旅屋尚文（おたやなおふみ）

1952年富山県生まれ。滋賀大学経済学部卒。大学在学中に公認会計士二次試験合格。公認会計士・税理士。1978年に公認会計士事務所を設立。著書に『面白いほどよくわかる相続・贈与のしくみ』『自分でできる確定申告のすべて』ほか多数。

編集・執筆＊堤 澄江・加藤道子（ハッピーレオ）・
染谷靖子・大橋ユウ・
福嶋雅子・河野貴子・芝よう子
デザイン＊吉田恵子・野田由美子・増喜尊子
イラスト＊佐藤暖
校正＊田中由希子・津田麻紀子
編集＊友田 満・粟多美香（神宮館）

10年後に失敗しない
未来予想図

2016年6月1日　初版第1刷発行

監　修＊森永卓郎・御旅屋尚文

発行者＊木村通子

発行所＊株式会社 神宮館
　　　　〒110-0015　東京都台東区東上野1丁目1番4号
　　　　TEL 03-3831-1638（代表）
　　　　FAX 03-3834-3332
　　　　ホームページアドレス　http://www.jingukan.co.jp

印刷・製本＊誠宏印刷 株式会社

Printed in Japan　ISBN978-4-86076-248-3
万一、落丁乱丁のある場合は送料小社負担でお取替え致します。
小社宛にお送りください。
本書の一部あるいは全部を無断で複写複製することは、
法律で認められた場合を除き、著作権の侵害となります。
価格はカバーに表示してあります。
1650150